历史认识论研究

李士坤 著

LISHI RENSHILUN YANJIU

中国社会科学出版社

图书在版编目(CIP)数据

历史认识论研究 / 李士坤著 . —北京：中国社会科学出版社，
2017. 11

ISBN 978-7-5203-1390-2

Ⅰ. ①历⋯　Ⅱ. ①李⋯　Ⅲ. ①历史哲学—研究　Ⅳ. ①K01

中国版本图书馆 CIP 数据核字(2017)第 273402 号

出 版 人	赵剑英
责任编辑	朱华彬
责任校对	张爱华
责任印制	张雪娇

出　　版	中国社会科学出版社
社　　址	北京鼓楼西大街甲 158 号
邮　　编	100720
网　　址	http：// www. csspw. cn
发 行 部	010 - 84083685
门 市 部	010 - 84029450
经　　销	新华书店及其他书店

印　　刷	北京君升印刷有限公司
装　　订	廊坊市广阳区广增装订厂
版　　次	2017 年 11 月第 1 版
印　　次	2017 年 11 月第 1 次印刷

开　　本	710×1000　1/16
印　　张	24
插　　页	2
字　　数	390 千字
定　　价	99.00 元

凡购买中国社会科学出版社图书，如有质量问题请与本社营销中心联系调换
电话：010 - 84083683

目　录

前　言

20世纪80年代中叶，我开始接触西方历史哲学，从此对历史哲学有了兴趣，注意阅读这方面的书籍，收集这方面的资料。当时我教学、科研工作都比较重，1997年身体又出了毛病，因而始终未能集中精力和时间去对这个课题进行专门钻研；但对历史哲学的关注和兴趣却一直保持着。在断断续续的学习和研究中，我的注意力逐渐集中于历史认识论，对这个领域中的一些问题有了较为深入的思考，主要有：在历史研究领域坚持马克思主义哲学指导的问题；什么是历史认识论；什么是"历史"；历史认识论和人学的关系；怎样看待现代西方历史哲学及其发展等。这本书就是我对这些问题思考的结果。

一

"哲学就是认识论"，这句话是有道理的，在社会历史领域尤其如此。我认为历史哲学就是历史认识论。马克思主义哲学是时代精神的精华，马克思主义哲学认识论是认识社会历史最先进的理论武器。

在学习、关注西方历史哲学理论的过程中，我发现马克思主义哲学的历史哲学并不为人们所重视，在西方历史哲学中，很少有人提到，几乎没有什么地位，即使偶有提及，也是批评、贬抑者居多。我国史学界也有这种情况，在许多研究者那里，马克思主义的历史哲学根本不在他们视野之内，似乎对马克思主义的历史哲学理论不屑一顾，更谈不上在历史研究中坚持马克思主义哲学路线。这种状况使我不安，我确乎感到有一种责任，应当有人出来改变这种状况。然而，我又感到自己势单力薄，才疏学浅，不能胜任。可转而一想，事在人为，不必指望能发挥多大作用，尽力去做总比无所作为要好，这才让我下定决心以马克思主义哲学为武器来啃历史认识论这根硬骨头。我想通过对历史认识论的研究和阐发，展现马克思主义哲学中蕴藏着的丰富的历史哲学理论，显示其科学性和不可战胜的威力，以便使更多研究历史的人，自觉运用这一理论武器，为研究认识历史开辟新的境界，推动我国历史哲学在正确的轨道上顺利前行。这已经是不小的奢望了，所以不敢预期能有多大的成功。

谈到马克思主义历史哲学，人们常常提到马克思的两段话，这就是1877 年马克思在《给"祖国纪事"杂志编辑部的信》中批判米海洛夫斯基写的："他一定要把我关于西欧资本主义起源的历史概述彻底变成一般发展道路的历史哲学理论，一切民族，不管他们所处的历史环境如何，都注定要走这条道路，——以便最后都达到在保证社会劳动生产力极高度发展的同时又保证人类最全面的发展的这样一种经济形态。但是我要请他原谅。他这样做，会给我过多的荣誉，同时也会给我过多的侮辱。"① 另一段话也是在这一封信中说的："如果把这些发展过程中的每一个部分都分别加以研究，然后再把它们加以比较，我们就会很容易地找到理解这种现象的钥匙；但是，使用一般历史哲学理论这一把万能钥匙，那是永远达不到这种目的的，这种历史哲学理论的最大长处就在于它是超历史的。"② 由于对这两段话的不同理解，得出了两种完全相反的观点：一种观点认为，马克思主义哲学对历史哲学是持否定和批判态度的；另一种观点则认为，不能根据这两段话就认为马克思是否定、反对历史哲学的；恰恰相反，在马克思主义哲学中是包含着丰富历史哲学理论的。究竟如何理解以上这两段话，究竟有没有马克思主义历史哲学？如果有，它的主要内容是什么？对于这两个问题，赵家祥先生在他的《历史哲学》一书中有全面深入的分析，可供研究参考。

我认为，不应否认马克思主义理论体系中包含一般历史哲学理论。其实，马克思本人具有丰富深厚的历史功底，这使得他每一方面的论著都饱含浓厚的历史感，关于一般历史哲学的论述也是随处可见。我在本书中引

---

① 《马克思恩格斯全集》第 19 卷，人民出版社 1963 年版，第 130 页。
② 同上书，第 131 页。

用了很多。这里特别要提到的是他所发现并创立的历史唯物主义，被列宁称作"是科学思想中的最大成果"。我认为，历史唯物主义就是马克思的历史哲学，而且是真正科学的历史哲学，第一次为人们提供了正确认识历史的世界观和方法论。马克思在谈到他的这一发现时写道："人们在自己生活的社会生产中，发生一定的、必然的、不以他们的意志为转移的关系，即同他们的物质生产力的一定发展阶段相适合的生产关系。这些生产关系的总和构成社会的经济结构，上层建筑以其为基础，并有一定的社会意识形式与之相适应。物质生活的生产方式制约着整个社会生活、政治生活和精神生活的过程。不是人们的意识决定人们的存在；相反，是人们的社会存在决定人们的意识。社会的物质生产力发展到一定阶段，便同它们一直在其中运动的现存生产关系或财产关系（这只是生产关系的法律用语）发生矛盾。于是这些关系便由生产力的发展形式变成生产力的桎梏。那时社会革命的时代就到来了。随着经济基础的变更，全部庞大的上层建筑也或慢或快地发生变革。在考察这些变革时，必须时刻把下面两者区别开来：一种是生产的经济条件方面所发生的物质的、可以用自然科学的精确性指明的变革；一种是人们借以意识到这个冲突并力求把它克服的那些法律的、政治的、宗教的、艺术的或哲学的，简言之，意识形态的形式。我们判断一个人不能以他对自己的看法为根据，同样，我们判断这样一个变革时代也不能以它的意识为根据；相反，这个意识必须从物质生活的矛盾中，从社会生产力生产关系之间的现存冲突中去解释。无论哪一个社会形态，在它所能容纳的全部生产力发挥出来以前，是决不会灭亡的；而新的更高的生产关系，在它的物质存在条件在旧社会的胎胞里成熟以前，是决不会出现的。所以人类始终只提出自己能够解决的任务，因为只要仔细考察就可以发现，任务本身，只有在解决它的物质条件已经存在或者至少在生成过程中的时候，才会产生。大体来说，亚细亚的、古代的、封建的和现代资产阶级的生产方式可以看作是经济的社会形态演进的几个时代。资产阶级的生产关系是社会生产过程的最后一个对抗形式，这里所说的对抗，不是指个人的对抗，而是指从个人的社会生活条件中生长出来的对抗；但是，在资产阶级社会的胎胞里发展的生产力，同时又创造着解决这种对抗的物质条件。因此，人类社会的史前时期就以这种社会形态而告终。"① 我大段抄录了马克思在《政治经济学批判·序言》中关于历史唯物主义的论述，用意是希望一切研究历史哲学和研究历史的人们，能仔细阅读和研究此文，这里所揭示的历史发展客观规律性、所提供的考察社会历史的世界观和方法论，是空前的，至今无人能超越。作为一种历史哲学理论，它的系统性、深刻性和全面性，也是其他历史哲学理论所不能比拟的。

马克思的理论并没有随着时间的推移变得陈旧和过时，它仍然居于世界理论的最前沿。可以毫不夸张地说，马克思的唯物史观是真正历史哲学的基础，也是历史学成为科学学科的理论前提。要使历史不成为唯心主义哲学的避难所，就必须在历史领域坚持马克思主义哲学，坚持历史唯物主义。

有一个事实是不容否认的，任何历史研究都是在一定世界观方法论指导下进行的，不管研究者个人是否意识到。当今世界，各种哲学流派纷呈交杂，并不是任何一种哲学都可以用来作为指导原则的，只有马克思主义哲学，只有唯物史观，才能真正担当起这样的任务。我在阅读西方一些学者的历史哲学著作时，常常发现这样一种现象：当这位作者实际上在遵循马克思主义哲学路线（他自己未必意识到或承认这一点）去认识和分析历史问题时，他眼前就一片光明，所获得的结论也正确；当他偏离了马克思主义哲学路线的时候，他便走向了黑暗，所获得的结论就发生错误。例如：在历史决定论和主体选择论的问题上，遵循马克思主义哲学路线，就能对历史决定论和主体选择论作出深入而科学的分析，从而正确解决这个问题；而离开或背离马克思主义哲学路线，就可能把历史决定论同宿命论甚至神学等同起来，将历史发展的客观规律性同人的主观能动性绝对对立起来，结果把这个问题引向了"死胡同"。

因此，弘扬和坚持马克思主义哲学路线在历史研究中的主导地位，是本书一大宗旨。笔者也力求用马克思主义哲学基本原理去分析和阐释所讨论的问题，特别是历史认识论问题。

----

① 《马克思恩格斯选集》第 2 卷，人民出版社 1995 年版，第 32—33 页。

二

在研究历史和历史哲学中，历史认识论是一个难题。大约从 18 世纪开始，历史哲学逐渐成为一个专门研究领域以来，这个问题就为人们所关注，也一直困扰着许多研究者。

在西方，不论是思辨的历史哲学还是分析批判的历史哲学，它们讨论和争论的问题，几乎没有一个是与历史认识论无关的，例如：自然科学研究方法同社会历史学的研究方法的关系问题；事实历史同思想的关系问题；历史学家个人的道德观念、价值观念同对他历史研究影响的问题；历史的绝对性和相对性关系的问题；历史的客观性和主观性关系的问题；历史决定论同主体选择论的关系问题等等。所有这些问题，哪一个不涉及历史认识论？当然，最直接的要数历史可知与不可知的问题。

然而，在西方近现代历史哲学理论中，对历史认识论涉及的不少，做专门研究的却不多见，结果竟出现这样一种情况：研究历史的人，人人都在认识历史，却不知道历史认识论本身为何物，致使这个问题至今未获大的进展，更没有成功解决。被人们称为在哲学认识论中完成了哥白尼式革命的康德，在许多领域的成就都具有划时代的性质，但在历史认识论领域，所获得的成就远不如他在别的领域所作出的贡献那样引人瞩目，他的三大"批判"涉及的哲学认识论既深且广，对历史认识论却缺乏专门集中的研究。黑格尔是专门写了《历史哲学》的哲学家，书中对许多问题都有杰出的见解，但对于历史认识论，书中并没有特别着重去论述。现代西方研究历史哲学的学者中，英国历史学家沃尔什是研究历史认识论成就较为突出的一位，他在《历史哲学导论》一书中明确提出对历史学家认识历史的思维进行考察和研究，并且对历史的真实性、客观性、客观历史意识的理论等问题进行了分析和研究。他的这部著作对于研究历史认识论是很有启发性的，但并不是历史认识论。

纵观国内外学者对历史认识论研究的现状不难发现，历史认识论中许多问题并未真正解决，而且存在许多混乱，这是我下决心对这一领域进行一番探索的原因。我把历史认识论定义为对历史认识研究的理论。这句话不少人都说过，但看他接下来的论述并不是讲历史认识论，而是扯到别的问题上去了，可见他并不真正理解这句话。所谓对历史的认识，既指对历史事实的记载所形成史料的认识，也指对历史资料的研究所形成的历史知识，历史认识论就是对这两种认识的再认识。我把过去发生的事实即以往人们的实践活动及其成果叫作事实的历史，把人们对事实历史的认识称作反映的历史。我分别考察了各自的特点，并深入地研究了它们之间的辩证关系，力图在马克思主义哲学路线指引下，去解决这个问题。这是我这部书的重点和主要部分。我不仅阐述了历史认识论的一般原理，而且对其他问题的研究和分析，特别是对历史哲学各个学派的论述，也都是从历史认识论意义上去阐述的。

我不敢说对这个问题解决到了什么程度，我只能说我是在这样做了。正因为如此，我将这本书起名为"历史认识论研究"。

三

人是历史的创造者，也是历史的认识者和研究者，没有人就没有历史。但在以往历史哲学的研究中，并没有给人以应有的地位。这是研究和认识历史不应有的缺憾，在现代西方人学充斥论坛，在资产阶级思想家人性理论仍然占据主导地位的情况下，这个缺陷更显得突出。而且搞马克思主义哲学的人还承担着一个使命。以往不少人批评甚至指责研究马克思主义哲学及其研究者，忘记了人，缺少对人的关怀。这是一种不正确的观点，有人说马克思主义哲学是经济决定论，见物不见人，没有"人情味"，使得他们更有理由大肆贩卖资产阶级人性论去占领历史的阵地。为了弥补这一缺陷，纠正某些人的错误认识，还马克思主义哲学一个公道，我在书中用了一整章的篇幅，全面系统地阐述了马克思主义哲学人学及其对整个人学理论的重大贡献，论述了这些贡献对历史认识论所产生的重大变革。

历史研究的确不能丢弃和离开人。马克思主义哲学中的人学理论，对于研究历史认识论具有不可或缺的作用。从人的出现到人的存在、人性和人的本质、私有制条件下的人的异化、人的价值、人的权利和自由，直至人的异化的扬弃和历史之谜的解答，无一不是人学中的重大问题，也是历史认识论中的重大问题。马克思主义哲学中对人的每一个问题的理论，都是认识相应历史阶段的实际和本质的理论基础，具有指导意义。本书在论述这些问题的过程中，紧密联系近现代西方哲学在每一个阶段关于人的理论，指出它对人认识到什么程度及意义；对于资产阶级人道主义思想和人性论，从历史认识论视角，都作出了客观的评价和剖析。从这些论述中，人们不仅可以认识到马克思主义哲学中所蕴含的极其丰富的人学思想，而且可以发现马克思主义哲学中许多创新的见解，极大地丰富和发展了人学，对于推动人们认识和研究历史，作出了巨大贡献。

马克思主义哲学中所阐述的人的理论，充分展示了人在历史中的地位和作用，人不仅是历史的创造者，而且人的实践活动是历史发展的决定性力量。马克思所发现和创立的历史唯物主义，是一种科学的世界观和方法论，是使社会历史学成为真正科学的理论基础，从根本上清除了在历史和历史哲学理论中的一切污泥浊水，使历史的殿堂真正被真理的光辉所照亮。

四

在书中，我详细地探讨了"历史"这一概念，从历史认识论视域，评介了中外学者对历史概念含义的见解。从这些见解中不难看出，历史概念本身也是历史的。我从历史概念引出历史与哲学的关系，从而辨析了哲学的历史和历史的哲学，以此为基础，对历史哲学的含义、内容做了分析。我在这样做时，不同于一般研究者的一个突出之处就在于，着重论述了马克思主义历史哲学，强调马克思主义历史哲学的指导地位，阐明马克思主义历史哲学在认识和研究历史中的重要作用。

特别要提一下的是，本书对历史哲学理论及其发展阶段做了较为系统的论述，对每一个阶段的代表人物的历史哲学观点做了评介。尽管仍然是挂一漏万，但总算梳理了一个大致的头绪，对西方历史认识论的来龙去脉及其发展作了一般阐述，使读者比较容易把握西方历史哲学发展的基本路数，弥补了国内学者对西方历史哲学评介中一种缺陷，即一般都以阐述个别人物的历史哲学观点为多，他们之间的内在联系往往被忽略了。

五

我的专业是哲学，但对历史的兴趣和爱好，从未有减。随着年岁的增长，更有日益变浓之趋势。原因何在？一方面，是兴之所至，不能自已；另一方面，也是更重要的方面，是我心系国家的发展和前途，关注人民之生存和命运，不甘空老，总思尽绵薄以奋发，利民利国而有所为。其实，我是一介书生，平头百姓，这些似乎轮不到我来操心，但我却不能放下。"天下兴亡，匹夫有责"，不甘心埋头书斋。我这样讲未免有抬高自己之嫌，然而这是我的真实心情。我研究的是历史认识论和历史哲学，但字里行间渗透着我对国家前途命运的关切之情，对人民福祉的悬念之心。因此，我在写作过程中时刻关注着当前社会中的实际问题，关于历史虚无主义、共产党从历史学习什么、树立理想信念这三方面的问题，特别引起我的注意，在书中我做了专门的分析和研究。

近三百多年来，人类历史上出现了三次工业革命。18世纪，蒸汽机的发明和使用是第一次工业革命的标志。19世纪电力的使用是第二次工业革命的标志。20世纪60年代开始，以数字技术、个人计算机技术和互联网的发展为标志的，是第三次工业革命。现在我们正面临第四次工业革命（工业革命4.0），这次工业革命的内容主要包括以下领域：无人驾驶汽车、智能机器人、更轻更强韧的材料、生物技术以及围绕3D打印发展的制造技术、宇航技术等。近代中国的落后，主要是在第一次工业革命时期。这一步落后，使得中国从一个世界强国一下子沦为任人宰割的半殖民地国家，一百多年来，中国积贫积弱，受尽了世界列强的欺侮和凌辱，这是中华民族永不能忘怀的历史教训。

第二次工业革命时期，新中国已经成立，在极其困难、落后和薄弱的基础上，中华民族在中国共产党的领导之下，奋起直追，取得了不小的成绩，没有掉队。在第三次工业革命中，我们取得了更加巨大的成就，无论是在经济发展水平还是科学技术进步方面，我们用了不到40年的时间走完了西方发达国家几百年才走完的发展路程。

工业革命4.0是对中华民族新的考验和挑战。这种考验是双重性的，既有科技创新给人们带来的方便和福祉，但同时也一定会产生许多意想不到的破坏性后果。世界经济论坛主席克劳斯·施瓦布说："改变如此之深刻，从人类历史的角度来看，没有任何一个时代拥有如此远大的希望和如此巨大的潜在的风险。"希望与风险同在。因为这场革命才刚刚开始，对于这两个方面的认识还很粗浅，许多发展还难以预料。但有一点，就是这场革命在规模上、深度上和速度上一定具有属于它自己的特点。每一次工业革命都极大地改变了人们的生存和生活方式，这一次也不例外；但如何改变，人们要早作准备。"举个例子来说，智能机器可能将在不久后取代诸多行业的从业者：会计、货运司机、房地产经纪人以及处理常规汽车保险的理赔员等。据估计，美国有47%的工作岗位将因智能机器而岌岌可危。"① 再比如宇航科技用于太空武器等，如果对这种破坏性效应不提早准备，一旦发生，社会将可能变得怎样就很难说了。我们必须跟上工业革命4.0。历史已经昭示我们，如果落伍，中华民族伟大复兴的中国梦就将成为泡影。这种悲剧绝不允许重演，也决不会重演。我们深信在习近平为核心的党中央的领导下，一定能把全国13亿人民团结起来，形成强大的合力，下定决心，排除万难，以排山倒海之势，把我们的国家建设成为工业、农业、科学技术和国防全面现代化的社会主义伟大国家，成为无愧于工业革命4.0中的先进的一员。

---

① 转引自［英］拉里·埃利奥特《工业革命4.0：创新与破坏并存》，《参考消息》2016年1月27日第10版。

第一章　什么是历史认识论

第一节　问题的缘起

20世纪在量子力学的研究中发现的一种现象：如果观察者不去测量电子的位置，电子就没有位置。美国康奈尔大学教授大卫把这一现象表述为"月亮在无人看它时是不存在的"。这个所谓"骇人听闻"的论断就是"月亮问题"。这个论断引进到社会历史研究领域，被人们引申为历史事实在没有人研究它时是不存在的。其实所谓"月亮问题"是哲学认识论中的一个老问题，即认识的主客体的关系问题。这个问题被自然科学家和历史学家玄虚诡谲一番，似乎成了高深莫测亘古未解的难题。正是这个缘故，引发了我对历史认识论的思考和研究。

一　认识主客体的对立统一

从哲学认识论来看，认识的主客体从来就是既对立又统一的。所谓对立是指：二者是完全不同的两种事物，比如主体一般是指从事认识的人，而客体则是指被认识的事物，它可以是月亮、电子、历史事实，也可以是别的东西。主客体一旦纳入认识的过程，就成为相互依赖不可分割的两个方面，谁也离不开谁，离开了一方另一方就不存在。在人与月亮所构成的认识统一体中，没有人月亮就不存在；同样可以讲，没有月亮，人也就不存在。这是讲在一个认识过程中，主客体相互依存；一旦离开了认识过程，人和月亮的关系是怎样的呢？即在人之外，月亮还存在不存在？对这一问题，不同哲学的回答是不同的。

我们先看主观唯心主义哲学的回答，它是承认月亮的存在的，但它不是存在于人之外，而是存在于人的心中，这就是主观唯心主义哲学所说的"万物都在我的心中","心外无物",没有我的心、没有我的灵明,世界就不存在。这种哲学错失在哪里呢?当它肯定人和月亮都存在,这点并没有错,错就错在它把月亮的存在移到了人的心中,只认心中之月,而不认心外之月。其实,它移到心中的只是观念之月,作为物质之月他是无法、也是根本不可能移到人心中的。非常明显,在这里它先是把观念之月同物质之月弄混了,然后又将二者等同起来,只要前者而拒绝后者。这就是主观唯心主义哲学所玩的戏法。客观唯心主义哲学看到了这种戏法的漏洞,明明月亮作为观念的存在和物质的存在都存在着,怎么可以承认一个而拒绝和否认另一个呢?它的结论是二者都存在,它们的区别在于观念的存在先于物质的存在,观念的存在决定物质的存在。它得出这一结论的根据是:"理在事先",先有天地万物之理,后有天地万物,先有月亮的观念,然后才有月亮;也就是黑格尔所提出的"绝对观念"是世界万物的根本。马克思主义哲学认为,月亮的存在不依赖于人的认识,只有在同一认识过程中,二者才互为前提,脱离了认识过程,各自都是客观的独立存在。

二 "月亮问题"不能简单地延伸至社会历史研究领域

我认为,把"月亮问题"简单地延伸到社会历史领域的研究并不是一种严格的做法,因为月亮同历史事实在某种意义上是不可类比的。月亮,人(主体)可以直接看到、经验到;而历史事实已经消逝,人们已经看不到,也经验不到。当人们说没有人月亮就不存在这句话的时候,是指我本身不作为主体时,作为客体的月亮就不存在;但它并不影响别人作为主体时仍然可以看到月亮,即作为客体的月亮依旧是存在的。历史事实就不一样了,我作为主体时,它不存在;别人作为主体时,它也不存在。有人据此作出历史事实根本不存在的论断。英国历史学家卡尔·贝克尔认为,相信历史事实的硬核客观地、独立地存在于历史学家的解释之外,这是一种可笑的谬论,然而这也是一种不易根除的谬论。

为什么"不易根除"?原来作者不懂得把两种不同的存在区别开来:这就是现在当下的存在和过去的存在。必须注意,这两种存在是等值的,都是存在;这两种存在的区别只在时态上,一个是当下现在的存在,一个是过去的存在(而现在不存在,不在场,而不是根本就不存在）。人们习惯于把现在当下的存在叫作存在，把过去的存在叫作不存在。正是这种习惯把问题搅得混乱不堪。要澄清这种混乱并非不可能，只要研究者注意时态的区分，就大体不会产生误解。当然，我们这样讲，不是说研究历史事实没有难度；恰恰相反，问题的难度和复杂性丝毫没有降低，而复杂和艰难不是因为它根本不存在或没有存在过，而在于它不是当下现在的存在。

三　两种"存在"

问题的复杂性还在于：人们总免不了面对两种历史，一种是曾经发生过的事实，而现在已不复存在；一种是历史学家撰写的历史，即历史学家对历史事实的认识和陈述。这里有两个问题。第一个问题是我们有理由问历史学家所撰写的历史是可信的吗，他们并未亲身经历和看见过这些事实！第二个问题是我们同样不能根据没有经历过没有看到过就否认历史学家撰写的历史，因为他们有史料和考古发现的根据。

问题到底纠结在哪里呢？原来存在本身有两种形式：一种是事物的实存；一种是对事物实存的反映，即观念的存在。前者在主体之外独立地存在着，后者只能作为一种意识而抽象地存在于人的大脑中或文字的记录中。观念的存在没有自身的独立性，它依赖于事实的存在和人的大脑，但我们绝不能因此而否认观念存在的意义和价值。的确，观念只能接近事实的存在，永远不能等于或代替事实的存在，不然就真要闹"画饼充饥"的笑话了。但不可忘记，观念却能够更真实地反映事实的存在，能抓住事实存在的本质和真理。在这个意义上，毋宁说观念的存在更加真实，对人更有价值。

一个认真严肃的历史学家是懂得自己的职责的，那就是写真实的历史，千方百计地接近历史事实。正因为这种努力，才使我们了解了过去，使我们能自豪地说我们有五千年的文明史。如果像某些学者所说的那样，"不管听起来多么刺耳，我都会不假思索地回答：历史事实在某些人的头脑中，不然就不存在于任何地方"①，这岂不是说这些人不存在了历史事实也就不存在了吗？这种说法是不正确的，错误仍然在于没有把事实的存

---

①　张文杰等编译：《现代西方历史哲学译文集》，上海译文出版社 1982 年版，第 229 页。

在同观念的存在区别开来，事实的存在是不依赖于历史学家的，只有特定观念的存在依赖于特定的历史学家。而历史学家撰写的历史即提供的观念的历史同样具有永恒的价值，因为它为现在人的存在提供了依据。人们常说，一个国家一个民族不能没有自己的历史，意义就在这里。

历史学家撰写的历史是对历史事实的反映，是接近历史事实的，因此是可信的。它不等于历史事实，同历史事实是有区别的，但这是观念与事实的区别，不是观念能不能反映事实的问题。这种区别是永远存在的，这也正是人的特点和优点，即人能够用观念去把握世界。如果否认了这一特点，我们还怎么能够谈论"昨夜的月色"？因为今夜之月已不是昨夜之月；张若虚的《春江花月夜》还怎么能成为不朽的艺术之作？

关于历史时态的问题。大家都知道时间可分为过去、现在和将来，跟人直接相关的只有现在，过去已不存在，将来尚未到来。然而时间是一维的，以上三种时态不过是统一过程的三个不同阶段，它们是有区别的，又是联系在一起的，不应该将它们绝对孤立起来。在这里，现在是关键和支点，过去是消失了的现在，未来是现在的延续。在这个意义上，过去同现在不可分割，未来同现在紧密相连。过去是现在的根据，现在是未来的基础，未来是现在的发展，每一阶段都是活生生地存在着，为每一阶段的存在提供了客观性和真实性，这样就有力地扫除了在历史领域中的一切不可知论和怀疑论。

从以上分析不难发现，我们对社会历史可以有双重的认识和研究，历史学家对历史事实的认识和研究，这一认识和研究的结果得到的是观念历史；对这种观念历史的再认识和再研究，得到的结果就是哲学的历史。历史认识论主要是指后者。

第二节　认识论一般

历史领域中的"月亮问题"实质是历史领域中的认识论问题。中外学者在这个问题上苦苦追求，但取得的成果与学者们付出的努力并不相称。究其原因，我认为就是在历史研究中未能认真坚持和贯彻马克思主义哲学认识论。在历史领域，对于什么是主体、什么是客体以及二者之间的关系，在许多研究者那里，不仅概念模糊，而且认识非常混乱，致使一些极为明显的东西被搅得晦暗不明，迷雾朦胧，不易理解。有些问题甚至被神秘化，把历史的殿堂变成了深不可测的迷宫。为了澄清这种乱象，我下决心对历史认识论进行探研。我深知，这是一块虽已开垦但缺乏收获的土地，道路崎岖，荆棘丛生。不过，马克思的话鼓励了我："在科学的入口处，正像在地狱的入口处一样，必须提出这样的要求：'这里必须根绝一切犹豫；这里任何怯懦都无济于事'。"①

认识论是研究认识的理论，先有认识，然后才有对认识的研究。人每天都在认识，这种认识是在与外部世界发生关系的过程中产生的。认识的真正本质是人的思维对外部世界的反映；对这种反映进行专门的研究便形成了认识论。认识论是哲学的一个重要组成部分，具有极为丰富的内容。

一　唯有人才真正具有认识

宇宙中一切存在着的物质都具有反应（带有无生命机械的性质）的特性。太阳照射物体，该物体除了对光的反射使我们能看见它外，它的温度会升高，这也是该物体对阳光的一种反应。生命物质的反应特性（带有生命的特性）是在无生命物质反应特性的基础上经过亿万年进化发展而来的，这种反应更为复杂，对风雨雷电等一切外物的作用，生物均能作出反应，而且能区别对不同作用作出不同的反应。例如，含羞草对触碰会收拢叶片，向日葵会迎着太阳而转动等。动物的反应能力比一般生命物质的反应特性更加高级，它能依靠自己的运动形式的变化来对外来作用作出反应，特别是那些具有发达大脑的高等动物，它们许多反应机智而灵敏，甚至超过人类，如狗的嗅觉。但动物的反应不论多么高级和灵敏，都达不到意识的水平，即不能用一种语言把自己所受到的作用加以概括和表述出来。

在高级动物大脑的基础上，通过劳动，使动物中的一种猿类——类人猿的大脑逐渐演变成人的大脑。人的大脑一个最根本的特性就是具有意识的功能。在自然界中唯有人有意识，只有人的意识，才能把人自己同外物的关系通过思维，借助于语言文字形成认识并把它表达出来，使别人也知晓。所以，在这个意义上我们说，唯有人才真正具有认识。动物也有认

---

① 《马克思恩格斯选集》第 2 卷，人民出版社 1995 年版，第 35 页。

识，如狗能认识它的主人，老马识途等；但同人的认识相比，动物的这些表现为认识的功能，更大程度上是一种本能，还不是真正的认识，即使称作认识，同人的认识也不可同日而语。弄清这点区别非常重要，因为正是这一区别决定了人的认识是有成果的——观念和观念的体系——理论、思想等精神的存在；而动物的认识是没有成果的，它永远只是它自身的存在。

人的认识是从区别开始的，状物是人认识初始阶段的重要特点，状物就是比喻、比较，以此物比喻、形容彼物；拿此物与另一物进行比对。有比较才有区别，有区别才有认识，区别是人认识的一次飞跃——它接触到了事物的质。对此事物质的一种肯定，同时是对彼事物的否定，即认清此事物就是此事物，而不是彼事物。例如："这是一朵菊花"，这种肯定同时就否定了它是别的东西，别的花。这是人类认识的初始阶段。比喻也是一种联系，原始的人常常把自己与某种动物联系起来，"图腾"就是这种联系的一种形式。在没有形成圆的观念之前，他们把圆的东西说成像太阳那样。比喻是人们说明事物的一个很方便的方法，也是人类认识的一个进步，如东汉科学家张衡在《浑天仪图注》中写道："浑天如鸡子，天地圆如弹丸，地如鸡子中黄，孤居于内。"这种比喻在今天看来未必科学，但在张衡那个时代，他的这种比喻把一个宇宙模型生动形象地呈现在人们面前。人的认识就是在劳动中，不断进行比较、区别无数次的练习中发展起来的。

对人类认识起源的简单回顾表明：认识不论多么复杂，归根到底是来自于外部世界，是人脑对外物的反映。

二 认识论是研究认识的理论

认识的发展逐渐出现了专门研究人的认识的理论，这就是认识论。一般意义上的认识论就是研究人的认识的起源、发展以及对认识正确与否的检验等。人的感知、知觉是人认识的低级阶段，也称感性认识阶段；理性思维是认识的高级阶段，也叫认识的理性阶段。在人出现以前，自然界是统一的整体，所有的存在物都与自然界成为一体；自从有了人，自然界便有了自己的对立物，就是说，自然界作为客体的存在不能再是什么别的存在；而人除了作为客体的存在以外，他还是主体的存在。人是具有意识和思维的存在物，他除了自然本质以外，还有属于他自己的主观世界，从此自然界便一分为二，产生了主观世界与客观世界的对立统一。这两个世界是互相关联的，具体表现为人既依赖自然、属于自然，又反作用于自然，即认识和改变自然。在依赖中认识和改造；在改造、认识中加深依赖。人与自然的这种关系是任何其他自然物所没有的，自然界中一切其他动物都是通过改变自身去适应自然，唯有人可以通过自己的活动改变自然，在自然界打上人的印记，使自己生活得更好。不仅如此，人还通过实践，不断地将自然人化和将人自然化，在更高的层次上实现人与自然的统一。通过这一过程，实现人的意识把握自然和创造更加美好的自然。

人在与自然相互作用的过程中，改造了自然，同时也使自身得到了改造，这种改造既包括肉体，也包括精神。而精神的改造使得人的认识能力不断提高，不仅能把握自然和外界事物的表面联系，而且能透过现象把握事物的本质，最后终于发展到透过现象，能从整体上、根本上去把握世界，这种意义上的人与自然的关系就是哲学，即形成了世界观和方法论的理论体系。所以，哲学是认识的升华，升华到研究认识自身。在一定意义上可以说哲学就是认识论，是认识论的高级发展。

以上是从最一般的意义上去理解认识论，仅仅把认识作为人的一种特性来加以说明。其实，人的认识都是具体的，都是特定的主体在特定的实践中所产生的对特定客体的反映。因此，对每一种认识都必须做具体的研究。

三 哲学和认识论

从古到今的哲学，总是围绕着人的思维与客观存在关系的问题而发展开来的。如前所述，也就是从人与自然的关系发展而来的。对此问题各派哲学观点不同，长期争论不休。

把思维与存在关系具体化就是这样两个基本问题：一个是思维与存在谁是第一性、谁是第二性的问题；另一个是思维与存在是否具有同一性的问题，即思维能不能认识存在的问题。对前一个问题的不同回答，把哲学划分为唯物主义和唯心主义两大阵营，即凡认为存在第一性、思维第二性的哲学属于唯物主义；与此相反的观点，则属于唯心主义，由此产生出两种认识论，即唯物主义认识论和唯心主义认识论。对后一个问题的不同回答产生出了可知论和不可知论两种认识论派别，凡承认思维与存在具有同一性、认为思维能够认识存在的，就是可知论；与此相反的观点则是不可知论。哲学基本问题这两个方面是密切相关的，对第一个问题唯物主义的解答就会引申出唯物主义的认识论；对第一个问题唯心主义的解决就会导致唯心主义的认识论或不可知论。

在唯心主义认识论中又有两种表现形式：第一种是客观唯心主义认识论，它的基本特点主张观念先于人和宇宙万物而存在，认为在人和宇宙万物存在之前，已经有一种观念存在了。中国宋朝的朱熹提出"理在事先"，未有天地万物之前已有天地万物之"理"，这里的理就是一种观念，正是这个"理"决定了万事万物。德国哲学家黑格尔认为，不依赖于人、独立于人之外的"绝对观念"是宇宙万物的根源。这种哲学所讲的认识，不是人对外物的反映，因为外物是观念的产物，所以认识就是观念的自我认识。客观唯心主义认识论还有一种表现形式，就是认为人的认识是先天的，人天生就具有知识，所谓"生而知之者"。是人把知识带给了事物和自然界。古希腊哲学家柏拉图认为，人在降生以前，他的灵魂居于理念世界之中，早就具有知识。他说："灵魂在取得人形以前，就早已在肉体以外存在着，并且具有着知识。"① 降生为人以后，由于受肉体的玷污和蒙蔽，将原来就有的知识忘却了，要通过接受外物的启示，把忘记的知识回忆起来，这也就是学习，经过这样的学习人才有了认识和知识。所以，柏拉图把人的认识说成是"回忆"。

第二种是主观唯心主义认识论。这种认识论主张人的认识是主观自生的，一切事物的存在都依赖于人的意识，离开了人的意识就没有世界。例如英国哲学家贝克莱提出"存在就是被感知"，就是说一切事物依赖于人的感觉，没有人的感觉就没有世界。中国明朝的王守仁认为"万物都在我的心中"，"心外无物"。说法不同，但根本意思都一样，都认为客观世界不能脱离人的感觉而独立存在。这种哲学把认识的过程当作是思维自我认识的过程，不仅如此，他们还进一步认为，正是这种主观的认识决定着一切客观过程。

唯心主义认识论，不论是客观唯心主义的还是主观唯心主义的认识

---

① 转引自全增嘏主编《西方哲学史》上，上海人民出版社 1983 年版，第 149 页。

论，都是不正确的。说它们不正确是因为二者都没有真正解决思维与存在关系这一根本问题，也就是没有解决认识与认识对象的关系问题，他们歪曲甚至颠倒了这种关系。

不可知论否认思维与存在的统一性，即认为要真正认识客体是不可能的。英国哲学家休谟在哲学上是一位不可知论者，他怀疑人认识事物的可能性，完全否认人的认识能达到真理。他承认感觉，但认为感觉是"由我们所不知道的原因开始产生于心中"。认识来自感觉，可是我们怎么知道这种感觉就是对某物的感觉呢？因为感觉之外的客观世界是不存在的，人的内在的感觉是如何产生的，我们不可能知道。因此，世界是不可认识的。休谟提出感觉是如何产生的问题具有一定的深刻性；然而他对问题的解决是消极的、错误的。康德对哲学认识论是有重大贡献的哲学家，在近代，把认识作为对象专门加以研究，是从康德开始的。但从根本上讲，康德也是一位不可知论者。他认为，事物有外在现象和内在本质之分，他把现象背后的存在称作"物自体"或"自在之物"，在现象和"自在之物"之间有一条不可逾越的鸿沟，人的认识只能认识现象，只能停留在现象的此岸，鸿沟对面的"自在之物"的彼岸人们是无法达到的。不可否认，认识是一个复杂的过程，研究认识困难很多；但这并不等于人对客观世界不能认识，不可知论是错误的。事实表明，人通过实践在不断地将"自在之物"转变为"为我之物"，世界上只存在尚未认识之物，而不存在根本不能认识之物。

唯物主义认识论是人类认识史中发展出来的另一派哲学认识论，它认为世界是可以认识的。这种认识论在发展过程中也出现了两种形式：一种把人的认识说成是对外物的机械的反映，人之认识外部事物就如同镜子照映外物一般。这种机械的反映论在马克思主义哲学产生之前，虽然有力地挑战了唯心论的认识论和不可知论，但并不能彻底战胜它们。马克思主义哲学认识论是认识论发展的最新形态，是在实践基础上发展起来的能动的革命的反映论。它不仅彻底战胜了唯心论的认识论和不可知论，而且克服了旧唯物主义认识论的机械性和形而上学性，在唯物主义基础上，把辩证法同认识论结合起来，认为人在实践中产生了对外部世界的认识，认识外物的过程同时也就是改变外物的过程，它将认识世界与改变世界在实践的基础上统一了起来。这就是马克思主义哲学辩证唯物主义和历史唯物主义的认识论。唯物主义认识论，不论是机械的还是马克思主义哲学的认识论，它们在本质上都是反映论，即主张认识是主观对客观的反映，这是同一切唯心论的认识论的根本区别。

第三节　历史认识论

一　历史认识论不是历史学和历史概论

前面我们讲到认识都是具体的，要作具体分析。历史认识论就是哲学认识论领域中一种特殊的具体认识领域。历史认识论具有一般认识论的特点；但除此之外，更值得我们关注的是它自身的特点。在西方和我国史学界有一种倾向，即把历史学同历史认识论等同看待，还有人用历史概论取代历史认识论，这些看法都有待澄清。

现代西方历史哲学家中，首先注意到历史认识特点的是英国哲学家和历史学家沃尔什。有研究者认为，20 世纪 30 年代，西方历史哲学出现了一个转折点，就是由思辨的历史哲学转向了分析的历史哲学，这个转折以沃尔什在 1951 年出版的《历史哲学导论》一书为标志。转折的实质是研究内容的变化，由对历史性质的研究转变为对历史思维和认识性质的研究，即对历史学家编纂的历史性质的研究。思辨历史哲学注重的是历史事实和过程，分析历史哲学注重的则是历史思维和历史认识的性质。如果说前者的立足点是追求客观意义上的历史规律；则后者的立足点转移到了探讨主观历史认识的形成。沃尔什提出要把历史思维同以往的科学思维区别开来："历史思维毕竟是有它自己的一种思维形式的，是与科学思维并列的，却又不可归结为科学思维。"[1] 他对历史思维、历史认识进行了富有开拓性的研究，取得了许多积极的成果，比如他提出研究历史的立足点向主观方面（历史学家的思维和认识）转移，对研究历史认识论就很有启发性。但在我们看来，他最终未能正确解决历史认识论的问题。这在以后的论述中，我们将予以深入的分析。

在我国史学界，对历史认识论缺乏深入的研究，有一种现象，就是在

---

① ［英］沃尔什：《历史哲学导论》，何兆武、张文杰译，广西师范大学出版社 2001 年版，第 10 页。

某些研究者那里，常常把历史学或历史概论同历史认识论等同起来，这是不正确的。

历史认识论不是历史学。"历史学是通过对证据的解释而进行的；证据在这里是那些个别地就叫作文献的东西的总称；文献是此时此地存在的东西，它是那样一种东西，历史学家加以思维就能得到对他有关过去事件所询问的问题的答案。"① 这是英国历史学家柯林武德对历史学的一种解释，他的其他关于历史的观点值得商榷的地方不少，但这个解释却有可取之处，它说明了历史学是历史学家同历史文献的一种关系，即研究和被研究、认识和被认识的关系。简单地讲，历史学就是关于历史的学问，是历史学家对历史资料的认识和研究，是人们对历史资料进行筛选和组合的知识形式。

历史认识论与历史学不同，它是对历史学家的思维和认识的考察和研究。很多学者把历史学同历史认识论混淆甚至等同起来，结果导致许多不应有的混乱。例如：把历史学哲学化就是一个突出例子，在有些人那里，历史学就是历史哲学，历史哲学就是历史学。历史学的根本任务是如实再现历史事实，越是真实越好；历史哲学探求的是历史形而上的存在，这是历史认识论的任务。所以，历史认识论跟历史学有着密切的关系，但不完全是一回事，不能把历史学等同于历史认识论。

历史认识论也不是历史概论。1983 年，宁夏人民出版社出版了白寿彝先生主编的《史学概论》一书，在"题记"中白寿彝先生写道："在50 年代，同志们在一起谈天，提起史学概论来，都认为应该在马克思主义基本原理指导下，写这么一本书；同时也认为，在高等学校历史系应该开设这门课程。至于这本书应该怎么写，这门课程应该讲些什么，大家一时想不出办法来。一年一年过去了，对这个问题一直没有认真讨论过。后来，我在北京师范大学历史系开了这门课程，主要讲的是历史唯物主义。但我并不认为这种讲法是对的。因为我觉得，如果只讲历史唯物主义，这门课就应该叫历史唯物主义，不应该叫史学概论。"② 白寿彝先生关于历史唯物论"就应该叫历史唯物论，不应该叫史学概论"，这个意见是很正

① ［英］柯林武德：《历史的观念》，何兆武、张文杰译，商务印书馆1997 年版，第37 页。
② 白寿彝主编：《史学概论》题记，宁夏人民出版社1983 年版，第1 页。

确的。他所说的史学概论的书当时没有写成，到了 20 世纪 80 年代中期，这样的著作便陆续问世了，不过意见并不一致，后来在这个问题的讨论中，人们似乎终于明确，历史概论就应该是指的历史认识论。20 世纪 80 年代中期，有人从认识论的角度来考察历史研究活动，被一些论者认为是一种新的"史学概论"。可见，在一些人那里，"史学概论"就是历史认识论。其实，这个意见是可以商榷的。

什么是"史学概论"？史学界的认识很不统一，各种各样的历史概论的出现就是证明。在一些关于史学概论的论著和文章中，概论的内容几乎无所不包。有些作者认为"史学概论"就是历史认识论，认为只有讲历史认识论，才是讲了真正的"历史概论"，我以为这种观点是不妥当的。首先，历史认识论同历史概论是有区别的，后者是对历史领域中一般性问题的大概论述，可以说，只要是涉及历史，都可以作为历史概论的内容，因此，有人在历史概论中阐述什么是历史、历史方法论、历史认识论、历史发展的规律性、历史的价值、历史的未来发展等，这都是可以的；因此在不同的人那里有内容不同的概论，这是不奇怪的。问题不在于概论"概"什么，而在于不明确历史概论同历史认识论的区别。

历史认识论不是研究历史学一般涵盖哪些内容或方面，而是应当研究历史认识自身，即历史认识本身是怎么一回事，这种研究可能涉及上述那些问题，但它是从认识的视角对之加以考察的。其次，历史、历史学本身都不是历史认识论，历史或是指过去发生过的事件，或是指对过去事情的记载；史学是指对过去事件和记载的研究和整理。这个过程中包含认识问题，但不能算作历史认识论。

二 历史认识论是研究社会历史领域中认识问题的理论

有没有历史认识论，什么是历史认识论？要回答这一问题首先要考察社会历史领域有没有认识，能不能认识。尽管在历史领域争论、分歧很多，但对这个问题大家的答案还是一致的，即肯定历史领域是人类认识的一个重要领域。

任何历史都是一种认识，这里讲的认识既是指过程，也是指结果。作为过程就是历史学，作为结果就是历史知识。历史学是历史学家对历史资料认识和研究的过程；历史知识就是这一过程的结果。人们对过去事物的知识也是通过人们对过去事物的认识而得到的。不过，我们这里讲的历史认识论并不是指这样的认识。历史认识论是社会历史领域全部认识论的一个组成部分，是专门研究社会历史领域中的认识问题的理论。所谓历史领域中的认识问题就是历史学家对历史认识的问题，包括两个层次：第一个层次是指对历史事实的记载和记录，即通常说的历史资料；第二个层次是指历史学家通过对历史资料的研究而写成的历史。这里讲的历史学家是广义的，既是指那些对历史资料研究的人，也包括收集整理材料的人。

历史学家对社会历史的认识同自然科学家对自然界认识是有区别的，这是由于社会领域同自然界不同而决定的。关于社会历史与自然史的区别，人们早就注意到了，不过对于这种区别的认识和理解，在不同学者那里是很不相同的。例如在生命哲学家狄尔泰那里，历史是人的精神生命，而自然界是没有精神生命的，由此导致对历史的研究和对自然的研究的迥然有别。文德尔班则认为，历史区别于自然界的，在于它的个别性、价值性和不可重复性，在此基础上产生的历史又是一个面貌。这些说法从根本上讲，就是指明社会历史是由有意识的人和人的活动所构成的，自然界中的事物都是无意识的。因此，绝不可把研究自然事物的方法简单地运用来研究社会历史。社会历史与社会也不同，社会主要指当前人的生活和活动；而社会历史则是指一个社会曾经存在过、出现过的而今已不存在的人和人的活动。所以，认识社会与认识自然界不同，认识社会历史与认识社会也不同，社会历史是具有自己特点一个认识领域，历史认识论就是对这个认识领域进行研究和考察的理论。

社会历史领域认识问题，以往研究者关注比较多的是两个：一个是历史的记述，就是把历史事件如实地记载下来，如通常所说的编年史、历史资料；另一个是历史学家通过对史料的研究而编撰出来的历史，即对历史的陈述。前者是对历史事实的记录和记载，也是一种认识，但还不是历史，或者只是广义的历史；后者是对历史资料的研究和认识，就是通常我们所说的历史，如各种通史、断代史、人物史等。这两种认识不是彼此完全割裂的，在多数情况下是彼此相通的。历史认识论是对这两种认识的研究，是对认识的再认识。这是以往研究历史的人未曾明确提出过的。赵家祥先生在《历史哲学》一书中，对历史认识论进行了研究，他说："历史认识论的研究对象是历史认识。如果我们把历史认识看作历史知识，历史认识论就是对历史知识的哲学分析，历史认识论实际上就等于历史知识论；而如果我们把历史认识看作获取历史知识的过程，历史认识论就是研究人们如何认识历史的哲学学科。由于完整意义上的历史认识既指过程又指结果，所以，历史认识论既研究人们如何认识历史，也研究人们获得的历史认识成果。"[①] 我认为，赵先生对历史认识论概念内涵的两个方面作了比较正确的解释，但在这个论述中，作者对历史认识的两个领域及其相互关系未作详细论述，实际上这两类情况中的每一类都非常复杂，都必须做细致深入的研究，才能真正弄懂什么是历史认识论。

近现代西方历史理论的研究者中，已经有人意识到了这个问题，如我们前面提到的沃尔什，他提出对历史思维和历史解释的研究。但许多历史哲学家只是在这个问题上兜圈子，始终没有能够把这个问题明确地提出来。常常把这个问题同历史学混淆起来（如前所述），没有搞清楚历史认识论的理论空间及其对象。在这里，我们明确提出历史认识论是一个特殊的认识领域，并将对之进行深入地研究和探讨，期望对历史哲学的发展有所进益。

由于认识论有唯物主义和唯心主义之分，历史认识论也有唯物主义和唯心主义的区别。我们在这里是以马克思主义认识论为指导去考察和研究历史认识的，这是我们的基本立场和根本的原则。因此其他形式的认识论就不作详细专门的论述，只是在必要的情况下有所提及。

主观怎样反映、认识客观这是认识论的基本问题，也是历史认识论的基本问题。认识论里的主观（主体）是指在实践中从事认识的人；客观（客体）有广义和狭义之分，狭义的客观是指被引进到认识中来的外部事物；广义的客观是指主体之外存在着的一切事物。人在实践中不断地把自然界中的自在之物转变成为我之物，主体和客体在认识过程中是紧密联系的整体。历史认识论是人类认识一个很有特点的领域，它与一般的认识论不同，又离不开一般认识论。在历史认识论领域，主客体都发生了变化。从主体来看，马克思主义哲学历史认识论严格来说也是一种反映论，其主体也是人。不过，作为历史认识论的主体虽然仍然是人，但这里的人既不是参与历史实践活动中的人，因为历史是已经过去了的事情，它是已经消

---

① 赵家祥等：《历史哲学》，中共中央党校出版社 2003 年版，第 260 页。

失了的人的实践遗迹和记载；这个主体也不是现在的对记载和遗迹加以研究的人，即不是指的历史学家，而是对历史研究者的研究成果进行再研究的人。历史认识论的客体也发生了很大的变化，一般作为客体是指认识的对象，是指外部实际存在着的、实有的、可以经验的东西；而历史认识论的客体（研究对象）指的不是具体在场的事物，而是由历史学家对历史事实概括和抽象出来的观念体系。也就是说，历史认识论是对历史学家所形成的认识进行再认识、再研究的理论。

　　明确历史认识论的主体和客体，历史认识论也就有了着落。我们可以研究构成历史认识论要素各自的内容和特点，研究它们之间的矛盾运动，以及这种运动和发展对我们认识人类历史的重要意义。我国史学理论界有许多资深望重的专家，对我国史学理论的研究和发展作出了令人瞩目的贡献。但在历史认识论这个问题上，他们有的表述给我们留出了探讨的空间。我认为一个突出的问题就是没有把历史学同历史认识论区别开来。有论者批评历史学家"单纯局限于找材料来充实自己的观点"，而没有"对历来的经义本身加以反思乃至拷问"。他说："过去长期以来，我国史学界习惯于旧实证主义的思维方式和探讨方式，往往满足于沉浸在成堆的史料和现成给定的思想体系之中，而从不萦心于自己所由以出发的思想的前提假设的条件及其局限性（或者说，它的有效性范围的界限）。这种盲目性往往会导致人们钻之愈深则失之愈远。史家在自己对待历史世界的态度上，也必须既是入乎其内而又出乎其外，即既须入乎其内深入探索史实的真相，同时又能出乎其外随时反思并批判自己是如何理解历史世界的，亦即它的有效性的范围和程度究竟如何。"[1] 我认为，这就把研究历史同研究历史认识论搞混了。历史学的职责就在于把过去发生过的事变和行动记载下来并对之加以研究，越是不离事实就越真实，这应该是史家最基本也是最正确的态度。一个历史学家如果能做到把一段历史准确无误地记载下来、表述出来，他就是不辱使命。至于"他所由以出发的前提假设的条件和局限性"，正是历史认识论要研究和考察的问题。一个历史学家能够真正做到"入乎其内"就已经很有成就了；"出乎其外"不一定是历史学家分内之事，而是历史认识论必须要解决的任务。当然，我们不反对一位

　　①　张耕华：《历史哲学引论》，复旦大学出版社 2004 年版，序言。

历史学家同时又是一位精通历史认识论的专家，这样他就能够把历史做得更加精致和深刻；但不能因此而把历史学同历史认识论混淆起来。这位学者之所以这样批评历史学家，是不是表明这位学者还没有把历史学和历史认识论清晰地区别开来。

第四节　历史认识论的对象

一　历史认识论研究的空间

历史是多层次的。最基本的一个层次是以往存在过的、发生过的事实；第二个层次是对这种事实的记录和记载以及人们对这种事实的研究，后者是对前者的认识，是历史学家撰写的作品；历史认识论是第三个层次，是对历史学家撰写的历史进行再研究。要把历史事实同历史学家的作品区别开来，这种区别在西方历史哲学中早就有人注意到了。例如：法国历史学家亨利·科尔班就用大写的 Histoire 代表历史事实；用小写的 histoire 代表历史学家对历史事实的反映和对历史资料的研究。在英语中，美国学者菲利浦·巴格比主张用定冠词和不定冠词把二者区别开来："the history" 代表历史事实；"a history" 代表历史学家通过这种事实的反映和研究形成历史。历史认识论不是对历史事实的研究，而是对这种记载和反映历史事实的历史的认识和研究，是对 "histoire" 和 "a history" 的认识和再认识，它的认识对象是历史学家得出的观念和概念以及历史学家所把握的概念与历史事实之间的关系。

历史学家对历史事实的记录和评述，也可以看作是对历史事实的认识，我们随时要把这种认识同历史认识论区别开来。历史认识论追究的是历史学家记载和评述何以成为历史。如果历史是一出剧，历史学家不过是剧作者，他们本身并不是剧中人。这就是说，历史学家并不是历史事实的当事人和亲历者，那么凭什么叫人相信他所记录和陈述的就是曾经发生过的事物？凭什么说他的评论就一定是与历史事实相符一致的呢？这就为考察历史学留下了广阔的余地，也就是说，为对历史观念内容的科学考察，对历史内容如何被概括和提升为概念和论断的研究，提供了可能性和必要性。

在历史的研究和教学中，常听到人们说"让历史事实自己说话"，在历史学范围，这句话是有力量的；但并不等于这句话是不可以进一步推敲的。这种说法无非是想表明，他所说的或所写的都是真实的。如果的确就是这样，那么我们所说的历史认识论确乎就没有存在的必要。然而，事实并非如此。首先，历史事实自己不会说话，"让历史事实自己说话"这句话在严格意义上是不能成立的。历史事实是过去的东西，就现在而言它并不存在，一种现在不存在的东西怎么能说话？其次，作者一定会说这不过是一种比喻，为了使人更有真实感和可信度。其实问题正是出在这里，你的真实感和可信度本身正是我们要考察和研究的对象，所谓让历史自己说话，实质上仍然是研究者自己在说话，历史认识论就是要对你说的话加以研究。我们并不反对在研究历史时引用史实，但引用史实不等于你的研究就一定准确无误。所以，历史认识论研究的空间不会被引用史实所占据，相反，我们正是要对这种占据自身进行研究。

二　历史认识论对象的特殊性

有人将历史认识论说成是探讨历史领域中的哲学，这种说法在一定意义上是正确的，但不可一概而论，尚需进一步分析和研究，这在后面将详细论述。

这里我们着重考察历史认识论对象的特殊性。历史认识论同其他领域的认识论在根本意义上是一致的，都是对认识对象的反映。前面已经说过，一般认识中的认识对象是客观存在着的事物，是可以感觉和经验的，自然科学就是如此，所以自然科学是实证科学；历史认识论的对象不具有这种特点，它不具有通常意义上的实证性。由于对象的特殊性形成了认识的特殊性，历史认识论的对象是历史学家用概念所陈述的对历史的认识，是一种观念的系统，决定这一观念系统的事实的历史是不在场的，这与一般认识论中的认识对象是在场的某种事物是完全不同的。

那么这些过去的、不在场的事物如何成为历史认识论的对象的呢？这里有一个转化的过程。历史是过去了的东西，即使是事实的历史也是已经消失了的不存在的事物，作为历史遗迹的实物虽然能被发现和保存，但它已经不是当年意义的实物。因此，历史事实不能直接成为对象，它只有通过史料的形式成为历史学家认识和研究的对象。历史学家所获得的认识是一种观念系统，这个体系才是历史认识论所要考察和研究的。由此可见，史料和历史事实是在转化为观念以后，才成为历史认识论的对象的。所以，如前所说，历史认识论是对认识的再认识，是对历史学家撰写历史的那些观念体系何以成为历史的研究。

三 历史认识论与反思

因为历史认识论是对认识再认识，有人就把对历史的反思与历史认识论等同起来，这是不正确的。哲学上讲的反思是指意识的自我认识和内在的心灵活动，是意识或心灵以自己的活动作为对象的回视和观照，是认识返回认识自身的一种表现。对历史的反思有几种情况：一是为了吸取经验教训去回顾、返观某一历史事实；二是历史学家对自己撰写的历史进行再研究，作出新的补充，或对过去写错了的地方加以纠正。在这两种情况下，反思与历史认识论都不是一回事，都不能等同，历史认识论要比反思丰富复杂得多。反思仅仅是认识主体对自己个人已经获得的认识和意识的再思考，是自己思维回复到思维自身，是"我思之我思"；历史认识论是对历史学家的历史思维已经形成的对历史的认识进行再研究，作为研究主体和客体均已发生了变化。当然，历史学家也可以对自己写成的历史进行再认识，但如果这种认识仅仅限于纠正错误，还是属于历史学，只有深入探讨何以形成这种认识，才是历史哲学，才是历史认识论。

把反思说成是历史认识论会引起若干混乱。不少研究历史认识论的书没有搞清楚历史认识论与历史的反思之间的区别，结果，导致把历史认识论同历史当成一回事，认为历史研究是一种回顾过去，也就是历史认识论的一种；还有人不能把历史学与历史认识论明确地区别开来，把历史事实时而说成是历史的对象，时而说成是历史认识论的对象。如果这样，把历史认识论单独提出来还有什么意义呢。对历史的再认识不是"反思"，这里的"历史"是历史学家已经形成的观念体系的历史；这里讲的认识是指对历史学家形成的历史观念体系的再认识，与反思是完全不同的两码事。现在有一些书标榜是专门研究历史认识论的，但令人不解的是，书中始终没有对历史认识论作出正面明确的解说，而在还未明确什么是历史认识论的情况下，就大讲历史认识论与社会认识论、历史认识论与历史本体论等的关系，实际上是讲了许多与历史认识论无关的东西。可见，不少研究者实际上还徘徊在历史认识论的大门之外。

在什么意义上历史的反思接近于历史认识论？柯林武德讲了他对这个问题的理解，他说："哲学是反思的，进行哲学思考的头脑，决不是简单地思考一个对象而已；当它思考任何一个对象时，它同时总是思考着它自身对那个对象的思想，因此哲学也可以叫作第二级的思考，即对于思想的思想。"① 他是很注重事实历史的思想内涵的，这里说的"做第二级的思考"，如果不仅仅是指思想，而且也包括整个历史，也就类似于我们所说的对历史学家的认识的再认识，也就是历史认识论。

四　用科学的哲学认识论去考察历史

用科学的哲学认识论去考察历史，是历史认识论能够获得成就的基础。研究任何问题无不涉及出发点和方法问题，研究历史也是一样。只有坚持科学的哲学认识论才能保证出发点和方法论的正确，才能使研究者对历史有正确的认识。许多西方历史学家由于未能掌握科学哲学，尽管在某些方面显露杰出的智慧和才能，但终究不能取得新的突破。前面提到的英国历史学家沃尔什就是一个很好的例子。

在历史领域，的确存在特殊和一般、具体和抽象关系的矛盾。历史都是特殊的、具体的；研究历史的人也只能是特殊的和具体的。然而，在哲学中，特殊不能脱离一般而存在，抽象与具体也不能分离，这里的特殊和一般、具体和抽象是统一的整体。历史除了特殊、具体的历史以外，还是一种普遍的、整体的历史。这些就是马克思主义哲学认识论一般原理。现在我们来看一下沃尔什在这个问题上是怎样由正确走向了错误的。首先他对特殊的历史做了较好的分析。他认为确实有许多不同种类的历史学，也确实需要有专家知识才能对每一个分支作出阐释。但尽管如此，他还是认为："在一切种类的历史著作中都有着一个凌驾于一切之上的单一目标，即要把人类的过去构成一幅可理解的画面作为一个具体的整体，从而它对我们就以我们自己的和我们同时代人的那种同样的生活方式而复活。"② 历史是一个整体，而不是支离破碎的。一直到这里，沃尔什的论述都是正

---

① ［英］柯林武德：《历史的观念》，何兆武、张文杰译，商务印书馆 1997 年版，第 28 页。

② ［英］沃尔什：《历史哲学导论》，何兆武、张文杰译，广西师范大学出版社 2001 年版，第 62 页。

确而智慧的，他注意到了个别与一般、部分与整体之间的联系。可历史学家要做到这一点，就必须有一个思维基础。但在思维基础这个问题上，他却走偏了方向，他认为这个基础就是人性。他说："历史学家正是根据他对人性的概念而终于决定了把什么作为事实来加以接受，以及怎样理解他确实接受了的东西的——这一反思就表明了各种命题作为一个整体乃是极其重要的。……人性的科学因此对历史学的每个分支来说，都是基本的科学。"① 沃尔什对人性科学做了详细的论证，最后得出结论人性就是历史学家进行历史思维的知识形式。沃尔什的论述提出了一个有价值的问题，就是历史学家应用什么样的原则去指导自己的历史研究？然而，他对这个问题的解决却是错误的。尽管他意识到把人性作为研究历史的根本原则矛盾不少，并试图去加以解决，最终还是跳不出旧哲学的藩篱。他把人性要么归结为先天的（包含一种先验的成分），要么说成是主观心理的。他认为人性中"有一个坚固的内核"，这个坚固的内核就是道德的和形而上学的信念。正是这种道德和形而上学支配着历史学家的历史思维。从哲学视阈来看，沃尔什未能超出旧哲学的界限，如此所获得的历史认识论与以往历史哲学家如康德、黑格尔并无本质不同，是康德的先验哲学和黑格尔唯心主义哲学的变种和再现。

众所周知，不同哲学有不同的认识论，认识论不同，对历史再认识所形成的历史认识论也就不同。而唯心主义哲学认识论作指导去认识历史不可能有真正的成功。我们以黑格尔哲学为例，黑格尔哲学是客观唯心主义，"绝对观念"即"理性"是这一哲学的唯一基础，在他那里，历史认识论就是认识"绝对观念"自身辩证发展过程。"绝对观念"产生一切、形成一切、发展一切，它主宰世界，也主宰世界历史。黑格尔说："我一开始便宣布了我的见解，并且提出了我们的假定——这个在末尾将作为结论——以及我们的信仰，就是'理性'统治了世界，也同样统治了世界历史。对于这个在本身为本身的、普遍的、实体的东西——其他一切万有皆居于从属的地位，供它的驱策、做它的工具。"② 一部《历史哲学》就

---

① ［英］沃尔什：《历史哲学导论》，何兆武、张文杰译，广西师范大学出版社 2001 年版，第 62 页。

② ［德］黑格尔：《历史哲学》，王造时译，世纪出版集团、上海书店出版社 1999 年版，第 26 页。

是"绝对观念"或称作"理性"自己对自己历史的认识。黑格尔不仅把历史和历史认识论混为一体，而且把二者归结为一个东西，这就是"绝对观念"自身及其过程。黑格尔是主张在历史领域追求真理的，然而，按照他的这种见解，除了"绝对观念"把自己回到自己自封为达到了真理而外，他什么真理也没有达到。

我们主张用科学的哲学认识论去考察历史，只有这种哲学的认识论才能帮助我们走进历史真理的殿堂。这种科学的哲学认识论就是以实践为基础的马克思主义哲学能动的革命的反映论。

我们不主张把马克思主义哲学的历史唯物论与历史认识论简单地等同起来，也不认为可以用对历史唯物主义的研究取代对历史的研究，但我们承认历史唯物主义是马克思主义哲学的重要组成部分，是马克思主义哲学认识世界与改变世界的指导性原理，历史认识论也必须无条件地接受它的指导。原因不是别的，就在于它自身的科学性。

马克思主义哲学认识论最显著的特点是它的实践性，认识在实践中产生，随着实践的发展而发展，它在本质上同社会历史是一致的。在马克思主义哲学看来，就内容而言，社会历史既包含事实的层面，又包含反映的层面，即对它进行认识和研究的层面。如果把研究与反映归为一个方面，历史正好是两条平行线：一条是事实——人的实践活动及其结果，即事实历史；另一条是对这一事实过程的反映，即历史学家所陈述的观念的历史。历史认识论就是对这两条平行线进一步的认识和研究。仅就事实层面而言，还单纯一些，历史就是指去发生过的事情及其过程自身；而涉及反映、研究的层面，历史的复杂性就立刻显现了出来，因为反映和研究本身就是一个非常复杂的问题。作为反映的成果是文字的记述（即对过去发生的事情的记录和描述），也就是史料，通常把对记述的研究也纳入史料之中。不难想象，历史认识论是对二者更为深刻的认识和研究，其复杂性将远远超过对社会历史单纯的反映。

第二章　事实的历史

　　历史认识论既然以历史学家对历史事实的认识和反映为对象，首先碰到的一个问题就是什么是历史事实？我们把历史事实叫作事实的历史，把对它的认识叫作反映的历史。正是在这两个方面及其相互关系的问题上，以往的历史理论存在着许多混乱。所以，历史认识论的一个基本任务，就是对这两个方面进行全面的考察。在历史认识论中，这两个方面构成一对矛盾，矛盾的每一方面及其相互关系都是生动的、具体的。同任何矛盾一样，历史认识论中这对矛盾也是既对立又统一，它们如何对立又如何统一，我们将予以深入的分析。这里先研究事实的历史本身。

　　事实的历史或历史事实就是指过去发生过的事实和事件，它是历史认识论中的一个基本概念。作为存在，历史事实具有第一性。实证主义者把历史事实等同于自然界中的实在事物，这是不对的。自然科学中的事实是可以直接感知和经验的；历史学中的事实不是直接给定的，"它是由于按照一种复杂的准则和假设的体系来解释资料的过程而推论出来的。历史知识的理论就会发现这些准则和假设都是什么，并且会问它们之成为必要的和合法的都到什么程度。"① 这段引文共有两句话，我以为第一句话是深刻的，它揭示了历史事实得来的特点；但第二句话令人费解，历史知识的理论怎么就能发现这些"准则和假设"，至于说"到什么程度"就更加玄乎了，这两点作者均未加以解释。但不论怎样，柯林武德对历史事实的这种解释对我们还是很有启发的。历史事实不是那些堆在历史仓库里拿来就用的陈年旧物，也不是指积累起来的资料，而是经过解释和加工才形成的。

---

　　① ［英］柯林武德：《历史的观念》，何兆武、张文杰译，商务印书馆1997年版，第197页。

第一节　人类历史的起源

事实的历史是哪里来的？是从来就有的吗？是神创造出来的吗？都不是。我们这里所讲的历史是指人通过实践所创造的历史，是人自己及其活动的过程和结果，即社会的历史，不包括自然界的历史。社会历史的主体是人，历史不是上帝赐予的，而是人自己创造的。历史学家研究历史时仅仅面对事实历史和这种事实历史的文字表现，并不考究它最初的来源；历史认识论却要揭示事实历史的最初来源，为自己提供根本的基础和出发点。

一　历史是人创造出来的

人类历史是人自己创造的。所以要这样提出问题并给以回答，就是要排除神对历史的干扰，消除神创历史的影响。人是自然界长期发展的产物，没有人也就没有历史，人是历史的创造者。

人是怎样创造历史的呢？人通过劳动实现与自然界的物质变换，为自己生产维持自身生存的生活资料。从此，人便有了与动物完全不同的生活方式和存在方式。动物改变自己适应自然；人改变自然满足自身需要。在感性的物质活动的过程中，发生人与人的接触和交往，正是这些活动和交往，产生了语言和意识，使得人与人之间联系变得多样化和复杂化。一方面，在长期的共同劳动和生活中，形成了许多约定俗成的东西，如习惯、原始的道德原则等；另一方面，为了使生活得以正常进行，逐渐建立起了这样和那样的制度，于是人类社会出现了。人类的生产物质资料的劳动是绵延不绝的活动过程，这种绵延就是社会的演进，也就是历史。从社会形态上看，人类历史大致经历了原始共产主义社会、奴隶社会、封建社会、资本主义社会和社会主义社会等形态。每个社会形态都有与之相应的经济、政治、宗教、哲学、艺术、文化等。我们称作事实的历史就是指特定社会形态所发生物质活动过程和精神文化活动过程，包括在这两个过程中所出现的人物和发生的事件；对这种事实历史的记载、认识和研究所形成的观念的历史，即我们所阅读到的历史。

当今世界已经进入信息化时代，人们的生活方式、社会的存在方式都在发生深刻的变化，这种变化的前景还很难预料，人类的历史也将因此迈向一个新的阶段。在这个阶段上，创造历史的不仅是人的体力，而且人的智力越来越显示其优势。人的智力以信息的形式渗透于历史的事实之中，这种信息形式的智力也一定会影响历史认识论。

人自己去认识和研究自己的创造活动，而这种认识和研究又是为了人自己。因此，在对事实的历史作考察之前，首先要说明两点：其一，我们不把事实历史叫作像现在一般历史哲学所惯称的"历史本体"。因为"本体"这一概念比较适用于整个世界观，社会历史观不过是整个世界的一部分，不需要也不存在什么特殊的本体。我们将要论述的事实的历史从世界观高度来说，涉及的仅仅是历史观，而历史观不过是世界观的组成部分，世界观的本体就是历史观的本体，不应在世界观本体之外再确立一个特殊的历史本体。当然，作为世界观的本体在社会历史领域如何规定，这是一个具体的哲学问题，认识也很不一致，应另当别论。其二，这里所讲的事实的历史正如前文已经指出的仅指人和人类社会，不包括自然界，后面将要论述的反映的历史也是仅指人和人类社会而言，不包括人对自然事物的反映。这决不是说人和人类社会与自然界没有关系，可以截然分开；恰恰相反，人和人类社会是从自然界发展而来，是自然界的一个特殊的组成部分，是不能脱离自然界而存在的，必须承认自然界的优先地位。不过科学的发展和分野表明：自然界的历史是一个相对独立的领域，对它的研究是自然科学的任务，不属于通常所说的历史这一范畴。

在马克思主义哲学里，历史不是一个空洞的概念，也不是什么精神，而是人通过劳动把自己实现出来的过程，在这个意义上，我们可以说，历史就是人自己劳动产生的历史。由于劳动是一种物质活动，是可以通过科学手段精确地加以把握的，所以，通过劳动而造就的历史是可以直观和证明的。马克思说："整个所谓世界历史不外是人通过人的劳动而诞生的过程，是自然界对人来说的生成过程，所以，关于他通过自身而诞生，关于他的产生过程，他有直观的、无可辩驳的证明。"[1] 所谓直观就是可以直接感知，因为劳动是一种物质活动，形成劳动的因素是劳动者、劳动工具和劳动对象，还有劳动成果，都具有客观实在性，所以完全可以被感知。

---

[1] 《马克思恩格斯全集》第 42 卷，人民出版社 1979 年版，第 131 页。

感性所提供的东西虽然是粗糙的、表面的，但是是直接的、具体的，从而达到对对象朴素的、真正的证明。

但是，这里必须要明确，我们这里所说的事实历史的感性证明，并不是指事实历史是现实的感性存在，事实的历史只是过去存在过，现下已经不在场、不存在。历史学家通过对历史资料的研究，借用文字、概念或语言把这种已经消逝了的存在再现出来，这种再现出来的事实的历史是以已经消逝的事实为基础而产生的观念体系，它同原来的事实不是一回事。我们可以借助它去把握过去的事实历史，但不能把它当作就是事实历史本身，二者不能等同。

人的生存当然离不开外部自然环境，但人一开始就通过自身的活动——劳动，把外部自然变成自己的一部分，用马克思的话来说，就是把外部自然变成人的无机的身体，把自然变成人化自然，这就是"自然界对人来说的生成过程"，就是我们所说的事实历史。

二　人不能随心所欲地创造历史

人是历史的创造者，但人并不能随心所欲地去创造历史，也不能在自己选定的条件下去创造历史。马克思指出："人们自己创造自己的历史，但是他们并不是随心所欲地创造，并不是在他们自己选定的条件下创造，而是在直接碰到的、既定的、从过去继承下来的条件下创造。"① 正因为如此，不同时代的人创造历史的业绩是不同的。原始的人类直接碰到是浩莽未开垦过的自然，他们所创造的历史只能是非常原始的社会历史，跟后来资本主义时代的人们所创造的历史是不可同日而语的。由此不难理解，人类历史越是往前追溯，事实的历史就越是低级、简朴、简单；反之，越是往后社会历史就越高级、繁盛、复杂，事实的历史也就越丰富。从认识论的角度，认识历史就越是困难。

人们不能随心所欲地创造历史，也决定了人们不能随心所欲地编造历史，任何历史都必须以事实为依据，没有事实为依据的历史不能叫作历史，只能叫作谎言。然而，从古到今，人们所见到的历史不知道有多少谎言！在历史上，为了某种目的和需要，随心所欲"创造历史"比比皆是，

---

① 《马克思恩格斯选集》第1卷，人民出版社1995年版，第585页。

编造谎言之事常有发生。例如，绍兴十一年（1141年）二月，正当岳飞在前方抗击金兵取得节节胜利之际，南宋奸臣秦桧编造岳飞谋反的谎言，将岳飞父子投入大理寺监狱，并欲加以谋害。已经退闲的"韩世忠不能平，以问秦桧，桧曰'飞子云与张宪书虽不明，其事体莫须有'。世忠怫然曰：'相公，莫须有三字，何以服天下乎？'"① 秦桧以"莫须有"的罪名杀害了岳飞，造成千古奇冤。中外历史上，出于种种原因而任意编造甚至伪造历史者屡屡发生。所以，在历史研究中，我国自古以来就有辨伪这一专门的学问。据翦伯赞先生研究，我国早在汉代就开始有"辨伪学"，绵延至现代，几无间断。辨伪之书汗牛充栋，可见任意编造历史情形之严重。这些任意编造历史的动机和目的尽管不同，却有一个共同的特点，就是不以事实为根据。随心所欲编造历史，编造者或可得意于一时；但历史是认真的，终究会把编造者葬送到历史垃圾堆中。

"辨伪学"是历史认识论重要组成部分。历史认识论的一个根本宗旨就是确证事实，驱除谎言，还历史事实以真实的面貌。这项工作，编撰和写作历史的人也在做，但由于他们身陷其中，往往不能客观地对待历史真实这个问题，而且还由于历史学家世界观和方法论的差异，对事实历史有各自的见解，所以才特别需要历史认识论对他们的认识再行审视，审视他们自己是否是事实的忠实代言者和陈述者，这在后面还要深入分析。

第二节　事实的历史是事件和事实的结合

一　事件和事实

一踏入社会历史这个领域，就离不开一桩一桩的历史事件，就会遇到大量的历史事实，事实和事件都离不开人和人的活动，正是这些事件和事实构成了生动鲜活的历史。

什么是历史事件和历史事实？这个问题历史学家撰写历史时很少给予关注。其实，这是历史学中不应忽视的一个问题。不搞清历史事件与历史事实之间的区别和联系，要准确真实地把握历史几乎是不可能的。因为历史事件和历史事实是历史的真正载体。

---

① 白寿彝总编，陈振主编：《中国通史》第七卷，上海人民出版社1999年版，第1751页。

　　有人把历史事件分成简单的和复杂的，例如第二次世界大战中一个士兵逃跑或受伤了，这是一个简单的事件；斯大林格勒战役、攻克柏林甚至整个第二次世界大战是一个复杂的事件。历史事件的确有简单和复杂之分，但这种分法没有说清楚历史事件的特点和性质。还有人认为历史事件是指那些曾经起作用并已产生后果的那些事件，例如一种哲学或思想当时并未引起人们的关注，后来却被人重视起来，而且产生了很大影响，这就是历史事件。我们认为这种说法并未道出问题的关键和要害。

　　从历史认识论的视角来看，历史事件是指个别的、突然发生的、对一个时期产生重大影响的事件，具有具体性和突发性，在时间上是短暂的，是一个节点。比如，唐朝李世民于武德九年（626 年）六月四日发动的"玄武门之变"；宋朝赵匡胤于显德七年（960 年）二月二日发动的"陈桥兵变"等。历史事件往往是一个新的时期的开始，如前者使唐朝走上了昌盛，后者建立了宋朝。又如在"十年动乱"中出现的"9·13"事件（即 1971 年 9 月 13 日林彪一伙驾机出逃坠毁在蒙古温都尔汗事件），2001年发生于美国震惊世界的"9·11"事件等，都是有重大影响的历史事件。这些事件发生的时间较为短暂，从开始到结束都突然而迅疾。历史事件是历史之网上的纽结，人们只有抓住它，才有可能迈进真实的历史堂奥。一个历史事件通常是一段历史的开端，顺着这个开端就可以把握这段历史的全部。开端的意义很不寻常，这就是历史事件自身的价值。

　　事实是事件的总体，包括事件的发展和过程，也是对事件的概括和抽象，具有一般性。事实实际上是事件的展开。比如，唐朝安禄山、史思明造反的"安史之乱"是历史事件，由这个事件所形成的一段历史——安史之乱——就是历史事实，历时十多年，自此以后，唐朝就由兴盛走向衰落。历史事实与历史事件不同，事件的意义要待事实过程的展开才全部显现出来。历史上有些事情的发生如昙花一现、一闪而过，没有过程和实在的内容，它构不成历史史实，也就不成为历史事件。

　　历史学对历史事件和历史事实的研究也是有区别的，对前者注重于记述，时间、地点、人物，都很详细和具体。对后者注重于评析和研究。史学是对历史事件进程的展现和探讨，它抽取历史事件中主要的有用成分，抛弃了次要成分，将它建构成为这一阶段的历史事实。历史事件是历史人物所为，这里除了记述，不容历史学家插足；历史事实则不然，除了历史人物的活动外还必须有历史学家的辛劳，即历史学家对历史事件的研究、辨析、概括和抽象。在这个意义上，我们可以说历史学家有两类：一类是记叙性的历史学家（也就是通常所指的资料收集者）；一类是研究分析性的历史学家。

事件和事实具有内在的联系，事件和事实是不可分的，二者都是客观的，事实依赖于事件，它就寓于事件之中，与事件不可分离，每个事件总体现了一定的历史事实。正因为如此，我们在下面的研究中，只是在特别必要的情况下，才将事件和事实区别开来。因为"事实"这个概念具有一般性，所以，我们更多使用的是事实这个概念。因为二者具有内在本质的联系，即二者在本质上是相通的，都是第一性的，所以，有时我们也将二者通用，不太关注它们之间的区别。

历史事件和历史事实的结合和统一，就是事实的历史，我们称作历史的客观的方面，对事实历史的反映叫作历史的主观方面。事实的历史是历史事件和历史事实的结合和统一，这种结合和统一是无条件的吗？是任意的吗？请看下面的分析。

人猿揖别到于今，是多少千年还是多少万年？人们正在研究。但不论怎样，总是经历过非常辽远的时空，在这一时空中发生过什么事、多少事？谁能说清楚！历史就是这些所有事件和事实的总和吗？显然不是；历史能完全脱离开这些事件和事实吗？也不能。历史离不开事件和事实，因为事件和事实是历史的载体，是历史的基础，离开它什么都谈不上；然而，任何历史也决不能把某个时代所发生的事件和事实全部包括进去。这样便产生了一个问题，即作为历史的事件和事实是什么样的？从以下的分析可以看出，成为历史的事件和事实是有条件的。

广义而言，所谓历史事件就是指现时以前发生过的所有的人的行动和事件，我们把一个一个单独的事件用一个一般性的概念来称谓它，这就是事实。这本来是非常简明的；然而由于以下两个方面的原因却使得这个问题变得复杂了起来：一方面，历史事件它确实发生过、存在过；但另一方面，它现时已不复存在，谁也不能直接经验历史事件，因为当他直接经验某事时，该事物还是现实而不是历史，只有经验过了的事实才有可能成为历史。那么，已经过去了的、经验过的、现已不存在的事物如何成为历史的呢？这里面包含一个把事实变成文字的过程，也就是用文字把事实记述和描写下来（这就是史料）。这个由内容到形式的转变通常是由历史学家来完成的。人们所接触到的历史事实是历史学家再现出来的事实，人们所认识和把握的历史是历史学家所记载、编写出来的历史，严格说来，只是他们对历史事实的反映。

这样，人们就有理由怀疑，我们接触到的历史是真的吗？那个客观存在的、不依赖于认识者的事实本身同历史学家再现出来的事实是什么关系？这是其一；其二，为什么记载、编写的是这些事件和事实而不是别的？

长期以来，不同的哲学家、历史学家，对于这两个问题的回答并不一致。有人因为前者把历史绝对化，即强调历史事件的直接性、实在性，甚至拒绝任何意义上的反映的历史，他们断言，历史都是"个别"的，就是一个一个具体的事件；也有人抓住后者而否认历史的确定性和真实存在，历史是否真实存在过并不重要，重要的是历史陈述本身，他们把历史说成就是反映者的历史，即历史学家再现的历史，历史学家是什么样，历史就是什么样。前一种意见显然过于绝对化，一个一个的事件只是历史的载体，历史并不就是这一个一个事件。我们也不同意后一种观点，我们认为决不可因历史事件现已不复存在而否认它曾经发生过、存在过。当然，要论证不复存在的事件曾经发生过、存在过，是必须拿出证据和作出严格的论证的，我们认为这就是历史学的内容和历史学家的任务。这种任务有两项实际的担当：其一，挖掘实物并对之进行研究，不仅要告诉人们这个事实是什么，而且要把这个事实在当时所包含的意义揭示出来；其二，对史料进行考证和研究，即考察和验证再现的事实与对原来事实的认识自身是否一致。这是历史为什么离不开认识论的根本原因，也是历史内在地包含哲学的根本根据。

历史学家撰写的历史事件和历史事实原则上讲不应该是随意的；但历史中绝对纯粹的东西并不存在，历史学家撰写的历史既有客观存在的一面，又包含主观选择的一面。记载、编写什么，舍弃、抹去什么，都与历史学家个人及其所处境况密切相关，跟历史学家知识结构、道德修养、价值观等主观因素密切相关。这些在后面将做详细的分析。

二 事件、事实向历史事实的转变

我们平常所说的过去的事物或事情，它们本身并不就是历史，它们成为历史有一个转化的过程。我们知道，现时以前发生的事情太多了，简直不可计数。是不是每件事都自然地成为历史呢？当然不是。因此，成为历史的历史事件和事实必须有它进一步的规定性，这个规定性就是历史事件和事实必须为历史学家所认识，并陈述出来。

当我们仔细考察就会发现，那种被称作为历史事件和事实的东西是已被人们认知或已经被历史学家研究过的东西；而未被认知和未经历史学家研究过的东西尽管在过去曾发生过、存在过，并不能构成历史。例如：一个古战场，一枚陶片，一尊铜器，或其他什么物品，它们埋于地下，并不就是历史；它们之所以成为历史是在历史学家发现了它们，对它们加以认识和研究之后并陈述出来，才成为历史的，否则它们便与历史无关。已经被认识，这是一切作为历史事件和事实的必须具有的规定性。任何以往的事实，不论如何重大，它之成为历史必须在被人们认识之后；在没有被认识以前它不可能构成历史，它甚至就不"存在"。这种不存在不是空无，不是以往未发生过，而仅仅是因为它尚未被人们所认识，或者说，人们还未认识它们的存在，这样的存在不能构成历史。

历史可以是广义的，也可以是狭义的。广义的历史是指以往发生的一切事件和事实；狭义的历史是指已被认识了的历史事件和事实，也就是人们通常所说的历史事实。例如，我们发现几十万年前猿人用火的遗迹，就把它与人类的进化史联系起来，将它作为人类进化史的一个阶段和环节，这个遗迹便构成了人类进化史的一部分。北京周口店猿人遗址的价值就在于此。又如，我们发掘出秦朝的兵马俑，就把它与秦朝的经济、军事、政治、文化等联系起来，把它作为了解秦朝政治、经济、军事和战争以及其他问题的一个环节，这时兵马俑就构成了秦朝历史的一部分。当然认识和研究本身也是非常复杂的问题，这在后面我们将做专门研究。

事实的历史是以往发生过的已被人们认识了的事实和事件，由此不难看出，要成为历史的事件或事实，光有客观事实还不够，还必须有主观的一面，即被人所认识，然而，恰恰是这一点常常被人们所忽视。其实，事实的历史也是主观与客观的辩证的统一，这一点非常重要，可以说，现代历史哲学中的许多分歧都是由于机械地将二者割裂开来、对立起来而造成的。当然，我们这里考察的是事实的历史，主要突出的是其客观的一面，但决不排斥它有主观的层面。

第三节 事实历史的客观性、过程性和整体性

一 事实历史的客观性

研究事实的历史首先碰到的一个问题是：历史事实的客观性问题，它是历史科学的真正基础。如果历史事实不具有客观性，不是一种客观存在，历史学便没有对象；没有研究对象的学问当然不能成为科学，研究的结果与被研究的对象不相符也不能成为科学。所谓事实历史的客观性是指历史事实的存在本身不受反映和认识的影响，但它是一种可以被认识的存在，所以才关系到认识和反映。

事实历史的客观性这个问题，是现代西方历史哲学争论的焦点之一，不同流派的回答是不同的。一种意见认为，历史事实是已经过去了的、消逝了的东西，它根本不存在，历史学家所接触到的并不是历史事实本身，而是历史事实的遗迹或记录，历史是由历史学家主观编纂和杜撰出来的。乍一听来似乎很有道理；但这种道理不是真的，认真分析以后，我们就会发觉这种说法实际上站不住脚。如果这里说的"存在"是指现在在场的存在，那么作为历史事实已经过去，的确可以说已不复存在；但如果把"存在"理解为是否存在过、发生过，那么我们应当毫不犹豫地承认，历史事实确实是存在过发生过的，历史学的重要任务之一就是确证它研究的对象的真实性和确定性，就是证明他所研究的对象确实存在过。试想如果研究的对象是子虚乌有，这种研究还怎么能进行？如果研究的对象毫无确定性，还如何对之进行真实的分析？因此，笼统地讲历史事实不存在是不科学的。

另一种意见认为，历史事实是存在的，但它依赖于人的批判性的认识。就是说，历史事实是人们通过一些给定的成分建构起来的。如果离开了人的批判性的认识即人的建构，历史事实即使存在，对人也毫无意义。这种说法抓住了历史事实与人的认识的密切关系，是具有研究意义的。就是说，要确定什么是历史事实的确离不开人的认识。但必须明确，是先有

对象的存在，然后才有对该对象的认识，所以对象是先在的；不是对象依赖于认识，恰恰相反，是认识依赖于对象。我们不否认认识过程中包含建构的功能，所谓建构就是对信息的再处理，这其中无疑包含人的能动性，但有一点必须明确，这个信息的源头来自历史事实本身，如果历史事实不存在，就没有信息的源头，没有源头活水也就没有信息，还谈什么信息的建构和处理。因此，这种意见把历史事实当作依赖于人的认识实际上并没有从根本上解决历史事实真正存在客观性的问题。而且，这里还隐藏着一种危险，就是把人的认识提高到第一的地位，这就很容易滑入唯心主义的泥潭。

对于错误意见的分析，不等于是对问题的解答。对于事实历史的客观性还须作出明确的回答。我们认为，要深入理解事实历史的客观性，必须明确客观性和主观性的辩证关系。客观性是相对主观性而言的，在这个意义上，客观性不能脱离主观性而存在；但客观性和主观性毕竟是有区别的，在这个意义上，客观性具有两层含义：一是指某物具有独立于"主观"之外存在着的属性；二是指某物具有不以人的意识为转移的属性；而主观性是指人的意识和精神，因为意识始终是对某物的意识，它不具有完全的、真正的独立性。我们正是在这种意义上去讲事实历史的客观性的。

首先，怎样理解事实历史在主观之外独立存在？在实证主义哲学的影响下，一些论者强调历史学应注重于被感官知觉所直接确定的事物，而历史是过去了的东西，是感觉经验无法进入的，非经验的历史事实是虚假的，由此认为真正的历史科学不能成立。实证主义者的这种观点实际上是要求事实历史也要像自然科学对象那样，感性地、实在地独立于研究者之外。这种对事实历史客观性的理解是不正确的，它抹杀了历史学同自然科学的区别。对于事实历史的独立存在应予正确解读。如果站在历史唯物主义立场对之进行认真分析，是完全可以解释的。我们认为事实历史既有与自然科学对象相同的一面，也有异于自然科学对象的一面。历史事实的存在有两种形式，一种是对历史事实的认识所形成的精神和思想，即观念的存在，这是异于自然科学对象的，这种存在的确无法直接感知和经验。但历史并不单纯地就是观念的历史，它还有可感知的、可经验的许多物质的事实，供人们认识和研究，这是与自然科学对象相同的一面。这种可感知的、可经验的物质事实就是那个时代所遗留下来的生产工具及生产成果。

决定历史的最根本的东西是物质资料的生产和再生产，物质资料的生产和再生产是可以传承的。马克思认为社会生产力是全部历史的基础，他指出："后来的每一代人都得到前一代人已经取得的生产力并当作原料来为自己新的生产服务，由于这一简单的事实，就形成人们的历史中的联系，就形成人类的历史，这个历史随着人们的生产力以及人们的社会关系的越益发展而越益成为人类的历史。"① 由此可见，人类的历史从根本上来说就是物质生产力发展的历史。而构成物质生产力的，主要是生产资料、生产工具和使用生产工具的人，这些物质的存在是完全可以感知和经验的。正是这种物质的可传承性，我们今天可以通过对明代成化年间瓷片成分的分析和工艺流程的研究而把明代的成化瓷器复制出来，这样岂不就是证实了明成化瓷的历史！我们完全可以通过对今天物质生产力水平的研究，推知昨天物质生产力的状况和水平，由生产力的状况而推知当时社会的状况。这就是我们所说的事实历史客观性的根本含义。所以，只要我们从获得史料和遗迹实物出发，进行认真的而不是随意的研究，历史的真实是可以得到和认知的。历史虚无主义、历史怀疑主义从根本上讲是站不住脚的。

对于实证主义者所提出的可感知和可经验这样的问题不能简单地置之不理，而应以历史唯物主义的观点，对上面的问题给予科学的解答，把事实历史客观性问题坚持到底，才能真正服人。

事实历史的客观性归根到底就是讲事实历史的客观存在性，它之所以是客观存在的就在于它是物质运动的一种方式和轨迹，这种方式和轨迹是以以往发生的事件及其过程为载体的。以往发生的事件无论是什么性质或类型的，都同人分不开，都是指的人的活动及其过程和结果。如前所说，人的最本质的活动就是人的劳动。他通过劳动创造了自己的历史。人的这种创造活动有一个由低级到高级、由简单到复杂的过程，这同人类自身发展的过程相一致。人一方面通过人的活动改造自然；在这同时又使自身得到改造和提高。如马克思所说：整个所谓世界历史不外是人通过人的劳动而诞生的过程，是自然界对人说来的生成过程。这种过程不是精神的过

---

① 《马克思恩格斯选集》第4卷，人民出版社1995年版，第532页。

程，而是物质运动过程。因为人和自然界都具有客观实在性，人的活动既是自然界的人化，又是人的自然化，劳动是人与自然的物质变换过程的中介。人对自然界说来作为自然界的存在以及自然界对人说来作为人的存在，都已经变成人的实践，变成了一种客观实在，完全可以通过感觉进行直观。这就是说，我们这里所说的事实的历史完全是一种客观实在，是物质存在的一种方式。它既不能靠想象加以创造，也不能凭想象来随意加以抹去。人的劳动活动构成了历史事实的主体。在劳动活动的基础上，产生出政治的、经济的、战争的、意识的、宗教的、哲学的等其他活动和事件。这些事实和事件构成社会这棵大树繁枝茂叶，而它的根是社会生产。这个事实告诉我们，考察和研究历史事实不能漫无边际，它要有一根主线，这根主线就是人类的劳动活动，物质生产活动，所有历史事实都应围绕这根主线而展开。

其次，事实历史的客观性还指历史事实的存在不以任何人的意识为转移。历史事实的存在与否不以人的主观意志为转移。每一种社会形式都是具体历史事实的载体，马克思在谈到社会形式的客观性时写道："人们能否自由选择某一社会形式呢？决不能。在人们的生产力发展的一定状况下，就会有一定的交换［commerce］和消费形式，在生产、交换和消费的一定阶段上，就会有相应的社会制度、相应的家庭、等级和阶级组织，一句话，就会有相应的市民社会，有一定的市民社会，就会有不过是市民社会的正式表现的相应的政治国家。"① 马克思的论述表明，作为历史事实载体的社会形式虽然是有意识的人的活动的结果，但这一结果一旦形成就不以人的意志为转移。

一种历史事实是历史上已经发生过的东西，它的存在性是由它自身决定的。历史事实存在的状况和样式不以人的主观意志为转移。一种历史事实是怎样的，主要是由产生它的当时的各种条件所决定的，跟人的主观态度和愿望没有关系。诚然，一种历史事实存在的状况和样式是多种多样的，形成了后人对它的认识和反映的差异，在不同人那里，历史事实所呈现的样式可能完全不同。但究竟谁的认识正确，不是由反映者自己说了算，而是要由历史事实本身来确定。历史要求的是反映应尽量与历史事实

---

① 《马克思恩格斯选集》第 4 卷，人民出版社 1995 年版，第 32 页。

一致、相符；否则就不能成为历史，而只能是伪史。如前所说，成为历史事实与人们对历史事实的认识分不开，但必须将二者区别开来，决不允许有任何混淆。此点极为重要，一旦抹杀了它们之间的界限，就将从根本上抽掉历史学作为科学的根基。

再次，事实历史的客观性还表现在它们之间的内在的必然的联系即规律性是客观的，不以人的意志为转移。事实的历史不是僵固的，而是发展变化的，是永不停止地流淌着的河。同一切客观事物的变化发展总遵循一定的规律一样，历史事实的发展变化也是如此。这种规律并不是研究历史的人所赋予的，而是事实历史本身所具有的。研究历史除了要认识历史事实，而且要认识历史实是发展的必然趋势，即揭示出隐藏在历史事实和现象背后的规律。

现代西方历史哲学对历史的客观性还有一种观点，就是指历史学家对历史的记载和认识，不带任何主观色彩，绝不把自己的道德信仰、政治立场、价值观念等渗透到历史的研究中。这个问题，后面在谈到历史客观主义时，再作分析。

二 事实历史的过程性

一切事物都是作为过程而存在的，历史尤其如此。世界是过程的集合体，"除了生成和灭亡的不断过程、无止境地由低级上升到高级的不断过程，什么都不存在。"[①] 所谓过程就是从时间和空间两个维度去考察事物的矛盾运动，历史上的每一个事件都有它发生的特殊的时间、条件和环境，都各有特点，看起来似乎都是单独发生、单独存在的，实际上没有一个历史事件能离开它发生的环境和条件，每个历史事件都相互联系。

历史过程性的实质是说历史是分阶段的，不分阶段就无从认识历史。每一个历史阶段的出现和存在都不是孤立的、偶然的，而是有其必然性。不仅如此，而且作为历史阶段的存在不是固定不变的。对此恩格斯指出："一切依次更替的历史状态都只是人类社会由低级到高级的无穷发展进程中的暂时阶段。每一阶段都是必然的，因此，对它发展的那个时代和那些

---

① 《马克思恩格斯选集》第 4 卷，人民出版社 1995 年版，第 217 页。

条件来说，都有它存在的理由；但是对它自己内部逐渐发展起来的新的、更高的条件来说，它就变成过时的没有存在的理由了；它不能不让位于更高的阶段，而这个更高的阶段也要走向衰落和灭亡。"① 历史就是这样一条不断流淌的长河。

研究历史的过程性从根本上讲就是要揭示历史事件和历史阶段的运动、变化和发展。各有特点的事物和历史阶段不是孤立僵死的存在，它们是具有内在联系不断运动变化着的。很多历史研究者不懂得这个道理，不能在过程中、变化中、联系中去考察历史事件，把历史阶段孤立起来，把历史事件当成纯粹偶然的东西，错误地认为历史就是人类遗物的储存库，完全背弃了研究历史就是要揭示历史事件之间的内在联系这样一个根本目的。恩格斯写道："黑格尔第一次——这是他的伟大功绩——把整个自然的、历史的和精神的世界描写为一个过程，即把它描写为处在不断的运动、变化、转变和发展中，并企图揭示这种运动和发展的内在联系。从这个观点来看，人类的历史已经不再是乱七八糟的、统统应当被这时已经成熟了的哲学理性的法庭所唾弃并最好尽快被人遗忘的毫无意义的暴力行为，而是人类本身的发展过程，而思维的任务现在就是要透过一切迷乱现象探索这一过程的逐步发展的阶段，并且透过一切表面的偶然性揭示这一过程的内在规律性。"②

在历史过程性问题上，有些历史学家承认历史事件和历史阶段的联系，但认为这种联系是历史研究者给予的。如同康德提出的"人为自然界立法"那样，主张历史过程的联系是研究者建立起来的，这是非常错误的。历史过程性表明，联系是历史事实本身所具有的。每一个历史事件就如同一出剧，总有开始，逐渐发展，达到高潮，慢慢走向结尾，完成一出剧的全过程。没有一出剧，是从一开始就马上结束，中间不经历任何环节和过程。过程就是联系、变化，马克思曾指出："社会生产活动形成人们的历史中的联系，形成人类的历史。这种历史中的联系，是指历史的纵向联系，是由人们的物质生产活动而建立起来的。历史学家的任务是把这种事实的联系发掘出来，而不是把什么主观的联系给予客

---

① 《马克思恩格斯选集》第 4 卷，人民出版社 1995 年版，第 216—217 页。
② 《马克思恩格斯选集》，第 3 卷，人民出版社 1995 年版，第 736—737 页。

观事实。"

　　事物的存在都是由过去走向现在，由现在通向未来，是过去、现在和未来的统一。承认事实历史的客观性也就承认了事实历史的过程性。因为任何事实或事件必然有一个产生、发展到灭亡的实在历程，就每一事物自身而言，它有一个由简单到复杂、由低级到高级的发展过程，这是非常明显的。总之，我们所说的事实的历史是一个动态和发展的过程，不是僵死的硬块。这种过程性是作为历史事实必然具有的性质，是属于历史事实本身的，不以人的意志为转移。每一个过程有始有终，过程与过程是相互衔接的。旧的事实历史作为过程的结束，并不是消亡殆尽，而是被新过程所扬弃，它的一部分会作为养分被新过程所吸纳；另一部分会是一种沉淀物遗留在人类的历史里，延续下来。所以，过去与现在不同，但现在是过去的延续，二者并非截然隔绝。现在不是无缘而至的飞来之物，它的根生在过去的土壤中。我们不能把现在当作过去，也不能混淆过去同现在的界限。但二者之间有着内在的联系，人总是借助现在去追溯以往，又通过现在而推断未来。在人，过去、现在、未来始终是一个整体；人生活在现在，也生活于过去和将来。生活于过去是人回忆的存在，不回忆的人是没有的；生活于未来是人的想象的存在，没有理想的人也是没有的；生活于现在是人现实的存在，人都是现实的。它们都是人的存在形式，人与一切事物一样，也是作为过程而存在。人应当珍惜现在的存在，因为转眼之间，现在就成了过去。

　　历史是延绵不断的，尽管总有新的活水汇入其中，但历史的长河是经历辽远的时空而流淌。人们可以对历史进行分段研究，但决不可割断历史。因为历史是有着内在联系的整体。

三　事实历史的整体性

　　整体是指若干部分、成分、因素……按照一定结构和形式构成的有机体。如人体就是一个有机整体，它的各个器官之间、它的各器官之功能、生理的、心理的活动之间，都是统一的有机体的活动。马克思曾指出，社会是一个有机体，一方面是说社会是由各个部分按一定结构组织起来的整体，离开了部分这个整体就不存在；另一方面，部分如果脱离了整体也将失去意义。社会历史也是这样，每一个历史事实都是有着内在联系的统一整体。不这样去看待历史事实，就不能真正把握历史事实。例如武则天是中国历史上唯一的一位女皇帝，但如果不把武则天放在整个唐朝的历史中去考察，就决不能正确认识武则天。武则天作为个人是没有意义的，武则天之所以成为武则天是由于唐朝历史整体的支撑，没有作为唐朝整体的历史，武则天就不存在。承认事实历史的客观性就必须承认历史是一个有着内在联系的整体。历史不是支离破碎的，也不是一件一件毫无联系的事件的排列或堆积，它是一个整体。

历史的整体性不仅是指每一个历史事实是一个有着内在联系的统一整体，而且每一个国家、每一个民族的历史也是一个统一的整体，整个人类的历史——世界历史——也是如此。沃尔什看到了历史的个别性和具体性，指出人类社会生活有着丰富的内容，每一个方面都可以形成专门的历史，都可以由专门家对之加以阐释而产生专门史，但他也不否认历史作为整体的存在。

把历史事实当作一个整体具有重要方法论意义。因为部分只有在整体结构中才能将其在孤立状态下没有的功能和性质表现出来。一匹战马是战争的一部分，只有在一场整体的战争中，才能显示其作用和功能，离开战争这个整体，战马的特别性质和功能就没有意义，也无以显示。

历史的过程性是突出历史的纵向联系和运动变化；历史的整体性是突出历史的横向联系，就是说，在横向上也不能把历史割裂和孤立起来。人类的历史就是人类社会的历史，社会从本质上讲是人的存在和人的活动，是人们交互其活动的产物。人的活动中的最根本的活动是生产活动，而任何生产活动决非是个人行为。社会中的每一个事件，哪怕是个人所为，也决不是孤立无由的。这不仅因为个人的活动总是以这样或那样的方式对他人或社会产生影响，而且个人在活动之前必须要有他人或社会为他的存在和活动提供手段和条件，没有这一切，任何事件都不会发生。人生活在社会中，他的存在和活动离不开社会。马克思指出："甚至当我从事科学之类的活动，即从事一种我只是在很少情况下才能同别人直接交往的活动的时候，我也是社会的，因为我是作为人活动的。不仅我的活动所需的材料，甚至思想家用来进行活动的语言本身，都是作为社会的产品给予我的，而且我自身的存在就是社会的活动；因此，我从自身所做出的东西，是我自身为社会做的，并且意识到我自己是社会的存在物。"① 这就清楚地说明任何社会现象、历史事件决不可能孤立地存在，都不能离开整体而存在。

由此可见，历史事件尽管看起来是个别的、具体的，但它们是内在地联系在一起的。任何一个事实历史只有在整个历史中才有它的地位和意义，这就如同人手只有在人的躯体上才成其为人手，一旦离开人体，人手也就不再成其为人手。这也是历史事实本身所具有的特性，充分反映了事实历史各个部分的不可分割性。犹如一块芯片，单独拿出来就是一个小片片，什么功能也显示不出来，可将它插入手机，它的作用和功能就立刻使人惊奇。

第四节　事实历史的时态和具体的问题

事实历史的客观性、过程性和整体性是由历史事件和事实的各种特点综合决定的。历史事实和历史事件，看起来它们不过是历史长河中的水滴和浪花，然而它们却是历史存在的实在载体，没有它们，历史将无以存身。因此研究历史决不可抛弃事实和事件。然而，历史事实和事件都是现已不存在的，在时态上是过去时，是它们特有的特点。如何理解历史的过去？历史事件又总是具体的，如何理解历史的具体？这些问题的解决，为我们正确处理历史中个别与一般的问题提供了正确思路，也为研究和解决历史重复性问题指明了方向。

一　事实的历史在时态上是过去时

只要一成为历史，不管是什么样的事实，也不管它所经历的时间的久暂和所占据的空间大小，就一定是已经过去了的东西；就当下而言它是不存在的，否则它便不能构成历史。事实历史是现在和未来的基础，现在和未来是历史的延续和发展，现在和未来与历史不可分，这是非常正确的。但因此而认为事实的历史也是现在的，说一切历史都是现代史，这就不正确了，这种说法抹杀了事实历史在时态上的过去性。

---

① 《马克思恩格斯全集》第 42 卷，人民出版社 1979 年版，第 122 页。

历史的过去时态性是研究历史在时间上的存在。万事万物都存在于一定的时空中，空间是指事物的立体（长、宽、高三维）存在，时间是一维的，是指事物作为过程的过去、现在和将来的存在。时间和空间在哲学上并不是容易说清楚的两个范畴，各派哲学的认识很不一致，在这里我们只是在最一般的意义上，把事实的历史在时间的坐标上定位在过去。

什么是过去？对此柯林武德有一段论述值得参考。他说："历史的过去乃是一种特殊的过去；它不是仅仅回忆过去，也不是仅仅幻想过去；它不是仅仅可能存在过的或者仅仅必定存在过的过去；它不是全部的过去，因为虽然历史的过去和非历史的过去之间的区别常常被错误地和任意地加以划分，但是这一区别却是一个真实的区别；它不是实际的过去，即我们亲身依附的那个过去，如像对我们国家的过去成就的那种爱国热情或者我们对我们自己的信条诞生于其中的那种环境所赋予的宗教价值。历史的过去乃是'为了它自己的那种过去'，是正好由于它是过去而与现在不同并独立于现在之外的那种过去，它是一种固定的和完结了的过去。或者不如说，这便是历史学家怎样在想到的过去。"① 这段对过去的论述很具有启发性；但柯林武德把过去说成是"一种固定的和完结了的过去"，似有不妥。过去不是固定的，毋宁说它是流动的，过去在走向、通向现在，它并没有完结，而是作为现在的基础继续在发挥它的作用，延续着它的生命。

确定事实的历史在时态上是过去的，就是承认历史事实现在不存在，它已经消逝。然而，时间是永不回头地割不断地流，所以，事实的历史虽已消失，但这种消失不是作为再也不值得回顾的僵硬尸首被抛弃的存在，历史的存在是联系着现在的和尚未出现但一定会出现的未来的存在，这就是历史的生命。这就是真正的属于历史的过去，这种过去不是历史学家赋予的，是历史事件自身具有的性质。

事实历史作为过去的存在内在地包含着现在和未来，具有客观性，因为只有存在过的东西才能导出新的存在。我们在前面已经提到，事实本身就其实质而言是人的物质活动，即使以精神或思想形式出现的东西以及它们之间的冲突和斗争，也是人的物质活动的反映和表现。事实并未因其成

---

① ［英］柯林武德：《历史的观念》，何兆武、张文杰译，商务印书馆1997年版，第224页。

为历史而丧失这种性质，即丧失其客观性。

历史的事实、事件都是在历史上真正发生过、的确存在过的东西，不是人主观思想的产物。诚然任何事实和事件之中都蕴含着思想，而且由于它已经消逝，只有通过思想才能把握，但作为历史事实本身的存在却不决定于思想。承认这一点非常重要，它是历史科学性的真正基础。真实的情况是这样：历史的事实已经过去，当下已不复存在。就时空而言，是时过境迁；我们借助思维把过去请回来，然后用概念去把握已经消逝了的在一段时空中曾发生过的事物。这就是对历史事实在时态上永远是过去时的理解，这是它本身具有的性质。

二 事实历史是具体的

事实的历史都是具体的。在西方历史哲学家中，对此有真正科学性的认识的人并不多，一个根本原因就在于他们不懂得具体是多样性的统一这个道理。

说事实历史是具体的，实质上就是说它是多样性的统一，没有一个历史事实是单纯的存在，而是各种规定的综合。马克思说："具体之所以具体，因为它是许多规定的综合，因而是多样性的统一。"[1] 我们说事实历史是具体的，就是指事实历史是多种规定的综合体，它不是对存在着的零散事件的捏合；具体是人的思维能动作用的表现，是思维在感性基础上进行概括和抽象的结果。

首先，所谓各种规定的综合，是指事实的历史将一定阶段的政治、经济、文化、事变等都集于一身，形成一个只是其自身的历史整体。通过对这些规定的综合和抽象，就能比较具体地把它所代表的那个历史阶段全面而准确地表现出来。这是理解事实历史具体性的关键。

其次，事实历史的具体性，是指对事实历史时空规定性的抽取。任何历史事实或事件的发生都有它的条件、所处的环境和时间。历史事件当然不同于时间和环境条件本身，但却离不开它们，脱离一定的环境和时间，历史事件无从产生，人们也无法认识它们。人之认识事物是从把握事物特点开始的，每一个历史事件都有它自己的特点，而这些特点总是在特定的

---

[1] 《马克思恩格斯选集》第 2 卷，人民出版社 1995 年版，第 18 页。

时空条件下形成的。如果研究历史把历史事件的时间（比如年代）、空间（地点）搞错了，即离开了具体，那就是犯了不能容忍的错误，因为离开了具体也就离开了真理。有些历史事件的发生看似突然，可在突然的背后总是有大量条件、情况围绕着。任何历史事实和历史事件都有只属于它自己特定的时空，都是在特定的时空中展开的。虽然历史事件已经消失，它所占有的时空也已成为过去。但它们仍然是构成这一历史事实的要素，使之具有个别性和特点，它只是它自己。认识历史就是要把围绕它的那些条件和情况搞清楚，就是要确定属于它的那段时间和占据的空间，这样一个具体的"它"便显现了出来。

历史事实和事件的具体性既是以往认识的终点，又是重新认识和研究历史的起点。历史事实的具体性决定了我们对它的认识也必须是具体的。对历史事实的认识不同于对当下事物的认识，当下事物的特点是由该事物所呈现的外在联系表现的，跟它所处的环境和条件密切相关，这些环境和条件也是当下的；而历史事实的环境和条件已经消失，当下并不存在，它是人们运用思维的能动性这一特点，将自己带到以前的时间和空间，根据感性提供的材料将历史事件所处的环境和条件模拟出来的，然后再把所要认识的历史事件放到这种环境和时空中，这样才能较正确地认识历史事实和历史事件。我们坚持要把某人或某事放到它所处的历史条件下去认识，说的就是这个道理。

认识历史事实的人都是现代的人，每一个人都是现实的、具体的人。人们总是以现代的眼光去考察历史事实，因而，这里就产生了一个问题：能否完全避免把任何现代因素渗透于历史事实上去？否则就谈不上对历史事实的正确认识。这是一个存在争议的问题。有人主张历史学的科学性和严肃性正在于此。我们认为对于这个问题不能绝对化。研究历史当然要用现代的眼光，也必须运用现代手段，特别是现代科学技术，可以说，在今天没有现代科学技术任何研究都寸步难行。但有一点必须明确，运用现代眼光、现代科学技术的目的，正在于是要更加准确和精确地还历史事实的本来面目，而决不是要给历史事实添加什么现代因素。例如：为了使皇宫更加辉煌，在宫殿里不用蜡烛而采用电灯，那就荒唐了。

当然，人们总要根据现在的需要去解释历史事件和历史事实。这是对历史事实和历史事件运用的问题，而不是对历史事件本身认识的问题，尽管这两者有非常密切的关系，但决不可混为一谈。对历史事实的解释在某种意义上可以说是任意的，是因人的需要不同而不同；但哪一种解释是真正符合历史事实本身的，不由这种解释或主观需要来决定，而要由是否正确反映了历史事实来决定。

三 事实历史是个别与一般的对立统一

前面在论述历史事件和事实时，曾经得出这样一个命题，即事实的历史是历史事件和历史事实的结合和统一；这里我们在更高的层次上揭示事实的历史的个别性和一般性的对立和统一，这是指事实的历史各不同，每一历史事实只是它自身；可它又是一般事实的一部分、一个方面。古希腊哲学家亚里士多德（公元前384—前322）在他的《诗学》中曾写道：诗是"某种比历史具有哲学意味，更被严肃对待的东西，因为诗所描述的事带有普遍性，历史则叙述个别的事"（《诗学》1451）。从此历史是个别的被一些人当作考察历史的一条原则。其实，亚里士多德这一说法只是适合于他那个时代的历史，并不适合后来历史这一概念的发展。通过前面的考察我们可以发现，历史事实既具有个别性，又具有一般性，是个别性和一般性的对立和统一。

亚里士多德所说的历史是指他那个时代叙述的历史，叙述的历史之所以是个别的，乃在于这种历史本身是由个别人直接经历过的，是对个别人经验的陈述的记录，这个个别人只是他自己，任何别人替代不了。我们这里所说的事实历史的个别性，首先是指一切事实、事件都具有特殊性，就是说，每一事实或事件都具有自己的特质，它只是它自身，它所具有的特质把它和别的东西区别了开来。其次是指事实历史总是处于特定的联系和环境中，只有在那特定的联系和环境中它才存在，它才是它。再次，从动态、过程的意义上考察，事实历史的个别性则表现在事实和事件在其展开过程中的特点和个别性。例如：在第二次世界大战中，中国、朝鲜以及东南亚许多国家都曾遭到日本帝国主义的侵略，都进行过抗日战争。但唯有中国的抗日战争在其展开过程中明显地表现出战略防御、战略相持和战略反攻的三个阶段，其他国家的抗日战争的过程就不具这种特点。这就是中国抗日战争的个别性，这种个别并不是脱离一般的个别，而是整个一般抗日战争中的个别。

　　事实历史的以上特点，为人们认识和研究历史提供了可能和条件。许多写历史的人在记叙一个又一个历史事件时，都着力于对历史事件个别性的叙述，以把这一历史和那一历史区别开来，并给人以真实感。司马迁在《史记》中借尉缭的话对秦始皇作了这样的描写："秦王为人，蜂准，长目，鸷鸟膺，豺声，少恩而虎狼心，居约易出人下，得志亦轻食人。"① 看了这段文字，秦始皇这个人从外形到性格特征跃然纸上。当然这种描写也有个是否真实的问题，但不论怎样，它总是抓住了秦始皇的某些特征，把他同千千万万的帝王区别开来，从而使人们能较为实在地把握这位帝王。可见，认识事实历史的个别性对于认识历史事件是何等的有意义。

　　但是，研究历史决不可停留于事实历史的个别性上，不能把事实历史的个别性加以夸大和绝对化。事实的历史尽管是个别的，但它并没有脱离一般，而是与一般紧密地联系在一起的。前面谈到的中国抗日战争之特色即它的个别性，也是就抗日战争这个一般而言。除去这个一般，中国抗日战争的个别性便无从谈起。于此不难看出，事实历史的个别性并不拒斥一般性；恰恰相反，事实的历史以其个别性包容、表现一般性，人们正是通过对事实历史个别性的认识而达到对历史一般性的认识的。如果历史果真像亚里士多德所说仅仅只有个别性，那么还有什么历史科学可言。而对历史的一般性的认识可以提高对历史事实和事件理解的深刻性，从而更准确地去揭示历史事实和历史事件。总之，历史事实尽管是个别的，但其中包含一般的东西，是个别性与一般性的辩证统一。

四　关于历史不可重复的问题

　　常听人们说，"历史是不可重复的"。但这句话究竟是什么含义，人们未必作过认真的推敲。这是历史认识领域中的一个重要问题，曾引起广泛的关注。

　　18 世纪以来，由于自然科学的迅速发展，自然科学的研究方法甚是流行，产生了很大的影响，一些研究社会历史的学者，也试图用自然科学的研究方法去研究社会历史领域中的问题。由于不能用类似自然科学的手

————————————

① （汉）司马迁：《史记》第一册，中华书局 1982 年版，第 230 页。

段达到预期的目的，有些学者便在历史研究领域得出否定的结论。

"历史不可重复"就是一例。在自然科学领域，许多事物和现象是可以重复出现的。一位研究者为了说明"重复"的含义，引了恩格斯在《自然辩证法》中如下一段话："氯和氢在一定的压力和温度之下受到光的作用就会爆炸而化合成氯化氢，而且只要我们知道这一点，我们也就知道：只要具备上述条件，这件事情随时随地都可以发生，至于是否只发生过一次或者重复了一百万次，以及在多少天体上发生过，这都是无关紧要的。"① 作者的用意似乎在于告诉读者，在社会历史领域，这样的重复是不可能的。接着作者又举了1990年英、法、美为了纪念滑铁卢战役175周年所进行的一次模拟演习。尽管这次演习严格遵照了当年战争的进程，用了同样的武器，穿了同样的服装……但它仍然不是滑铁卢战役。顺着这一思路，得出的结论应该是：在社会历史领域，不管人们如何用心，也不能重演过去的事情。作者没有这样作出论断，他要读者在思考历史能不能重演的问题时，讨论一下"究竟是历史本身不能重演，还是我们抽象概括的方法有误，或者是对这些问题的理解上有偏差。"② 用这种聪明回避了在理论探讨中应该具有的鲜明的态度。

我们的观点是，在历史重复性问题上有两种情形：第一种情形是指在宏观和长远的意义上，历史是重复的；第二种情形是在微观个别的事情上，历史是不可重复的。

在宏观和长远的意义上，如果我们不是用机械决定论的观点去考察历史，去追求毫无差别的、绝对相同的重复性；而是用辩证历史唯物主义的观点去观察社会历史现象，就会发现在社会历史领域重复性是普遍存在的，最常见的重复现象，就是在私有制社会中都存在压迫阶级和被压迫阶级，奴隶社会是奴隶主和奴隶，封建社会是地主和农民，资本主义社会是资产阶级和雇佣劳动者。奴隶主、地主、资本家作为剥削阶级它们各有特点，但在无偿占有被剥削者劳动这点上，它们是没有区别的，所以我们完全可以说剥削这种现象在历史上总是重复出现。阶级社会中必然存在阶级斗争，这也是重复出现的一种社会事实。历史的重复性还表现在历史现象

① 《马克思恩格斯全集》第20卷，人民出版社1971年版，第577页。
② 张耕华：《历史哲学引论》，复旦大学出版社2004年版，第94页。

以及该现象表现的社会历史规律也是重复出现的。在中国两千多年的封建社会中，由于封建统治阶级的残酷剥削和压迫，总会导致农民起义；农民起义的结果是推翻了封建旧王朝，建立了封建新王朝。新王朝的建立者哪怕是农民、乞丐（如明朝的开国皇帝朱元璋），最终也不可避免地要走上封建帝王的老路。这条道路就是新王朝逐渐走向衰落，又导致农民起义……周而复始，这就是封建社会反复出现的一个规律。当然不可否认的是，人类社会就是在这种重复中曲折发展的。又如：中外历史都有这样的现象，开国之君往往都是奋发有为者，就中国历史而言，秦始皇、汉高祖、唐太宗、宋太祖、成吉思汗、明太祖直至康熙皇帝，应该说都是中国历史上很有作为的封建帝王，都曾在历史上建立过伟大的业绩；然而后继者，特别越是到一个朝代的末期，后继者常常是庸碌无为、昏庸无能之辈，把一个曾经发达强大的国家败坏殆尽。这就是历史上的所谓"其兴也勃焉，其亡也忽焉"的周期律。再如：从世界历史范围来看，许多国家和民族所处的地域不同，甚至人种也有别；但在历史的长河中，只要出现相当的条件，它们的历史就会进入相同的阶段，即进入奴隶社会历史阶段、封建社会历史阶段或资本主义社会历史阶段等。规律这个东西是在大范围长时段中起作用的，由此可见，简单地说历史不可重复并不正确。把历史分为事实的历史和反映的历史，那么反映的历史更非不可重复，一件历史事实可以为人们反复地去认识，得出相同或不同的结论，这在历史研究中是常见的。

当然，重复不等于完全相同，毫无差别，这样的重复即使在自然界也不存在。现今世界上有 80 多亿人口，但我们找不到两个完全一样的人；一棵树上有千万片树叶，但我们找不到两片完全一样的树叶。另外历史毕竟是人的活动，而人是有思想有意志的，每一个活动、行为都是在一定意识支配下实现的，任何历史事件都包含一定的思想意识在里头，这是社会历史领域与自然界根本不同之处。因此，社会历史领域的重复性不同于自然界中的重复性。这是问题的一个方面。

但问题还有另一个方面，这就是在一定意义上，我们必须承认，历史的确存在不可重复性，真正不可重复的仅仅是个别的历史事实，在这里，容不得"假设"和"后悔"。历史事实无论是作为静态的事实还是动态的过程，都是不可重复的。一个历史事实一旦消逝了就永远地消逝了，这是不可逆的，不能重复的。这种不可重复的根本的内在的原因是时间的一维性。任何事实和事件作为客观实在是以时间为其存在形式的，而时间是不可逆的。正是时间的不可逆性决定了过程的不可逆，决定了事实历史的不可重复。事实历史的不可重复还在于产生历史事实和事件的那些条件和环境是不可重复的。历史事实和事件都是个别的，具有偶然性，但这决不是说它们的出现和产生是没有原因、无任何条件的。恰恰相反，没有一个历史事实和事件的出现是没有原因和条件的。正是特定的原因和条件，决定了某一历史事件成其为它那个样子。由于原因和条件是不断改变的，因而决定历史事实和事件不可能重复。从 20 世纪初叶到中叶，发生了两次世界大战，由于每次发生的原因和条件是完全不同的，谁也不会认为第二次世界大战是第一次世界大战简单的重复。

由于事实的历史是不可重复的，因而决定了由事实和事件构成的整个历史也具有不可重复的一面。历史的不可重复性决定了历史的不可实验性。英国哲学家卡尔·波普（1902—1994）在他的一部颇有影响的著作中，为了驳斥马克思的历史决定论，谈到了物理学的实验方法对社会历史学的意义。他在书中写道："历史决定论者进一步论证说，真正有价值的实验是不存在的。大规模的社会学实验决不是物理学意义上的实验。……这种实验不是在一个与外部世界隔离的实验室中进行的；相反，这种实验改变了条件。由于进行第一次实验就改变了条件，这种实验决不会在完全相似的条件下重复。"① 他在这样写了之后，接着就用反证法把它推翻了，以便得出历史决定论不能成立的结论。如果除去波普对历史唯物主义的偏见暂且不论外，那么倒不如说他在这里比较正确地说明了历史不可实验这一道理。

历史不可重复这一特性，决定人们针对历史发出的悔恨和叹息都是徒劳的，对所谓吸取历史教训这个问题也应有正确的分析。黑格尔对此就有很富启发性的见解，他通过对历史的考察发现，后人依据前人的经验教训去行事，是很少的。所以他主张不必过于抬高历史的经验教训。黑格尔这样讲不是没有根据的。以我国古代历史为例，没有一个王朝的统治者不注

---

① ［英］卡尔·波普尔：《历史决定论的贫困》，杜汝楫、邱仁宗译，华夏出版社 1987 年版，第 7 页。

重历史的经验和教训，所谓"殷鉴未远""前车之覆，后车之鉴"，几乎成了强国之君的座右铭，忠直之臣的口头禅，然而结果怎样呢？没有一个王朝能够免遭覆灭的命运。黑格尔找出的原因是，每个时代都有它自己特殊的环境，都具有一种个别的情况，使当政者的举动行事，不得不全由自己来考虑、自己来决定。在历史转变关头，在面临重大事变发生的关键时刻，什么一般的历史法则，前人的经验或教训，并无实质的意义，甚至毫无裨益。当此之时，一个领导者的智慧和勇气就显得特别重要。

通过黑格尔所揭示的原因，不难看出，他在这里所表露的历史具有个别性的思想，每个时代的历史都有它自己的特点，不可凭以往的所谓经验去简单处置，是非常正确的。对于不懂得这个道理的人，黑格尔说话上很不客气。他说："法国大革命期间，人们时常称道希腊罗马的前例，真是浅薄无聊极了。"① 原因是希腊罗马的风气与他那个时代的风气差别太大，绝不会简单重复。仔细分析起来，就觉得黑格尔的这种说法未免有些偏激，太绝对化了。对于历史的经验教训过于执着和崇拜，是不应该的，但由此而认为历史的经验教训毫无意义，也是不正确的。历史的确不会简单完全重复，但这并不能否认历史的联系和发展的规律性。如果历史经验教训真是毫无意义，学习和研究历史还有什么必要呢？历史的经验教训对后人的教育和启发作用不容否认，起什么作用及作用之大小不取决于历史经验教训本身，而取决于吸取这种经验教训的人，取决于他能否把历史的经验教训同所处的具体的情况正确地结合起来。

历史既不能割断，也不应忘记。说它不能割断是因为历史的事实与事实之间是联系着的，彼此虽各有特点，但它们所构成的历史并不是像一个一个的土豆所集成的堆；而是具有不可分割的内在联系，前一个事件往往是后一个事件的原因，而后一个事件直接或间接地是前一个事件的结果。人们不能忘记历史，因为任何历史都是人自己所创造的，人是具有能动性的动物，他总是在创造中学习，在学习中创造，学习的重要对象就是自己所创造的历史。把历史中优秀的、成功的东西继承下来，丢弃历史中坏的、腐朽的东西，避免历史中失败的教训。好的东西、优秀的东西不继

---

① ［德］黑格尔：《历史哲学》，王造时译，世纪出版集团、上海书店出版社 1999 年版，第6 页。

承，不是好的接班人，在这个意义上，我们说忘记历史就意味着背叛。对历史中失败的教训、腐朽的东西不知道去避免，仍然去重蹈覆辙，这是愚蠢的表现。借鉴前人、吸取历史的经验教训，决不可采取机械的教条主义的方法，一定要根据今天时代的特点，社会的实际和需要，进行严肃认真的选择。只要紧密联系实际灵活加以运用，就一定能从历史中学到有益的东西，一定能把今天的事业更好地推向前进。

第五节　事实历史的本质

以上我们讲的事实历史的客观性，是强调事实的历史的存在不以人的意识为转移，强调这种存在的真实性。然而，事实和事件在历史上是不可计数的，任何一个民族、国家、社会的历史都是由无数事件所构成的，而历史所记载或评述的事实和事件是很有限的。尽管如此，历史不能是历史事件和历史事实的堆积，历史决不是事件和事实的储藏库。如果把历史看作是事件的堆积，那么历史就将是纯粹偶然的东西，研究历史的历史学是一门科学，科学的任务不仅仅是记录事件和现象，而在于揭示事件和现象背后的本质，即事件和现象内在的必然的联系。而纯粹偶然的东西就是意味着脱离必然，这种所谓的偶然的东西实际上是不存在的。在我们看来，历史离不开事实和事件，而事实和事件背后有着本质和必然性，它决定和制约着事实的历史。不科学地解决历史本质问题，就不能把历史学真正从唯心主义哲学中解放出来。

一　事实历史不是意识的产物

提出事实历史的本质这个问题，是因为在现代西方历史哲学中，有人把历史当作意识的产物，把事实历史的本质归结为精神和意识。

把历史当作意识的产物是西方历史哲学很流行的一种观点。意大利历史学家克罗齐就认为，历史事实不是历史，也不存在历史事实。事实的历史要成为历史必须经过意识的作用，这种意识就是在你的心灵中重现你所面对的史料。不然的话，你只能做一个考古学家或收藏家，而不能形成历史。他说："你想要理解新石器时代的利古里亚人或西西里人的真实历史吗？那你就试着（如果你能够的话）在你的心灵里变成一个新石器时代的利古里亚人或西西里人吧。如果你不能做到或者不肯做到这一点，那末你就使自己满足于描述和编排已经发现属于这些新石器时代的人的头盖骨、工具和绘画吧。"① 但这并不是历史。历史的形成的确离不开主体意识，这一点克罗齐是正确的；但他在这里的叙述给人以这样的感觉：似乎历史的事实，"人的头盖骨、工具和绘画"不是真实的存在，而是人的主观意识的产物，是人在"心灵"中演化出来的，这就偏离了真理。

在西方历史哲学中，历史常常被一些历史学家说成是主观意识的产物。对这种见解分析甚至反对的，并不鲜见，常常把它归结为是主观唯心主义哲学在历史领域中的表现。客观唯心主义哲学把历史当作客观精神的产物，这个问题在黑格尔以前几乎没有一位历史学家做过系统的论证。黑格尔的研究和论证既有深刻的一面，又蕴含着根本的错误，特别值得我们关注。

黑格尔在踏进历史哲学领域以后，对以往的历史学家只是记述一件一件的历史事件，只考察事件的外貌和表面联系的做法，是不满意的。他认为尽管对事件的记录和描述是历史不可缺少的，但对于一种严肃的科学来说，它总要探究事件背后的东西，总应揭示事件之间的本质联系，总要区分众多事件中哪一种事件是最根本的，起决定作用的。黑格尔在探究这个问题时，提出了客观精神决定历史的系统理论，从客观唯心主义角度解答了这个问题，在他的《历史哲学》一书中，他提出要从哲学的高度去考察历史，他最欣赏的历史是哲学的历史。这里所说的哲学的历史不是指哲学自身的历史，而是指在哲学视阈中的历史。因为哲学的历史不单纯地考察历史事实，而且要考察历史事实之思想，即理性。黑格尔认为，是理性这个客观精神产生、决定历史，是历史的真正的本质。在他看来，理性支配着世界，世界历史归根到底是理性的自我展现。他发现以往的历史理论之所以浅薄，不是因为它只抓住了历史个别事实和现象，而在于它不懂得去挖掘这些现象和事实背后的东西，没有接触到历史的真正本质。而他则探索了历史背后的东西，揭示出了它的本质，这就是理性，或叫作"绝对精神"。

_____

① ［英］柯林武德：《历史的观念》，何兆武、张文杰译，商务印书馆1997年版，第283页。

　　黑格尔在历史领域贯彻了他的客观唯心主义哲学，这是毫无疑问的，但他的贡献在于提出历史事实的背后是什么这样一个问题。这个问题的提出对历史哲学而言其启发意义是非常巨大的。首先，它把人们对历史的研究引向深入，即不仅要注重研究历史事实，而且要注重探索历史事实背后的东西，探讨对历史事实起决定作用的因素。其次，它把一般的历史研究同历史哲学区别了开来。一般的历史研究则是把事实作为对象，以搞清事实的真相为己任；历史哲学的任务是揭示历史事实的本质和内在联系，历史事实不过是工具和桥梁。

　　尽管如此，我们当然不能接受黑格尔关于历史事实背后的东西是"理性""绝对精神"，把它当作是历史事实的本质这样的观点。这并不是说历史事实背后没有理性和精神，而是因为理性、精神不能成为历史的最终基础，它们本身是有待于进一步说明的东西，理性、精神不具有最终性和根源性。当我们去追究理性、精神的根源时，就会发现这个问题在精神意识领域无法解决。因为在精神意识领域除了循环论证不会有别的结果。要使这个问题得到科学的回答就必须跳出精神意识的圈子，回到社会实践和社会生活中来。实践出思想、出精神、出理性，是比思想、精神、理性更根本的东西。必须明确，事实历史的本质的存在是不依赖于人的意识的。这就清楚地表明，主观精神和客观精神都不能产生和决定事实历史。

二　物质资料的生产是事实历史的根本

　　精神意识不是事实历史的根本，那么，事实历史的根本是什么？马克思主义哲学以前的历史理论，看重的是社会的上层结构，关心的是在上层结构中活动的人群；那些灰尘满面、汗流浃背的劳苦大众以及他们的活动，根本不在他们的视线之内。这种情况，在持英雄史观的历史学家那里尤其突出，他们仅仅侧重于对杰出人物的活动和政治事件的记载，历史就是杰出人物的历史，英雄人物的本质就是历史的本质，这就难怪人们为什么把过去官方的历史叫作帝王将相的功劳记录。

　　在中国，历史就是帝王将相的历史。这种思想根深蒂固，直到清朝末年的梁启超仍然认为历史就是英雄的历史，舍英雄即无历史。他说："世界者何？豪杰而已矣！舍豪杰则无有世界。"① 他虽然认为"英雄造时势"
"时势造英雄"可以互为因果，但他更看重英雄，认为把世界历史看作是
英雄的传记并无不可。大约早于梁启超半个世纪，英国历史学家托马斯·
卡莱尔于1840年出版了他的《论英雄和英雄崇拜》一书，公开提出英雄
人物决定历史，并大力提倡英雄崇拜。他在书中写道："据我所见，世界
历史就是人们在这个世界上所取得的种种成就的历史，从根本上讲，也就
是伟大人物活动的历史。……用一句恰如其分的话来讲，整个世界历史的
精华，就是这些伟大人物的历史。"②

把历史看作是伟大人物的历史，所看到的仅仅是个别人的活动，关心
的是社会历史政治层面的东西，把历史当作政治家活动的场所，这样就把
对历史考察的注意力集中在政治事件上，导致把政治看作是历史的基本
的、甚至唯一的要素。这个传统在欧洲是从修昔底德开始的，一直延续至
18世纪，伏尔泰在他的《路易十四时代》一书中，仍然让政治占据历史
记载的中心地位。这样写就的历史，就是让人相信历史是英雄人物创造
的，英雄人物不同于一般人，他能决定历史，他们就是历史的本质。

持此种历史观的人从来不去思考这样的问题：政治事件的基础是什
么？是什么决定了政治事件的发生和发展，并且只能这样发生和发展？不
难看出，他们抓住的是社会历史繁茂的枝叶，并未触摸到社会历史的根
本；他们看到的是现象，并未发现隐藏在现象背后的本质。在这种历史观
支配下的历史学家眼界极其狭窄，看不到人类生存和活动的全部领域；除
了政治事件、决策者和执行者以外，其他领域，如广大人民群众的社会生
活和物质生产活动以及他们的文化活动，统统在他们的视野之外。

马克思、恩格斯考察社会历史的视角同上述历史学家完全不同，他们
认真考察了社会历史舞台上所出现的一幕又一幕政治的、战争的活剧，他
们没有被眼花缭乱、五彩缤纷的现象所迷惑，而是探索是谁人、什么力量
搭建和支撑着这个舞台？舞台上的演员又是为了什么在活动？这样的追
问，使他们抛弃了以往研究的老路，去另辟蹊径。

---

① 葛懋春、蒋俊编选：《梁启超哲学思想论文选》，北京大学出版社1984年版，第36页。
② ［英］托马斯·卡莱尔：《论英雄和英雄崇拜》，马志民、段忠桥译，中国国际广播出版
社1988年版，第1页。

他们从社会最基础活动入手，发觉社会生活在本质上是实践的。社会生活就是社会本身，所以，社会生活的本质也就是社会历史的本质。社会生活是丰富多样的，有经济的、政治的、哲学的、伦理的、宗教的、艺术的等，也包括发生的形形色色的战争。决定社会历史舞台并提供支持的究竟是哪一种社会实践呢？就是说，如果说社会生活构成了历史事实，那么，是什么样的社会实践决定着历史事实的呢？马克思、恩格斯认为，在众多的社会生活和社会实践中，最基本的社会生活是人们的物质生活；最基本的社会实践是物质生活资料生产的实践。物质生活资料的生产本身就是最重要、也是最基本的历史事实，它自身产生出历史事实，也赋予历史事实以特定的性质。

正是这种实践为其他一切活动的发生提供基础和支撑，是一切历史事实和历史事件发生的最根本的原因。政治事件和军事活动归根到底是由物质生产决定的，也是为了一定物质利益而发生的。物质生产赋予了政治和军事事件以内在联系和本质。由此可见，没有物质生产任何历史舞台都无从搭建，更谈不上导演出威武雄壮的历史活剧。物质资料生产的实践才是事实历史的真正根本。这个真理是由马克思、恩格斯在《德意志意识形态》一书中首次阐述的。他们写道："我们首先应当确定一切人类生存的第一个前提，也就是一切历史的第一个前提，这个前提是：人们为了能够'创造历史'，必须能够生活。但是为了生活，首先就需要吃喝住穿以及其他一些东西。因此第一个历史活动就是生产满足这些需要的资料，即生产物质生活本身，而且这是这样的历史活动，一切历史的一种基本条件，人们单是为了能够生活就必须每日每时去完成它，现在和几千年前都是这样。"[1] 所以，在一定意义上可以说，人类的历史就是生产发展的历史。它是一切时代政治、思想、精神、意识所赖以确立的基础，并且只有从这一基础出发，这一切才能得到真正科学的说明。"只要描绘出这个能动的生活过程，历史就不再像那些本身还是抽象的经验论者所认为的那样，是一些僵死的事实的汇集，也不再像唯心主义者所认为的那样，是想象的主体的想象活动。"[2] 马克思、恩格斯的这些论述距今已有一个半多世纪，

---

[1] 《马克思恩格斯选集》第 1 卷，人民出版社 1995 年版，第 78—79 页。

[2] 《马克思恩格斯全集》第 3 卷，人民出版社 1960 年版，第 30 页。

仍然具有金子一样的光辉。在现代西方历史哲学理论中，还有比这更深刻的历史哲学理论吗？

揭示物质生活资料的生产实践是社会事实历史的根本，是历史唯物主义的伟大功绩和贡献，然而，放眼历史论坛不难发现，一些研究者对此是不以为然的。他们并不认真去研究马克思主义哲学理论，就妄言这种哲学是教条，甚至把它作为禁锢思维的框子，加以摒弃；他们不遗余力地翻译和介绍现代西方一些学者的论著，把一些连他们自己也未必读得懂的词句，拿来招摇过市，吓唬青年学生。我们不反对介绍和引进西方学者的思想和著作，但这种引进和介绍不应当在排斥马克思主义的情况下进行。我们主张，积极引导青年学生去研读马克思主义的著作，让他们在对比中去认识和掌握真理。

第六节　事实历史的评价及其标准

在关于认识和研究历史的文献中，经常碰到评价的问题，有的是对历史学家所撰著的历史的评价，也有是对于历史事实本身的评价。这些评价并不完全是多余的，对历史认识的发展也不是一点意义都没有。问题在于评价标准不统一，于是就出现了很多混乱。这里，我们只讨论对事实历史评价的问题。

一　事实历史评价的一般标准

对于同一段历史事实人们常常可以读到不同的版本，就是说，在不同的历史学家那里，历史可能是不同的。这种不同归根到底是对历史事实的不同评价而产生的。这就提出了一个问题：究竟谁评价的是真实的历史？我们又用什么标准去衡量它们呢？这里既涉及对历史学家所撰著的历史的评价及其评价的问题，也涉及对历史事实的评价和标准的问题。前者我们将在后面去研究；后者是这里要加以探讨的。由于历史学家所撰著的历史是由历史事实决定的，对它的评价离不开历史事实，所以从根本上来说，只有对事实历史如何评价的问题解决了，才谈得上对历史学家所撰著的历史的评价。关于事实历史的评价，我们认为：

第一，事实历史必须真实存在过，这是评价事实历史的根本标准。一种根本没有存在过的东西是无法评价的。然而事情并不是人们想象的那么简单，翻开中外历史书，没有真实存在过的东西而被写进历史的很是不少，这里除神话传说外，也有的是人有意而为。例如：在我国历史上，为了渲染封建帝王及其行为的不凡，常常编造这样或那样怪异之事，把它与天象和一些自然现象联系起来，说成是天意或神旨，使之带上神秘主义的色彩。评价事实历史决不能被这些色彩所迷惑，让历史中充斥着大量不真实的东西。因此，必须坚持一切虚构不实的东西都不能成为历史。

　　第二，实物和遗迹是确定事实历史真实性的首要根据。这种确定需要做大量艰苦的调查研究工作，因为实物和遗迹绝大多数都埋藏于地下，要通过考古挖掘才能发现；另外，许多资料则包藏于浩瀚的文献之中，要通过艰辛的探索和研究方可获得。确定历史事实的真实性要有充分的证据，其中特别是实物证据，这是第一位的，对这个事实的文字表述即资料是第二位的。遗迹和实物是确定事实历史真实存在过的最有力的凭证，有了实物才谈得上对它的正确表述。只要有某一历史事实的实物，那么确定这一历史事实真实存在过就有了基础和条件，这个问题就可以解决。

　　不能把虚构的东西当作历史事实，因为虚构的东西实际上并未存在过。要把虚构同尚未被实物证明区别开来。有一种情形，就是存在的实在证据并未发现，可在文献上有所记载，能不能就以这些文字的记载来编撰历史呢？对这种做法不能轻率否定。有许多古籍虽未得证明，但仍应慎重待之。司马迁《史记》第一篇《五帝本纪》就是据一些古籍记载而写成，至今并未发现可以证明的实物，就连五帝人物，后人也有不同的提法①。但作为史料其价值犹在，不可轻率否定。中国历史上究竟存在不存在三皇五帝？或者说，三皇五帝能不能作为历史事实？这是要靠事实才能解决的问题。但既然史书上有过正式记载，那我们对之就要取谨慎的态度。著名史学家王国维先生有一种观点："虽古书之未得证明者，不能加以否定；而其已得证明者，不能不加以肯定，可断言也。"② 这是对待历史的慎重态度。今人一谈到中国历史，开口就是"三皇五帝到于今"，将这当作似

　　① 司马迁在《史记》中，以黄帝、颛顼、帝喾、唐尧、虞舜为五帝。而孔安国等人则以伏羲、神农、黄帝为三皇；以少昊、颛顼、高辛、唐、虞为五帝。

　　② 王国维：《古史新证——王国维最后的讲义》，清华大学出版社1994年版，第2—3页。

乎已经确证了的事实，不能算作对历史严谨的态度。更多史家抱着探索求真的态度，提出这样或那样的见解。要真正解决这个问题，办法只有一个，就是拿出证据来，肯定要有证据，否定也要有证据。

第三，证据本身也有个认定的问题。有些东西虽然是事实，但对历史并无意义，即它构不成事实的历史，这里存在一个对事实历史认定的标准问题。评价一个事物的角度不同，其所用的标准也不同。我们认为，确定事实历史的标准就是确定它在社会历史发展中的地位和所起的作用，即它对历史发展有何意义，而不能在别的意义上去评价它。就是说，确定一种历史上出现或存在过的东西，是不是我们所说的历史事实，就要考察它对社会发展是不是起作用，起什么样的作用？决不能以某个人或某些人的好恶为标准。

二 评价的根本标准

我们提出对历史事实评价根本标准的问题，这种历史事实不是指那些在过去发生过的鸡毛蒜皮的东西，而是指对社会历史发展具有意义的事实和事件。一般而言，对社会历史发展的意义可分为两类：一类是起推动促进作用；一类是起阻碍延缓作用。

这两类活动而形成的历史事实都是历史上存在的，任何历史时期中不可能全部都是由起促进作用的因素所构成，也不可能完全由起阻碍作用的因素构成。因此对事实历史的评价首先要把它们的关系搞清楚。二者实际上是不可分割的矛盾的两个方面，这两个方面既统一又斗争，是历史发展出现曲折的根源。有了这对矛盾才形成了生动的实在的历史。虽然任何历史事件和历史事实都有这两个方面，但评价历史事件和历史事实却只能以推动历史前进的一面为主，而那起阻碍作用的一面只能是作为背景和陪衬，用来衬托起进步作用的那一面。这是不能颠倒的，一旦颠倒历史就将完全变样。那么，什么是促进作用，什么又是阻碍作用？这就涉及衡量的根本标准的问题。

历史是人的活动，评定某个人或某一群人活动的意义只有把它放在历史发展的长河中来考察，才能真正确定它的价值。能够在历史长河中起衡量作用的东西必定是具有恒久性的东西，它不受人主观意志的摆布，这样的标准只能是对物质生产力的发展起作用的因素。我们把凡是推动生产力发展的人的活动所形成的历史事件就看作是进步的，与此相反的活动就是退步的。这里讲的进步和退步不是逻辑的推演，而是根据事实的比较而作出的。进步与退步无疑是一对相比较而存在的范畴，对于某一具体事物来说，比如对生产力来说，是指后一阶段的生产力在规模上、速度上、数量上、科技含量上等都超过了上一阶段，我们就说后一阶段的生产力比前一阶段的要进步，这种事实的历史就是进步的。这种进步反映到社会上就是物质文明和精神文明的提高。与此相反的活动是阻碍甚至破坏生产力的发展，就是应予否定的历史活动。这就是根本性的标准。例如马克思恩格斯在《共产党宣言》中写道："资产阶级在它的不到一百年的阶级统治中所创造的生产力，比过去一切世代创造的全部生产力还要多，还要大。"①这就是说，资产阶级及其活动对历史发展曾经起过巨大的推动作用，是一个进步的、革命的阶级。然而，发展到今天，资产阶级正在日益走向其反面，对社会生产力的进一步发展越来越起阻碍的作用，这个阶级也由进步力量逐渐转变为阻碍社会发展的消极力量。

以此为标准，只有那些与生产力发展有关的事件和事实，才是我们所说的历史主线。这是很明显的，如果不按这个标准去考察以往发生的事件和人类的活动，我们就理不出一个头绪，历史就将成为一团乱麻，对历史的研究也会堕入云里雾中，也就谈不上有什么真正的社会科学。列宁指出："只有把社会关系归结于生产关系，把生产关系归结于生产力的水平，才能有可靠的根据把社会形态的发展看作自然历史过程。不言而喻，没有这种观点，也就不会有社会科学。"②列宁在这里提出用生产力这个标准去说明社会历史。我们认为，这个标准是真正科学的，首先在于它是客观的，生产力及其发展水平是一种客观实在，不以人的主观意志为转移，可以用自然科学的精确眼光来加以对待。这是任何其他标准无法与之相比的。其次，只有这个标准才能越过历史事件的复杂的表现形式，看清历史事实的实际存在和包含的内容，揭示出历史事实的内在性质。

不可否认，社会生活复杂而丰富，要把每一个人的每一个活动直接与生产力的发展联系起来，几乎是不可能的，也没有这个必要。我们这里指

---

① 《马克思恩格斯选集》第 1 卷，人民出版社 1995 年版，第 277 页。

② 《列宁选集》第 1 卷，人民出版社 1995 年版，第 8 页。

的是对社会历史发展产生重大影响的活动。

三 关于善恶问题

很长时期以来，人们习惯于以善恶作为标准去衡量历史事实的价值和意义，对许多历史事件作出了似是而非的结论。为什么会是这样，原因就在于善恶这种道德原则本身不具有永恒性，每一种道德原则的产生都有它的历史基础，在它适应的时代里，它具有合理性和进步性；离开了那个时代，原来合理的就会成为不合理的，即原来是道德的就变为不道德了，人类历史上不存在永恒不变的道德原则。在生产力不发达的古代，杀死俘虏不为不道德；在奴隶社会主人把奴隶当畜生来对待，也不认为是不道德的，等等。在以私有制为基础的社会里，不同阶级对善恶具有不同的认识，这是不争的事实。在一个阶级那里是善的东西，在另一个阶级那里可能被认为是恶，这是社会中常见的现象。无偿占有别人的劳动，在劳动阶级看来是一种不道德的行为，可是在剥削阶级那里是天经地义的事情。由此可见，不是说善恶这个标准不能用，而是说在使用之前必须先肯定使用的是哪个时代、哪个阶级的善恶，这样才可能有明确的结论。当然，这个结论人们如何评判，则应另当别论。

善恶是交织在一起的矛盾的存在，它们既对立又统一。从形式上看，在人类历史中不应给恶以任何意义，应予绝对地消除。可黑格尔不这样认为。"在黑格尔那里，恶是历史发展的动力借以表现出来的形式。这里有双重的意思，一方面，每一种新的进步都必然表现为对某一神圣事物的亵渎，表现为对陈旧的、日渐衰亡的、但为习惯所崇奉的秩序的叛逆；另一方面，自从阶级对立产生以来，正是人的恶劣的情欲——贪欲和权势欲成了历史发展的杠杆，关于这方面，例如封建制度的和资产阶级的历史就是独一无二的持续不断的证明。"① 为什么赋予恶以如此不寻常的意义呢？根本原因就在于：在促进生产力发展和社会历史进步的过程中，恶是不可缺少的一种形式。

由此可以得出这样一个结论，不论什么形式出现的事件和事实，只要客观上推动社会生产力的发展，它就有资格成为构成历史的因素和成分，

---

① 《马克思恩格斯选集》第4卷，人民出版社1995年版，第237页。

就是我们所说的历史事实和历史事件。从历史上看，每种社会形态的末期，都会出现旧有的生产关系对新生生产力束缚的问题，使社会发展停滞，社会矛盾激化，每当这时，代表新生产力的阶级就会起来反抗，对被当时奉为神圣的事物进行亵渎，甚至采取暴力的手段将其打毁，推翻社会统治阶级的统治，让他们威风扫地，颜面无存。我国东周末年，诸侯各国纷纷出现的许多非礼的事件，导致"礼坏乐崩"的局面，出现了"礼乐征伐自诸侯出"、"陪臣执国命"、大夫"八佾舞于庭"等，这些在孔子看来统统是恶。然而，正是这些恶成了推动当时中国社会从奴隶制向封建制转化的动力。

四　对评价标准混乱的澄清

对历史事件和历史事实如何评价，是历史学中的一个重要问题，也是历史认识论中的一个重要问题。评价事实的历史究竟评价的是什么？不是评价它该不该发生，因为它已经发生了；也不是评述它发生的具体情形，这已经由历史学家做过了，而是要揭示这一历史事实的性质，通过对性质评价来确定这一历史事实在整个社会历史发展进程中的地位和作用。确立标准的目的在于澄清混乱，我们将以前述标准为尺度，分别评析一下在这个问题上常见的几种观点。

有一种观点认为，一种历史事件是否具有进步性、有多大程度的进步性，是要由后天的历史理性来决定的，不是先天地由逻辑理性来决定的。甚至认为进步观"只是麻醉人民的鸦片烟"。这种观点的根本错误就在于否认事实历史的客观实在性，从而也就否认了评价事实历史标准的客观性，把事实历史及其评价的标准看作是由理性或逻辑来决定的东西。的确，评价任何的历史事实或事件，都是由人的理性来进行的，而人又是一种社会的存在，总要受到他所处的地位和所代表的利益的影响。因此，同一个历史事件不同的人其评价可能不同。评价权在评价者手中，然而评价是否正确的裁定权却不在评价者手中，它决定于上面所提出的标准。可以说，之所以要确立标准正是要排除在评价上的主观片面性和随意性。

另一种观点以成败为标准，所谓"成败论英雄"，"成者为王败者寇"。就是说，在历史活动中，一部分人的活动成功了，就被说成是正确的，予以肯定；与之对立的、遭到失败的另一部分人的活动则被说成是错误的，予以否定。中国以往的"正史"大都是用这个标准去衡量历史事实和历史事件的。欧洲在中世纪这种标准也很流行。这个标准似乎去掉了主观的色彩，但由于对成败双方未作具体分析，不能算作正确的标准。因为胜利一方未必就是促进生产力发展的进步力量，甚至是阻碍历史前进的反动势力；而失败的一方也未必就是阻碍生产力发展的力量。封建时代末期，在农民反抗地主阶级的斗争中，地主阶级常常是胜利者，但决不能因此说地主阶级镇压农民起义的活动是正确的和进步的。曾国藩是镇压太平天国运动的刽子手，1864年7月19日，他领导的湘军攻破南京，他在上呈的奏折中写道："分段搜杀，三日之间，毙贼共十余万人，秦淮河尸首如麻。""此次金陵城破，十余万贼无一降者，至聚众自焚而不悔，实为古今罕见之剧寇。"（《金陵克复全股悍贼尽数歼灭折》）[①] 在这份奏折中，太平军的英勇和湘军的残忍尽数无遗。由于曾国藩帮助满清王朝消灭了太平天国起义，使得腐朽没落的清王朝得以苟延残喘。曾国藩是满清王朝的英雄，但同时又是有史以来镇压农民运动最残忍的刽子手。太平天国运动是我国近代史上一场伟大的农民战争，却被满清反动势力打败了。今天我们来看这一段历史，正义和进步完全不在清王朝和曾国藩一边。时下，曾国藩的著作以至书信充斥各大书店，曾国藩本人也在一些人中被当作偶像。其实这种导向是不正确的，完全掩盖了曾国藩作为中国近代史上最残酷刽子手的这一面。中国史家正统观念根深蒂固，在他们的笔下，农民起义者非匪即贼，决不会将他们与善、正义、进步联系起来。以往的历史学家还把这种标准同天命和神意结合起来，鼓吹胜利者的胜利和失败者的失败，都是天命和神意的体现。使得这种标准带上神秘的色彩，以便产生更大的欺骗性。这是真正应该纠正的错误历史理论。然而，我们不少历史学家对此安之若素，有的甚至为这种错误的历史理论摇旗呐喊，这种现象难道不值得深思吗？

还有一种观点，以所谓"公正""正义"为标准。这是近代资产阶级历史学家提出来的，他们把维护或合乎"公正""正义"的人的活动，看作是正确的；与此相反的人的活动则被认为是不正确的。表面看去，这种标准冠冕堂皇，无可厚非。其实问题远非这样简单。首先，公正、正义不

---

① 范文澜：《中国近代史》上册，人民出版社1955年版，第423、424页。

应是抽象的，而应是具体的，就是说，公正、正义是有内容的，在不同时期它们的内容是不同的。恩格斯曾指出："希腊人和罗马人的公平观认为奴隶制度是公平的；1789 年资产者阶级的公平观则要求废除被宣布为不公平的封建制度。"[①] 可见，公平是因人因时而异的。其次，在历史上即使曾经有过公正、正义这回事，在私有制阶级产生以后也完全失去了原来的意义，对某一阶级是公平、正义的东西，对与之对立的阶级说来，未必就是公平、正义的，甚至正好是其反面。人们常常喜欢用公平和正义这两个词，其实永恒的公平和正义从来就没有存在过。原因就在于公平、正义的性质不能由这两个词的字面意义来定，而要由提出者是否是代表生产力发展方向和促进社会进步。

---

① 《马克思恩格斯全集》第 18 卷，人民出版社 1964 年版，第 310 页。

第三章　反映的历史

历史事实尽管是历史的载体和基础，是真正意义上的第一历史。但事实的历史不是研究历史的人亲身经历过的，如果是当事者、直接经历者，那么所发生的事件就不是历史，而是现实；这个现实只有等它成为过去，只有对后人而言才是历史。对于绝大多数人说来，还只能从资料、他人或书本上来了解和认识历史，亦即通过概念、语言来把握和了解事实的历史。即使对于那些亲身经历过某些历史事实的人来说，他要把这一事实表述出来也必须借助于概念和语言。我们的一些参加过革命战争和抗日战争的老战士，经常给儿童讲革命和抗日战争时期他们亲身经历过的事情或战役，这些事情、战役在他们是亲历者，讲给别人听就是用概念和语言进行追忆（讲故事，故旧也，过去陈旧有情节之事即故事）。概念已不是事实历史本身，而是对事实历史的反映。因此，历史实际上包含两个层面：事实和对事实的反映，即认识。马克思说："历史的全部运动，既是它的现实的产生活动，——它的经验存在诞生活动，——同时，对它的思维着的意识来说，又是它的被理解和被认识到的生成运动。"① 后一句话讲的就是反映的历史。一般人们所说的历史都是指反映的历史。反映的历史又分为两类：一类是指对历史事实的文字记载和描述，即通常所说的史料，编年史就属于这一类。我们之所以把它称作反映的历史，一方面是将它同事实的历史区别开来；另一方面，从认识的广义上讲，史料毕竟也是人们的一种思维成果，也是一种反映和认识。另一类是指通过对事实历史和史料的研究而写成的历史。对于这一类下面我们还要作专门的研究。这里先来研究一般意义上的反映的历史，即历史的主观层面。

---

① 《马克思恩格斯全集》第 3 卷，人民出版社 2002 年版，第 297 页。

第一节　反映的历史及其实质

一　历史不可知论是没有根据的

一触及反映的历史，碰到的第一个问题就是反映的历史是否可能，即历史能不能被认识？这个问题的实质是：历史的事实是过去的、已经消逝了的东西，对于这样的东西还能认识吗，就是说事实的历史是可知的吗？因为无论是记载和描述还是专门的研究，都要以事实的历史是不是可知为前提，如果事实的历史本身是不可知的，谈认识和反映便毫无意义。这个问题在历史哲学中争论颇多。

在欧洲，古希腊哲学家中就有怀疑论者和不可知论者，怀疑认识的可能性和真实性，有人直接提出事物都是不可认识的，更不要说已经消逝了的事实的历史。突出的有公元前 5 世纪智者学派的高尔吉亚，他认为："第一，无物存在；第二，如果有物存在，那它们也无法为人所把握；第三，即使它可以为人所把握，也不可能把它说出来告诉别人。"[①] 从亚里士多德开始，就认为历史不像美学那样具有普遍性，不能像其他对象那样进行科学的考察。在他看来，只有普遍性的东西才是科学的本质，而历史只能是个别的。亚里士多德的这一思想产生了深远的影响，近现代许多历史怀疑主义者和不可知主义者的观点，都在某种程度上有亚里士多德的影子。例如法国哲学家笛卡儿（1596—1650）就怀疑历史的可认识性，其主要根据就是：历史是个别的、杂乱事物的堆积，不具有普遍不变的性质，而真理应是明晰、清楚、不变的。英国现代哲学家卡尔·波普认为，历史理论在本质上大不同于科学理论，他甚至认为历史都不配称作是一种理论，而只能说是一种"一般的解释"。他断定"不可能有一部'真正如实表现过去'的历史"，也没有"一种解释是最后的解释"。他之所以这样主张根据有二：其一，他认为历史没有意义，历史的意义都是写历史的人赋予的，是随意的。他说："历史本身既没有目的，又没有意义，但我们能够把目的和意义给予它。"[②] 其二，他认为历史事实都是个别的，是

---

① 苗力田主编：《古希腊哲学》，中国人民大学出版社 1989 年版，第 192 页。

② 张文杰等编译：《现代西方历史哲学译文集》，上海译文出版社 1984 年版，第 191 页。

无限丰富的，而个别的东西是没有历史的。他自问自答道："但是难道真的没有一部可以当作人类的具体历史的世界史吗？不可能有。"① 波普的意思是历史事实是无法知道的，所有的历史不过是历史学家对历史事实的一种解释，他解释成什么样就是什么样。柯林武德在历史能不能认识的问题上，常常处在动摇状态之中，他在如何认识历史的问题上，曾作出过许多颇有价值的论述；但在根本上来看，他也是一位历史不可知论者，他认为在历史认识上，不存在主观与客观相对立这种意义上的历史知识，或如通常所谓的认识主体反映了客观事物那么一回事，他认为作为事实的历史是不存在的，即使存在也不包括在历史的含义之中，历史是事件背后的思想，除此之外，再没有什么可以叫作历史。这就是说，反映的历史根本就不能成立，何谈对事实历史的反映？他承认历史事件的思想是可以认识的，但不承认历史事件本身。他说："历史学家知道的事情越多，他就越敏锐地意识到自己决不能真正知道任何事情，他自己的一切所谓知识在相当大程度上都是不正确的。其实，事实是不可知的。"②

以上这些历史学家虽属历史不可知论者，但他们的思想往往也能给人以启发。例如亚里士多德看到了历史事实的个别性，笛卡儿指出了历史事实的不确定性，柯林武德、波普则看到了反映的历史中所包含的主观性的作用和成分。凡认真对待历史认识论的人，都不应无视他们的理论中包含的有价值的成分，"真理的颗粒"。但尽管如此，历史不可知论不能被认为是正确的历史哲学理论。

第一，不可知论者所提出的根据是不存在的或是不能成立的。例如：说事实历史是个别的，不能在普遍和一般的意义上对它加以认识。这是不能成立的。因为不论在任何领域（当然历史也不能例外）都不存在与一般毫无关系的所谓绝对的、纯粹的、孤立的个别事实。人类历史同自然界的事物一样，每一个事物，一方面是个别的、特殊的，但同时又是普遍的、一般的。秦始皇、汉武帝、唐太宗等，就他们每个人而言，是各有特点、完全不同的，他们生于不同的时代，各有自己不同的个性、经历和业绩，也不能说他们之间有什么联系，他们的这些区别是不言而喻的。但

---

① 张文杰等编译：《现代西方历史哲学译文集》，上海译文出版社 1984 年版，第 186 页。
② 同上书，第 168 页。

这一切并不能否认他们有一般的、共通的东西，如都是封建社会的最高统治者，都有至高无上的权势，都是颇有作为、创下重大业绩的人物，对中华民族及其历史都产生过重大影响。就是说他们是一类人，是普遍的封建帝王中的一员，既不同于普通的农民，也不同于一般的文臣武将。他们每一个人都是帝王一般里的个别，是帝王普遍里的特殊；如果离开了帝王这个一般，他们作为个别就毫无意义，他们每一个人都有一般在里头。又如我们提到中国历史上的四大美女西施、貂蝉、王昭君和杨贵妃，她们都是个别的，生于不同的时代，各有不同的相貌和性格；但她们都具有"美"这个一般，否则怎么能成为流传于历史的美女？

又如说反映的历史带有主观性，因而不可能具有科学性。这也是不能成立的。诚然，自然事实与历史事实是有区别的。其根本区别在于自然事实不包含意识成分，而历史事实是人的活动及其结果，人是具有意识的动物。正是这个缘故，自然事实可以通过科学手段使其再现，甚至重复再现；而在历史领域，历史事实是不可重复、不能再现的。可是在认识领域，存在的仅仅是反映者与被反映者之间的关系，认识关心的是认识主体如何反映认识客体，并不在意认识对象能不能重复的问题。反映是认识主体作用于认识客体的一种功能，只要是反映，不论是对历史事实的反映还是对自然事物的反映，都必然具有主观的色彩，否则就不能成其为反映。根据反映的历史带有主观性而否认反映的历史的可能性，即认识历史的可能性，是武断的。自然科学是自然科学家对自然现象的研究和认识，不同的自然科学家对自然的考察是不同的，即不可避免带有某种主观性，能因此而否认自然科学的科学性吗？

第二，历史不可知论不符合历史。就是说，人类并未因为事实历史的个别性和主观性的特点而放弃对历史的认识和研究；恰恰相反，没有一个民族和国家不重视它自己的历史，也从来不怀疑自己有真正的历史，这个历史就是一代一代流传下来的对历史的认识。尽管每一部反映的历史都难免有不精确之处，但这并不妨碍每一个民族和国家对自己历史的尊重和珍惜，并视其为自己文明的重要组成部分。世界上没有历史的民族和国家是不存在的，不尊重、不珍惜自己历史的国家和民族也是不存在的。尽管他们尊重和珍惜的历史中抑或存在错误和不实的东西，但他们相信历史的基本面和总体上是可信的。这个事实是对历史不可知论者最有力的驳斥。

第三，历史不可知论实际上否认了任何意义上的历史科学，这是不能容忍的。一门科学只要它的对象是客观存在着的或客观存在过的，它的价值和意义就是真实的，它就有资格获得科学这样的名称。因为科学是以事实为基础的，这个事实不论是现在存在着的还是以往存在过的。不论主观与客观存在怎样的对立，总存在同一和统一的一面，而科学的真正含义就是反映同反映对象的一致、相符，科学是真理的体系。只有那种无实在对象的领域才是与科学无缘的（如宗教关于神的一些说法），因为这样的领域不存在认识与认识对象是否一致的问题，也就不存在真理的问题。我们在前面已论述了事实历史的客观性，即历史作为一门科学有它不以人的意志为转移的客观对象。因此，历史同任何其他科学一样有着自己存在的根据。问题在于如何使得反映的历史同事实的历史达成一致，而不在于否认事实历史和对这种事实认识的可能性。

二　历史不可知论产生的根源

尽管人们从来没有放弃过历史，无论在什么时代，还是国家和民族，真正完全否定、抛弃历史的几乎没有。否定个别历史或事件的事时有出现，说根本不要历史是不可能的，所以，历史著作过去是、现在仍然是每一个国家书库中占很大比重的图书。但与此相随的一个现象，就是历史不可知、历史怀疑论却从未销声匿迹。为什么是这样，历史不可知论产生的根源在哪里？

第一，一个最大的根源在于历史事实是过去的东西，现下已不存在，不能成为真正在场的认识对象。特别是在文艺复兴运动以后，资本主义生产方式促进了社会生产力的发展，分门别类的科学如雨后春笋般涌现，对自然现象的研究逐渐系统化、科学化，实地考察、实验证实普遍被运用于科学研究。这种实践经哲学的概括和抽象，便产生了实证主义。作为一种世界观和方法论，曾经产生过很大影响。英国哲学家弗朗西斯·培根是"现代实验科学的真正始祖"。实证主义也深深地影响到了社会历史领域，有人主张历史研究应当如同科学研究一样，也要拿出经验的事实，可以重复实验，否则它就不配冠以科学的名称。由于历史认识和研究，不具如同自然科学那样的客观性，因此有人认为历史知识不可信，真正的历史人们无法认知。

　　这里有两个问题：其一，说凡过去的事物都不能认识，这种说法过于武断。事实上，过去的事物有些是无法认识的，但决不是都不能认识。许多过去的事物在消逝之后留下了这样或那样的痕迹，循着这些痕迹去追寻原来的事物，它的基本状况是可以得到的。例如，考古队从一个古墓中挖掘出大量的日用器皿、绘画、衣物、珍宝等，通过分析研究，对墓主人的身份、地位、活着时的生活、性格爱好等所产生的认识，其正确性是可信的。否则考古还有什么意义呢。其二，应当把研究自然科学的方法同研究社会历史的方法区别开来，这已是一个多次强调过的问题，不能把研究自然科学的实证主义方法简单地搬到历史学的研究中来。现在越来越多的历史学家认识到自然科学的认识方法同社会历史的认识方法是不同的，因为有这种不同就得出历史不可认识，是轻率的，也不能使人信服。

　　第二，导致历史不可知论的另一个原因是不可知论者的思维方法不科学，不能在历史认识领域把唯物主义的反映论与辩证法紧密地结合起来，贯彻到底。要彻底摆脱不可知论的纠缠就必须拿起辩证法的武器，正确解决一般与个别的关系。很多人认为历史是个别的，没有普遍性，因而历史是没有意义的，不必像自然科学那样认真去研究。这种认识最明显的错误是割裂了一般与个别的辩证关系。

　　关于个别与一般的原理前面已经有过论述，这里再做进一步的说明。黑格尔在哲学上是一位唯心主义者，但他在历史问题上是可知论者，他还是近代把辩证法系统化的第一人。他在两个方面作出了贡献：其一，他揭示了一般与个别的辩证关系，指出一般不能脱离个别而存在。在黑格尔那里，"个别就是一般"，"个别一定与一般相联系而存在。一般只能在个别中存在，只能通过个别而存在。任何个别（不论怎样）都是一般。任何一般又都是个别的（一部分、或一方面、或本质）。"① 这样，个别的历史事实的意义就起了根本的变化，它不再仅仅为自身、偶然而存在，而且也为一般和必然而存在。那种把一般同个别隔离开来的铁壁完全是不存在的。当我们把个别与一般当作对立统一来理解时，原来，一般是离不开个别的，只有借助于个别它才能存在，离开了一匹匹个别的红马、白马、黄马……哪里还有一般马的存在；历史也是这样，离开了一件一件个别的事

　　① 《列宁选集》第 2 卷，人民出版社 1995 年版，第 558 页。

件，哪里还有什么历史。其二，黑格尔提出了逻辑同历史一致的原则。他不同于康德把思维形式当作是无内容的、先验的东西，而是认为思维形式即逻辑和历史是一致的。在他看来，事实的历史不过是思维的产物和体现，本质上应与思维相一致。黑格尔在这里所表现出来的唯心主义一望而知，他把问题完全弄颠倒了，应该是事实的历史决定思维、逻辑的东西，思维、逻辑是历史的体现，才有逻辑和历史的一致。但他在这里所提出的逻辑与历史一致的思想是非常深刻和宝贵的。

马克思主义哲学批判地继承了黑格尔的这一思想。恩格斯指出："历史从哪里开始，思想进程也应当从哪里开始，而思想进程的进一步发展不过是历史进程在抽象的、理论上前后一贯的形式上的反映。"[①] 这个一致不是机械的、刻板的，马克思主义哲学充分注意到了历史发展的复杂性和跳跃性。历史发展过程中充满了枝杈和偶然性，但"前后一贯的形式上的反映"即逻辑，不可能完全符合这些枝杈和偶然性。真正的逻辑要做到科学地反映历史，正是要做到不受这些枝杈和偶然性的干扰和迷惑，毫不犹豫地抛弃那些枝杈。恩格斯指出："这种反映是经过修正的，然而是按照现实的历史过程本身的规律修正的，这时，每一个要素可以在它完全成熟而具有典型性的发展点上加以考察。"[②] 这样既坚持了反映的历史要以事实的历史为基础，在二者关系上坚持了唯物论；又指出二者并不是简单地等同，在二者关系上坚持了辩证法。因为反映的历史是表现事实历史的本质和规律，是历史完全成熟了的并具有典型性的东西，所以，它是更真实、更可靠的。

以上我们分析了历史不可知论产生的两个主要根源，实际研究中，不可知论的表现形式要复杂许多，应当深入具体分析，随时注意避免这种理论的影响。

三　历史是可以认识的

与不可知论相对立的观点是，主张历史是可以认识的。所谓反映的历史就是对历史的认识。与前面的研究突出历史事实的侧面不同，这里我们

---

① 《马克思恩格斯选集》第 2 卷，人民出版社 1995 年版，第 43 页。
② 同上。

将要突出认识和反映的侧面；如同在突出事实的侧面不应丢弃、忘记主观的、反映的侧面一样，在突出反映的侧面时也不应丢弃事实的侧面。历史认识论坚持在反映的过程中去把握历史客观的方面与主观的方面的辩证统一。

在历史认识论上，我们是可知论者；在世界观和方法论上，我们是辩证唯物主义和历史唯物主义者。我们认为世界上只存在尚未认识之事物，不存在不可认识之事物，在历史领域也是如此。这就是说，尽管历史是已经过去了的、消逝了的事物，在这一领域中存在许多我们现在还没有认识的对象，存在许多未解之谜，但我们坚持历史是可知的，是可以认识的。随着时间的推移和科学的不断进步，那些深藏于地下的文物和历史遗迹会逐渐暴露，原来无法认识的东西在新科技手段面前会揭开面纱，将真实面貌显露出来。历史可以认识，这是研究反映历史的基本前提，也是历史认识论的基本前提，没有这个前提什么都谈不上。

任何认识都是从个别、特殊的东西开始，然后上升为普遍和一般的认识。对历史的认识也是这样。这就遇到了个别与一般、特殊与普遍的矛盾。在历史认识论中，把对事实历史的文字表述，称作对事实历史的反映，即反映的历史。这里所说的反映是指人的认识活动，是人通过文字和概念去把握个别、特殊事实历史的活动，是一个把个别和一般结合统一起来的活动，这就是反映的历史的实质。

历史认识论的辩证法表明，历史事实的确是个别的、特殊的；但这种个别是寓于一般中的个别；这种特殊包含普遍的特殊。而反映的历史是概念的体系，它恰当地把这两个特性结合了起来。

不少历史学家不懂得辩证法，在这样的矛盾面前束手无策：任何概念都是一般和普遍的；事实历史都是特殊、个别的。反映的历史首先碰到的就是这个一般与个别、普遍与特殊的矛盾。有些历史哲学家把二者绝对地对立起来，否认二者之间的联系和统一，结果导致历史不可知论，认为反映的历史是不可能的。

不能否认一般与个别、普遍与特殊之间矛盾的复杂性，也不能简单地以为作为概念的一般反映历史事实的特殊不存在任何困难。但我们认为，一般与个别、普遍与特殊的矛盾是可以在反映历史的过程中加以解决的。反映的历史通过对大量个别的、特殊的事件的认识，从中综合、概括、抽象出一般的、普遍的东西。其实，这一认识过程同认识自然事物是完全一样的。正是这种矛盾在反映历史的过程中不断地发生又不断地获得解决，才有历史认识；也正是这一矛盾，推动着反映历史的深化和发展。

事实历史的文字表现即反映的历史是多种多样的，有记述的，如编年史，中国典籍《春秋》就是一部具有编年史性质的书；有陈述性的，如传记，《史记》就是一部记述性很强的史书；有研究性的，如刘知几的《史通》；还有考证性的……所有这些形式都必然渗透概念自身的特征：抽象性、概括性和解释性。这些形式上的差异表明反映历史的丰富性；然而也正是这种丰富性，给了反映历史的制作者以极大的空间，在这个空间中他不仅可以运用自己的智慧、才华，驰骋自己的想象，还包含着他对知识和生活阅历的积淀。正是这些因素，造成哪怕是同一历史事实，在不同的反映者那里，反映的结果也可能迥然相异。于是便产生了文字表现与事实历史是否一致的问题，即文字是否真实地记载了事实的历史。这个问题牵涉到历史学和历史认识论的许多方面，留在以后讨论。此处所说的事实历史的文字表现是在最一般意义上说的，也就是指历史的主观的侧面。这是作为历史的不可缺少的方面。

第二节　对几种历史认识论的剖析

一　关于历史认识中的客观主义

19 世纪 30 年代到 20 世纪 30 年代，在这一个多世纪的时间内，西方史学界流行一种客观主义。德国、英国、法国、美国等国都有其代表人物。这股思潮的兴起与当时的历史背景分不开。当自然科学日益向科学化发展的时候，刺激了一些历史学家，产生了力图使自己研究领域科学化的倾向。有人主张，历史学不是文学，必须驱除一切虚构和夸张，历史学应该成为具有自己独特研究风格的科学。这种倾向为历史客观主义的产生和发展提供了契机，历史研究日趋专业化，历史学家批判审视历史资料倾向越来越浓，以求获得真实的、精确的历史。一时间盛行"真实胜于文采"。

主张客观主义的人都认为兰克是这一思潮的鼻祖。兰克（1795—

1886）是 19 世纪德国著名的历史学家，主要著作有《德国宗教改革史》《17 和 18 世纪普鲁士史》《16 和 17 世纪的法国史》和《16 和 17 世纪的英国史》等。他之成为鼻祖跟他提出如下观点密切相关："历史指定给本书的任务是：评判过去，教导现在，以利于未来。可是本书并不敢期望完成这样崇高的任务。它的目的只不过是说明事情的真实情况而已。"主要是最后这句话给了后来的历史客观主义者以很大鼓舞。特别是他能以超然的态度坚守说明事实的真实情况这种做法，获得了别人所得不到的声誉，如他写的《教皇史》，"他能以路德派教徒的身份写作《教皇史》而使对立的宗教派别都能接受它，作为德国人，他身处仇恨法国的时代写出法国人欢迎的《法国史》，这在当时的史学界都是了不起的成就，值得任何读者尊敬。于是，兰克成了许多历史学家的理想的榜样，这也是客观主义历史学孕育而生的原因之一。"①

严格说来，兰克的主要贡献还是历史本身，而不是历史客观主义。历史客观主义是后继者逐渐丰富发展起来的，这里面就有他得意门生魏茨和吉泽布雷希特，他们发挥的主要观点如下：

第一，对以往的历史资料要进行批判和审核，坚决摒弃一切虚构不实的东西。兰克提出批判地考证资料以便确定历史事实。因此，他们推崇历史考证的方法。尽管历史考证不是由兰克始，但历史客观主义提倡考证对后来历史研究的影响还是积极的，应予肯定。

第二，提倡"如实直书"，这是历史客观主义的核心。所谓"如实直书"，就是主张历史学家在撰著历史时，不持任何立场，也不带任何情感，他的任务就是发现和陈述事实。英国的客观主义历史学家阿克顿在阐述《剑桥近代史》的写作原则时说道："我们将力避发挥不必要的议论或拥护某一立场。撰稿者必须懂得，我们所编写的滑铁卢战役必须写得不论法人、英人、德人与荷兰人阅后都能感到满意。"② 历史客观主义者还主张排除任何价值判断的影响，即使历史学家谈论价值，这种价值也同别的东西一样，都是历史事实。洛夫乔伊写道："研究历史，总要在某种程度上力图摆脱当前的局限和成见；为了成功，必须努力地超越自我。……做

---

① 张广智：《西方史学史》，复旦大学出版社 1999 年版，第 214 页。
② 转引自上书，第 217 页。

到这一点对一个理性动物来说不但是可能的，而且是有益的，而对一位历史学家来说，则是必须的。历史的价值无不在它的这些方面。因为正是这些方面，才使历史成为一门思想开阔、自由解放而能引起广泛共鸣的学科，才使他目前的经验丰富多彩。"① 历史客观主义者为了坚持"客观性"而摒弃一切"主观性"，提出在残暴面前不露怜悯，在至善面前不表欢颜。

第三，提倡客观公正的史学。历史学家所撰著的历史必须是符合真实的历史，要做到"不偏不倚""不动声色"。要避免涉及党派之争，不参与当时对任何问题的争论。兰克之所以能成为一些史学家的榜样，其中他写史能保持客观公正是重要原因之一，他作为路德派教徒写《教皇史》能让与之对立的教徒接受，作为德国人，能写出与他的国家有宿怨的法国的历史——《法国史》，并受到法国人的欢迎，从中的确可以看出兰克的"客观公正"的写作态度。历史客观主义者主张，历史不应成为某种权力的附庸，不能用来作为为某种利益辩护的工具。

历史客观主义主张在历史认识中追求真实，提出对历史资料进行考证，坚持如实地反映历史，这些都是很有价值的，对历史学的研究和发展起了一定推动作用。但与此同时，他们把客观性绝对化，排斥任何意义上的主观性，这就把他们导向了谬误。实际上，从事历史学的都是生活于社会中的现实的人，而且仅仅是为了人才去编写历史的。既然是人就免不了主观性，绝对排斥主观性实际上就等于拒绝历史。关于"公正"如我们前面已经分析过的，如果不是抽象地议论，那么，在现实社会中所谓"不偏不倚"的公正实际上是不存在的，因为现实社会本身就是不公正的，就是说，在现实社会中并不存在所有阶级、所有人都认可的公正。对兰克的《法国史》说每一位法国人都接受，恐怕未必；他可能没有遇到不接受的法国人。比如中国的抗日战争史无论怎样客观，在日本也不会被右翼分子所接受。一部二十四史，有人说是记录封建社会里帝王将相的功劳簿，国外大体也是如此，谈何公正？真实情况应该是，客观主义者自己的著作中也未能完全消除主观的因素，即使兰克也是如此。

① 转引自 [美] 威廉·德雷《历史哲学》，王炜、尚建新译，生活·读书·新知三联书店 1988 年版，第 73—74 页。

在中国历史上，也有一种类似客观主义的观点，之所以说"类似"就是说并不就是客观主义，例如主张"直书"。刘知几（661—721）是唐代伟大的史学家，他著述很多（但保留下来的很少），其中《史通》是他的代表作。在这部书中有"直书"和"曲笔"两篇，在"直书篇"中，他写道："盖烈士殉名，壮夫重气，宁为兰摧玉折，不作瓦砾长存。若南董之仗气之直书，不避强御：韦崔之肆情奋笔，无所阿容，虽周身之防有所不足，而遗芳余烈，人到于今称之。"（《史通》卷七）刘知几对于直书之史家给予赞扬；而对于不能直书阿谀奉承之辈则给予严厉批判。在"曲笔篇"中，他写道："其有舞词弄札，饰非文过，若王隐虞预毁辱相凌，子野休文释纷相谢，用舍由乎臆说，威福行乎笔端，斯乃作者之丑行，人伦所同疾也。"（《史通》卷七）刘知几主张"直书"的观点对于认识和研究历史是具有积极意义的，应予肯定，不能把他同后来的客观主义相提并论。因为刘知几之主张直书反对曲笔着重于史家写作历史时的道德品质，这与历史客观主义完全拒绝历史学家个人的主观因素，还是有区别的。

历史学家决不是像客观主义者所设想那样，只是消极地接受事实历史的作用或刺激而形成他们对历史认识。恰恰相反，他们是以我们上面所说的具有极其丰富的经验和生动的人格，投入实践之中，主动地去追求和拷问事实的历史，充分显示主体的能动性。但也决不可走向另一极端。有论者在这个问题上，我认为是不谨慎的，他们过分推崇历史学家的能动作用，认为没有历史学家的能动作用事实历史就不存在，如同没有人月亮就不存在一样。这样就从反对历史领域中的客观主义滑到了否认历史事实的客观存在。如果这样，唯物主义哲学在社会历史领域中的根基不是就被摧毁了吗？

二　关于历史认识中的怀疑方法

历史认识论中的怀疑论，是徘徊于历史可知论和不可知论之间的一个派别。历史不可知论是完全错误消极的，这里着重研究的不是导致不可知论那种怀疑论，而是指在历史认识和研究中的怀疑方法。对于历史怀疑方法不能简单抹杀和否定，应做进一步的分析和研究。许多西方历史哲学的著作经常提到历史怀疑论。虽然列数了一些历史学家和哲学家，但仔细研究一下可以发觉，在提到的那些人当中并没有很系统的历史怀疑主义理论，只是有一些观点和说法表现出怀疑主义的倾向。

要把历史研究中的怀疑方法同历史怀疑主义区别开来。后者集中表现在以下两个问题上：一是对历史事实是否真实存在表示怀疑，如柯林武德，他认为历史事实是否存在不能确定；一种是对历史学家所撰著的历史的真实性不予认可，比如笛卡儿就认为，历史著述对过去说明是不可靠的，不能帮助我们正确了解过去的事情。至于休谟本身就是一位不可知论者，他的历史怀疑论不过是将他的不可知论应用于历史领域而已。所以，从历史认识论视角来看，历史怀疑论表现为既怀疑历史史料，也怀疑历史学家编写的历史，有人甚至怀疑历史事实的真实存在，最终导致历史不可知论。这种怀疑论是一种错误的理论，在研究和认识历史的过程中应予避免。

我们反对历史怀疑论，但并不反对在历史研究中使用怀疑的方法。在科学研究过程中，怀疑并不是完全消极有害的；相反，它对人们探求科学真理是有益的助手。对已有的结论、理论、观点、经典、权威著作提出怀疑，常常是新发现的开端，是踏进新的科学领域的桥梁。历史上这方面的事例，无论是在自然科学领域还是社会科学领域，都是很多的。

在历史研究中，提倡不迷信权威的著述，对以往的一些公认的观点提出疑问，常常能把历史研究带入一个新的境界。前面提到唐朝的刘知几就是一个很好的例子。刘知几在其著作《史通》中有"疑古"篇，对当时被奉为经典的《尚书》提出可疑之处竟有十处之多。其中最为振聋发聩的是对尧舜禅让说的怀疑。他写道："尧典序又云：'将逊于位，让于虞舜。'孔子注曰：'尧知子丹朱不肖，故有禅位之志。'案汲冢琐语云：'舜放尧于平阳'。而书云：'某地有城，以囚尧为号。'识者凭斯异说，颇以禅授为疑。然则观此二书，以足为证者矣，而犹有所未睹也。何者？据山海经谓，放勋之子为帝丹朱，而列君于帝者，得非舜虽废尧，仍立尧子，俄又夺其帝者乎？观近古有奸雄奋发，自号勤王，或废父而立其子，或黜兄而奉其弟，始则示相推戴，终亦成其篡夺，求诸历代，往往而有。必以古方今，千载一揆。斯则尧之授舜，其事难明，谓之让国，徒虚语耳。"（《史通》卷一三"疑古"）这就是说，历来传说的尧禅让帝位于舜是不可信的，舜篡夺尧的帝位倒是可能的。这个结论也是一家之言，仍可斟酌。但刘知几开辟的疑古之先河，却意义非凡，大开人们的眼界，尤其是对于古籍宝典，从此便另有一种意味在里头。

因此，我们主张在社会历史领域提倡思考和钻研的精神，反对迷信和盲从。无论何人的学说，也不论是何种经典，都不可将之绝对化和理想化。尊古而不崇古，尊重前人而不迷信前人。

当然，怀疑也不能绝对化，对一切都怀疑，一疑到底，陷入怀疑主义，并不可取。对于历史事实曾经存在过，在总体上不能怀疑。如果在根本上就怀疑历史事实的存在，那么历史的基础就被动摇了。对于每一个国家和民族流传下来的主流的历史不能怀疑，如果对此也产生怀疑，那么一个国家和民族存在的根基就被否定了，这个国家和民族将不能生存。这就是要消灭一个国家首先要消灭它的历史的道理所在。所以，在社会历史领域，我们不反对怀疑，但不主张怀疑主义。

第三节　反映历史对象的复杂性

历史认识论坚持反映的历史，这并不是说对事实历史的反映是一件容易之事。恰恰相反，对这种反映的复杂性要有充分的认识。前面我们多次指出，历史认识论是对历史学家认识的再认识，是对历史学家思维的研究。通过这种研究，人们可以发现，历史学家认识历史这是一个非常复杂的过程。历史认识论研究并揭示了这一过程复杂的原因，从而进一步开拓历史认识的正确性和真理性的途径。

坚持事实的历史可以认识是一回事，而认识和认识是否正确，是另一回事。同认识和反映任何其他事物一样，就一种具体的认识和反映而言有两种可能：或是正确的反映，或是错误的反映。对历史事实的反映这两种可能也都存在，而后一种可能性要大得多。这缘于历史认识的对象和认识的主体具有高度复杂性所致。

一　认识对象的复杂性

每一个认识领域，作为认识对象都有简单和复杂之分。这里探讨反映的历史的对象的复杂性，同这种对象自身具有的特点是分不开的。

第一，历史认识对象复杂性的特点。广义而言，社会上一切存在过的事物都是历史学家认识的对象。然而事实并不这样简单。作为反映历史的对象并不是现成地摆在那里的实物，而是有一个构成的过程。能够成为历史认识对象的主要有两类实物：一类是通过考古挖掘发现的历史遗迹、实物；另一类是各种历史资料。这两种对象都要经过特别的探寻。对于前者，虽然像我们这样的国家有从事考古的专门队伍，但发现古代遗迹和实物也并非易事，对挖掘出的遗迹和实物进行辨认和研究更是艰难。这不仅取决于历史学家个人的学识、经验和智慧，而且与科学技术的发展水平密切相关，没有一定的科技手段，就连文物的年代都不能确定；文物的保存和维护则是更大的问题，因为许多埋藏于地下的文物一经打开就可能被氧化了，也就是说，已经不是原来的事物了，还谈什么认识。

关于历史资料，收集和研究都是极为复杂和艰巨之事。以我国为例，"中国的史料，虽然浩如烟海，但它们并不像宝库里的金银聚在一起，可以应手取得；而是和矿石一样，埋藏在我们所不知道的许多地方，需要我们耐烦去探求。……就是文献上的资料，也是散在各种典籍之中，不易找到。"① 所谓"正史""经典"作为史料不必说，就是野史、小说、诗文、甚至碑刻、传记等，都是史料藏储之所，都等待人们去挖掘。历史认识的复杂性是由对象的这种复杂性决定的。

第二，辨别历史资料的真伪，也是历史认识中的一大难题。一般认识对象它是什么，认识的任务将它反映出来即可。而反映历史的对象则首先要辨别当面事物本身的真伪，然后才能把它作为对象去认识。虽然识别真伪也是历史认识论的重要任务之一，但识别了真伪还不是历史认识的全部，在确证对象的真实以后，还要进行再认识和研究，才能形成历史。

有了真实的对象即识别了真伪以后，就进入一般认识过程了，兹不赘论。这里单就在历史领域去伪存真的重要性这一点作一特别的分析。

历史资料的真伪决定着历史认识的真伪。然而在历史领域去伪存真很是不易。很多古代的史料并不是当事者所亲自记录，而是后人的追记，托古之作甚多。在中国，以古为高，托古遂成了一种风气。翦伯赞先生认为，中国早在战国时代，就有学者借托古人的语言进行著书立说，儒家托尧舜，百家言黄帝。秦始皇焚书后，使中国古典文献大半被烧毁，西汉以降，各个朝代托古之书未曾间断，伪古典籍层出不穷。如果以这些所谓古

---

① 翦伯赞：《史料与史学》，北京大学出版社 1985 年版，第 61 页。

典作为史料去认识历史，就会使我们的认识陷入歧途。可见，有经验的研究者一再提醒人们，对历史的认识和研究要慎之又慎，不是没有道理的，辨别历史资料的真伪是正确认识历史的前提，因此在托古造伪的同时就产生了辨伪学和考据学。通过辨伪和考据，为历史学的研究尽量提供真实可靠的历史资料，以便得出正确的论断，给人们以真实的历史。

第三，不确定性。反映历史对象的不确定也是历史认识论的一大特点。已有的历史资料看似真确的，但随着时间的推移，被后来的历史发现所纠正、补充甚至完全推翻，历史认识论中并不鲜见。就是说，在一定时期被认为是正确反映的东西，随着后来的发展和发现而不得不做这样或那样的补充、修正，甚至完全被放弃，这在历史研究中是常见的。例如：在我国古史中，由历代史家的编撰和积累，三皇五帝已经成了中国古史的一个系统。然而至今考古发现的材料中，并无关于三皇五帝的任何确凿的证据，三皇五帝不能作为中华文化的源头来看待。也正因为如此，在正式的中国历史书中，都没有三皇五帝的位置。不少历史学家在一个时期得出一种见解，到后来，由于新的发现又不得不出来对自己原来的观点加以改变或补充。1993年冬，湖北省荆门市郭店楚墓出土《老子》的竹简，据专家研究，对原来简本、帛书《老子》有许多纠正和补充。兹举一例：今本《老子》第五十九章之"治人事天莫若啬"，解释为"治理人民，奉事上天，没有比啬啬精神更好的。"而在楚简中"治"原是"给"字，是"给"字的误写，"啬"古通"穑"，这样原文应是"给人事天莫若穑"，应解释为"给予人民（或富足人民），事奉上天，没有比务农更重要的事了。"① 尹振环先生认为这是楚简《老子》所纠正的一个"惊人之错"。当然，不能说以后就不会再有新的发现。再如：郭沫若在1930年写了《中国古代社会研究》一书，在他1945年出版的《十批判书》中，头一篇就题为"古代研究的自我批判"，就是根据后来的发现和研究，对他自己以前写的中国古代历史的错误加以纠正和补充。他谴责自己说："我在一九三〇年发表了《中国古代社会研究》那一本书，虽然博得了很多的读者，实在是太草率，太性急了。"② 他决心自己来"清算"这些错误，

① 尹振环：《楚简老子辨析》，中华书局2001年版，第34—35页。
② 郭沫若：《郭沫若全集》历史篇第2卷，人民出版社1982年版，第3页。

说明郭沫若对待历史严肃认真的态度。同时也是反映出历史不确定性的表现。

有人据此否认事实历史的客观存在性，否认认识事实历史的可能性，这是不正确的。但也的确表现了反映历史的复杂程度。事实历史是否存在，不以人的认识正确与否为转移，这在前面已经做过论述。一个事物能不能被认识也不以一次具体反映是否正确来确定。正确的认识也就是真理性的认识，它是一个过程，在人们对历史认识的漫长过程中，正确与错误是交织着的，人的认识既有相对的一面，也有绝对的一面，既是确定的，又是那样的不确定。以相对去否认绝对、以不确定性去否认确定性，都是一种片面性，都是由对认识辩证过程的否定或无知所致。

第四，还有一种情况，两种对立的论证都是科学的，也不能确定某一历史事实的真伪。2007 年 1 月，英国《自然》杂志刊登了德国波兹坦地学研究中心豪格科研小组的文章称，通过对一块有 78000 年历史的石头的分析，一千多年前的中国历史上最辉煌的大唐盛世是因干旱而灭亡的。中国国家气候中心首席科学家张德二对此结论深感怀疑。她认为过去两千年的 36750 份中国历史气候记录表明，中国在公元 700—900 年经历了两段湿润的气候期，其中只有一个短暂的干旱期。她在与其丈夫陆龙骅共同署名的给《自然》杂志的文章中指出："唐朝灭亡前的最后 30 年处于多雨阶段而不是干旱阶段。"《自然》杂志给她的回复是："这篇论文中的科学依据，是可以相信的。"① 《自然》杂志是世界最有声望的权威杂志，它先后发表了对同一问题观点不同的两篇论文，说明这两篇论文都具有科学价值。所以，后来才有人认为这是一个"无解的命题"。我们引用这一事实，是想说明，要获得对某一历史事实真实的认识是一件多么不容易的事情。

二　认识主体的复杂性

历史认识的主体就是历史学家，在历史学中，他是主体；在历史认识论中是被研究的对象，作为生活于现实社会中的人，社会性是他的真正本

---

① 参见从玉华著《唐朝因干旱而灭亡?》，载张秀枫主编《历史开卷有疑》，远方出版社 2008 年版，第 36—39 页。

质，这个本质表现在他的世界观、人生观和价值观上，这一面留待以后再论，此处仅仅作为认识主体来分析他的复杂性。关于这一点西方学者考虑比较细致。他们虽然不太强调历史学家的世界观和人生观，但对于他们的道德观念、价值观、宗教信仰、心理状态、哲学观点、艺术爱好、审美情趣等都很关注，认为这一切都会对历史认识产生影响，都是历史认识主体复杂性的表现，历史学家不可避免地会将这些因素渗透到他所编写的历史著作中。

由于历史认识主体的复杂情况，各种历史理论流派灿若群星。数一下现代西方历史学中的流派，其复杂性就够人瞠目的了。相对主义和绝对主义、实证主义、怀疑主义、浪漫主义、目的论、循环论等，每一种流派又有许多代表人物。各派观点不同，即使同一派中的不同历史学家观点也不尽相同。之所以出现这种状况，表明历史这个空间极为广阔，它能容许持有不同人格和特性的人在其中活动和驰骋。这些历史学家所撰著的历史的复杂性不难想象。

第四章　反映历史同事实历史的关系

　　反映历史同事实历史关系是历史认识论的基本问题。考察反映的历史同事实历史的关系贯穿着研究者的哲学立场，即是用唯物主义立场去考察它们之间的关系，还是用唯心主义立场去研究它们之间的关系？很多人不愿提及哲学路线，认为这是一种古板的陈旧的思维方式。其实不然，谁不是带着一定的世界观和方法论去研究问题的呢？尽管有人标榜自己是超越哲学党派的，实际上是不可能的。只要仔细分析，那些标榜超越哲学党派的人实质是党派性非常强的人。正如现代一些西方发达国家总是反对别人在思想领域强调意识形态性那样，实际上他们自己的国家就是一个意识形态非常强的国度。反对党派性的人常常就是有着自己党派性的人，他们只反对别人的党派性，而不反对自己的党派性。我们主张用辩证唯物主义和历史唯物主义立场去研究反映历史与事实历史的关系，这就必须承认事实历史的优先地位，这是真正历史科学的前提。

第一节　事实历史的优先地位

一　事实历史先于反映历史而存在

　　事实历史的先在性，就是说，历史事实在先，然后才有关于它的反映，即反映的历史。这对于没有被唯心主义思想所束缚的人来说是不言而喻的。

　　所谓先在性，首先是在历史起源意义上说的，指历史的创造活动在先。先有人们的历史活动，然后才有对这种活动的认识和反映。我们今天见到的原始人留下的壁画，是原始人对他们劳动和生活的反映，不难想象早在壁画产生之前不知道多少年他们就那样生活、那样劳动了。其次，从后人研究历史的实际过程来看，也是历史事实在先。就是说，他还没有开始研究之前，作为事实的历史早就存在了，这本是不争的事实。然而在许多人那里这却成了一个问题，他们问：你还没有认识怎么就知道它存在？许多人在历史观上陷入唯心主义，原因之一就是对这个问题不能解答。其实，这个问题不是历史领域所独有的，在一切领域都存在。对所有对象的认识都有这个问题：对象是不是在认识主体之外？是不是不依赖于认识主体而存在？如果对这两个问题做肯定的回答，那么对象的先在性就不成其为问题，这是一切唯物主义哲学所必然采取的态度；反之，如果对它们做否定的回答，在我们看来，这将把我们人自身陷于非常荒诞的境地。因为我们如果否认认识是对对象的认识，那就只能把认识封闭在自我之中，认识就变成人对自我心灵或感觉的认识。哲学中的主观唯心主义就是这样认为的。王守仁所主张的"求诸己心，不假外求"的思想，就是这种哲学典型代表。然而问题并没有解决，就是说还是要回答心灵、感觉从何而来？答案只有两个：或者来自神，或者来自认识者自身。这样的结果必然要导致极端的唯我主义或神秘主义，而唯我主义和神秘主义的荒诞是尽人皆知的。

"你还没有认识怎么知道它存在？"这似乎可以击倒唯物主义历史观的一道不可解的难题。事实并不是这样，难题是反对者故意制造出来的。这个所谓难题的要害在于歪曲了人的认识过程。人不是无意识的消极自然物，而是有生命有意识的、具有能动性的社会存在物。在与自然进行物质交换的实践中，他能亲身直接经验和感受外界事物的各种刺激，经过意识的作用把这种经验和感受上升为对存在的认识。认识外物的存在是一个漫长的历史过程，它与人自身的发展是密切相关的，远古时代，人与动物一样，完全属于自然，还不能将自己同自然界区别开来，不仅不认识身外的存在，就连自己的存在也不知道，除了是一个具有适应自然的天赋本性的存在物之外，什么都不是。在长期的历史发展中，人从自然界分化了出来，他不仅适应自然，而且通过实践改变自然，正是通过这种实践，人不仅认识了自然的存在，而且也认识了自身的存在，也就是说，人有了区别于自然的特殊的存在——意识的存在。这个意识属于自我，是主体自身的，内在的；与之相对的自然物的存在是外在的。

提出这种问题的另一个错误在于不懂得人的实践是主客体的统一。人的实践活动是人作为主体能动地作用于对象即客体的过程，同时也是客体作用于主体的过程，这是同一个过程。这一过程中的两个方面由于互相作用而紧密地联系在一起，具有能动性的人一刻不停地在把客观对象变成意识的存在而转化到主体之中，即人的头脑中，并不需要再去单独地认识它（对象）的存在。可见，这个问题本身就是不能成立的。历史学家不是在事实历史之外去认识历史的，历史学家并不是作为一个孤立的机械的主体，在那里等事实历史来刺激他，而是在与历史事实的密切接触中，主动地去认识和把握事实历史的。

二　事实历史对反映历史的决定作用

事实历史对于反映历史具有决定作用，这是事实历史优先地位又一突出表现。这种决定作用，首先表现在它是反映历史的基础和内容。没有它，反映的历史就失去了对象，所谓反映根本就不能成立。就反映的内容而言，它不可能是别的什么东西，只能是而且必须是事实历史本身。当然，这里也有一个反映与历史事实是否相符及符合的程度问题，这需要做进一步的研究。其次，决定了反映的历史进程。事实的历史是作为过程而存在的，这就决定了反映的历史也必然是一个过程，它应随着事实历史的发展而发展，随着事实历史的变化而变化，坚持逻辑与历史的一致。

我们深知，在历史学界，有一些研究者对上述观点是不以为然的。为了深入揭示事实的历史决定反映的历史这二者最根本的关系，对事实的历史决定反映历史的作用，特作进一步具体分析如下：

第一，事实历史决定反映历史是唯物主义世界观的一个基本原则。其根本含义是说，事实历史是第一性的、反映历史是第二性的。坚持这一点就是在社会历史领域坚持了唯物主义；否认了这一点就会导致各种各样的唯心主义的历史学说。这不是一根"棍子"，要拿着它打谁，而是一条科学原理，每个研究者都应自觉遵循。

第二，事实历史决定着历史学家的主观性。历史学家个人具有主观能动性，但这种能动性不是不受制约的。历史事实制约着这种能动性，决定了这种能动性活动的方向和范围，就是说，研究者的能动性必须指向研究对象不能任意而为。这是因为没有事实的历史，就没有反映的对象，反映的历史便无从谈起。事实历史的优先地位突出地说明了这一点。事实历史决定了反映历史的内容，历史归根到底只能是历史事实的历史。反映者尽管有主观性，但历史的内容却不是反映者可以任意杜撰的，只能是反映者对事实历史的陈述。现代西方历史哲学中有一个流派特别强调思想的重要作用，贬低事实历史本身的作用和意义，把历史说成可以由人来任意思想和编制，这是不正确的。不论人们怎样思想、怎样想象，都决不能离开历史事实，只要脱离事实，历史就决不是历史。不用说历史学家写历史，就是文学艺术家要编历史剧，也必须受历史事实的制约。艺术家可以通过想象和构思，去编杨玉环和唐明皇的故事，《贵妃醉酒》《梨花颂》美轮美奂，但这是有历史背景的戏剧，这个背景就是唐朝的一段历史事实。艺术家不论其如何驰骋想象，也超越不了这段历史对他的约束，否则就不成其为历史剧。即便如此，戏剧也只是戏剧，而不就是历史。要陈述唐朝的历史，还是要回到唐朝的历史事实。

第三，事实历史是确定反映历史正确与否的尺度。反映的历史自己不能确定自身的陈述是否正确及正确的程度，而是要通过人将它同事实历史进行对照才能加以确定。在这个过程中，事实的历史就是一个不可缺少的因素，而且是一个决定性的因素。

众所周知，在认识论中，实践是检验认识正确与否的唯一标准，我们这里提出历史事实是检验反映历史正确与否的尺度，这二者是什么关系？它们之间既有区别又有联系。联系表现在都离不开实践；区别在于实践主体和成果表现不同。在认识论中，实践主要是指当事人的物质活动，它作为标准检验的是现实人的现实认识。在历史认识论中，历史事实并不是反映者亲自活动的结果，而是前人实践活动的遗迹，用事实历史去确定反映历史是否正确，不是用前人的实践去检验反映的历史，而用已经消逝了的前人的实践所留下的遗迹和结果，去同反映的历史进行对照，通过这种对照来确定反映的历史与这些遗迹和结果是否相符及相符的程度。但这种区别并不否定事实历史在确定反映历史是否正确过程中的决定性作用。

第四，事实历史的生命决定反映历史的生命。有一种观点是不正确的，这种观点认为事实一旦成为历史就是永远不变的，事实的历史是僵死的，历史学永远是同死的东西打交道，死的东西怎么能决定活的人的思想？这种观点是片面的，持此种观点的人不懂得，历史事实既是死的，也是活的。李守常先生写道："我们所谓活的历史，不是些写的纪的东西，乃是些进展的行动的东西。写的纪的，可以任意始终于一定的范围内；而历史的事实本身，则永远生动无已。不但这整个历史是活的东西，就是这些写入纪录的历史的事实，亦是生动的，进步的，与时具变的。"① 这个思想是深刻的。他不是没有看到历史事实死的一面，而是要人们关注历史生动的、活的一面。他举例说："实在的孔子死了，不能复生了，他的生涯、境遇、行为，丝毫不能动了；可是那历史的孔子，自从实在的孔子死去那一天，便已活现于吾人的想象中，潜藏于吾人的记忆中，今尚生存于人类历史中，将经历万劫而不灭。"② 孔子是这样，其他历史事实也是这样。李守常先生的说法是很有道理的，值得记取。

历史事实是死的观点，只有在极狭小的范围内才有意义，即当我们把某一事实（实存的物质的东西）孤立地加以考察时，这个对象可以被当作是固定不变的东西；然而从过程的角度、从历史是一条不息的长河的意义上去考察，每一个具体的事物都是过程中的一个环节，都是历史长河中的一个水滴。这样每一事实的历史便都有了生命，便都成为生动变化的存在。事实也正是如此，我们只有把每一个具体的历史事实放置于它所属的过程中去，才能真正认识和理解这一历史事实。如果离开了它所属的过程，事实本身就不能得到真正的说明。我们说事实的历史决定反映的历史，并不是说事实的历史作为过去的枯骨去决定活的研究者，而是说由于它的存在才引起对它的反映。至于它如何成为历史、成为什么样的历史，全靠反映者对它怎样反映。

三　在反映历史和事实历史关系中把唯物主义坚持到底

以上我们考察和分析了事实的历史对于反映的历史的优先地位，问题研究到这一步，本来就应当承认和肯定唯物主义哲学在历史认识论中不可动摇的地位。然而，事情远不是我们想象的那样简单。时至今日，唯心主义在历史哲学中仍然很有市场。现在就让我们简要地考察一下这方面的情况。我们这样做的目的是想通过对这些不正确的观点的解剖，给研究者提供一种借鉴，坚定他们在解决反映历史同事实历史关系问题时把唯物主义

---

① 李守常：《史学要论》，河北教育出版社 2000 年版，第 7 页。
② 同上书，第 8 页。

立场保持到底的决心。

反映的历史是否成立，根据不在它自身，而在于反映者与事实历史的关系。反映的历史的根本意义在于它是否反映了历史事实，是否与事实历史相符。如果反映了事实的历史，如果相符，它便能存在；否则便不能存在。不能想象，人们会承认没有任何对象即事实根据的历史。历史的确不能没有历史学家个人的精神和主观努力，但精神不能成为历史事实的首创者。

然而，我们的确就遇到了这样一位历史学家，他不承认事实历史的存在，明确主张精神创造历史，甚至认为精神就是历史。意大利著名历史学家本纳德多·克罗齐（1866—1952）说："除非我们从这个原则开始，那就是说精神即历史，在历史存在的每个时刻，精神就是历史的创造者，同时精神也是以前一切历史的结果，否则我们就不可能理解历史思想有效过程的任何东西。精神就是这样产生一切和它自己相符合的历史的。"[1] 像克罗齐这样否认事实的历史，明确主张"精神就是历史的创造者"，在西方历史哲学中并不是个例。在反映的历史同事实的历史的关系上，坚持唯心史观的人，几乎都是以这样或那样的方式把事实的历史同精神等同起来，甚至把精神凌驾于事实历史之上。这种观点和做法是完全错误的，他们的错误集中地表现在两个颠倒上：

第一，颠倒了事实的历史同反映的历史的关系，居然认为反映的历史决定事实的历史，没有前者就没有后者。其实，对于唯心主义历史观来说，"反映的历史"是根本不适用的，因为它并不承认有事实历史的存在，还有什么对它的反映。美国历史学家卡尔·贝克尔（1873—1945）说：历史事实在哪里？"我会不假思索地回答：历史事实在某些人的头脑中，不然就不存在于任何地方。"[2] 贝克尔决不是如人们所想象的荒唐到否认任何历史事实的程度，恰恰相反，他在文中列举了大量历史事实，但他不承认它们，之所以提到它们正是为了从根本上否定它们。在他看来只有被人们描写了、反映成概念了的东西才是历史事实。而这个历史事实不在别地方，就存在于人的头脑中。他是这样申述的："历史事实僵死地躺

① 张文杰等编译：《现代西方史哲学流派文选》，上海人民出版社1982年版，第345页。

② 同上书，第229页。

在记载中，不会给世界带来什么好的或坏的影响。而只有当人们，你或我，依靠真实事变的描写、印象或概念，使它们生动地再现于我们的头脑中时，它才变成历史事实，才产生影响。正是这样，我们才说历史事实存在于人的头脑中，不然就不存在于任何地方。"① 在这里，我们又看到了一个割裂反映的历史与事实的历史的关系的生动例子，而这种割裂所导致的后果正如我们前面所指出过的：陷入了"反映而不是对对象的反映""依靠真实事变的描写描写的竟不是真实事实"的荒唐的逻辑。贝克尔讲历史事实而否认历史事实，他认为历史事实不是历史，只有被人描写了以后、变成了概念才成为历史。可见他所说的历史就是我们所称作的反映的历史，即用观念所把握的历史。可是他忘记了，没有事实的历史谈什么描写、印象、概念？是对什么的描写、印象、概念？这是贝克尔无法回避、然而又无法回答的问题。贝克尔很注重历史影响，认为只有被人把握了的历史才能对我们产生影响。这是正确的。但事实历史是否存在、存在于何处，同历史产生影响、产生什么样的影响，这是完全不同的两回事。先是事实历史的存在，然后是对它的反映，再然后才是这些反映所产生的影响。如果去掉了事实历史这个前提，什么都不能成立。

只要承认事实的历史，就不能不在历史认识论中坚持唯物主义，否则就会产生许多混乱；而一旦回到唯物主义哲学的立场，混乱就会得到澄清。卡尔·贝克尔就是一个生动的例证。当他断言"历史事实存在于人的头脑中"时，历史在他那里是混乱的；当他曾正确地指出："历史学家和历史事实是互相需要的。没有事实的历史是无本之木，是没有用处的；没有历史学家的事实则是一潭死水，毫无意义。因此，我对'历史是什么？'这个问题的第一个答复便是：历史是历史学家跟他的事实之间相互作用的连续不断的过程，是现在跟过去之间的永无止境的问答交谈。"② 当贝克尔这样讲的时候，事实历史与历史学家的关系便立刻明晰了起来，所有的混乱也就烟消云散。这就是我们在前面所讲的：坚持马克思主义哲学路线，对历史的研究就一片光明；不然就将陷入谬误的深渊。

---

① 张文杰编译：《现代西方历史哲学译文集》，上海译文出版社 1984 年版，第 231 页。

② ［英］爱德华·霍列特·卡尔：《历史是什么？》，吴存柱译，商务印书馆 1981 年版，第 28 页。

第二，对历史事实本身和它蕴含的思想的颠倒。我们承认历史事实是有精神、有思想的，因此，历史的确可以从两个方面去考察：一是发生的可以直接感知的历史事件；二是这一事件背后的思想、精神。唯心主义的历史理论总是认为是思想意识、精神理性决定了历史事实。最典型的代表要数黑格尔的历史观。黑格尔不满意前人仅仅对历史事件进行描述，主张探索事件背后的东西，这是他的深刻之处。但他所探求到的背后的东西不是别的，而是"绝对观念"。在他看来，事实的历史不过是观念的对象化、外化。所以，他所主张的从哲学上去把握整个世界历史，把握世界历史的本质就是把握"绝对观念"本身。纠正这种颠倒的是马克思主义哲学。马克思主义哲学赞许黑格尔思想的深刻性，但不能同意他把世界历史归结为"绝对观念"。如果像黑格尔所说的那样，"绝对观念"岂不是成了创造人类历史的上帝？在马克思主义哲学看来，观念、概念并不是什么先验的神秘的东西，它不外是对客观存在的反映，历史的观念不过是历史事实的反映。黑格尔所犯的错误同所有唯心主义历史学家所犯的错误一样，都是以哲学家头脑中臆造的联系去代替应当在事变中发现的真实的联系，把历史看作是哲学家本人所喜欢的那些观念的逐渐实现。

唯心主义历史观是一种完全错误的历史理论，它不具有任何意义上的科学性。在历史研究中应努力清除这种历史观的影响，应突出事实历史的优先地位，从对事实历史的探索和研究中去发现历史事实及其本身固有的联系；而不是倒过来，把头脑中的联系、想法安放到历史事实之中。

第二节　反映历史与事实历史的一致

一　历史认识的真正任务

就历史认识而言，它的真正的任务是实现反映的历史与事实的历史相符、一致，达到对历史的正确认识，实现对历史真理的追求。

在理论分析和研究的意义上，我们可以把事实的历史同反映的历史区别开来，然而在事实上二者是不可分的。人们所见到的历史，不论是历史资料还是历史学家编纂的历史，都是对事实历史的反映和陈述，就是用观念所把握的历史；即使面对历史事实，如某种历史遗物、遗迹，也必须将其变成概念即被陈述以后，才能被人把握，也就是说才能成为历史。这样，反映的历史这一边就加重了，这种加重丝毫不意味着反映的历史可以脱离事实的历史而存在，反映的历史具有一定的独立性，但这种独立性只能是相对的，而不能是绝对的。反映的历史也是一种意识，而意识总是被意识到的存在，历史意识在任何时候都只能是被意识到了的历史事实。它含有一种性质，这就是它应与事实历史的存在一致，这是反映的历史得以存在的真正根据，也是真正历史的灵魂。

所谓反映的历史同事实的历史一致，是指它既要如实地记述历史事实，又要准确地阐明和评述事实历史。记述和事实历史一致要求把历史事实原原本本地记载下来，陈述出来，偏重于历史事实的外部联系；阐述和评论与历史事实的一致，着重于历史事实的内在联系和本质。

如何达到反映的历史与事实历史的一致？把握丰富而正确的史实和史料是第一位的。要做到这一点，不仅要埋头于书海，面壁故纸堆，进行艰苦的探求；还要走出书斋，尽可能地到实地考察，直接接触实物。所以，真正的历史学家同时也应该是一位考古学家。有了史实和史料并不就是历史，还要做细致深入的分析和研究，得出与史实和史料相符的文字陈述，这才是一般人所阅读的历史。可见，做一个称职的历史学家是需要付出巨大艰辛劳动的。

二　对反映历史与事实历史一致的检验

我们如何才能确定反映的历史与事实的历史的一致呢？历史学家严格说来是没有实验室的，因为历史不能重复，不存在可实验的问题。但这不等于说历史学家所撰著的历史不需要检验。

在认识论中，反映和对象的一致是通过实践来检验的。恩格斯曾经论述过哥白尼太阳系假说被证实的过程，他说："哥白尼的太阳系学说有300年之久一直是一种假说，这个假说尽管有99%、99.9%、99.99%的可靠性，但毕竟是一种假说；而当勒维烈从这个太阳系学说所提供的数据，不仅推算出必定存在一个尚未知道的行星，而且还推算出这个行星在太空中的位置的时候，当后来加勒确实发现了这个行星的时候，哥白尼的学说就被证实了。"[①] 也就是说，哥白尼的太阳系学说被证明了同事实的

---

① 《马克思恩格斯选集》第 4 卷，人民出版社 1995 年版，第 226 页。

一致。能不能把这种证明方法用来证明反映历史和事实历史的一致呢？这是历史认识论所遇到的一个难题。如果给予否定的回答，就有否认实践是检验真理唯一标准的嫌疑；若给予肯定的回答，实际情况又不是如此。问题出在何处？这种一致的获得与恩格斯所讲的真实是有区别的，这是因为事实历史已经消逝，以后的发展也不可能重复出现。

　　认真地讲，这是一件很不容易做到的事情。人们常常提出"要如实地再现当时的情况"，谈何容易！其实，这种要求既在情理之中，又在情理之外。说它在情理之中，是说历史应该是真实的；说它在情理之外，是因为历史是已经消失了的人和人的活动，要复原是不可能的。因此，对这里所讲的一致必须做进一步的研究。

　　无论是记载还是历史学家所陈述的历史，都是用概念所把握的历史，观念所把握的历史事实实质上把握的是事实历史的意义和它所蕴含的当时的思想。记述是资料，历史学家所做的是历史学。它们之间是有区别的，但有一点是共同的，即都是用文字和概念去把握历史。这种把握的优点在于：不仅能把握个别的、现象的东西，而且能在整体上和本质上去把握历史，这样把握的历史是更加真实的历史，是更深刻、更全面的历史。因此，为了使历史具备这样一种品格，这就必须要求在治史的实践中正确解决事实历史与反映历史之间的矛盾，达到对事实历史的本质的把握，从而在更深层次上实现反映历史和事实历史的一致。这对于任何一种历史来说都难以完全做到，但历史的要求却只能如此，这就是历史学的严肃性。只要反映的历史把握住了事实历史的本质，它的真实性和正确性就有了保证，因为达到事物的本质就是对事物全体的深刻的真正的把握。

　　所谓历史的本质、内部联系，也就是历史存在和发展的规律性，而规律通过发展的过程是会准确地显露出来的。例如：奴隶社会末期，出现了许多违背奴隶社会等级制的事件和现象，产生出新的预示封建社会来临的苗头和事物。历史学家对这一切进行考察和研究，提出奴隶社会将要灭亡，封建社会必然取代奴隶社会的历史理论。这是不是对事实历史的正确认识？在当时不能得到证明，甚至遭到许多的反对和非难；然而经过一段较长时期的发展，世界上许多国家均走上了这条道路，历史发展的实践证明原来历史学家那些关于新鲜实物的论断是正确的，这样就证实了反映的历史与事实的历史是一致的，而且这种一致是深刻的、全面的。

这种检验需要时日，有时要经历很长过程，这是历史这门学科的特点。

第三节　反映历史的确定性和不确定性

历史事实只有一个，这是非常确定的；然而反映的历史却既是确定的，又是不确定的、相对的。反映的历史的确定性是指与事实历史相符、一致的反映只有一个，不能有第二个。反映的历史的不确定性是指对于一个历史事实可以从不同方面去揭示其历史的意义，不同的人可以针对同一个历史事实写出不同的历史。反映的历史的不确定性，不能理解成对同一个历史事实正确的反映可以有多种，如果这样认为，就是真理多元论在历史领域中的表现，而真理多元论是不正确的。

一　反映历史的确定性

反映历史的确定性就是在历史认识论中坚持真理一元论。真理一元论与真理多元论是对立的，而后者是一种错误的理论。

真理多元论古已有之，近现代，以实用主义哲学真理多元论流行较广，影响也大。实用主义哲学家詹姆斯明确讲"真理是多元的"，这种哲学有一个著名的论点："有用即真理"。提出"'它是有用的，因为它是真的'。或者说，'它是真的，因为它是有用的'。这两句话的意义是一样的"①。这样一来，真与不真就由有用无用来衡量。而有用、无用因人而异，是极不确定的，一种认识或一件事物对张三是有用的，对李四未必有用；反之亦然。实用主义哲学观点对历史研究产生过巨大影响，"公说公有理，婆说婆有理"，就是实用主义哲学真理多元论在历史认识论中的典型表现，要害就是抛弃了历史事实这一尺度。

我们反对真理多元论，在历史认识论中必须坚持真理一元论。所谓历史认识中的真理一元论，就是指对历史事实的正确反映只能有一个，不能有多个，这也就是反映历史确定性的根本含义。这种确定性是由事实历史自身的唯一性决定的，就是说，反映历史总是对特定历史事实的反映，而这一历史事实是唯一的，对它的正确反映、陈述只能与这一事实历史相

---

① 转引自全增嘏主编《西方哲学史》下，上海人民出版社 1985 年版，第 561—562 页。

符，而不能与其他事实相符，如果不是这样，就不能算作对该历史事实的正确反映。

反映历史的确定性表明历史研究的严肃性。从事历史研究必须要以历史事实为基础，每一句话、每一个论断都要有事实为根据，决不可信口开河。一旦背离了所反映的历史事实，就将造成巨大损失——你的整个研究就可能被毁掉。是的，背离历史事实的历史也多着呢，但这能成为不严肃对待历史的理由吗？

我们并否认历史学家具有智慧和想象的头脑，但这种智慧应在坚持反映历史确定性的范围里加以发挥，决不能超出这个范围；可以在反映历史确定性的基础上去驰骋你的想象，但想象的翅膀决不能越出反映确定性的天地。

二　反映历史的相对性

我们坚持历史认识的确定性，反对在历史认识问题上的真理多元论；但我们并不反对历史认识具有相对性。反映的历史虽然是被决定的，由于这种决定不是直接的，这样就给反映的历史留下了很大的空间，这个空间就成了反映的历史的不确定性和相对性存在的根据，赋予了反映的历史特有的相对的独立性。反映的历史的不确定性和相对性有以下含义：

第一，历史认识不可能是全面的。历史是全体，任何反映的历史不可能照原样去重现事实历史的一切方面，就是说，任何反映的历史只是大致地、一般地或本质地再现过去，而不是再现过去的一切。这样，一部历史，不论是通史还是断代史抑或某一事实专门的历史，都不能完全照原样重现过去，对于历史的全体而言，它只是一个片段、某一方面，必然是相对的。这种相对性并非是坏事。首先，对研究历史的人来说，保持了历史作为一个无限的宝库的性质，每一位研究者可以从不同方面对之进行挖掘和开采，都可以保持历史的意义，哪怕是对同一历史事件也是如此。例如，假设有两个撰写秦始皇历史的历史学家，其中一位是儒家，另一位是法家，他们的解释定然是不同的，但只要他们解释都是根据真实的材料得出来的，我们便可不必在意其观点之对立和结论之相异，倒可以把他们看作是相互补充的。与其说他们的不同回答会使人陷入迷茫，毋宁说他们对同一对象的研究作出了不同的贡献。因为一个对象本来就是可以从不同角度、方面去对它加以研究的。

其次，对读历史的人亦很有意义。不论什么历史著作，哪怕是钦定的正史，也不具有最终的绝对的性质，同样野史、外史，也并非毫无意义。此点早为史家所识，刘知几写道："谄荒之言，明王必择；蒿菲之体，诗人不弃。故学者欲博闻旧事，多识其物，若不窥别录，不讨异书，专治周、孔之章句，直守迁、固之纪传，亦何能自致于此乎？且夫子有云：'多闻，择其善者而从之，知之次也。'苟如是，则书有非圣，言多不经，学者博闻，盖在择之而已。"① 正史所受限制很多，记事往往不确、不详，多有遗漏，而正史以外的史部杂著则能补正史之不足。翦伯赞先生在论及此点时曾举例说："明末的南京，是怎样的情形，从明史上，也看不出来；但我们读《板桥杂记》等书，则知亡国前夕的南京'灯火樊楼似汴京'；莫愁湖上的茶社，秦淮河中的游艇，都挤满了贫穷的妓女和腐化贪污的官僚。"② 不难看出，《板桥杂记》比《明史》更真实地反映了明朝末年的历史事实，深刻地揭示了明朝灭亡不可避免的根源，使我们获得比较全面的历史。

第二，反映的历史与事实历史的相符、一致具有相对性。首先，对反映的历史同事实的历史的相符、一致应予正确理解。应当肯定反映的历史同事实的历史有相符、一致的一面，否则就毫无意义，这是反映的历史所要追求的；但又不能把这种相符、一致绝对化。一方面，从反映主体来说，既受他自身状态的决定；又受当时社会实际和所能提供的手段状况的决定。另一方面，从历史事实来说，它毕竟是已经过去的东西，有一个被发掘和显露的过程。其次，反映的历史的相对性尤其表现在这种反映的间接性上。反映的历史虽然也是一种认识。但它与一般的认识不同，反映的历史的对象是间接的。一般的认识主体可以通过亲身实践而得到；历史事实是已经过去的东西，它是不能重演的，认识主体无法投身于即实践于已经过去了的事实之中。反映的历史是反映者借助于史料、遗物等中介而实现的。在这个意义上，反映的历史是一种再认识，正是这个缘故，造成了反映的历史的极端复杂性和相对性，它不仅受到有没有史料、史料全不全的影响；还要受到史料真伪、鉴别能力和科技水平的局限。"历史无真

---

① （唐）刘知几：《史通·内篇·杂述》。
② 翦伯赞：《史料与史学》，北京大学出版社 1985 年版，第 34 页。

话"，就是针对这种情况而言的。当然，也不能把这句话绝对化。

第三，对事实背后的思想的反映更加具有不确定性。历史事实细分起来可分为两部分：一是事实本身；一是这一事实所蕴含的思想和精神，没有一个历史事实是没有意义的。反映的历史不仅要反映事实，而且要反映这一事实所包含的思想。后者的相对性更是难以避免的。因为思想本身是抽象的东西，同具有实在性的事实相比，它更加难确定和把握，这其中包含认识主体的理解和体会。这种情况下，对历史事实的意义的阐述就很可能因人而异，就是对同一事实，它究竟意味什么，也可能所见不同。这种不同不见得就是坏事，只要我们在读史时抱着一个严谨的分析的态度，也许对全面理解和认识历史是一种帮助。

任何反映的历史既是描述的（请允许我用"描述"这个词，因为这个词有客观性较强的一面），又是解释和评论的，是二者的结合。一部《史记》，无一篇不是描述的；然而篇篇又都是解释和评论的。例如"项羽本纪"这篇名文，既处处是对项羽的描述，又句句是对项羽所作所为的解释。在本纪后的太史公曰："吾闻之周生曰'舜目盖重瞳子'，又闻项羽亦重瞳子。羽岂其苗裔邪？何兴之暴也！夫秦失其政，陈涉首难，豪杰蜂起，相与并争，不可胜数。然羽非有尺寸，乘执起陇亩之中，三年，遂将五诸侯灭秦，分裂天下，而封王侯，政由羽出，号为'霸王'，位虽不终，近古以来未尝有也。及羽背关怀楚，放逐义帝而自立，怨王侯叛己，难矣。自矜功伐，奋其私智而不师古，谓霸王之业，欲以力征经营天下，五年卒亡其国，身死东城，尚不觉寤而不自责，过矣。乃引'天亡我，非用兵之罪也'，岂不谬哉！"[①] 仅一百八十二言，就把项羽的为人、个性以及"何兴之暴""何亡其速"等，解释得清清楚楚，作者的好恶、褒贬之情溢于字里行间。当然，如同描述是否全然无误可以进一步研究一样，解释评论是否真切更需谨慎推敲。

正因为如此，才有后来的史家对项羽的进一步的、多方面的研究。对事实历史的解释就是对事实背后思想的探索。这种探索因人因时而异，因而具有极大的相对性。相对是人们迈向绝对的桥梁，我们可以借助无数的相对，达到对历史越来越真实、越来越全面的认识。

---

① （汉）司马迁：《史记》第一册，中华书局1982年版，第338—339页。

第五章　历史学的主观因素和客观因素

在历史认识论中，我们不沿用一般认识论中主体和客体这两个概念，而是用历史学的主观因素和历史学的客观因素。因为在一般认识论中，对主体的规定是指从事认识和实践活动的人；而历史认识论讲的历史学的主观因素虽然也是指人，但这个人是特定的人，不仅是指历史学家个人，而且还包括过去从事活动的人。一般认识论对客体的定义是指被认识的对象，主要是指客观实在，即物质的存在，即使精神客体，也是把它作为物质的产物来对待；而在历史认识论中，客观因素不仅指事实的历史，而且把历史学家个人对历史的认识形成的观念体系作为客体，即历史的客观因素。

历史这个概念从结构上可分为三个层次：事实的历史，记载、描述的历史和通过对二者的研究而形成的历史。我们把最后这一层结构称作历史学，历史学就是关于历史的学问，是由历史学家作出来的。历史学和历史当然不可分，但二者的含义并不完全相同。按我们前面对历史结构层次的划分，历史包括事实的历史和记载、描述的历史，而历史学则是对二者的认识和研究，可以叫作历史学科，这两个方面都包含认识，但并不是我们所说的历史认识论。历史认识论从宏观意义讲是对这三个层次的总认识，从严格意义上讲，历史认识论更注重于对历史学的认识，即对历史学家历史思维的考察和研究。同其他学科的认识论相比，历史认识论具有的特别之处在于它的对象是包括观念的体系在内的。

在自然科学中，有两种研究，一种是研究这门学科所关注的事实本身，例如物理学研究物质的运动规律和物质结构，生物学是研究生命现象、生命本质与生命活动规律等；另一种是撇开每一科学的具体内容，而把认识的总观点即世界观和研究总方法即方法论抽取出来单独加以研究，这就是哲学。于是研究物理的总观点总方法就形成物理哲学，研究生物的总观点总方法形成了生物哲学，研究自然的总观点、总方法就是自然哲学，等等。事实上这两个方面是相通的。在社会历史领域，我们把研究历史的总观点总方法叫作历史哲学。从考察研究历史哲学的实际情况来看，这个领域探索的艰巨性远远超过其他领域。主要是因为：一方面，历史是已经过去了的东西，研究者不可能亲身加以把握；另一方面，由于历史是前人的活动，又要通过人自己去对它加以认识和反映，人的活动以及对它的反映都是极不确定的。就是说，历史领域内的东西不具有可重复性和可实验性。历史哲学的困难是由认识历史的人的复杂性和历史自身的复杂情况所决定的，是由构成历史的主观和客观两方面因素所具有的特点引起的。

第一节　历史学的主观因素

一　什么是历史学的主观因素

历史学的主观因素，既包含形成历史事实的主观因素，即从事历史活动的人及其思想意识，也就是我们前面所说的历史事实的背后人的活动及其精神；也包括描述和记载历史的人的主观因素，即指记载、描述历史事实的带有主观性质和状态的人。在古代，这种人就是记述历史的史官，他的主观状态对所记述的历史会产生广泛而深刻的影响。广义上历史学的主观因素是指全部与历史一起的主观成分。但我们这里着重研究的是对事实历史和记述的历史进行认识和研究过程中的人的主观因素，具体来讲，就是历史学家的主观精神。这种主观因素包括研究事实历史的人的全部主观意识，如世界观、道德观念、价值观、政治态度、审美情趣、知识水平……也就是我们通常所说历史学家的主观状况和主观立场。历史学是历史学家个人的产物，哪怕是集体编撰的历史，虽有集体智慧的融入，但实质而言，仍然是个人的作品。这同事实历史必然是由众多人的活动所形成是不同的；也与记述的历史仅仅是一种客观的记载和描述所不同，尽管记述和描述难以完全避免掺有主观因素，但从记述和描述的要求来说，主观的东西越少越好。

作为主观因素表面上指的是历史的编撰者和陈述者个人所具有的精

神，其实质是指编撰者、陈述者在特定时代、环境中所具有的思维、意识和认识，只有这些东西是真正主观的，而正是这些东西对于历史的陈述和编撰才产生作用，对历史的面貌产生影响。思想观点不同，编撰出来的历史也就不同。即便是同一个人，对待同一历史事实，由于观点的变化，也会写出不同的历史。当然，我们不能把思想同人分开，思想观点都是属人的。也就是在这个意义上，我们把历史学家个人当作历史学最主要的主观因素来研究。

历史学家具有的主观因素都是具体的，比如有的历史学家具有艺术的才能和天赋；有的具有强烈的政治色彩；还有人对自然具有浓厚的爱好和兴趣；甚至有丰富的自然科学方面的知识等。不可否认，这样的历史学家去研究历史，他具有的那些素质都会对他产生影响。但在这里必须注意，把他们的素质和爱好同史学区别开来。他可以用历史材料去写艺术作品、政治见解或科学论著，但这些都与历史学无关，都不是史学。贝奈戴托·克罗齐曾讲了马基雅弗利的例子，他说："当马基雅弗利试图理解事件的进程时，他是一位历史学家；当他假定并希望有一位建立强大的民族国家的君主并以此作为他的理想、把这一点反映在他的历史中时，他是一位政治家，至少是一位政论家。"① 在中国也有这种情况。郭沫若是著名的考古学、历史学专家，又是著名的诗人、历史剧作家。当我们读《十批判书》时，郭沫若先生是一位历史学家；当我们看《蔡文姬》话剧时，郭沫若是一位文学艺术家（剧作家）。

二 历史学主观因素的具体分析

历史这个概念在一般人那里是仅就其狭义而言的，即仅仅是指历史学家编撰和陈述的历史。人们所看到的历史无例外地都是历史学家由陈述而印制的各种书籍。即便是看到了某些事实，如历史文物、遗迹等，也不以为是历史。只有当它被历史学家表述为文字以后，人们才承认它是历史。在这个意义上可以说没有历史学家就没有历史。然而承认这种历史必须充分考虑到以下种种复杂情形。历史既然是历史学家个人写出来的，就不可

---

① ［意］贝奈戴托·克罗齐：《历史学的理论和实际》，傅任敢译，商务印书馆 1982 年版，第 132—133 页。

避免要受到他个人状况的影响。任何历史学家个人的大脑既不像亚里士多德所说的是"蜡块"，也不像洛克所说的是"白板"，而是具有意识和思想的现实的社会的人的大脑，状况非常复杂，我们把这一切概括为历史学的主观因素，实质是研究历史学家个人的主观素质。

第一，历史学家个人的世界观和价值观。历史学家作为社会的人总是具有一定的世界观和价值观，世界观说的是历史学家的哲学立场，价值观是指他们的利益倾向。对于历史学家个人而言，这些因素的存在是不可避免的。这里着重分析一下后者。历史学家个人总是具有社会性的人。在阶级社会中，历史学家个人总是隶属于一定的阶级，就是说，他的观点总是代表了一定阶级的利益、愿望、理想，这是不以人的意志为转移的事实。因此，他所写出来的历史是有倾向性的。要求历史学家不带任何倾向地写历史，理论上讲是正确的、合理的。但事实上是做不到的。那么这样写出来的历史还真实可靠吗？这里涉及主观因素作用的限度问题，这个限度就是主观因素的作用决不可违背和伤害历史事实。只要在某些主要方面、某些基本观点符合历史事实，就应该被认为是真实的，可信的。"可信"不是百分之百的信，是允许，也应该留有余地的。

有一种观点主张对历史的考察不得带有历史学家个人的任何烙印，一旦历史学家个人的观点影响他的研究和结论，"他的研究方法就已经误入歧途了"。就可以向他发问：你是在研究历史吗？这种观点貌似有理，真正追究起来并站不住脚。如前面所指出的，一个生活于现实社会中的人，怎么能做到毫无思想观点，怎么能做到对一种事物没有自己的思想和看法？我们认为，问题不在于有没有思想和看法，而在于是什么样的思想和看法，是不是符合历史事实。如果是符合历史事实的思想和观点，即在主观因素作用限度范围之内，就应当加以肯定，就是对历史的一种研究；如果是同历史事实不相符的思想和观点，超出了限度，虽然也是对历史的一种研究，但是一种错误的研究。

第二，历史学家个人素质还表现在伦理道德品格上的差异。价值观的不同，会导致历史学的巨大差异；伦理道德观的不同对历史也会产生重大影响。伦理道德观是历史学家个人重要主观因素，对他撰著什么样的历史有重要关系，突出表现在对历史事件、历史人物的善恶好坏评价上。因为人的认识的求真与获利总是结合在一起的，他不仅要考虑他的认识是否真实，而且会关切这种认识对他是否有利，有多大利。这些是现实的人的认识活动决然不可避免的，历史学家当然也是如此。下面以中国历史上对项羽的评价为例来做一些分析。

范文澜的《中国通史简编》中，在写楚汉相争一节时，关于项羽作者有以下一段文字："项籍大封诸侯王，把统一的中国倒退到割据分裂的旧时代里去，这是完全违反历史前进的反动措施。农民起义反秦，得不到田宅就被遣散了，这又是完全违反广大农民愿望的反动措施。项籍残暴无比，凶恶超过秦二世，不仅秦民痛恨，关东一般民众也痛恨。他从垓下逃到阴陵（安徽定远县西北），向一个农民问路，农夫故意指导他走错道路，因而被汉兵追及。这是人民厌弃他的证明。领主残余分子都有极大的野心，受封的人不满意已得的封地，不得封的人当然更不满意。项籍为广大农民所痛恨，又为领主残余分子所反对，兵力虽强，决不能逃避战败自杀的末路。"① 通过这段文字不难看出作者对项羽的价值评价：在政治上是反动的，在政策上是错误的，在人性上是残暴凶恶的，为农民所痛恨，为领主所反对，几无是处。然而我们打开翦伯赞的《秦汉史》，那里也有楚汉之争一节，作者是怎样看待项羽的呢？请看："当陈涉首义之年，项羽正是二十四岁的一位青年公子，他身长八尺余，力能扛鼎，才气过人，真是一位少年英雄。"② 为了突出这位少年英雄，作者对项羽的用兵作战尽皆肯定而赞扬。谓"项羽以堂堂之旗，正正之鼓，叱咤风云，以闪击敌人"。③ 即使项羽最后被围于垓下，面临最后的覆灭，也被作者写得堂皇壮烈："夜已深沉了，在项羽的军幕中，点燃了巨大的蜡烛。四面皆有楚歌之声，于是这位三十岁左右的少年英雄，开始结束他自己光辉灿烂的历史。"④ 这样极高的赞扬与肯定作者仍然觉得不过瘾，又接着写道："虞姬在侧，骏马在门，项羽在痛饮美酒。酒酣，项羽慷慨悲歌，虞姬和之，其歌曰：'力拔山兮气盖世，时不利兮骓不逝，骓不逝兮可奈何？虞兮虞兮奈若何？'项羽的眼泪滴了下来，卫士们都垂下头。"⑤ 作者俨然把一出

① 范文澜：《中国通史简编》修订本第二编，人民出版社 1964 年版，第 58 页。
② 翦伯赞：《秦汉史》，北京大学出版社 1983 年版，第 103 页。
③ 同上书，第 106 页。
④ 同上书，第 114 页。
⑤ 同上书，第 115 页。

《霸王别姬》搬进了书中。在作者看来，项羽虽然失败了，但"仍不失为封建社会中一个典型的英雄。他的英勇，坚强，慷慨，坦白和丰富的感情，都是英雄本色"①。作者在封建社会这个范围内，对项羽的价值做了全盘的肯定。并对之充满了赞慕之情。以至明显的是项羽的劣迹和罪恶，也要为他开脱。如作者写项羽攻进咸阳，杀人放火，烧了阿房宫，掘了始皇墓，是："忠孝之心，油然而生"，是"大大地吐了一口冤气"。对于项羽之军进咸阳大肆抢掠，作者则轻轻带过，写道："我以为即使项羽之军曾经'大掠'，也是第二次。"意刘邦曾首进咸阳，刘邦之军大掠是第一次。他对项羽不过江东自刎而死，既佩服又惋惜。李清照有诗写道："生当作人杰，死亦为鬼雄。至今思项羽，不肯过江东。"可以看作是翦伯赞对项羽心情之写照。

范文澜和翦伯赞二位先生所说之项羽，孰是孰非，可再作探讨。作为历史研究，他们都不失为一家之言。对于读史的人，不妨把二者看作是互相补充。但有一点是清楚的，在这不同的评价的背后显露出两位史家不同的价值观和伦理观，即由于历史学家个人价值观和伦理标准的不同，所作成的历史学可能有完全不同的面貌。这是历史学家个人主观因素在历史形成过程中巨大影响的生动说明。

第三，跟价值观密切相关的还有一个选择的问题，这里讲的选择是指历史学家个人的选择，不是作为历史发展必然性的那种选择。有一点是非常清楚的，任何反映的历史都是历史学家对事实历史选择和整理，历史学家的工作就是对选择出来的历史事实进行分析、研究和评说。历史学家的价值观特别表现在对历史事实的选择上，也就是说，他选择什么丢弃什么是由他的价值取向所决定的。正是这一点决定了反映的历史的面貌和内容，决定了我们在反映的历史中能见到什么和不能见到什么。一些历史学家往往不自觉地掩饰这一点，认为他的研究的对象都是必须的和必要的，因而也就是最重要、最有意义的，并不包含什么主观价值倾向。其实，认真推敲一下就不难发觉：这种说法本身已经包含了某种价值的意义了。因为"最重要""最有意义"同"有价值"完全是相通的，就是说，某种历史事实之所以被历史学家选中，就在于它在这位历史学家所持的价值观

---

① 翦伯赞：《秦汉史》，北京大学出版社 1983 年版，第 115 页。

和伦理标准前面获得了肯定和通过。那么"没有意义""不重要的"事实就将被舍弃，便会视而不见。

在这里有一点还是必须申辩清楚：历史学家的价值观和伦理标准是一种主观的因素，它因人而异。由此能不能说事实的历史就没有客观性，不能这样认为。因为反映的历史尽管可以各式各样，历史事实并不随之而有任何改变，事实的历史依然是它自己那样，它作为一种客观存在，不受历史学家个人主观因素的不同而改变。1980 年发现和开掘的四川三星堆历史遗址①，出土了大量铜器、金器、陶器、象牙等文物，根据挖掘和发现的文物，有专家认为，三星堆人可能来自其他大陆的外来人，三星堆文明可能是一种"杂交文明"。一时论家蜂起，众说纷纭，至今谜团重重，难有定论。但不管人们的反应如何不同，三星堆作为历史事实本身不会改变，这就是它的客观性，它静静地躺在那里，不为流言蜚语所动，等待慧眼之者。

第四，历史学家个人认识能力的高低，文字表述水平的好坏，历史学家个人的知识程度、情操、兴致等，这里特别要强调的是历史学家个人历史专业知识的程度，都会对他书写历史产生重大影响。

历史学家个人的能力不是天生的，是后天学习来的。自从出现科学分类以来，人们便学有专攻。他必须掌握一门科学的基本知识和概念，才能对这门科学加以更深入的研究，才具有研究这门科学的能力。如果对一门科学既没有基本知识，又不掌握这门科学的概念和范畴，就是人们常说的"外行"，那就不能进行真正的研究。历史学家更是如此，他正是通过学习，获得了这种能力，才能去从事历史的研究。研究既是能力的运用，同时又是能力的提高。

历史学家个人的道德情操、兴趣爱好对他的研究也会产生影响。情操高尚对善行壮举，就会一往情深，兴趣盎然，着笔生动；反之就可能不屑一顾，着笔苍白。这一切决定了历史学家所写出来的历史包含着极为复杂的情形，任何历史学家写出来的任何历史都不可能是纯粹的、完全客观的。总带有历史学家个人的主观因素。

---

① 三星堆遗址是中国西南地区青铜时代的遗址，位于四川广汉南兴镇，1980 年开始挖掘，出土大量青铜器、象牙、贝、陶器和金器。面积 12 平方千米，属大型遗址群。

以上四点决定了历史学的相对性，但不能因此而否认它的客观性。承认前者，以便同历史学领域中的绝对主义划清界限，肯定历史学的丰富性；承认后者，以便反对历史领域中的唯心主义和相对主义，肯定历史学的科学性。

现代西方历史哲学中绝大部分争论和分歧，都与对历史主观因素的认识相关。有一种观点，主张历史应是纯粹客观的，不允许带有任何一点主观色彩，如历史学家欧内斯特·内格尔和赫伯特就持有这种看法。他们认为，"如果价值判断在逻辑上包含在历史研究的观念中，追求客观性对历史学来说就变得毫无意义。"[1] 认为历史同相对性是不相容的。另一种意见是看到了历史的相对性，进而认为历史不可能是客观的。美国历史哲学家查里斯·比尔德和卡尔·贝克尔就持这种观点。比尔德认为，"历史学家无论怎样净化，仍然是人，是一个占据时间、空间、环境，具有兴趣、嗜好和教养的生物。"因此，要他客观地撰著历史是绝对不可能的。这两种倾向表现形式不同，实质都是割裂历史的相对性和绝对性的辩证的统一，不懂得在历史学家那里，相对性和绝对性应该是可以达到统一的。

第二节　历史学的客观因素

前面对事实历史的客观性做过分析，此处讨论历史学的客观因素，二者不是一回事。后者是指历史学所研究的对象都是客观存在着的实物。最直接的对象当然是事实和事件本身，掌握历史事实和事件本身，要依靠考古的发现和挖掘。还有一种对象就是前人对历史事实的记载，即历史文献和各种史料，其中尤以各种编年史最为常见。这两种对象形成了历史的客观因素，之所以特别提出来研究，一是因为它们自身具有极其复杂的情形，二是在此问题上存在许多错误认识和观点需要加以澄清。下面分别予以讨论。

一　事实和事件的暴露与识别

历史事实和事件都是过去了的东西，这是作为历史学认识对象与一般

---

① ［美］威廉·德雷：《历史哲学》，王炜、尚建新译，生活·读书·新知三联书店1988年版，第44—45页。

认识论所说的认识客体不一样的地方。它要成为历史学研究的对象有一个被发现和识别的过程。

历史事实作为活动可能留下一些遗迹，如古建筑、工具、战车等，作为实在的存在可能留下一些遗物，如存于古墓中陶瓷器皿、金银玉器、丝绸织物等。通常人们把它们称作历史文物，这些东西一般都残缺不全，深埋地下。它们要成为历史学的对象，首先有一个暴露和被发现的问题。如果它们长眠地下，没有暴露，也无人发现，就不能成为历史学研究的对象，当然也就不能称其为历史。其次是对这些东西的识别和鉴定，这不仅要依靠历史学家个人的知识和经验，在现代更要靠先进的科学和技术。没有空间技术，我们就不能发现已经失佚的距离北京430英里的一段长达47英里的长城。有些历史学家知识丰富，见多识广，阅历广袤而深刻，具有多方面的经验，面对一个历史文物，运用他的经验，联系历史上的其他知识，能较准确地确定这一文物的年代和它的历史意义；也就是说，经过他的研究而编写出了跟这一文物相关的较为准确的历史。但如果碰到的是与我们刚才所说的相反的一位历史学家，同样的文物也许不能成为历史，也许所成就的历史完全是另外一个样子。在现代，科学和技术在历史学中越来越显示其重要地位，没有它，历史学几乎寸步难行。例如，没有碳技术，我们就不能确定一个古久的历史文物较准确的年代。时间不能确定，空间即它发生和存在的背景环境更无从谈起。没有现代科学技术，有些文物就发现不了。便无能挖掘，也不敢挖掘，因为缺乏保留文物的科学手段，这些文物将长久地埋藏地下，而不能成其为历史。这不仅是因为打开古迹需要很高的科学技术，保护开掘出来的文物也需要很高的科学技术。因为无论是哪一个国家或民族，都希望自己的历史文物能传于后代。再次，文物本身还不是历史，它表明的是怎样的一种历史活动，反映的是什么样的一种历史面貌，具有何种意义的蕴含，等等，必须经过历史学家的研究和解读，形成文字，才能将其揭示出来，才能成为历史。

以上分析表明，历史的事实和事件这些客观因素要成为历史学的对象，不仅有一个暴露和被发现的问题，而且有一个怎样识别和鉴定的问题。这二者缺一就不能形成真正的历史。由此不难看出历史学的客观因素的一个重要特点，即这种客观因素不能脱离主观性，是一种主观性寓于其中的客观因素，历史学的对象既是客观的，又是主观的。西方历史哲学家面对这种困境常常陷入错误的泥潭而不能自拔，要么只承认历史事实是客观的拒绝任何意义上的主观性；要么干脆把历史事实说成是完全主观的东西。

历史事实的发现和准确确定，对于历史学能否成立是至关重要的。但在历史研究中，我们必须强调并承认历史事实的客观性，坚持唯物主义哲学。这种坚持不是人为的偏执，而是科学的必然要求，因为历史事实最终是不可抗拒的。历史研究常有这样的情形，费了很大的劲，经过缜密逻辑思维得出的结论，却被后来的一个小小发现所完全推翻。直至现在，还一般认为人类最早出现在 400 多万年前非洲的东部和南部的热带草原，世界其他地方的人类都是从非洲平原上的南方古猿迁徙而来。20 世纪初叶，许多西欧学者一致主张中国人种是外来的，不少中国学者，如刘光汉、章太炎、黄节、蒋观云等亦赞同此说。一度中国人种外来说成了一种定论。但是，1921 年在北京西南郊燕山脚下的周口店发现了北京人活动的遗址，接着又在 1927—1932 年，特别在 1929 年 12 月 2 日由裴文中发现了完整的直立人头盖骨，上述定论便被整个地推翻了。

二　历史文献的发现和识别

第一，历史文献是指对事实的直接陈述和记载。我们把它当作实际存在的实物。这种史实性的实物是客观的，有其特定的范围，它是当时或后人对某一历史活动或事件的文字记载，一般也叫作历史文献，是历史学客观因素重要组成部分。在历史研究中，对什么是历史文献，这是一个颇有争议的复杂问题，兹不细论。一般说来，历史文献是历史发展过程和历史现象的文字表现，事实是怎样的，文字表现就应该怎样，历史文献是客观的。

同事实的历史一样，历史文献也存在非常复杂的情况，也存在一个发现和识别的问题。

首先，历史有许多门类，如科学史、文学史、思想史、艺术史、宗教史等，每一门科学都各有自己的历史，也各有自己的文献。我们讲的历史文献是所有门类历史的总和，抑或是指的特定的历史？我们认为这里所讲的历史文献不是前者，而是指的后者，即我们说的历史文献是有限制的，尽管这种限制极其宽泛，但总大致有个范围。人们习惯于把重要历史人物及其活动、政治的、经济的文献当作历史文献；其他就分别归到各个门类。这种区别，人们是认可的。我们不会把研究诗歌史的人简单地称为他是历史学家。历史学家也关心诗歌、小说、古文，甚至民间口碑传说，但他关心的不是这些东西本身，而关心它们中所包含的历史资料，即它们所透露出的某些历史真实。因此，历史学界对于历史文献必须具有宽广的视野，研究历史不能局限于某些历史文献。就中国而言，因其历史悠久、地域辽阔，民族众多，历史文献的范围是极其广大。研究中国历史，就要把各民族、各地区的史料、社会民间文学中包含的史料、埋藏于传记、传说等必须经过艰辛探索方可获得的史料以及各种社会调查得来的材料等，都属于历史文献范围，都是历史学不可随意弃置的。

其次，历史文献的真伪问题。某一历史文献是不是对特定历史事实的记载，这是文献本身的真伪问题。识别文献的真伪，是一切研究历史的人的首要任务。如果文献不真，一切研究都是建立在虚假的前提和基础之上，这样修著的历史也必然是虚假的。这在前面论述辨伪时，已经讲了很多。在历史研究中常有这样的情况，一种历史文献在它的虚假性未被发现之前，人们以它为依据撰著了大量的历史，后来发现了新的史料，证明这种文献的虚假性，这样就使以前的全部研究统统被推翻了。可见历史文献的真实可靠对于研究历史是多么重要。

对历史文献的研究不仅要解决真伪问题，而且要关注真的程度，即对历史事实记载是否准确。历史文献对历史事实的记载陈述是否准确，这是讲史料的真伪的问题；这里追究的是史料正确的程度问题。人们都希望历史文献能完全正确地记载历史事实，但实际上这是不能完全做到的。原因有三：一是历史事实本身的复杂性不是文字记载所能完全包容得了的，许多细节、支流往往被忽略，这虽说是允许的、合理的，但由于这种忽略却对事实历史的全貌有所损害，使文献的准确性便受到影响。更不用说以往的历史文献绝大多数都是官书，只是主要地记载统治者的活动和思想。以中国为例，甲骨文可能是最早的历史文献，但它所表达的仅仅是统治者的活动和思想意识，民众的活动毫无提及。此后相当长的时期内，官府的载籍一直是历史文献的主体。《尚书》《雅》《颂》《易经》等都是官书，载记的主要是当时统治者的活动。这种历史文献的片面性一望而知。二是记录者自身的立场和价值观对他所记载的历史事实产生重大的影响，面对一种历史事实，记录者选择什么，抛弃什么，怎么记载？都与记录者的政治态度和价值取向有着极大的关系。三是后人对以前发生的历史事实加以追记，这样所流传下来的历史文献的准确性更需认真推敲，这是不难理解的。当然，我们说历史文献不可能完全准确，并不等于说历史文献对于研究历史毫无意义，完全不是。不论什么历史文献，只要不是伪造的，它总是这样或那样地记录了历史事实的某一方面、某些现象或某一本质。问题倒不在于它有这样或那样的不准确，而是在于研究的人如何去对待，即如何运用和研究这些历史文献。

再次，历史学家所面对的主要是浩如烟海的历史文献，他的研究首先是要确定文献本身的真伪和它的准确性，然后再从这种研究中导出历史。在历史学中，尽管这两种研究是不可分的，但这两种研究却是有区别的，就是说，对前者的研究不等于就是后者。如果仅仅停留于前者，只能算作是对史料的研究（考证学就是这样一门学问），还不能算作研究历史本身。因为史料不过是对历史事实的记载，通过对历史文献去认识、研究历史事实本身，并将它陈述出来，这才是真正的历史研究。

第三节　主观因素和客观因素的结合与统一

任何一种严肃的历史作品总是主观因素和客观因素的结合，离开了哪一方面都不行。那么这二者具体是如何结合的呢？

一　史学家的主动性

历史著作的形成离不开历史学家的主动性。我们这里讲的主动性不是唯心主义史学家们所说的那种主观随意性，而是指以下三层含义：

第一，主动去探索。不管是事实历史还是作为反映的历史的历史文献，并不都是现成的，很大一部分需要历史学家个人直接去发掘。这是异常艰苦的过程。有些史迹埋藏于地下时代久远，寻找就是一个难题；有些即便找到，也已腐烂，正确辨认也不是一件易事，也因为此，考古才成为一项专门的事业。作为历史文献的史料，由于历年的积累也是浩如烟海，而且记载的人各有不同的心境和立场，要发掘确如事实的历史文献，决非轻而易举。所有这一切，都需要著史的人具有巨大的勇气和坚毅的探索精神，主动地去寻找、探求。

第二，主动去研究。论何学科都需要人去主动地研究，历史学也不例外。不过历史学的研究更有其特点。特点之一，首先要对事实和史料加以鉴别；鉴别本身就是一种研究。特点之二，科学研究离不开想象，研究历史更是如此。不过历史的想象是根据史实和史料尽可能再现当时的历史的情景和场面；这种想象越是符合当时的历史的情景和场面就越是真实，就越有价值。其他科学领域的想象则是要发现、创造原来所没有的东西；历史的想象是再现曾经有过但已经消失了的东西。科学幻想能启发科学家的思维；而在历史领域中，幻想容易使人误入歧途。特点之三，历史学的研究有个发现的问题，即将因年代久远埋藏于地下的古物寻找出来。但历史学不存在创造的问题。这里讲的"创造"不是指人们通过社会实践去创造人们自己的历史，而是指历史学家在研究历史时不能无根据地凭想象去任意地编制历史，一般创造的意义在历史学中是不适用的。

第三，主动去寻找和发现联系。历史学家的研究更注重于发现联系。历史事实既是个别的，又是有联系的。从根本意义上说，任何事件和现象都不是孤立的，因此，我们更应该把历史看作是一个整体，这更符合历史本身。作为对象历史跟自然现象不同，它是不能重演的。某些自然现象可以通过人工创造的条件使之反复出现，即借助于实验去发现事物和现象间的联系，历史则不同，历史既不能重演，也不能实验，历史学家只能在事实和史料的研究和发掘中，去寻找和发现联系。其中如果有一个环节没有找到，就不能得出正确的结论。在这一方面最可贵的是发现真正的联系；最忌讳的是用臆想的、编造的联系去填补历史本来具有但尚未被发现的联系。

由此可见，历史学家反映、研究历史，并不是消极被动的过程，他不是一架机械的接收器，也不是一面仅仅能照映外物的镜子，他是能思维、具有丰富知识和经验的能动的研究者。

二　结合的实质和多样性

如前所说，历史著作必定是历史的主观因素和历史客观因素的结合。然而结合的情况是极为复杂的。

第一，结合的实质。历史主观因素与客观因素结合的实质是历史学家通过发挥自己的主观能动性，用文字把事实的历史及其所蕴含的思想如实地表述和揭示出来。结合决不是把历史学家个人融入于历史事实和史料之中，而是对历史事实作出正确的描述和论述。这就是历史主观因素和客观因素结合的实质。从理论上讲，描述应是全面的，论述应是正确和深刻的；但事实上没有一个历史学家能真正做到，这并非是历史学家缺乏智慧，而是由历史自身的特点所决定的。因此，所谓描述和论述只能是抓住历史事实的主流和本质，不是细枝末节，不能面面俱到。

第二，坚持逻辑和历史的一致。任何历史都是一个过程，作为历史客观因素的每一历史事件、历史事实，都有其产生、发展、转化的实在次序。这种次序是作为历史主体的历史学家不能任意改变的，这是一条不可动摇的原则。历史学家研究历史事实、历史资料，然后去编撰历史，在这个过程中，历史学家如果不顾历史客观因素自身固有次序，哪怕是一个年代甚至日月搞错了，都将是不可原谅的。历史学家对历史的认识不能违背历史，历史事实的次序决定历史学家思维的次序，这就是历史决定逻辑。

然而，历史的发展常常走着曲折的道路，并不是如人们想象的那样，每个历史事件都是简单的、单纯的，平铺径直进行的；恰恰相反，每一历史事件都是复杂的，它总是伴随着曲折和坎坷，伴随着无数不可预料的偶然性。如果研究历史盲目地跟随历史事件走，也不能写出真正的历史。既要坚持历史的客观性，又要发挥主观因素的能动性，在研究的实践中做到逻辑与历史的辩证统一。恩格斯说："历史常常是跳跃式地和曲折地前进的，如果必须处处跟随着它，那就势必不仅会注意许多无关紧要的材料，而且也会常常打断思想进程……这就会使工作漫无止境……因此，逻辑的方式是唯一适用的方式。但是，实际上这种方式无非是历史的方式，不过摆脱了历史的形式以及起扰乱作用的偶然性而已。历史从哪里开始，思想进程也应从哪里开始，而思想进程的进一步发展不过是历史过程在抽象的、理论上前后一贯的形式上的反映；这种反映是经过修正的，然而是按照现实的历史过程本身的规律修正的，这时，每一个要素可以在它完全成熟而具有典型性的发展点上加以考虑。"[1] 恩格斯认为思维逻辑可以也必须对历史加以"修正"，然而对这种"修正"的限制是严格的。

---

[1] 《马克思恩格斯选集》第2卷，人民出版社1995年版，第43页。

第三，结合形式的多样性，结合的形式不同便形成了不同的历史。从横向范围来说，有世界史、民族史、地域史等；从纵向来说，有人物史（传）、通史，比通史规模略小的断代史等；从内容来看，有经济史、政治史、战争史、文学史、艺术史、哲学史、宗教史等等。这一方面形成了多种多样的历史，显出历史的异常丰富性；另一方面，也造就了各式各样的历史学家。

三　史学学科的科学性

历史认识论认为，历史学是可以同其他社会科学一样，成为具有科学性的学科。我们赞成对社会历史的认识具有与对其他事物的认识不同的特点，就像我们前面已经论述过的；但我们不同意社会历史领域中的怀疑论和不可知论。既然社会历史领域是可知的，可以认识的，那么，不管这种认识有多么复杂、艰巨，总是可达到正确的境地。而正确的认识就是具有真理性的认识。一个具有真理性认识形成的学科，就必定是一个科学的学科。

作为一个科学的学科，最根本的东西在于它能揭示社会历史发展的法则，并能用于指导人们的实践去创造新的历史。历史学家认识、分析、研究他所掌握的历史资料，编写出历史，不仅告诉人们历史事实是什么，而且将史实背后的历史必然性展现出来，让人们既明白历史之以往，又指示历史发展之未来，使人们的实践有所遵循，从而减少盲目性。所谓历史的法则即历史发展必然趋势，也就是历史规律，它虽然是一般化的、普遍化的抽象概念体系，但它具有客观真理性，因为这种概念体系是依据于历史事实而产生的，它不是什么心灵的产物。

社会历史学不同于自然科学，不能用自然科学的检验方法去检验历史学。实证主义者的一个根本错误，就是用自然科学的眼光去对待社会历史学。

要实现历史学科的科学性，必须遵循几条基本原则：

第一，从世界观方法论上，必须遵循辩证唯物主义历史唯物主义，其中特别要坚持历史唯物主义最基本的原理。马克思、恩格斯指出："我们首先应当确定一切人类生存的第一个前提也就是一切历史的第一个前提，这个前提就是：人们为了能够'创造历史'，必须能够生活。但是为了生活，首先需要衣、食、住以及其他东西。因此第一个历史活动就是生产满足这些需要的资料，即生产物质生活本身。同时这也是人们仅仅为了能够生活就必须每日每时都要进行的（现在也和几千年前一样）一种历史活动，即一切历史的一种基本条件。"① 这段话我们引用不止一次，原因就在于它是真理。一切研究历史的人只要不怀偏见，对马克思恩格斯这里所讲的"第一个前提"总应该是肯定的，它是一切历史的基本要素，也是史学作为科学学科的基础。必须承认物质资料的生产和再生产以及物质资料的生产方式是社会历史的真正基础。只要从这个前提和基础出发去考察人类历史，就必定会获得真正的成就。

　　第二，坚持阶级斗争观点和阶级分析的方法。这是马克思主义哲学贡献给人类的伟大智慧和重要方法。它是马克思主义从经济视角和物质利害关系去认识社会和分析社会人群的唯一科学方法，也是研究社会历史的科学方法。在极"左"思潮泛滥时期，形而上学猖獗，唯心主义横行，马克思主义阶级斗争的理论遭到严重歪曲和篡改，它不再是研究社会历史的科学方法，而成了打击迫害人们的一根棍子，使得不少人蒙受冤屈，毁掉了正常的或美好的人生，经受了不应有的坎坷和厄运。这种情形至今仍然值得反思。但是这种不正常时期的非正常的现象，并不能抹去这一理论的正确性和真理性。研究历史的人们不妨回想和静思一番，在马克思主义阶级斗争理论创立之前，学者们是如何去认识社会历史和社会的人群的。外国的暂且不论，仅以司马迁的《史记》为例，就很能说明问题。司马迁无疑是中国历史上一位伟大的历史学家，他所撰著的《史记》也是永恒屹立的丰碑；然而他对社会历史和历史人物除了记述，除了给后人留下了大量可贵的史料以外，并没有发现什么规律性东西，提出启迪人们思维的见解。历史的规律和人的真正本质，还深深地隐藏在遥远的彼岸。我们并不是苛求前人，但前人的不足也不能用他的成就来掩盖。恩格斯为我们指示出一条研究社会历史的根本方法，他说："新的事实迫使人们对以往的全部历史作一番新的研究，结果发现：以往的全部历史，都是阶级斗争的历史；这些互相斗争的社会阶级在任何时候都是生产关系和交换关系的产物，一句话，都是自己时代的经济关系的产物；因而每一时代的社会经济

―――――――――

① 《马克思恩格斯全集》第 3 卷，人民出版社 1960 年版，第 31—32 页。

结构形成现实基础，每一个历史时期的由法的设施和政治设施以及宗教的哲学的和其他的观念形式构成的全部上层建筑，归根到底都应由这个基础来说明。"① （恩格斯这里讲的以往全部历史不包括原始社会，对此恩格斯作过专门的说明。）很多现在研究历史的人，他们对恩格斯在这里所说的"发现"不屑一顾，走着与此相反的道路，即不承认阶级和阶级斗争，不愿意用这一原理去研究社会历史，结果使自己的研究步入歧途。

自从私有财产出现以后，社会人们之间的斗争无不与物质利益相关。"天下熙熙，皆为利来；天下攘攘，皆为利往。"② 司马迁揭示了这种社会现象，但他不懂得产生它的根源。社会人群由于经济关系的不同而区分为不同的阶级，阶级之间斗争的根源也在于经济利益的冲突。这种情况是很普遍的，早在马克思之前，法国复辟时期的历史学家就已经发现阶级和阶级之间的斗争，只不过他们的理论尚不完备。这表明阶级斗争的观点和阶级分析的方法，即使马克思不提出来，到时候也会有别的人提出来。因为它是科学真理，迟早会被人们发现。关于这一原理，马克思 1852 年在给他的友人约·魏德迈的信中讲过一段很实在的话，他说："至于讲到我，无论是发现现代社会中有阶级存在或发现各阶级间的斗争，都不是我的功劳。在我以前很久，资产阶级的历史编纂学家就已经叙述过阶级斗争的历史发展，资产阶级的经济学家也已对各个阶级作过经济上的分析。我所加上的新内容就是证明了下列几点：（1）阶级的存在仅仅同生产发展的一定历史阶段相联系；（2）阶级斗争必然导致无产阶级专政；（3）这个专政不过是达到消灭一切阶级和进入无阶级社会的过渡……"③ 马克思的这段话使得阶级斗争的原理更加彻底，也更加科学。

既然原始社会以后的人类历史都是阶级斗争的历史，那么，如果考察历史抛弃了阶级斗争的原理，还怎么能够达到对历史事实的正确认识呢？因此，要使历史学成为真正的科学，就必须坚持阶级斗争的观点和阶级分析的方法，这就是结论。

第三，人民群众是历史的创造者。人类的历史就是物质生活资料生产

---

① 《马克思恩格斯选集》第 3 卷，人民出版社 1995 年版，第 365 页。

② （汉）司马迁：《史记》（货殖列传序），中华书局 1982 年版。

③ 《马克思恩格斯选集》第 4 卷，人民出版社 1995 年版，第 547 页。

的历史，社会生产力发展的历史。任何时代，劳动人民都是物质生产的主要承担者，因此，他们也就是人类历史的主要创造者。奴隶社会的精致器物、封建社会金碧辉煌的宫殿、资产阶级的全部成就，都是劳动人民群众为他们创造的。就连资产阶级大革命，没有广大人民群众（主要是农民）的参加，也不能取得完全的胜利。

　　人民群众是历史的真正主体。他们是社会物质财富、精神财富的创造者，是社会历史发展的决定性力量。然而长期以来这个主体从未居于历史的主导地位，在有些历史学家那里，甚至被当作垃圾排除在历史之外，整个历史完全被统治者和英雄人物所占据。历史华丽舞台都是劳动人民血汗的凝聚，登场的却都是威严雄壮、气宇轩昂的老爷；而劳动者一个个都是灰头土脸、猥琐褴褛的小人，被安排在舞台的边角。即使那些很有成就的历史学家也不能超越这种局限。司马迁是我国第一位史学大师，可是一部《史记》共130篇，其中本纪12篇，世家30篇，列传70篇，共112篇，几乎占全书的90％，都是以人为主题而写的历史，本纪记皇帝，世家记贵族，列传记官僚士大夫等，一个普通劳动群众都没有。当然，我们不是要求出生于公元前145年的司马迁主要写工农兵，但这个事实的确说明，普通人民群众不是历史学家的研究范围。

　　这种历史的颠倒，直到马克思的唯物史观创立之后才真正地被颠倒过来。

　　我们认为，史学要成为真正的科学，必须遵循我们这里提出的三条原则。一位历史研究家不以物质生产为基础，不运用阶级斗争的原理去解剖社会历史现象，不把人民群众放在主体的地位，很难想象能对历史事实作出正确的认识和分析，他所编撰的历史是具有科学性的史学。正是这个缘故，有人认为司马迁的《史记》仅仅是一本以人物为载体的史料，而不能算是真正的历史。

第六章　历史的真实和虚妄

　　真理和错误是哲学认识论中一个重要问题。在认识论中，真理就是指人的意识对认识对象的正确反映，或者说与对象相符、一致的认识；错误就是与对象不相符的认识，或者说错误就是意识对认识对象不正确的反映。真理与错误既是对立的，又是统一的。历史的真实和虚妄就是哲学认识论中真理与错误在历史认识论中的表现。我们研究历史，就是要把真实的历史告诉人们，历史认识论的一个根本任务就是解决社会历史领域中认识的真实和虚妄的问题，揭示历史真理，排除错误虚假的历史，使得历史学科成为真理的殿堂。

第一节　历史的真实与虚妄矛盾的特点

一　什么是历史的真实和虚妄

　　大体说来，可以把认识论中关于真理与错误的解释沿用到历史认识论中来。这样，对什么是真实历史和虚妄历史的解释就是：真实的历史是指在社会历史学中与事实历史相符、一致的认识；虚妄的历史就是与事实历史不相符、不一致的认识。为什么用真实和虚妄这两个概念？这是因为在历史认识论中，认识对象不同于一般认识论中的认识对象。

　　这里讲的对象实际上指的是历史的证据，所谓真实的历史，一是说历史的陈述要有事实为证据；二是说陈述要与证据相符、一致。历史领域里讲的证据有两种：一种是历史事实；一种是文字资料。所谓相符是指历史的陈述既要与历史事实相符合，又要同历史资料相符合。历史的虚妄就是指这种陈述与历史事实和历史资料都不相符。可见，这里讲的对象同认识论中讲的对象还是有些区别。在认识论中，认识对象通常指的是客观实在，而历史认识论中讲的对象，不仅指历史事实，而且还包括历史资料，而历史资料是一种文字观念的存在，同客观实在还是有区别的。

为什么不简单沿用哲学认识论中的正确和错误？这是因为在历史认识论中，主观性因素不但不可或缺，而且更为突出和重要。由于观点立场的差异，对一种历史事实、历史资料，在不同历史学家那里有不同的解释是常见的，很难断定哪一种绝对正确，哪一种是完全错误。在哲学认识论中，认识的对错通过实践立马就能给予断定；可是在社会历史领域，由于历史事实是已经消逝了的东西，许多事实还有待发掘和发现，在这种情况下，对历史认识简单给予肯定或否定，就不妥当了。

二　历史认识如何贵真避伪

在历史认识论中，真实与虚妄也是一对矛盾，同哲学认识论中真理与错误的矛盾有类似之处；但也有与之不同的特点。我们所要关注的是后者。

陈述要有证据以及与证据相符合，都是极为复杂的哲学问题。就证据而言，什么东西和什么样的资料才有充当证据的资格，这就很难获得一致的意见，更不要说陈述与证据相符。

什么是相符，在历史领域也争论不休。我们认为，历史事实是最根本第一位的证据，只要与历史事实相符，这种历史陈述就是真的，与历史事实不相符，这种历史就是虚妄的，不真实的。因为史料作为证据并不是直接的，所以它可以起到作为证据一定的作用，但不是最终的。至于相符也不能在绝对意义上加以理解，严格来说，历史认识之真也应经过实践的检验，然而历史认识领域的实践不同于一般哲学认识论中的实践，对于后者认识主体可以亲为；对于前者指的是前人的活动，历史认识者只能对之进行研究和反映，而不能亲为。这是历史认识论过程中的一个环节，只能由历史自身逐步展开去解决。

历史贵真避伪，因为虚妄不实的东西太多，所以中国历史研究把辨别真伪放在特别重要的地位。梁启超提出辨别伪的 12 法，确定真的 6 法，至今对研究历史仍不失其指导意义。特别值得指出的是，他把对历史资料的辨伪与对历史事件的辨伪加以区分，把事之伪与误之者加以区别，指出："伪事与伪书异，伪书中有真事，真书中有伪事也。事之伪者与误者又异，误者无意失误，伪者有意虚构也。"① 我们这里讲的虚妄的历史就是指某些人有意虚构的历史。虚构的历史最根本的要害就是抹杀、歪曲、否定事实历史。

坚持历史的真实就必须在事实历史的问题上毫不动摇。然而，恰恰在这个问题上，现代史学论坛上出现了很多混乱，其中有一种倾向特别值得关注，这就是：抬高精神思想的地位、贬低甚至否认历史事实，这股风有越刮越猛之势；而坚持事实历史这一派却日渐式微，挺不起腰来。翻阅现在我国史学论坛的论著和论文，这种情况是很普遍的，将历史虚无化成了时髦。这个现象值得人们深思。在我们看来，这跟马克思主义哲学在意识形态领域不能真正占据主导地位密切相关。

解决历史学的真实和虚妄问题的关键在于如何对待历史事实，具体地说，第一，有没有历史事实，什么是历史事实；第二，真实的历史为什么必须以历史事实为基础？问题不在于形式，而在于实质。就是说，究竟坚持什么样的哲学路线，才能确保历史认识的真实，我们主张在历史研究中坚持马克思主义哲学路线，承认事实的历史。近现代西方史学界在这个问题上尽管言之凿凿，但由于他们遵循的是唯心主义哲学路线，以这样或那样的方式否定事实的历史，实际上偏离真理甚远。

第二节　历史真实的相对性与绝对性

任何真理既是相对的又是绝对的，是相对和绝对的对立和统一。历史的真实也是如此。

一　历史真实的相对性

相对和绝对是一对矛盾，所谓相对性是指有限的、有条件的；所谓绝对性则说是无条件的、无限的。历史真实的相对性，就是说历史真实是有限的、有条件的。

我们说，真实的历史是对事实历史和历史资料的正确认识。这种正确认识是受很多条件限制的，首先，受到历史事实和历史资料的限制，事实

---

① 梁启超：《中国历史研究法》，东方出版社 1996 年版，第 108 页。

和资料都是有限的、局部的，不可能毫无遗漏；对象的这种状况，决定了
与之相符的历史认识也只能是有限的、局部的。从 2010 年就开始挖掘的
江西南昌西汉的海昏侯汉墓，到 2015 年出土文物共 2 万多件，超过了
1972—1974 年我国考古工作者先后在湖南长沙发掘的 3 座西汉时期的墓
葬，即马王堆汉墓。即使将来考古工作者全部正确解读了出土的文物，也
不能说对西汉那个时期的历史就有了全部绝对正确的认识，它仍然只是有
限的、局部的。例如：海昏侯墓葬中出土的屏风上不仅有孔子的图像，还
附有介绍孔子生平的文字，完整地记录了孔子的姓、氏、字（孔子字中
＜仲＞尼，姓孔，子氏），还提到了子贡和颜回两位弟子。据屏风文字，
专家认为孔子的生年比《史记》"孔子世家"所说的生年要早 15 年。这
些发现无疑都是空前的，对于认识两千多年前的孔子具有重要意义。但所
有这些真实的历史对于完整的孔子而言只能说是很有限的，是相对的、局
部的，未来的考古和发掘到的新东西，定将丰富人们对孔子的认识。这就
是真实历史相对性的表现。

　　真实历史的相对性还表现在：我们说真实的历史是指与事实历史和史
料相符一致的认识，这里相符、一致也不是绝对的，不能理解为完全百分
之百地相符，只是近似，就如同绘画与模特儿的关系，不论多么高明的画
师也不能穷尽模特儿的全部，他的绘画只是像、近似模特儿，绝不等于就
是模特儿。列宁指出："人不能完全地把握＝反映＝描绘整个自然界、它
的'直接的总体'，人只能通过创立抽象、概念、规律、科学的世界图景
等等永远接近于这一点。"[1] 对于事实历史和历史资料的认识也是如此。
历史学家的认识只是他的思维永远无止境地接近历史事实和历史资料，他
不可能穷尽事实历史和历史资料。

二　历史真实的绝对性

　　真实历史是相对的，具有相对性；然而，它又是绝对的，具有绝对
性。真实历史是绝对性和相对性的统一。

　　真实历史的绝对性是指真实历史具有无条件性和无限性。所谓真实历
史的无条件性，就是指它必须与事实历史和史料相符，否则就不真实，就

---

[1]　《列宁全集》第 55 卷，人民出版社 1990 年版，第 153 页。

不称其为历史，这是绝对的、无条件的。历史的发展在深度和广度上都具有无限性的一面。人类的实践创造了历史，使历史被实践活动的结果所充实。而人类的实践就广度而言，具有无限多的形式和种类；就深度而言，随着生产和科学的发展，实践深度的进展也是无限的。在网络化信息化时代，人类历史深度和广度发展几乎是不可预料的。作为这种历史的反映的真实历史所具有的无限性，也为人们难以估量，这是绝对的。

三　真实历史是相对和绝对、有限和无限的辩证统一

人类历史是人类活动的结果，它与人类一样长久。在广度和深度上都既是有限的，同时又是无限的，因此对历史的认识既是相对的，又是绝对的，真实的历史是有限与无限、绝对与相对的对立和统一。每一段历史都是一定时期人类的实践，这段实践是有限的，然而从广度和深度上讲，它是人类无限多实践的一个组成部分，正是这种有限的、相对的历史阶段构成了在广度和深度上都无限的绝对的人类历史。无限不在有限之外，离开了有限就没有无限。我们通过对有限的历史的认识最终达到对人类历史无限的认识。这并不是说把历史穷尽了，而是说每一个相对历史真理认识中都包含绝对真理的颗粒。相对之中有绝对，绝对就存在于相对之中。人们正是通过一个一个相对的历史认识作为桥梁，达到对人类历史绝对的认识。我们通过对西汉马王堆古墓中文物的认识，对西汉海昏侯古墓中文物的认识，以及将来可能发掘更多西汉古墓得到对更多文物的认识，逐渐接近对整个西汉王朝的全部认识，这就是由局部走向全体、由相对走向绝对的过程。

以上论述表明，真实的历史既是相对的，又是绝对的，是相对性和绝对性的辩证统一。在西方历史哲学中，由于缺乏辩证唯物主义和历史唯物主义世界观和方法论的指导，常常出现将二者割裂开来的片面性，历史绝对主义和历史相对主义就是两个突出的例子。

第三节　历史绝对主义和历史相对主义

一　历史绝对主义

历史具有思想和精神的特性，历史绝对主义者抓住这一点，并将之无

限放大，把精神与历史等同起来，然后把这种精神加以绝对化，把精神说成就是历史，否定了事实历史。事实历史是历史学的基础和核心，而否定了这个基础和核心历史研究将会走向何方，我们来看一下克罗齐的例子。

我们多次提到意大利历史学家贝奈戴托·克罗齐，这里提到他是因为他是历史绝对主义的代表。克罗齐是在批判历史相对主义过程中发展自己的历史绝对主义的。他反对相对主义关于历史研究活动要受到这样或那样外在条件的制约，提出历史是特定个人的永恒的精神，"除非我们从这样一个原则出发，就是认定精神本身就是历史，在它存在的每一瞬间都是历史的创造者，同时也是全部过去历史的结果，我们对历史思想的有效过程是不可能有任何理解的。所以，精神含有它的全部历史，历史和它本身是一致的。"① 他认为历史"生于思想而又回到思想，它通过思想的自知性而成为可知的，他绝不需要求助于外在于自己的任何事物去理解它自己。"② 在克罗齐那里，历史就是历史，它不再依赖于任何外在的东西，这个历史不是别的，就是精神。他根本否认事实历史的存在，他说："历史的文件不在本身之外而在本身之内，历史的究竟方面的和原因方面的说明不在本身之外而在本身之内，历史在本身以外无哲学，它和哲学是重合的……这种历史观把历史和思想活动等同起来，思想活动永远兼是哲学和历史。"③ 越是到晚年，克罗齐的历史绝对主义越是走向极端，他不满意过去那种抬高哲学贬低历史的理论、把哲学看作是知识的最高形态的做法，认为只有历史才是唯一的和整个知识形态。他宣称历史不仅比哲学优越，而且消灭了哲学。

克罗齐在奔向历史绝对主义的途中，也展现了一些有意义的思想。其中关于个别与一般的解释就颇具启发性，他认为个别与一般不可分，一般离不开个别，个别体现验证一般。然而，导致他走上绝对主义的也正是这个一般和个别的关系问题。由于他不能正确运用一般与个别的辩证关系的思维，过于随意使用一般，夸大了概念的功能和作用，结果就把思想——特别是历史思想——抬高到蔑视一切甚至排斥一切的地步，把历史与思

① ［意］贝奈戴托·克罗齐：《历史学的理论和实际》，傅任敢译，商务印书馆1982年版，第13页。

② 同上书，第76页。

③ 同上书，第90页。

想、精神完全等同起来。克罗齐把历史说成是知识的最高形态，其实并没有真正抬高历史，反而把历史架空了，作为真实历史基础的事实历史被完全抛弃了，只讲思想精神，还谈得上什么历史哲学，还谈得上对历史有什么正确的认识！他本来应该做的是用事实历史去充实思想，而不是用思想去取代历史事实。

二 历史相对主义

历史相对主义从另一角度否认事实历史的客观存在，认为事实历史是无穷无尽，任何人都不能达到对历史全体的认识，任何历史都是不完全的、相对的。历史相对主义的代表人物是美国的历史学家比尔德（1874—1948）和贝克尔（1873—1945）。他们的理论建立在如下两点认识上：第一，历史事实是无限的，所记载的只是其中的一小部分，人们不可能达到对历史总体的认识，因此一切历史认识都是相对的。第二，历史学家都是现实社会中的人，每个人的思想、价值观、出发点都不相同，甚至研究历史的动机都各不相同，即使面对的是相同的事实，也不可能得出一致的看法。因此，真正正确的、公认的、一致的历史认识是不存在的。历史相对主义的确看到了历史本身和研究历史的复杂性，但由此得出历史认识不确定性不可认识是消极的，由历史认识不确定性而导致否认事实历史的存在，则是完全错误的。下面我们以中国史学家吕思勉先生的观点为例，对历史相对主义作进一步的分析。

张耕华先生在他的《历史哲学引论》一书的一个注释中，转述了史学家吕思勉 1945 年出版的《历史研究法》中的一段文字，现将其抄录于下：

"历史上的年代如此之长，事实如此之多，即使我们所收集的范围，和从前人一样，亦不易有完备之日。何况研究的范围，是时时变动的，无论你方法如何谨严，如何自诩为客观，入于研究范围之内的，总是反映着其时代所需要。一物有多少相，是没有一定的，有多少人看，就有多少相（因为没有两个看，能占统一的空间和时间），看的人没有了，相也就没有了。哲学家说：'世界上没有两件相同的东西，因为至少它所占的时间或空间是两样的。'然则以不同的地域、不同时代的人，看起历史上的事件来，其观点如何会相同？观点不同，其所见者，亦自然不同；所觉得要补充的，要删除的，自亦随之而异了。所以历史学一日不息，收集之功亦即一日而不息。……真正客观的事实，是世界上所没有的。真正客观的事实，只是一个一个绝不相联属之感觉，和做影戏所用的片子一般，不把它联属起来，试问有何意义？岂复成为事实？所谓事实，总是合许多小情节而成，而其所谓小情节，又是合许多更小的情节而成，如是递推，至于最小，仍是如此。其能成为事实，总是我们用主观的意见，把它联属起来的。如此，世界上安有真客观的事实？既非客观，安得云无变动？这话或者又说得太玄妙些，然而一件事实的真相，不但限于其外形，总得推见其内部，这总是人人可以承认的，如此，则因社会状况的不同，人心的观念即随之而变，观念既变，看得事情的真相，已就不同了。史实的订正又安得有穷期呢？收集永无穷期，订正永无穷期，历史的当改作，即已永无穷期，何况历史不是收集、考订了便算了事的，还要编纂成功，给大家看，而看的人的需要，又是随时不同的，然则历史安得不永远在重作之中呢？"①

　　吕思勉先生的这段文字，可以说道尽了历史相对主义的方方面面，讲的极为透彻而充实，就历史相对主义而言，吕先生的见解比起西方那些相对主义者要深刻细致得多。但吕先生可能没有注意到，按他这种讲法将会导致两个他不一定愿意接受的结论：历史不可认识论和历史虚无主义。所谓历史虚无主义就是说历史是不存在的；所谓历史不可认识论是说历史即使存在也是不可认识的。这是对历史多么不尊重、多么消极的态度呵！

　　关于事实历史是不是真实存在的问题，吕思勉先生认为，由于收集材料无完备之日，又因人、因时、因地而异，"真正客观的事实，是世界上所没有的"。而且他还认为，所谓事实不过是由"主观意见"把无穷无尽的小情节联属而成的，此外再无别的事实。很明显，吕先生是不承认历史事实的客观存在的。这种观点把历史虚无化了，我们是不能赞同的。事实是历史的载体，否认历史事实就是从根本上否认历史。我们认为历史事实是曾经发生过的、真实存在的事物，收集不完备、任何时空的改变以及研究者的变化都不影响事实历史的存在，这种存在是客观的。尽管它现已不存在，但人们可以去挖掘它、发现它、认识它，它是一个国家、一个民族

①　参见张耕华《历史哲学引论》，复旦大学出版社2004年版，第74页。

的来龙和根本。因为发掘困难、认识不易，就断定历史事实不存在，这不是科学的态度。

其次，是关于历史能不能被认识的问题。由于吕先生不承认了事实历史的存在，实际上对这个问题就已经给了否定的回答。因为归根到底，事实历史是认识的对象，既然对象都不存在了，还谈什么认识？他还进一步论证，收集永无穷期、订正永无穷期、历史的改作永无穷期，要真正认识历史是不可能的。他认为对一件事物的认识，不限于外形，而应着重于真相，然而由于三个"永无穷期"，真相是不存在的。总之，吕先生把人们认识历史之路全部封闭了。吕先生这种看法和观点，我们认为是不正确的，原因不是别的，而在于根本不符合事实。世界上这么多国家和民族，没有一个是不尊重自己的历史的，他们对自己的历史孜孜以求，不断地进行探索和研究，他们懂得，没有过去就没有现在和未来。而且每一个国家和民族都已经不同程度地掌握和了解了他们自己国家和民族的历史。在这样的事实面前，我们怎能贸然断定历史是不可认识的？今年是我国抗日战争胜利和世界反法西斯战争胜利七十周年，牢记历史对于生活于现代的中华民族决不是一句空言，不忘屈辱的历史，努力发扬中华民族不屈不挠的斗争精神，为振兴中华，实现中华民族伟大复兴的未来而奋斗，是鼓励我们奋进的最伟大的动力源泉之一。如果按吕先生的理论，抗日战争的历史不存在或不可认识，我们还纪念什么呢?! 由此可见，历史不可知论会发展到多么荒唐的地步！

第四节　历史虚无主义

在历史认识问题上，还有一种思潮——历史虚无主义。历史虚无主义是哲学上形而上学否定观在历史研究中的表现。这种理论盲目地、不加分析地否定人类历史文化遗产，割断人类历史文化发展的联系，对历史文化遗产采取全盘否定的态度，反对在历史文化问题上实行批判与继承相统一的辩证否定观。

一　重视历史虚无主义的消极影响

历史虚无主义在理论上是错误的，在实践中是有害的，这股思潮在我国由来已久。"文化大革命"中打倒一切，是这股思潮发展的一个特例。当时提出"破四旧"（旧思想、旧风俗、旧文化、旧习惯），由于对新与旧没有明确的界限，结果就被引向了全盘否定历史文化的错误方向。近年来，这股思潮又有新的表现，以否认现代中国革命历史为旗帜，提出"告别革命"的口号，歪曲我国革命的历史。其中特别值得人们注意的是，这股思潮的锋芒所向，它的矛头是直接对着共产党的，其手法就是用抹杀、歪曲、否定历史，污蔑、丑化中国共产党及其领导人在中国革命和建设中的地位和作用。这股思潮给我国社会带来的不是正能量，它是一种腐蚀剂，对我国人民群众特别是青年，会产生不可小觑的消极影响。

我国有五千年文明史，从远古走到今天，总体说来令中华民族振奋和骄傲。但其中的坎坷、曲折和艰难，亦不为常人所能道。仅以近现代史为例，从 1840 年鸦片战争开始，我国就饱受帝国主义者的侵略和掠夺，当时世界上最好的园林之一——圆明园——被英法联军一把火烧成灰烬，内中无数珍宝被洗劫一空，帝国主义国家的掠夺遍及全国，而今那些西方大国的博物馆中，哪一个没有中国的宝物？这是它们不义和罪恶的铁证，也是我中华民族遭受屈辱的一面镜子。然而参观大英博物馆，看到有许多中国的文物，竟有人发出这样的感叹说，好在放到这个博物馆，要是在国内，说不定早就被毁掉了。发出有这样感叹的人，是不是认为帝国主义国家对我国的侵略和掠夺不是坏事，倒是一件好事？这种颠倒，对一切有正义感的人是不会接受的，是对我们这个国家的国格和人民群众的人格的不尊重。我不否认，有些文物在国内有遭战火毁灭的可能；但作为一个中国人看到自己国家的宝物被别人掠夺，首先应该有一种是非善恶之心和热忱爱国之情，更是不要不忘那段被奴役被侵略的历史。

二 历史虚无主义的现代表现

十四年抗战，我国以 3500 万人的生命为代价，才换得这场斗争的最终胜利！中华民族能有今天，实是不易，是无数先烈用生命和鲜血换来的，决非空言，今人与后辈应永远牢记。然而，现在不少研究抗日战争和反法西斯战争胜利的人，对共产党的决定性作用不愿承认，有些人甚至认为，中国共产党领导的抗日没有意义。西方学者这样做，或是出于无知，即不了解中国抗战的实际；或是由于受欧洲中心论的影响，使他们不能正视历史事实。国内一些学者这样认为，不仅存在对历史事实是否承认的问题，而且存在一个对中国共产党所领导的人民抗日斗争能否给予客观公正评价的问题。

从 1840 年的鸦片战争到新中国成立，在一个多世纪的斗争中，中华民族经历无数次战斗，屡战屡败，唯有抗日战争取得了完全的胜利，为什么？其中关键的因素是有中国共产党的领导。中国对日本帝国主义的斗争，实际上从 1931 年日本发动九一八事变就开始了，到 1945 年日本宣布无条件投降，中国人浴血奋战了 14 年。在这 14 年中，不能否认国民党在抗日战争中的作用和功绩，尤其是那些坚决抗日的将领们，永远值得人们尊敬和怀念。但有一点必须肯定，如果没有中国共产党所领导的人民战争，没有抗日游击队的斗争，单靠国民党，抗日战争胜利是没有指望的。原因洞若观火，就是这些人不愿承认。大家都明白，中日两国是敌强我弱，在武器装备上当时日军胜于我军若干倍，在这种情势之下，不依靠广大人民群众，不把全民族动员起来一致抗日，要取得胜利断无可能；而国民党的致命弱点就是脱离人民群众。一个不受人民群众拥护的政党，不相信人民群众力量的党，如何能领导这样一场大的历史性的战争赢得胜利呢？日本的武器装备是强于我国，但只要我们把全国人民团结起来，把民心凝聚到一起，就一定能战胜日本帝国主义，共产党的决定性作用就表现在这里。

抗美援朝战争是一个生动的例证，1950 年 6 月，美国操纵联合国，组织由 16 国参加的"联合国军"，进行了一场声势浩大的朝鲜战争。以美国为首的"联合国军"武器装备远比我国强大，但由于有共产党毛泽东的正确领导，团结了全国各族人民，最终战胜了美帝国主义，赢得了这场战争，这是世界战争史上的奇迹，就连作为失败者的美国也不得不佩服。创造奇迹的，不是毛泽东个人，而是亿万中国人民。至今仍然不相信人民群众是历史主人的人，不能跳出历史唯心主义藩篱的人，是不是应该审视一番自己研究的路数？

还有一些人，他们不是研究方法问题，而是打着研究的旗号，公然不顾事实，歪曲历史，抹杀共产党在抗日战争的作用和领导国家进行社会主义建设所取得的伟大成就，把共产党说得一无是处。有人批评持有这种观点的人搞历史虚无主义。其实，他们在把共产党虚无化的同时，对于他们所拥护的政治势力却竭尽颂扬和肯定之能事，一点也不虚无化。时下学界有一种现象，以否定英雄人物，为反面人物、甚至反动人物翻案为时髦，他们用放大镜甚至显微镜去寻找英雄人物身上的缺点和瑕疵，以同样的手法去发掘反面人物和反动人物的所谓正确的东西，然后打着事实的推崇者和主持公正为名，搅乱视听，蒙骗青年和老百姓；将中国共产党人浴血奋战近百年的历史虚无化、空洞化，以达到否定和歪曲历史的目的。这种历史虚无主义不同于现代西方历史哲学中的虚无主义思潮，后者以历史事实今已不复存在为由，认为要真正认识历史是不可能的，历史实际上是不存在的；前者在中国近现代史的研究中，专门否认中国共产党的业绩，丑化共产党，去除共产党化。所以，他们批判和否定的英雄人物和领袖人物多为共产党人。但他们不懂得，这些英雄和领袖人物已在广大的人民心中扎下了根，是撼动不得的。谁敢冒天下之大不韪，必将碰得头破血流，遭到人民的唾弃。一个不懂得尊重和爱护自己民族的英雄和领袖的人，不仅为国人所不齿，也为人类所不容。

1949年以来半个多世纪，共产党领导的国家，所取得成就有目共睹。所出现的错误和存在的不足，也有目共睹。每一个正直善良的中国人都会承认共产党领导的建设事业是了不起的，是空前的，取得的成就是伟大的。它用了半个多世纪的时间，把一个贫穷落后、满目疮痍、不能自主的旧中国，建设成了繁荣昌盛、独立自主的新中国。在中国没有第二种政治势力能做到这一点。可是有些研究1949年以来历史的人，却不具有常人这样的观点，在他们的笔下，除了反右派斗争对知识分子的迫害、困难时期饿死了多少人、"文化大革命"造成了多大损失、改革开放造成多么严重的环境污染等等，再没有别的；有人甚至激愤地说，共产党没有做一件好事。我们把个别人的感情因素放在一边，从研究和认识历史方法论的意义上来分析，这些人所持的历史哲学格外教人叹惜。常言道，"偏见比无知离真理更远"，不正是说的这种情形吗？他们的片面性还在于：只看到共产党犯了错误，却没有看到共产党反省和改正错误。只要人们不怀偏见，都应当看到和承认，共产党对自己所犯错误的认识和反省是认真的，对错误的纠正和改进是彻底的，如对反右扩大化，如对"文化大革命"。对一个人来说，"知错能改，善莫大焉"。对一个政党来说也应该如此。然而，至今仍有人耿耿于怀。他们不仅自己不能原谅共产党所犯的错误，尽量歪曲、夸大这些错误，丑化污蔑共产党；而且还煽动别人去清算过去的陈年老账。我们不禁要问：这些人究竟要怎样呢？

三　不受虚妄历史的迷惑

不受虚妄历史的迷惑，是研究观念体系历史重要目的。尽管历史的发展迟早会把那些虚妄不实的东西淘汰，但它一旦形成，产生的破坏作用却不容小觑。

历史领域中，虚妄的东西、伪造的东西并不少见。而这种东西偏偏能迷惑一些人，误导一些人，使之受虚妄伪造历史的支配，认识上越来越偏离真理，行动上产生严重的差错，甚至使社会历史的走向发生改变。正因为虚妄的历史有这样的作用，一些心怀叵测之人常常利用伪造历史的手法去达到不可告人的目的。梁启超力主避免虚妄，他不仅提出对史料要辨其真伪，对历史上所记述的一些事实也要注意辨别真伪。他举了一个非常典型的例子："前清洪杨之役，有所谓贼中谋主洪大全者，据云当发难时，被广西疆吏擒杀。然吾侪乃甚疑此人为子虚乌有，恐是当时疆吏冒功，影射洪秀全之名一捏造耳。"[①]　其实，在历史上捏造事实的例子俯拾即是，现代也不少见。比如，1956年赫鲁晓夫在苏共二十大所作的"秘密报告"就是一个生动的例子。这个报告从根本上颠覆了苏联1924年到1953年30年的历史，全盘否定了这段历史时期的主要领导人斯大林。斯大林不再是伟大的马克思列宁主义者、无产阶级革命家、"人类最伟大的天才、导师和领袖"；而是"俄国历史上最大的独裁者"，是"混蛋""凶手""强盗""白痴""赌棍"。赫鲁晓夫的"秘密报告"用虚妄的历史取代了真实的历史，不仅对当时的苏联社会造成了巨大的损失，而且对后来世界历史的发展也产生了难以估量的影响。苏联的解体和东欧剧变跟这个报告有着直接的联系，直至今天，俄罗斯和一些独联体国家的人民，依然在承受这一报告所带来的恶果。

对一个人也是如此，虚妄的东西能把一个人弄得面目全非。曹操这个历史人物，既有真实的一面，又有被人歪曲和伪造的一面，一般中国人心目中都有两个曹操就是由此而来。一个是《三国演义》和其他艺术形式

---

① 梁启超：《中国历史研究法》，东方出版社1995年版，第109—110页。

中展现的曹操。另一个是历史上真实的曹操。前者是一个大粉脸、奸臣、刽子手,是不仁不义的人物的典型代表,这与儒家文化代表人物的伪造不无关系。历史上真实的曹操是一位聪明、智慧、很有作为的人物,不仅在政治、军事、经济方面有许多杰出的建树,而且在文化艺术方面也有很大的贡献。建安文学是中国文学史上辉煌的一页,而曹操就是建安文学中有大成就者,他的诗作悲凉慷慨,气魄雄豪。总起来讲,曹操对中国社会历史起过巨大的推动作用,应该是一位正面人物。郭沫若写道:"我们今天要从新的观点来追求历史的真实性,替曹操翻案。"① 由此不难看出,考察历史是否具有真实的基础这一点是多么的重要。

在历史领域做到去伪存真是很不容易事情,除了历史学家要有正确的历史观和严肃的工作态度外,还依赖于社会环境和科学的发展,这里不再展开。

---

① 郭沫若:《郭沫若全集》历史编第 3 卷,人民出版社 1984 年版,第 476 页。

第七章　历史选择性和历史必然性

　　苏联解体以后，原来属于苏联的一些加盟共和国从苏联独立出来，成立了15个新的国家。我国出使这些国家的领导人总是表示支持这些国家人民的选择。任何国家、民族历史的撰修都离不开选择。这种选择和历史发展的内在必然性是一种什么关系？选择是人的能动活动。我们说人们自己创造自己的历史，又说人民群众是历史的创造者，实际上已经包含有历史选择性在里面。思辨历史哲学通常把坚持社会历史发展客观必然性的观点，称作历史决定论。历史决定论与历史选择论是历史哲学中一个重大问题，我国学界对此曾有深入的讨论和争论。对于什么是历史选择论、这个概念能否成立，并无一致的认识。对于历史决定论的问题，也是众说纷纭，分歧难以消除。我们在这里无意介入这种纷争，也不是在历史发展的意义上使用这两个概念，我们这里用历史选择性和历史必然性这两个名词，仅限于历史认识论这样狭义的范围，也就是说在认识历史事实和研究历史资料的意义上使用这两个概念。关于历史哲学理论中的历史决定论在论述历史必然性时再作深入分析，这里先来探讨历史认识领域中的选择性问题。

第一节　历史认识的选择性

一　选择的必然性和偶然性

　　历史认识论不是研究某个具体的记述，也不同于历史学要从记述引申出什么历史结论，历史认识论是研究记述者、历史学家具体的历史思维的性质。真实的历史是以真实的材料为基础的，材料本身的真实是历史真实根本保证。记述是历史的一种，记述就是对历史事实的记载和叙述，它是历史资料主要的存在形式，是史学得以进行的基础和根据。但在特定历史条件下，记什么、不记什么、怎样记，这就涉及选择问题，这在前面谈到历史学的主观因素时曾经做过分析，这里将进一步深入研究选择本身，选择的内在根据，在历史学家那里是怎样进行的。追究记述的真实性和准确度，是历史学家的职责。不可否认，史学家首要的任务是对史料真伪的辨别，没有辨别就没有史学。但史学家的辨别的根本目的就是去伪存真，这本身就是选择的问题。资料的收集和整理是对史料的直接认知；历史学家要回答的是对已经收集的结果如何选择和如何运用；历史认识论要回答的是什么是选择？选择是必然的吗？

选择的实质是历史认识领域中人的能动性的问题，因为不论是对历史事实的选择还是对历史资料的选择，都是认识和研究历史的人的自觉活动，都是人的能动性的表现。选择有两个层次：第一个层次是对曾经发生过的人和事的选择，这种选择的结果形成文字资料——历史资料；第二个层次是历史学家研究历史时对资料的选择。对于前者，即历史上发生的人和事是无数的，不选择就形成不了历史资料；对于后者，也是一样。就以中国为例，文献上的史料，浩如烟海，研究者往往穷其毕生之精力也未必能测其涯际，研究历史首先就是对历史资料的选择，没有这种选择就形成不了历史。可见，我们这里所讲的选择有它自己特有的含义。沃尔什说："历史学至少在两种意义上是选择的。（1）每一篇现有的历史学论著，都是部门性的，因为一个历史学家只能把他的注意力集中在过去的一个方面或者有限的若干方面；而这一点始终是真确的。无论他的兴趣范围有多么广泛。……（2）没有一个历史学家可能叙述过去所发生的一切事情，哪怕是在他所选择的研究范围之内；所有的人都必须选择某种事实作为特殊的重点，而把其他的统统略去。用一种陈词滥调的说法就是，进入到历史书中来的唯一的事实，就只是那些具有某种程度上重要性的事实。"① 沃尔什的论述回答了什么是选择和选择什么的问题。

有一种意见认为："是否所有过去的事实都是'历史的'？也就是说

---

① ［英］沃尔什：《历史哲学导论》，何兆武、张文杰译，广西师范大学出版社2001年版，第100页。

是否一切已发生的事情都属于历史？或者说，是否只有在某种程度上较为
'重要的'那些事实才算是历史的？把某些过去的事实视作为非历史事实
而加以排除，这种观点与科学研究的客观主义的基本要求是不一致的。"①
作者认为，即使一个最小的、一点也不惹人注目的事实，也是历史重要事
实的一部分，也是不能丢弃的。这种观点是不正确的，他曲解了科学研究
客观主义的要求。在历史研究中必须遵循客观主义原则，这是正确的；但
客观主义不等于包罗一切，不等于不要区分主次。历史极其复杂，各种各
样的事物杂乱纷呈，面对如此情形，记述不可能把万事万物毫无遗漏地全
部记述下来，因此，记述必然是选择的。这就是我们所说的选择必然性。

　　坚持客观性并非不要选择性，而是要做到选择性和客观性相统一。一
切历史，都是面对着浩如烟海的历史事件和历史事实，记什么、不记什么
都必须经过挑选，我们看到的记述的历史就是这种选择的结果。如前所
说，没有选择就没有历史。对此英国现代历史学家汤因比曾有一段生动的
论述，他说："假使某人掌握着单独一天之内在全世界出版的所有报纸，
并假设他得到保证说所有报道的每一个字都是像福音一样的真理，那么他
拿着这些报纸能干些什么呢？他又如何组织它们呢？再进一步假设他认为
所有的事实都是同样重要的——可他就是无法写成一部掺和所有这些事实
的单独一天的历史。他不得不进行选择，而且，即使他把所有事实都转载
出来他也只能突出一些事实，并贬低另外一些事实。"②汤因比的这段话
充分反映出在历史领域中选择的必然性和必要性。

　　进行选择是历史学家撰著历史的前提，是历史学家主观能动性的表
现。然而每个历史学家的世界观、价值观是不同的，兴趣爱好、专业知识
的积累都不一样，这样选择什么，记述什么，就带有很大的偶然性。表面
看起来，历史学家是自由的；但这种自由和偶然性要受到很多因素的制
约，特别要受到必然性的制约。历史学家的选择不能超出他的那个时代，
封建时代的历史学家决不能选择资本主义时代才会产生和出现的东西。

　　这种制约在历史学家那里是如何表现的？原来历史学家个人都是他那

---

　　① ［波兰］耶日·托波尔斯基：《历史学方法论》，张家哲、王宙、尤天然译，华夏出版社
1990年版，第221页。

　　② ［英］汤因比：《汤因比论汤因比——汤因比与厄本对话录》，王少如、沈晓红译，上海
三联书店1997年版，第14页。

个时代价值观的实际承担者，都是统治阶级中的代表人物，他所完成的历史不是个人意志的产物，而是统治阶级意志的体现。对此他是超越不了的。人们总是希望看到的记述历史选择的是历史基本的、主要的东西；但从对记述的研究不难发现，情况并非都是如此。有些记述把次要的东西当着主流，使人对这段历史产生完全错误的认识。记述历史事实的选择同记述者的历史观密切相关，和当时的社会状况有着直接的关系。尤其受价值因素的重大影响，所谓价值因素影响的实质就是物质利益关系的作用。就我国而言，所谓的"正史"，如二十四史，都是在历代统治王朝监督之下写成的，至少也是经过官府的审查，认为是合法的才能编写进去，至于统治阶级的罪恶和社会的腐败黑暗，统治者个人的劣迹，是绝不允许见之于文字的，写作者亦无任何自由可言。正因为如此，翦伯赞先生认为，正史是最不真实、最不可靠的。[1]

为什么世界各国所谓"正史"都是帝王将相的片面的历史？这种选择既是偶然的，又是必然的。所谓偶然是指这种历史的产生有历史学家个人因素在里头；但从根本上说是必然的。马克思主义哲学的唯物史观产生之前，历史领域被唯心主义统治着，这种历史观把统治者、英雄人物看成是历史的创造者，因此历史主要就是记述他们的事迹。例如：中国古代记述的历史大都记述的是帝王将相的活动，特别是祭祀、战争等活动。根据这种记载的结果，呈现于我们面前的历史就成了帝王将相的历史。正如前面已经提及的，翦伯赞先生说过，中国的所谓正史不啻是"统治阶级的记功录"。这种情况是很普遍的。这种历史即使是真实的，也是片面的、狭隘的。伊格尔斯就曾指出："历史记载的是名人，尤其是占统治地位的杰出人物的行为和抱负。给社会以统一并提供了历史记载线索的关键体制是国家。一个国家的行为可以根据政治家谨慎的行动来了解。在以国家间冲突为特点的世界上，这种国家要受到权力需要的控制。因此从修昔底德到兰克这一时期的历史学家们把主要注意力放在记载政治和军事事件上。"[2] 这种历史是不全面的。

---

[1] 参见翦伯赞《史料与史学》，北京大学出版社 1985 年版，第 15、16 页。

[2] [美] 伊格尔斯：《历史研究国际手册》，陈海宏、李玉林、张定河译，华夏出版社 1989 年版，第 1—2 页。

伏尔泰对于历史只写帝王将相个人的功劳就不满意,他的《路易十四时代》叙述的"不仅是路易十四的一生,作者提出一个更加宏伟的目标,作者企图进行尝试,不为后代叙述某个个人的行动功业,而向他们描绘有史以来最开明的时代人们的精神面貌。"① 社会的经济、文化和生活等都应得到反映。唯心史观统治下的历史由于完全颠倒了人民群众和英雄人物的关系,这种历史不仅是片面的,而且在本质上缺乏严肃性和真实性,其突出表现就是把广大劳动人民及其活动排除于历史之外。在我们看来,历史是由人民创造的,把创造历史的主体排除在外的历史还能称得上是真正的历史吗?

由此不难看出,选择是必然的,选择什么是偶然的,跟记述者的历史观、立场、价值观、当时社会的状况有着极为密切的关系。从我国史学界的实际情形来看,马克思主义的唯物史观是不是完全为学人们所信奉和坚持,还是一个远未解决的问题。不少研究者对现代西方历史哲学情有独钟,实质上仍然囿于唯心史观不能自拔。因此,他们对人民群众的历史活动总是抱着蔑视和贬斥的态度,这就毫不奇怪了。例如,对于中华人民共和国成立以来的历史,有些人的记述是这样做的:他记述了土地改革运动、镇压反革命运动、抗美援朝运动、农业合作化运动、反右派斗争、人民公社化运动、"大跃进"、三年困难时期一直到"文化大革命"运动,他径直认为这些运动都是错误的,这样他所记述的新中国成立以来的历史就是一个错误接着一个错误的历史。这能作为真正记述的历史吗?我们认为这种选择是不正确、不真实的。同样,如果反过来,如果把人民群众的革命精神和伟大的创造活动放在第一位,着眼于新中国成立以来社会主义建设所取得的伟大成就去记述,那么,历史就完全是另外一种面貌。由此可见,记述的选择对人们认识历史有多么重要。

二　历史资料宝库的形成和开发

对于历史学家来说,历史资料是一个宝库,是他开发和发展的源泉。记述是历史资料形成的基础,记述就是把发生的事件记录下来,这种记录

---

① ［法］伏尔泰:《路易十四时代》,吴模信等译,商务印书馆1982年版,第5页。

就是通常所说的原始材料。历史资料既是选择的结果，又是历史学家进一步选择的前提和基础。历史资料越丰富，历史学家选择的余地就越大，所撰著的历史就越有蕴含，表现出一个国家、一个民族的历史底蕴就越悠久。我们常说中国是一个历史悠久国家，中华民族是一个历史底蕴丰厚的民族，就是因为我国藏有浩如烟海的历史资料，形成了世界很少有国家能与之比肩的历史资料宝库和对之进行的广泛而深入的研究。

自古以来，我国对记述的历史就非常重视，翦伯赞写道："中国自有文字以来，即有专司史实记录之人。殷契、周金之镂刻，皆非具有专门技术之人才不可。自春秋以至战国，各国皆有史官。如赵鞅，不过晋之一大夫，而有直臣书过，操简笔于门下。田文，不过齐之一公子，而每坐对宾客，侍史记于屏风，至若秦、赵二主，会盟渑池，各命其御史书某年某月，鼓瑟击缶。《左传》昭公二年，谓晋韩宣子来聘，观书于太史氏，是鲁亦有史官，至秦有天下，太史令胡母敬，作《博学章》，是秦亦有史官。汉兴，武帝又置太史公，以司马谈及其子迁为之，以后历代皆置史官。"[①] 可见，记述历史在我国有着悠久的传统。记述历史，一般只记不评，记述者为史官，如后来的书记人员，他们是我国历史资料宝库的真正建设者。

记述的历史一般具有直接经验性质，因为记述者往往也是当事者，它的正确性较有保证。但在古代能够被记录的人和事，又都是属于统治阶级范畴，相对于整个历史而言，片面性仍然难以避免。我们所希望的历史资料，能够做到：对历史的全面记录，正确的东西记录要恰如其分，错误的方面则要合情合理，既不可夸大溢美，也不可任意中伤，给读史的人以最大可信度。对于后人来说，记述的历史就是史料，其真正的价值在于它的真实性。历史资料总是不全的，也可能包含错误。随着考古发现的深入和扩大，新的材料和实物随时有涌现的可能，一旦新的材料和实物被挖掘出来，记述便获得了补充和发展，资料也获得更新。所以，研究历史既要依靠历史资料，又不能把所获得的资料绝对化。

浩如烟海的历史资料，为历史学家创作历史提供了广阔天地，使他具有选择的巨大自由。他完全可以根据当时社会的需要和自己的兴趣，去选

---

① 翦伯赞：《史料与史学》，北京大学出版社 1985 年版，第 16 页。

用历史资料，根据选定的资料去编写历史。但这种自由是相对的，选择历史资料的自由被限定在历史事实之中，就是说，你必须选择历史事实，而不能在这之外去选择。历史事实是有生命的、活的。正是这个缘故，任何观念体系历史都不可能是固定不变的，变动性是历史的性质之一。一般历史学家常常停留在史料面前，以史料为根据去认识和研究历史，这是正确的。但现在看来，这样做远远不够，仅仅从史料出发，不一定能踏上历史认识的正确之路。这就是说，认识历史不能仅凭历史记述，还必须超越历史记述本身，去追求历史资料背后掩藏着的历史本质。

第二节　探究历史事实背后的东西

一　历史的精神和思想

真实的历史不仅要有事实的基础，即要正确反映历史事实，而且要把事实所蕴含的思想、精神反映出来，这是尤其宝贵的东西。近现代西方历史哲学比较重视这个问题的是柯林武德。他认为历史事件与自然现象不同，自然现象背后没有思想，而"历史事件却并非仅仅是现象，仅仅是观察的对象，而是要求史学必须看透它并且辨析出其中的思想来"①。但柯林武德常常把历史事件所包含的思想说成就是历史学家的思想。柯林武德认为要想发现历史遗物和文件所标示的意思是什么，"历史学家就必须为自己重行思想它。"他说："假设他正在阅读一位古代哲学家的一段文章。……他就必须明了它的作者在这里陈述了他所解答的那个哲学问题是什么。他必须为他自己思想出那个问题来，必须明了对它可能提供的各种可能解答都是些什么，而且必须明了这位个别的哲学家为什么选择了那种解答而不是另一种。"② 这种说法给人一种印象，似乎历史事实背后的思想是历史学家给予的。我们这里所说的精神和思想不是柯林武德所说的历史学家在心灵中重演的思想，而是事实历史所蕴含的思想本身。我们认为，事实历史所蕴含的思想和精神是需要历史学家去发掘的，但决不是历

---

① ［英］柯林武德：《历史的观念》，何兆武、张文杰译，商务印书馆1997年版，第214页。

② 同上书，第389—390页。

史学家所给予的。

观念也好，文字的记载也好，都是历史事实表面的东西。在这表面东西的背后隐藏着的是什么？这是历史认识论要完成的又一任务。历史认识论要透过历史学家撰写历史把它背后的本质揭示出来。只有把握了历史精神和思想的历史，把握了历史本质的历史，才是更真实的历史。而精神、思想特别是本质，都是隐藏在历史背后的东西。中国历史上有不少朝代的帝王把自己的女儿或选取美女嫁给少数番邦首领的故事，表面是和亲修睦，实质都是不得已而为之的政治交易。

黑格尔是一位颇具历史感的哲学家，他总是从哲学的高度来审视历史。他发现以往历史学家特别注重历史事实，论述总停留在历史资料上；而忽略了对事实历史背后东西的研究。他认为这种历史是不深刻的，他主张探究历史资料背后的东西，这就是历史哲学与史学的不同之处。在他看来，比历史现象更重要的、隐藏于事件之后的东西是理性，理性是宇宙的实体。正是这个理性给世界历史提供了真正的基础，它一方面包含一切现实的东西，"由于'理性'和在'理性'之中，一切现实才能存在和生存。"① 另一方面，"'理性'是万物的无限的内容，是万物的精华和真相。"② 黑格尔追求历史事实背后的东西，这是他的深刻之处；但他把历史背后的东西归结为"理性"这样一种绝对观念，是完全错误的，这是他的哲学体系的局限性所必然要导致的，黑格尔的哲学是客观唯心主义哲学体系，"理性"是这个哲学的根基和灵魂。因此，他将事实历史的本质归结为"理性"是不奇怪的。虽然黑格尔未能正确揭示历史事实背后的东西，但他的这个思想给了马克思以重大启发，使马克思后来在突破黑格尔唯心主义哲学体系以后创立了历史唯物主义。

二　历史精神和思想的意义

我们不赞成把历史事实的本质归结为"绝对精神"，像黑格尔那样；但并不否认历史事实蕴含一定的精神和思想。历史是有精神、有思想的，精神和思想是历史的活的灵魂，如果说历史事实是会消失的话，它所蕴含

---

① ［德］黑格尔：《历史哲学》，王造时译，上海书店出版社1999年版，第9页。

② 同上。

的思想和精神却可长久地存在，产生深远的影响。例如孔子创建了儒学，他本人早已不存在，但儒学的思想和精神却一直影响至今天，在商界有"儒商"，在军界有"儒将"等，更不用说在高等学府有"儒学"。这是精神、意识具有相对独立性的缘故。历史的精神和思想不是外露的，要通过对历史观念的再认识去加以挖掘和探究。历史看上去好像一堆各种事实材料的罗列和对这些材料僵死的论述，没有灵性和生命。其实不然，在这些看似死的材料身上却附着鲜活的思想和复杂的精神。这种精神不仅影响着当时，而且影响着现在和将来。正确的历史精神和思想给人以智慧和力量，是创造和发展的重要基础。所谓影响是实在的，就是对事物的发展和人们的生活提供精神和智力的支持，使事物发展少走弯路，人们生活得更好。

人类历史是延绵不绝的长河，贯穿这条长河的基础是人类物质资料的生产和再生产，在生产实践中产生出属于人类的精神。当今世界有2000多个民族，分布在200多个国家和地区，尽管生活条件不同，气候、地理环境各异，在每一个民族中总有一些共通的精神。一方面，热爱劳动，团结互助，维护所在的集体等，由这种精神形成人类共同的价值和信仰；另一方面，又必须看到每一个民族由于生产、生活于不同的条件之下，经历的斗争内容不同，所进行的实践形式也不相同，长期积累起来的精神的内容和表现形式都各有特点，从而形成每一民族的民族精神。从宏观来看，世界东方民族和西方民族的精神就大有区别。远的不去追述，就以近代来说，在西方（主要指欧美），个人主义、民主、自由、平等的精神特别突出；在东方，整体观念、专制统治、家长束缚、尊重传统的精神非常显著。精神是文化的灵魂，精神的不同实际就是文化的不同，东西方文化的差异导致了东西方精神的差异。因此，探究东西方历史精神离不开对东西方文化的研究。世界历史精神是全人类的精神，对世界各个民族都会产生影响。从微观角度来看，每一个民族的精神，甚至每一民族在不同的历史时期所形成的精神，都是不同的，要作具体分析。但它们都是人类精神大海中的一个支脉，都是对人类精神一种贡献，没有这些支脉就没有人类精神的大海。

对历史精神和思想的认识，其重要程度有时超过对历史事实的认识。因为历史的精神和思想不会随着历史事实的消逝而消失，它可以被传承下来，对后人产生影响。这是一个民族不可忘记历史的根本原因。抗日战争作为历史已经过去，但中国人民在抗日战争中，由一件件抗日斗争的事迹、人物所表现出来的不屈不挠的斗争精神，是中华民族宝贵的精神财富，它将永远激励着中国人民。这是对一个时期中大的事变而言的；即使是个别事物来看也是如此。例如，西安挖掘出来的秦兵马俑，看上去是一个一个泥雕塑像，可我们透过这一尊一尊的塑像，可以发掘出当时的政治思想、军事思想、经济思想甚至艺术和美学思想。这些才是兵马俑的灵魂，是一种更有意义的存在。

我们承认历史的精神和思想，承认认识历史精神属性的重要意义，但是我们不同意把历史简单地归结为思想和精神，尤其不能把历史归结为历史学家个人思想的历史。虽然每一个历史事实都贯穿着当事人的思想意图，但是仔细考察就不难发现，整个历史进程与当事人的思想意识的关系不一定有多么密切。

我们这里所揭示的历史背后的思想和精神同黑格尔的"绝对观念"是完全不同的两回事，黑格尔把绝对观念"理性"看作是第一性的，当作世界历史的基础和根本，是一切历史的全权决定者；我们这里讲的思想精神是指事实历史本身所包含的、所体现出来的东西，是第二性的东西。这些思想精神不能决定历史事实，反而受事实历史的决定。

历史精神、思想背后的东西就是历史发展的必然性和目的性。

第三节　关于历史发展的必然性和目的性

唯物史观创立之前，在唯心主义哲学指导下建立起来的历史神学决定论和目的论，是非科学的。对于这些理论，简单地宣布其错误或不予理睬，是无济于事的，而应该对之作出科学的分析。

一　传统及其演变

现代西方历史哲学对于历史发展必然性这个问题，认识很不一致；对于历史发展目的性问题歧见更多。我们认为研究这两个问题，不应脱离欧洲历史文化背景。

在欧洲历史文化有一个传统，就是主张社会历史是遵循着一定的旨意、朝着一定的目的发展的。在基督教神学统治的中世纪，这个旨意就是上帝的意志，上帝决定着历史的发展和最终去向，这就是神学决定论。上帝的意志和目的是这种决定论的根据，历史是体现上帝意志和目的的必然性过程。这种神学历史观冲破了古代的历史循环论，以宗教神学的方式说出了历史发展的客观规律性，即社会历史是按照上帝的意志（计划）发展的、不以人的意志为转移的客观过程。

这个传统在不同历史时期有不同的表现。文艺复兴运动时期，由于对人性的认可，削弱了神的绝对统治和无上权威；但并没有真正动摇上帝意志是历史的决定性因素这样一种意识，就是说，神学决定论依然是历史学的主流。直到18世纪法国的启蒙运动，这种情况才有了根本的改变。启蒙运动思想家彻底否定基督教的神学历史观，提出尊重理性，反对盲从。"他们不承认任何外界的权威，不管这种权威是什么样的。宗教、自然观、社会、国家制度，一切都受到了最无情的批判；一切都必须在理性的法庭面前为自己的存在做辩护或者放弃存在的权利。"① 启蒙运动思想家不满意那种收集整理材料的历史学，把历史仅仅归结为政治的历史，提倡写全面的历史，用哲学去考察历史。他们否定上帝和天国的存在，主张建立属于人的王国，而这个王国也就是后来的资产阶级的王国。这一切对近代的历史哲学均产生了巨大影响。

18世纪也是分门别类的自然科学蓬勃发展的时期。机械的考察和研究自然的方法，也深深地影响着这个时期的历史哲学。"历史哲学的阐述者呈现出思辨形而上学的特质：大胆的想象力与丰富的假设、追求统一性的热情、蔑视单纯经验事实以及对历史洞若观火……历史哲学的洞见是一种历史的直觉，不依赖于历史证据，而仅仅取决于哲学思考。"② 这就是思辨历史哲学家们的主要特征。思辨历史哲学家也继承了历史的展开显示着一种隐秘"计划"这样的传统。康德、黑格尔都是思辨历史哲学理论著名人物，他们都以自己的形式保留着这个传统。在康德，一直主张历史自身存在一种长远的意图和目的，它在人们行动的背后，人们所表现出来

---

① 《马克思恩格斯选集》第3卷，人民出版社1995年版，第355页。

② ［英］格鲁内尔：《历史哲学——批判的论文》，隗仁莲译，广西师范大学出版社2003年版。

的一切都受这种意图和目的的支配，人类的全部活动不过是这种目的和意图用来实现自己的工具和手段。在黑格尔是"绝对精神"，"绝对精神"不仅产生、决定世界历史，而且世界历史本身就是"绝对精神"的展开和实现，"绝对精神"自身包含着现实性。他说："一个事物是可能的还是不可能的，取决于内容，这就是说，取决于现实性的各个环节的全部总和，而现实性在它的开展中表明它自己是必然性。"① 必然性被理解成是精神自身的属性，然后再把这种属性外化为客观对象，这就是唯心主义的历史决定论。

　　到了 20 世纪 30 年代，西方历史哲学又出现了一次革命性的转变，即由思辨的历史哲学转向了分析的历史哲学。后者不屑于思辨历史哲学对于历史发展规律和目的的空洞的议论，认为思辨历史哲学没有搞清楚历史哲学的真正任务并不是去揭示历史发展的规律，而在于研究历史认识的性质，在于研究历史学家进行历史思维的性质。这样就突破了以往的传统，把历史的规律和必然性抛在了一边。还有人公开打出反对历史决定论的旗号，卡尔·波普尔 1957 年出版的《历史决定论的贫困》可视为代表。在这部著作中，卡尔·波普尔明确表示，历史决定论是一种拙劣的方法，是根本不能成立的，他特别批判了马克思主义的历史唯物论的决定论。

　　以上叙述表明，在社会历史发展的规律性和目的性问题上，尽管持肯定意见占据主流；持否定见解的是现代历史哲学流派的新发展。但总起来看这个问题没有得到真正科学的解决。我们认为，真正科学解决这个问题的是马克思主义哲学，特别是它的唯物史观。

二　历史发展非决定论和历史发展的目的性

　　历史非决定论反对把社会历史发展绝对化，反对片面强调历史发展必然趋势，忽视偶然性的存在和作用，这些思想还是有意义的。它的错误在于从根本上否认历史发展必然性，认为社会历史发展不存在规律性问题。我们反对历史非决定论，承认社会发展有其规律性，赞成历史决定论；但我们认为，历史决定论可分为科学和非科学两大类，前者如马克思主义的历史决定论，后者如前面介绍的神学决定论、理性决定论、天命论等。我

---

① ［德］黑格尔：《小逻辑》，贺麟译，商务印书馆 1980 年版，第 300 页。

们主张马克思主义的历史决定论,承认社会历史发展具有不以人的意志为转移的客观规律性,规律就是事物的内部联系,历史运动的必由之路,是通过有意识的人的活动建立起来的,一旦建立就不以人的意志为转移。市场经济是一定历史阶段的人的活动和存在形式,离不开人;但它所形成的价值规律不以人的意志为转移,被称为"看不见的手"。不承认历史发展内在的必然性,否认社会历史中具有不以人的意志为转移客观规律,是不正确的。所以,历史非决定论不能成立。

历史发展的目的性同历史目的论不是一回事,后者把目的说成是由神、上帝规定的,或把目的说成是由自然界中神秘力量形成的,或者把目的说成是精神自身所包含的,这些都是不正确的。对于前者即历史发展的目的性则要具体分析,如果把目的建立在社会历史发展的基础上,按照社会自身发展的必然性而提出的前进的方向和目标,我们也把这叫作理想,这是应予肯定的,这是人的理性的存在。一个人活着不能没有目的,一个社会的存在和发展也不能没有目的。目的就是奋斗的目标和理想,它是一种强大的精神力量,能鼓舞人们奋勇前进,推动社会历史的发展。比如我们党提出为实现共产主义崇高理想而奋斗,党的十八大以后,习近平同志提出为实现中华民族伟大复兴的中国梦而奋斗,对全党和全体中国人民都起到了巨大的鼓舞作用。

由此可见,对于历史必然性和目的性问题,既不可简单一概否定,也不能笼统加以肯定,而必须进行科学的实事求是的分析,然后再置可否。

我们在历史认识领域探讨了历史选择性与必然性关系问题,其实选择性和历史决定论之间的关系,在历史哲学中也是一个争议颇多的问题。既然在上面已经阐述了对于历史决定论的基本思想,这里我们就不再展开论述了。只在宏观上表达这样一种观点,即这个问题的实质是人的主观能动性同历史发展客观规律性之间的关系问题。不能因强调历史发展的必然性而否认认识主体的选择性;也不能强调主体的选择性而抹杀历史的客观规律性。

三 科学理解历史发展的规律

追求历史现象背后的东西的最深层次是探求历史的本质,也就是历史发展的内在必然性,这也是历史认识论的最终目的。历史学主要研究历史事实，历史的本质可不在它的视野之内；而历史认识论却更加关注历史的本质。由于本质的内在性，所以触及本质的东西必定是深刻的，更为人们所重视和珍惜。

马克思主义历史哲学主张历史决定论，认为历史内在的必然性就是历史发展的规律性。马克思主义历史哲学的历史决定论是科学的历史决定论，这样认为的根据是什么？根据就在于马克思主义哲学的新发现，它认为社会历史规律与自然界的规律一样，都是客观的、不以人的意志为转移的；但与此同时又指出，二者之间是有区别的，表现在某一自然科学规律所制约的现象，只要条件具备，随时随地可以反复出现；而一种社会历史规律所制约的现象却不可能做到这一点。以前有些历史学家也走到了这一步，但到此就止步了，他们不知道这种不同的原因在哪里。马克思主义的唯物史观由此起步，继续深入探索，它终于发现，这是因为"在社会历史领域内进行活动是具有意识、经过思虑或凭激情行动的、追求某种目的的人；任何事情的发生都不是没有自觉的意图，没有预期的目的的"①。由这样的人的活动所形成的社会历史规律，要比自然界的规律复杂得多，因为后者都是由各种盲目力量相互作用所形成的；而前者则是有目的有意识的人的活动的结果，是与人的动机分不开的。怎样揭示这种动机，揭示这种动机又意味着什么？"因此，如果要去探究那些隐藏在——自觉地或不自觉地，而且往往是不自觉地——历史人物的动机背后并且构成历史的真正的最后动力的动力，那么问题涉及的，与其说是个别人物，即使是非常杰出的人物的动机，不如说是使广大群众、使整个整个的民族，并且在每一个民族中间又是使整个整个阶级行动起来的动机；而且也不是短暂的爆发和转瞬即逝的火光，而是持久的、引起重大历史变迁的行动。探讨那些作为自觉的动机明显地或不明显地，直接地或以意识形态的形式，甚至以被神圣化的形式反映在行动着的群众及其领袖即所谓伟大人物的头脑中的动因，——这是能够引导我们去探索那些在整个历史中以及个别时期和个别国家的历史中起支配作用的规律的唯一途径。"② 这个使整个整个民族、整个整个阶级行动起来的动力，就是物质资料的生产方式。正是生产

① 《马克思恩格斯选集》第4卷，人民出版社1885年版，第247页。
② 同上书，第249页。

方式的变动和发展决定了历史的变化和发展。欧洲在中世纪以后，首先是在意大利半岛出现了资本主义的生产方式，它由小变大，由个别地区发展到一些国家，最终取代了封建主义的生产方式，把欧洲的历史从封建主义推向了资本主义。这种必然性谁也改变不了，谁也阻挡不了。历史认识论就是这样透过历史事实而把这种内在的必然性揭示出来，从而使人们更加深刻地认识和理解历史。由此可见，社会历史领域的规律性同自然界中的规律性一样，都是客观存在的；但在表现形式上、起作用的方式上，与自然科学规律是完全不同的。

马克思的全部理论的内在使命，就是通过对资本主义生产方式的分析，揭示它产生、发展和灭亡的历史必然性，在这个意义上，我们可以说，马克思主义就是资本主义时期的历史哲学。这种哲学把资本主义的灭亡与社会主义的胜利，看作是同样不可避免的，社会主义不是上帝赐予人类的怪物，而是资本主义生产方式孕育的胎儿，它的降生是历史的必然。这就如同在封建社会中孕育了资本主义，资本主义必然取代封建主义一样。

马克思用哲学揭示了历史发展这种必然趋势，得到世界无产阶级和广大劳动人民的拥护；文学艺术家用艺术手法揭示这一规律，同样受到人们的称赞。

曹雪芹的《红楼梦》人称是一部历史小说，他用小说的形式来诉说、记述历史。这部不朽名著的价值不仅在于他的崇高而深邃的艺术性，更在于他以小说人物的对话揭示了封建王朝没落的历史必然性。看起来是一个又一个生动的故事，一个又一个鲜活的人物，他们背后显现出的却是"大厦将倾"的历史趋势。曹雪芹以宁、荣两府影射当时的封建王朝，通过小说人物冷子兴之口道出"如今的这荣国两门也都萧疏了"。"如今外面的架子虽未甚倒，内囊却也尽上来了。"他把这种社会制度描写成"好一似食尽鸟归林，落了片白茫茫大地真干净。"表明封建制度的衰朽和灭亡不可阻挡。书中还透露出青年男女藐视皇权追求自由的新鲜气息。贾宝玉在参见北静郡王水溶时，水溶赠他圣上亲赐的脊苓香珠一串。他回来转赠黛玉。黛玉说："什么臭男人拿过的！我不要他。"不仅把郡王骂了，连皇帝都给骂了。在他那个时代，作者能有这种见识、敢于这样着笔，着实让人钦佩。透过艺术家的笔触，历史的本质更加鲜活形象地展现在人们面前，给人以更加深刻启示。

历史认识论特别重视历史背后的东西的思想，历史学家们敏锐地察觉到了并对之加以阐发，这样的历史就特别生动和丰富，也更有价值；历史认识论将它们进一步升华，形成更高层次的理论。例如：历史仅仅记录了各个朝代统治者的言行举止，历史认识论却从中提炼出统治的理论，亦即政治的规律和理论；历史仅仅记述了一场一场的战争，历史认识论却从中挖掘出战争的规律和理论，《孙子兵法》距今已有两千多年，但由于它揭示了战争的一般规律，对现代战争仍然具有指导意义；历史记录和描述了各个历史时期的铸器、陶器、玉器等，历史认识论由之产生了科学、美学和艺术……可以说，人类一切规律性、一般性的东西的出现和产生，都离不开个别的一件一件的历史，它们是历史的土壤培育出的灿烂的思想精神花朵。

因为思想精神仅仅属于人，所以只有这样的历史才是真正人的历史，历史内在的必然联系即规律性，本质上就是人自身活动和生存的规律。编史的人应当有这种认识，读史的人也应当如此，即不仅仅读历史的文字和观念，而且要把它的思想精神读出来，把历史发展规律读出来。历史认识论之所以比历史更加深刻，就在于它更注重对历史发展规律的把握，使人长见识，提精神。

第八章　历史概念的形成和发展

在对历史认识论作了一般研究的基础上，我们来考察"历史"作为一个概念的形成和发展。"历史"这个概念的出现就同它本身一样，经历了很长的年代。每个人、每个民族、每个国家都非常看重和珍惜自己的历史，这是因为历史就是个人、民族和国家的存在，关注历史就是关注自己的存在。历史是人之为人的凭证，是民族素质和特性的标识，是国家文明和文化的象征。

第一节　历史与文化

一　历史是文化的重要组成部分

文化这个词源于拉丁文 Colere，最初的意思是对土地的开垦和耕作，指人类在远古时期开垦荒地、种植庄稼、制造用具等活动，含有培植和开创的含义。随着社会历史的发展，文化的内容越来越丰富。今天讲文化不难发现，文化是一个外延和内涵都非常宽泛的范畴，从外延来讲，文化包含人类在社会历史发展过程中所进行的一切活动，不论是原始的还是现代的；从内涵来讲，人类通过实践创造的全部物质财富和精神财富。人类的这些活动和财富都与历史分不开，虽然不能说文化都是历史的（因为文化是将现实的物质财富和精神财富也包括在内的），但历史必定是文化的。万里长城是中华文化的象征，也是中国历史的标志之一。它的出现和存在是中国在历史上作为一个多民族国家存在所特有的证据，每个民族为了保卫自己，就在自身存在和活动地域范围筑起高墙，如同一个城市有城墙一般。到秦朝统一中国以后，把这些分段城墙连接起来，以抵御另一个民族的入侵。现在有些别有用心的人胡说长城是中国的国界，长城以外不属于中国，长城以内才是中国的领土。这是对中国历史的无知，是对中国是一个多民族国家的否定，也是对中华文化的否定。历史从来就不仅仅是历史学意义上历史，而且也是文化意义上的历史，成了文化的组成部分。但历史作为一个学科，还是有其相对独立的一面，也就是说，历史是具有自身特点和内容的科学。

走进每一个国家和民族的文化，总能发现，关注和尊重自己的历史，都是一个国家和民族文化的重要内容，每一个国家和民族都特别珍惜祖先遗留下的遗物和典籍，不仅有专门的建筑（博物馆）加以储存，而且有专人保管和研究。这种保管和研究不外两个方面：一是对历史事件进行记载和维护；一是对记载形成的史料进行研究，这就是历史和历史学。历史和历史学是以观念形式存在的历史，它是作为观念形态文化的组成部分，但这时它是带着自己的特点走进文化的，即它是以叙述过去的人的生活和活动为特点的。这样就把研究历史同研究文化区别了开来，因此而有了历史这门学问。比如我们中国，既有如《春秋》《左传》《国语》等这样的编年史，也有如《史记》《后汉书》《三国志》等这样的通史和断代史。在这些著作中，主要是记述史实，但也包含我们后来所说的史论，即论说编史的方法、意义和作用等。它们与《诗经》、屈原的《离骚》、唐诗、宋词、关汉卿的《窦娥冤》、曹雪芹的《红楼梦》等作为中华文化的含义是不相同的。

历史同文化的作用与意义也不尽相同。文化立意在于用生动的形象和故事来陶冶人的情操，丰富人们的精神生活；历史的作用更多在于用消失了的事实警示和教育后人。司马迁就明确讲"居今之世，志古之道"是为了"自镜"。他在《报任少卿书》中写道："仆窃不逊，近自托于无能之辞，网罗天下放失旧闻，考之行事，稽其成败兴坏之理，凡三百篇，亦欲以究天人之际，通古之变，成一家之言。"就是说，他编写史记，是为了考究"成败兴坏"的道理，以提醒后人。还有直接评论史学的著作，如刘知几的《史通》、章学诚的《文史通义》等。所有这一切，都是关于历史的学问，虽然是文化的组成部分，但不能仅仅从文化层面去看待。

二 历史作为分类学科的兴起

在欧洲，真正历史学的兴起，是文艺复兴运动以后的事情。经过文艺复兴运动，资本主义生产方式方在意大利半岛首先产生，以后日渐兴盛。到了法国的启蒙运动，资本主义生产方式在欧洲已经跃居统治地位，资本主义生产方式极大地促进了生产力和科学的发展。在科学进步的基础上，分门别类的各门科学才纷纷登堂入室，特别是自然科学扬起了风帆，取得长足的发展，研究自然各个领域的学科也跟着兴旺发达起来。这个时候，研究自然科学的方法论原则，给了哲学和其他意识形态的研究以巨大冲击，自然科学实证主义的研究方法大昌其道，也影响了社会历史的研究。人们要求在社会历史领域，也要像自然科学那样的实证性。这是实证主义历史哲学兴起的真正原因，研究探讨的一个核心问题是史学研究的科学化，也就是如何使史学成为一个科学的专门学科。他们要求历史学家把历史、历史学当作精确的科学来对待。历史实证主义不久就遭到历史批判主义的抨击，后者明确提出不能把自然科学的研究方法径直用来研究历史。但历史作为一个具有自己特点的专门学科却逐渐为人们所接受。

然而，在什么是历史的问题上，从 18 世纪到现在，几百年过去了，争论不已，问题没有得到真正解决。根本原因在于对史学的主观因素的作用没有一个一致的认识；由之导致对历史的客观因素也没有一个统一的看法。我们已经对历史学的主观因素和客观因素进行过专门的研究。通过这种研究我们想达到一个目的，就是从历史认识论的意义上，为历史学科的建立提供依据。这里首先要做的就是对历史概念含义的确定，回答什么是历史？请注意，这里讲的历史是指"历史"作为概念本身，而不是人们通常所说的历史。

在历史学领域，历史是很具体的，研究历史的历史学家所关注的也是非常具体的历史，一般不去考虑"历史"概念本身。历史概念的哲学考察不同于一般其他意义上对历史概念的考察，它主要关注的是历史概念本身，是从认识论的角度，研究历史概念怎样从无到有、从简单到复杂、从稀薄到厚实的过程，最终对历史概念给出科学的规定。

第二节　历史一词溯源

一　古希腊的 Historia

在欧洲，"历史"一词可追溯到古希腊的 Historia 一词，最初它的含义是走访、询问、调查某位目击者，也带有把以上活动的结果记下来的记录的意思。所谓目击者就是事件的亲历者或参加者，寻访的目的就是要他把他亲自经历的事件的情形讲出来，访问者将其记录下来，这就是 Historia，是一个感性经验色彩极浓的词汇。后来这个词的意义有了进一步的内容。

在今天的人们看来，历史在任何意义上同时间是不可分的，时间是一维的，分过去、现在和未来三个时态。历史就是古代之事，过去之事，以将它与现代和未来之事区别开来。离开过去、现在和未来，即离开了时间来谈历史，简直不可思议。然而在古代希腊语中，Historia 一词除访问目击者以外，并无时间的意义，即不含有"过去"的意思。这是不奇怪的，因为 Historia 这个词就是指他本人亲见或直接经验过的事，就是当时的事情，并不是过去的事情，所以不包含过去；即使去寻访他人时所做的记录，也是对被访者自己所经历的事的记录，也不包含时间（过去）的含义，这与我们现代人对历史一词的理解是不相类的。现在人们对历史一词的理解尽管有许多分歧，但有一点是共同的，即在各种不同的理解中总是包含时间的意义，一提及历史就是指已经过去了的事情，对历史的时间的定位既清晰又确定。然而在古代却不是这样。正是这个原因，后来的研究者不时地埋怨古希腊历史学缺乏时间的观念。

在希腊语中除了 Historia 一词外，还有两个词 histor、historeo 的意思同 Historia 相近。histor 指目击者、批判者、知情者，突出了"目击"、"批判""知情"的主体，把这些看作是主体的活动。historeo 是指搜寻、调查和检验，"搜寻""调查""检验"更带有主动性和目的性，包含着探索和研究。这两个与 Historia 意思相近词的出现，表明 Historia 这个词的意义获得了新内容，就是在这个过程中，Historia 的内容也日渐确定和显露。穆勒（F. Maller）分析了自荷马起的另外一些希腊语的诗文，他发现在古希腊的诗文中，Historia 这个词有三种意思：一是指研究和研究的报道；二是指记事；三是指对事实的精确的描述。

在拉丁语中，Historia 所表示的含义同希腊语差不多，最初也是指直接观察、探究和做出记录的意思，经过长时期的演变才有了现在人们对历史一词理解的那种意思。今天西欧各国关于历史一词主要是以拉丁语的 Historia 为中介而建立起来的，至于它的具体含义又因国家和民族的不同而迥异。

　　近现代以来，西方历史学家和历史哲学家们，对历史下过许多定义。有人认为"历史是人类的过去的知识"；法国著名历史哲学家、历史批判主义的倡导者雷蒙·阿隆说："历史是由活着的人和为了活着的人而重建的死者的生活。"[①] 耶日·托波尔斯基认为："历史"（history）一词有三种含义，即"作为过去事件的历史，作为历史学家进行研究活动的历史和作为上述研究活动的结果，即关于过去事件的一整套表述的历史"[②]等，这些对"历史"一词含义的规定都不无价值。分析起来，托波尔斯基提到的三个方面更有意义，历史就应该是这三个方面的结合和统一，任何把这三个方面割裂开来或执着于某一方面的做法，都不是对历史概念含义的确切理解。真正的历史恰恰在于把这三者有机地统一起来，离开任何一方，"历史"这个概念都不完全。

二　汉语中的"史"和"历史"

　　在中国的汉语中，没有"历史"这个词，只是分别有"史"和"历"这两个字。"史"古代是指官名，《说文·叙》载："黄帝之史仓颉，见鸟兽蹄远之迹，初造书契。"说黄帝一位名叫仓颉的史官，根据鸟兽的足迹而创造了文字。有了文字才有史。"史"作为官的职责是掌管文书和起草文件。由于掌管的文书和起草的文件的复杂化，这种官又分为若干种，如内史、外史、御史、太史等。不仅如此，在中国古代很长一段时期，把各种不同的官都称作"史"，如汉代的御史，位上卿，掌副丞相；内史，掌治京师，监御史，掌监郡，还有刺史等。所以，在古代史官是很多的。"凡掌管文书者及起文书草者，日以文字为缘，整齐其现行之字，以供起草之用，亦史官之所有事。周之内史掌书王命，外史掌书外命，御史掌赞书，是史职起文书草之证也。太史掌邦之六典，内史掌八枋之法，外史掌四方之志，御史掌邦国都鄙及万民之治令，是史掌官文书之证

---

① 田汝康、金重远选编：《现代西方史学流派文选》，上海人民出版社 1982 年版，第 95 页。

② ［波兰］耶日·托波尔斯基：《历史学方法论》，张家哲、王宜、尤天然译，华夏出版社 1990 年版，第 54 页。

也。"① 中国古代所说的"史"仅指官职（多司起文书草），于此一目了然。在相当长的时间中和许多场合，人们还没有把这样的官与他的职责分开，更没有把这样的官与其活动的结果——记于简册的文字——即后来称作为史的，当作两种不同的事来对待。

"史"还不具有书的意义。据考大约到了夏商时期，人们才模糊地意识到作为官的"史"与作为历史的"史"之间的区别。"夏之将亡，太史令终古出其图法，执而泣之以谏桀；殷之将亡，内史向挚载其图法，出亡之周。"（《吕氏春秋·先识》）这里所谓"图法"就是当时国家的典志，相当于现在所说的档案。从这种说法中，我们可以隐约地体味到，那时的人已经知道史官自己同所做的记载是两个东西。但还未达到把官身与书完全区别开来的程度。金毓黻认为汉以前没有以史作为书名的。他在《中国史学史》中关于史的含义讲了五点，颇值关注："史为官名，其初如吏，后乃进当记言记事之任，一也。周代之左史、右史，即为《周礼》之内史、大史，而《周礼》五史，又为经制，不得轻疑，二也。汉世去古未远，史官之制未废，故司马迁以史官而修《史记》，三也。史为书名，起于汉后，古代无之，只以官名，四也。古代学在王官，典籍为吏官所专掌，故私家无由修史，欲考古代之史学，舍史官外，别无可征，五也。"② 这种见解，对于了解中国"史"的含义不无参考意义。然而，其中的第四、第五两点，颇可商榷。第四点讲"史为书名，起于汉后"，此观点似难成立。在我看来，如前所说，在夏商时期人们已经意识到作为官的史与作为书的史之间的区别，夏朝末年和殷将亡时的史官非常清楚地把他们本人与图法当作是两种不同的东西，终古用图法去劝说夏桀，就是我们今天所说的夏桀以史为鉴；殷朝向挚带着图法，也就是背着记载殷朝历史的简册逃亡周朝。因此说史在古代"只以官名"似乎有些绝对化。是不是应该讲，在古代，史先是纯粹指官，后经历过一个官书混称、以官为主的时期，再往后史主要是指书，但有时仍与官保持某种联系，最后史与书结合愈紧成为独立的一种意义，使"史"不仅仍有官的含义，也有了书的含义，而且后者越来越重，使得现代人们提到"史"首先浮现脑际

---

① 金毓黻：《中国史学史》，河北教育出版社 2003 年版，第 7 页。

② 同上书，第 25 页。

的是书而不是官。我认为这样来理解史的发展比较合乎史实。如果这个理解成立，那么说汉代以前史仅为官名不为书名就不能成立。孔子的《春秋》不仅今天人们称它是一部史书，即使远在古代也是把它作为一部史书来看待的。如"'春秋'者，鲁史记之名也。"（《春秋左传正义》第1卷，北京大学出版社2001年版）。这就是说，《春秋》与鲁史是一回事；《春秋》不是官，而是书。我们只能说，中国古代，不用"史"这个字去指称现人所谓的历史，而不能说中国古代没有相当于史的书存在。诸如"春秋""志""书"这样的词，这些词无疑是指书，不是指官。特别是"春秋"这个词，在春秋战国时期，广为采用，简直就是史的代称，如有《周春秋》《齐春秋》《宋春秋》《燕春秋》等，墨子甚至说他见过百国春秋。可见"春秋"这个词完全可以与我们今天所说的历史等义而观，在这里已经完全没有官的意思。

每一个民族的语言总有它自己的一些特色，这种特色是在长期社会生活实践中逐渐形成的。从中国汉语习惯来看，在古代很少用历史一词，而是用"史"这个字代替历史，如司马迁的"史记"，今人范文澜的《中国通史》，翦伯赞的《秦汉史》，"二十四史"等。还有如文学史、哲学史等，我们不太习惯说文学历史、哲学历史，因为前者合乎我们的语言习惯，而后者则被视为一种书面语，在习惯语中反而被视为累赘。可见，即便是在今天，这种用法仍被人们所沿袭。英文中"history"我们一般把它译作"历史""历史学"，不大会把它译作"史""史学"。可是在诸如这样的场合，"History of Art"（Meier著）我们总是译成"艺术史"，而不翻译为"艺术的历史"，前译中的"史"便成了历史的代名词，就是说，史就是历史，历史也就是史。

在汉语中，"历"是一个含义众多的字，最基本的一个意思是经过。如《书·毕命》："既历三纪，世变风移。"还有一个意思是渡、越过。如《孟子·离娄下》："礼，朝廷不历位而相与言，不逾阶而相揖也。"历还有一个意思是历法，指推算年、月、日和节气的方法，也包括记录年、月、日、节气的书、表等，如历书、日历。将"历"与"史"连接在一起构成"历史"这一概念，这是中国的创造。历有经过之义，史有事件之义，历与史并在一起，指经过之事，称作历史，从此，历史变成了一个专用名词。据齐思和先生的研究，这种情况是在司马迁的《史记》出来以后才逐渐形成的。《史记》以前虽然已经有不少关于史方面的书，但人们都把它们当作《春秋》一类的书来对待。"《史记》的出现，刺激了研究历史的兴趣……于是历史学遂'由附庸而蔚为大国'，成了一门独立的学问。"他认为"司马迁是'中国史学之父'，中国史学的奠基者"①。

　　无论我们怎样去考察历史的渊源还是它的含义，作为一个概念它是矛盾的统一体，在这个统一体中包括两个基本方面：（1）过去的事实和事件；（2）关于过去事实、事件的记述和研究，即对事实的认识。正是这两个矛盾方面的对立与统一，构成了历史概念的运动和展现。这是掌握历史概念的基础和基本原则。

　　现在不少历史学家不懂得历史概念自身的矛盾实质，有意无意地将二者割裂开来。或者片面强调历史就是指已发生过的事件本身，历史就是一个一个过去的事件，持这种见解的人特别注重历史文献，即对发生的事件的记载；或者强调历史学家所撰著的历史，历史资料不能成为历史，只有经过历史学的研究和分析之后才能形成历史。不难看出，这两种对历史的理解存在一个明显的缺陷，就是容易导致把事件和对事件的认识、记载割裂开来，历史要么仅仅是指主观的东西，而不包括客观的内容；要么是指客观的东西，与人的主观认识与研究无关。特别是到了近现代，后一种倾向尤为突出，历史在这些人那里完全成了主观的东西。

　　现在有一种观点，把历史分为两种：一是广义的历史，指宇宙中一切事物的变化和发展的过程，包括自然史和社会史；二是狭义的历史，它又分为两种，第一种是指人类社会的发展过程，第二种是指对人类社会发展过程的记述和说明。从历史认识论看来，这种对历史的理解是很成问题的，自然和社会的发展过程在没有被认识之前，即没有形成观念的体系之前它怎么能成为历史？它仅仅是一种客观存在，客观存在并不就是历史，这是非常明显的。第二种所谓狭义的历史，把人类社会发展过程同对它的认识分割开来，亦有不妥。

---

　　① 齐思和：《中国史探研》，河北教育出版社 2003 年版，第 388 页。

第三节　历史概念内涵的丰富和发展

　　如前所说，历史概念的含义也如同历史本身一样，具有真正的历史过程，是经过曲折的道路演变过来的。在欧洲，历史概念含义的演变大体经历了以下阶段：先是由仅指亲自经历过的事和对事件的记录，到对宗教故事记述、个人活动的记述和传记，后来发展到对过去事件更确切的记述，发展到在考证基础上对过去事件和人的活动的记述，最后到历史作为一种科学包含着过去事件的历史、作为再现过去事件研究过程的历史和作为过去事件系统表述的历史。历史概念的内容就是在这个演变过程中日益丰富并逐渐确定了下来。

一　历史概念与时间

　　现在人很难理解，在古代希腊，历史概念是没有时间这种含义的，也不存在时代的意义。按照波兰学者耶日·托波尔斯基的说法，甚至在中世纪，historia 这个词意思仍是很单纯的，仅仅指目击者，还未被用于指过去发生的事件。而且这个词也没有关于时代知识的意义，它只是讲目击者、知情者和他们的记录，不涉及以前的时代。到了出现编年史（annals）和年代史（chronicle）这两个词，才明显地包含着时间的意义，而这个意义在 historia 中是没有的。编年史和年代史是对 historia 的发展，在一种新的探究过去和将来方式的影响下，historia 逐渐有了新的含义，由仅仅采访亲历者、记录他们所历之事，到记录以前发生过的事，并将其按先后次序组织起来，这时才把对事实和事件的叙述与年代结合起来。这种情况最初表现在传记的写作上，把人和他所做的事发生的时间也记录了下来，于是便有了时间和年代的意味；但对于那时的人来说，他们只注重对当时一些值得注意的事的记录，时间和年代的意识仍然是很淡的。据耶日·托波尔斯基考证，直到 16 世纪，历史才摆脱了以往仅仅指对亲历的事的记录和对目击者的寻访及记录这种限制，"并将历史本身和用一种恰当的叙述将历史再现出来的过程包括在自己的范围之内"。他还指出："认为对过去事的关注属于历史著作的范围这种显然不言而喻的看法是经过许多世纪逐渐形成的。"① 从时间上说，历史是离不开时间的，历史指过去的事，这一点是毫无疑问的；然而仅凭这一点来给历史下定义，说历史就是过去之事，似乎又过于简单，严格说来也并不准确。因为时间仅仅是历史意义的一个方面，并不是历史的全部。因此，历史一词的确切含义，还有待于进一步研究和深化。

二　历史概念内涵的变迁

在欧洲，随着研究的进步和发展，人们对历史概念内涵的看法越来越复杂和丰富。启蒙运动时期，传记和活动记录形式的历史蓬勃发展起来，编年史、年代史逐渐衰落，historia 很快摆脱了中世纪及其以前的那些限制，由于历史考证活动的开展，从考古的意义上去看待前人的活动和事迹，历史的含义便发展成为如下两种意思：一是指过去的活动和事迹本身；一是指用一种恰当的叙述将事件和事实的过程再现出来，这就是对那些典籍、册案、图表和记录进行进一步的研究等。然而这两个含义常常是被割裂的，人们还没有达到自觉地从二者的结合和统一上去把握历史这个概念。

到了近现代，人们对历史概念的理解有了新的发展，一个突出的表现是，随着分门别类的学科如雨后春笋般地出现，人们也在科学的意义上去考察历史，逐渐把历史作为一个相对独立学科与别的学科区别开来，划出它的界域，规定它的内容，使它具有与其他学科并驾齐驱的资格。这种考察的突出成就表现为，规定了历史作为一门科学所包含的内容，这就是：历史应包括对过去事实和事件和对这些事实和事件的研究及其结果。细分析起来，这里的说法也包含了耶日·托波尔斯基讲过的三种"历史"，但托波尔斯基所说的似乎是三个历史，没有突出所谓三个历史实际上是一个过程。一旦把它们分割开来，就不是我们所说的历史了。

三　我国史学界对历史概念的探究

受西方历史哲学的影响，我国对历史的研究也逐渐进入哲学的层面。

---

① ［波兰］耶日·托波尔斯基：《历史学方法论》，张家哲、王宙、尤天然译，华夏出版社1990 年版，第 48、50 页。

人们对历史的研究不再停留在历史事实和事件的层面，而是进到考究历史本身，思考什么是历史。李守常先生在谈到历史时讲了如下的见解：

"历史这样东西是人类生活的行程，是人类生活的连续，是人类生活的变迁，是人类生活的传演，是有生命的东西，是活的东西，是发展的东西，是周流变动的东西；不是些故纸，不是僵石，不是枯骨，不是死的东西。我们所研究的，应该是活的历史，不是死的历史；活的历史，只能在人的生活里去得，不能在故纸堆里去寻。

"不错，我们若想研究中国的历史，像那《史记》咧，《二十四史》咧，《紫阳纲目》咧，《资治通鉴》咧，乃至其他种种历史的记录，都是很丰富、很重要的材料，必须要广搜，要精选，要确考，要整理。但是它们无论怎样重要，只能说是历史的记录，是研究历史的必要的材料；不能说它们就是历史。这些卷帙、册案、图表、典籍，全是这活的历史一部分的缩影，而不是这活的历史的本体。这活的历史，固屹然存在于这些故纸陈编的堆积以外，而有他永续的生命。譬如我们要想研究中国，或是日本，固然要尽量收集许多关于中国或日本的记载与著作，供我们研究的材料；但不能指某人所作的现代的中国，说这就是中国；指某人所作的现代的日本，说这就是日本。我们要想研究列宁，或是罗素，固然要尽量收集许多关于列宁或罗素的记载与著作，供我们研究的材料；但不能指某人所作的列宁传，说这就是列宁；某人所作的罗素传，说这就是罗素。那记载中国或日本的事物的编册以外，俨然有个活的中国，活的日本；在那列宁或罗素的传说以外，俨然有个活的列宁，活的罗素在。准此以推，许多死的记录、典籍、表册，档案以外，亦俨然有个活的历史在。从前许多人为历史下定义，都是为历史的记录下定义，不是为历史下定义；这种定义，只能告诉我们以什么构成历史的记录，历史的典籍；不能告诉我们以什么是历史。我们当于此类纪录以外，另找真实的历史，活的历史。"①

李守常先生的论述具有重要意义。从以上所引不难看出，在李守常先生看来有两种历史：一种是真实的活的历史；一种是记载或记录的历史。前者在后者之外存在着。他在这里特别注重真实的历史，活的历史，这是很有见地、非常深刻的，说明对历史不可作表面皮相的理解。然而仔细分

---

① 李守常：《史学要论》，河北教育出版社 2000 年版，第 3—4 页。

析起来不难发现，上述见解存在一个明显的倾向，即把活的历史与记录的历史割裂了开来，至少是没有做到将二者真正结合起来。在他的论述中是有问题的，一方面，强调研究历史要大量收集材料；另一方面又说在这些材料之外还有一个真实的、活的历史在。那么，这些材料与活的历史是什么关系呢？诚如作者所说，列宁或罗素的传说不能被当作就是列宁、罗素，那么，活的列宁、罗素与列宁、罗素的传说是什么关系呢？不解决这个问题决不能说清楚什么是历史。我们固然不能把列宁传、罗素传就说成是活着的列宁和罗素，但我们同样也不能把活着的列宁、罗素本身就说成是历史。既然是历史就说明它们已经不存在，历史的任务是把记载、分析、研究尽量统一结合起来，逼近这些材料背后曾经活着的列宁、罗素；而不能因曾经有过活着的列宁、罗素就否定列宁传（即史）和罗素传（即史）。可见，问题是在于如何正确地把二者结合统一起来，否则历史概念就始终得不到真正的阐明。

第四节　历史概念的科学界定

一　黑格尔对历史概念的理解

耶日·托波尔斯基在书中列举了近现代许多历史学家关于历史的定义，这些定义说法各异，归结起来就是前面我们已经提到过的三方面内容：1. 历史涉及的是过去人类的活动；2. 历史是研究过去人类活动的科学；3. 历史是研究人类社会的科学。这三个方面各自独立。这种说法看似很全面，其实仍然存在一个缺陷，即没有把真实的活动与对这种活动的记述和研究结合统一起来。真正将这两个方面结合起来去考察历史的是黑格尔，他明确地指出历史是包括主观的方面和客观的方面及二者的结合。黑格尔写道："在我们德国语言文字里，历史这一名词联合了客观的和主观的两个方面，而且意思是指拉丁文所谓'发生的事情'本身，又指那'发生事情的历史'。同时，这一名词固然包括发生的事情，也并没有不包括历史的叙述。"[①]

---

① ［德］黑格尔：《历史哲学》，王造时译，世纪出版集团、上海书店出版社1999年版，第63页。

黑格尔的这段话中关于历史的解释包含三层意思：第一，历史包括客观的侧面，这就是"发生的事情本身"；第二，历史包括主观的侧面，就是对发生事情的"叙述"（还应包括研究）；第三，历史包含事情发生的过程，即"发生事情的历史"。黑格尔的可贵之处或者说高于托波尔斯基的地方就在于，他所说的这三层含义是熔于历史这个概念一炉之中的。我们认为不仅是在德语里，而且就是在一般意义上，这也是对历史这个概念比较好的诠释。所谓历史主观的侧面就是指对历史的观念的展现，即对历史的记录、叙述和研究；而历史客观的侧面则是指发生的事情以及这一事情作为过程的存在。黑格尔的贡献还不止于此，黑格尔还"第一次——这是他的伟大功绩——把整个自然的、历史的和精神的世界描写为一个过程，即把它描写为处在不断的运动、变化、转变和发展中，并企图揭示这种运动和发展的内在联系。"①

那么，能不能认为黑格尔的历史概念就是科学的呢？回答是否定的。众所周知，黑格尔的世界观是唯心主义的，在他那里，事实、事件是被当作观念的派生物或表现来对待的。在他看来，世界历史是属于精神的领域，是绝对精神的自我展现。就像一粒种子，在萌芽中已经包含有树木的全部性质和果实的滋味色相一样，"历史"作为一种精神在最初的存在中已经含有它的全部蕴含和整个内容，世界历史就是这个绝对观念的自我展现。他说："一方面，'理性'是宇宙的实体，就是说，由于'理性'和在'理性'之中，一切现实才能存在和生存。另一方面，'理性'是宇宙的无限的权力，就是说，'理性'并不是毫无能为，并不是仅仅产生一个理想、一种责任，虚悬于现实的范围之外、无人知道的地方；并不是仅仅产生一种在某些人的头脑中的单独的和抽象的东西。'理性'是万物的无限的内容，是万物的精华和真相。"② 他把这种"理性"称为"绝对精神"或"绝对理念"。说到底，历史就是由"绝对观念"决定的，"绝对观念"本身就是历史。黑格尔完全把事情弄颠倒了，本来应当从现实和实际去解释观念，他却相反，硬要让观念去决定事实，并

---

① 《马克思恩格斯选集》第 3 卷，人民出版社 1995 年版，第 362—363 页。

② ［德］黑格尔：《历史哲学》，王造时译，世纪出版集团、上海书店出版社 1999 年版，第 9 页。

从而让观念去产生和说明事实。因此，不管黑格尔的贡献多么伟大，如果按照他这种颠倒的思路去理解历史，显然不能达到对历史概念的科学的阐明。

二　历史概念内涵阐述

要达到对历史概念的科学的阐明，就必须抛弃黑格尔的唯心主义，在唯物主义的基础上对他的解释进行扬弃和改造，这个工作是由马克思和恩格斯来完成的。历史是如何产生的？历史不是上帝的赐予，也不像黑格尔所说的是什么"绝对精神"的产物。马克思主义哲学认为，历史是人自己创造的，它是人和人的活动，离开人就没有历史。这样，"全部人类历史的第一个前提无疑是有生命的个人的存在，因此，第一个需要确认的事实就是这些个人的肉体组织以及由此产生的个人对其他自然的关系……任何历史记载都应当从这些自然基础以及它们在历史进程中由于人们的活动而发生的变更出发"[①]。只有有生命的个人存在，才谈得上去创造历史。历史记载的基础是有生命的个人同自然界的关系，它的出发点是人的活动而引起的自然界的变化，这种变化的目的在于满足人们物质生活的需要。因此，真正第一个历史活动就是生产物质生活本身，而且这样的历史活动是一切历史的基本条件。由此可见，历史是人的活动及其结果，是实实在在的东西。作为观念的历史即"历史"概念不过是过去客观事实、事件及其发展过程在主观意识中的反映。这里讲的客观的事实和事件就是指人的实践这种物质活动，它虽然有精神意识的指导，但绝不能将它和精神意识等同，更不能把它归结为精神和意识。这里所说的在主观意识中的反映，既是指对历史事件的记载即通常所说的史料，也包括对这些史料的研究和陈述。这样一来，被颠倒的东西重新被颠倒了过来，真正的历史是从满足人的生存和生活需要的物质生产开始的，也是在这个过程中产生出人对自己创造的历史的认识。当然，这二者不能等同，但它们是不可分的。既不能因二者的密切关系而将它们等同看待，也不能因二者之间的区别而把它们完全割裂开来。真正科学的历史概念应是过去的客观事实及其过程和对它们的正确反映的统一。

---

① 《马克思恩格斯选集》第 1 卷，人民出版社 1995 年版，第 67 页。

　　我们的一些教科书甚至词典把历史解释为自然界和人类社会的发展过程，这种解释是不全面的，它强调了历史的客观的方面，忽略了历史的主观的侧面。作为历史的事物及其发展过程是指已经过去了的东西，现已不复存在。对于业已过去了的、不复存在的东西人们要想把握它，就必须通过观念的形式。通常人们所说的历史实际上是一种对以往事实及其过程的认识和反映，即用观念所把握的事实及过程。可见，如果去掉主观的侧面便没有历史。因为事实、事件及其过程同对它的描述和反映的确是两个不同的侧面，而事实、事件就现在而言已不复存在，它要成为历史就必须借助主观的认识和反映，在这个意义上，我们可以说，历史必须通过观念才能存在。

第九章　历史认识论和人学

　　研究历史认识论归根到底是研究人和人的活动——创造历史的活动和认识这种活动——也还是为了人。本书用专门一章来论述人与历史的关系，这是我所读过的我国史学界论述历史、历史哲学的书籍中未曾见到过的。之所以这样做原因有三个：其一，人是历史的主体，历史离不开人，研究历史必须研究人。其二，长期以来，马克思主义哲学被指责为仅仅注重经济和政治，而不注重人，缺乏对人的研究和关怀，全面论述马克思主义哲学的人学理论，就是为了消除这种误解。其三，研究历史是为了人。不仅是为了满足人们对过去事物的兴趣和怀念的需要，而且也是为了更好地服务于人的现实的实践。

　　历史是属于人的，这不仅是指人和人的活动创造历史，而且还指反映和认识历史仍然是人的事业，也是为了人的事业。研究人类的历史不为别的，就是为了人自己。因此，不论在什么意义上谈论或研究历史，都离不开人和人的活动，只有从人开始，我们才能真正了解历史和历史哲学，没有人连历史都不存在，遑论历史认识论。那么什么是人，人本身是什么样子的呢？这就需要对人自身作一番全面而认真的研究。应当说，对人的认识和研究自古而今从未间断过，古希腊哲学家就提出要"认识人自己"。对人的认识和研究源远流长，从古希腊至今，延绵不断，积累了大量丰富的材料。通过对这些材料的考察和研究，我们发现：马克思主义哲学以前各种哲学对人的认识和研究虽然取得了许多重大成果，但也存在着不足，普遍存在着把人抽象化和一般化的缺点，就是说，他们所研究的人不是生活于特定社会中的具体的人，而是指一般的人、抽象的人。其实一般的人只是对自然界中存在着的人这个类的一种抽象，现实社会中是不存在的；现实社会中存在的，在奴隶社会中是奴隶和奴隶主，封建社会中是地主和农民（包括手工业者、商人等），在资本主义社会中是资本家和雇佣劳动者（工人）。一般的人、抽象的人抹杀了从事具体实践活动而形成的人的特性，在这个意义上去谈论和研究人性和人的本质，就失去了真理。马克思主义哲学产生是一场重大革命，在人学上一个重大贡献就是把人具体化，研究生活于社会中从事活动的现实的人。历史唯物主义哲学的出发点是具体的人，这是人学史上的革命变革。我们这里研究人就是以唯物史观作指导对具体人的研究。因为只有具体的人才能创造历史，认识历史。

时下有一种颇为流行的见解，即认为马克思的历史唯物主义以社会生产实践为出发点，而不是以人为出发点和落脚点，因此认为唯物史观"见物不见人"，把人丢弃了，没有对人的温情和关怀，是冷冰冰的哲学。萨特存在主义哲学甚至说马克思主义哲学中存在一个人学的"空洞"。这些见解都是对唯物史观片面理解而使然。唯物史观的确是建立在社会实践的基础之上，但这里讲的社会实践就是人的活动，没有了人，哪里还有什么社会实践？其实，马克思主义哲学特别注重历史就是出于对人及其活动的关怀，就是关怀现实的人的存在，对人的存在种种异化现象进行了深入的思考和研究，并且为人类的自由和解放指明了道路。因此，在我看来，与其说马克思主义哲学对人重视不够，不如说马克思主义哲学对人的考察的视角和关怀的方式与其他哲学不同，马克思主义哲学注重于从现实的人的现实活动去考察人，着眼于人的最终解放和自由自觉的发展，这是给予人类的真正的关怀。在马克思主义哲学中，人和人学理论占有相当重要的地位，马克思、恩格斯都有极其丰富和深刻的论述；不仅如此，马克思主义哲学还开拓了人学的新天地，对人学及其发展作出了巨大贡献。为了消除一些人对马克思主义哲学的误解，即认为马克思主义哲学抛弃了人，我们将尽可能详细地全面介绍、评价马克思主义哲学的人学思想和理论。我们的目的是要通过对马克思主义哲学人学理论的阐述，进一步表明历史归根到底就是人自己的历史。用马克思的话来说：整个人类的历史不过是人自己产生的历史。

如前所说，历史是属于人的，这不仅是指在任何时候人总是历史的主体，历史就是人的活动，而且这种活动之成为历史是通过人的认识而实现的，离开了人严格说来便没有历史。除了人以外，自然界以及自然界中的其他生命物质似乎都各有自己的"历史"，但这是它们自己所不知晓的，它们的历史是由人来编写的，如地球史、植物史、动物史等。这说明，自然界和其他一切生命物质只有过程，而不存在真正意义上的历史，唯有人，既通过生产劳动创造历史，又通过意识活动反映历史，认识历史是属于人的事业。

当今世界，人学越来越成为一门显学，也是学派林立议论丛生的领域。这与第二次世界大战以后，人们对德国法西斯和日本军国主义非人道行为进行反思是分不开的。在我国，自从"文化大革命"结束以后，学界对人学的研究和关注，几乎未有间断，这不仅同第二次世界大战有关，也与我国人民对"文化大革命"中发生的那些违反人性的行为进行反思密切相关。各种人学思潮此起彼伏。20世纪八九十年代，萨特存在主义、弗洛伊德精神分析主义、唯意志主义、实用主义等，都曾在我国风靡一时。这些哲学有些在战前就产生了，战后有了新的发展，都标榜自己是新的人学，存在主义主张人的存在就是自由，尤其推崇选择的自由；弗洛伊德则提出"力比多"即人的性本能是人的本质；唯意志主义公开鼓吹意志是人的本质；实用主义认为人的本质就在于实用。在这些思潮泛滥的情况下，我国学界并没有提出属于自己的人学观。一方面，不加批判地贩卖资产阶级人学，于是沉渣泛起；另一方面，与西方哲学思潮一起贬损马克思主义哲学和人学，使得在我们这样一个社会主义国家，马克思主义人学日渐式微，失去应有的地位，这是不正常的。关于马克思主义哲学人学有两点必须澄清：第一，马克思主义哲学并非排斥人学，决不是与人学对立的怪异体系；第二，如前所说，马克思主义哲学中不存在什么人学的"空洞"，而是包含着崭新的、丰富的人学理论。马克思主义人学批判地继承了资产阶级人学思想的精华，在实践的基础上，把人学推进到一个亘古未有的高度，创造了有史以来最科学、最彻底的人学。与西方传统人学相比较，马克思主义人学有许多重大突破。所谓突破是指马克思在研究和认识人的过程中，在考察人类历史的过程中，发现了前人未曾发现的人的性质和本质，提出了许多独到的、超越前人的见解和观点。研究这些突破，有利于弄清什么是马克思主义人学，真正认识人本身，从而正确理解所谓历史无非就是人自身发展的历史，这些对研究历史认识论具有开拓性的价值，使研究者自觉运用马克思主义人学观去审视人的历史，研究人对历史的认识和认识人自己的历史。历史认识论的推进和发展，也是当前我国社会发展的需要，对在理论和实践中如何坚持和运用马克思主义人学，推进我国小康社会的健康发展，具有重要指导意义。

第一节　人的产生

历史认识论认为，对人要从头考察。"全部人类历史的第一个前提无疑是有生命的个人的存在。"① 既然历史就是人自身发展的历史，那么首先就要回答的便是：有生命的个人是从哪里来的？

一　人是从古猿进化来的

"我是从哪里来的"，"我是谁"？这是人对自己的发问，是认识自我的开始，也是历史认识论的最初源头。

这个问题从古到今一直困扰着每一个民族的人们。因此，每个民族都有关于人类起源的神话，以说明自身的来历。这是人对自身来源的看重，也是人对自己从何而来的追问和探求。图腾就是关于人的产生的一种文化，每一种民族的图腾总是与这个民族人的产生和生存相关。

古希腊是神的世界，各种神话就是这个世界中诸神的活动的再现。对后世具有较大影响的，是古希腊关于人产生的神话。在古希腊有关人的起源的神话中，下面这个神话最为精致：天神宙斯不喜欢普罗米修斯所创造的人类，便发大洪水将他们淹没。普罗米修斯指示一个名叫丢卡利翁的人和他的妻子皮拉准备了一条船，得以逃生。九日后，他们按照先知忒弥斯使人类重生的方法，向身后扔石头，丢卡利翁扔的石头就成为男人，皮拉扔的石头则成了女人。后来《圣经》"创世纪"里讲上帝创造人类的故事与这个神话非常相似。在《圣经》里，万能的上帝按照自己的形象，用地上的泥土造人，神先造一个亚当，然后从亚当身上抽取一根肋骨造了一个夏娃，把他们放置伊甸园中，由于受毒蛇的挑唆而偷吃了禁果，便开始繁衍后代，亚当夏娃便成了人类的祖先。在西方社会，上帝创造人虽然是一个宗教神话，但影响深远，几乎成为一种定论。欧洲中世纪，更是一种不可动摇的信条，直到文艺复兴以后，这个信条才遭到挑战。

① 《马克思恩格斯选集》第 1 卷，人民出版社 1995 年版，第 67 页。

大体上可以说，欧洲在文艺复兴以后，才开始产生真正意义上的人对自身的认识——人学，才开始踏上科学地探索人的产生之路。

　　早在古希腊时期，一些自然哲学家就提出了生物进化思想，但还远未形成关于生物进化的科学。欧洲第一个进化论者是法国博物学家拉马克（1744—1829）。1809 年他发表了《动物学哲学》，在这部著作中，他提出了物种可变论，认为环境条件对物种变化起主导作用。他提出了物种进化的两条法则：第一条是"用进废退"，即器官常用就发达，不用就退化。第二条是"获得性遗传"，即因环境条件影响获得的新性状可遗传给后代。尽管后来的人们对拉马克的理论存有疑问，但拉马克是最先在科学的意义上探讨物种进化的问题，是物种起源论最早提出者。在拉马克的《动物学哲学》发表 50 年后，1859 年，达尔文（1809—1882）发表了《物种起源》一书。他研究并在一定程度上解决了生物物种起源、生存斗争和自然选择、渐进进化三个主要问题，为进化论科学奠定了基础，第一次对自然界最基本的生命现象、对于生物学中最困难的问题——物种起源和发展问题，给了较为完满和科学的回答。他第一次从联系中证明从最低级的生物到最高级的人类，无一不是少数原始单细胞胚胎的长期发育进化的产物。这一理论有力地批驳了不变论、神创论、目的论，推翻了形而上学世界观的统治。赫胥黎（1825—1895）是达尔文进化论的忠实追随者和坚定捍卫者，同当时的宗教势力进行过激烈斗争，因为神创论即神创造万物是宗教的基本信条，而达尔文的生物进化理论恰恰违背了这一信条。1863 年，赫胥黎发表了《人类在自然界的位置》一书，从解剖学、发生学、古生物学等方面，详细阐述了动物与人类的关系，指明人类是由猿逐渐变化而来，彻底否定了上帝创造人的神话。根据现代考古发现，人是由一种古猿进化来的，这种古猿有许多种类，进化为人类的只是其中的一种，叫作类人猿；现代的大猩猩、黑猩猩等灵长类动物，则是由别种古猿进化而来。至此，人类起源问题已经初见分晓。

二　劳动创造了人

　　由上所述不难看出，在人类起源问题上，说人是自然界长期发展的产物，人是由动物进化来的，甚至人是由森林古猿进化来的，所有这些说法在马克思之前都已经有了，都不是马克思提出观点。马克思主义哲学在人类起源问题上的新贡献在于：提出并阐述了劳动对人类产生的决定性作用。拉马克提出的生物器官"用进废退"的原理和达尔文的进化论，都说明了古猿进化发展的必然性，但在这过程中，在古猿向人转变的过程中，决定性的一环是什么？比如：古猿的前肢在使用中怎么进步成人的手，古猿的大脑在使用中如何转变为人脑，古猿声带发出的声音在使用中又怎样成为能够表达一定意义的语言……这些问题马克思、恩格斯以前，没有人深入思考过，更谈不上正确的解决。恩格斯认为这个决定性的环节是劳动，所以他说："以致我们在某种意义上不得不说：劳动创造了人本身。"① 恩格斯从劳动科学地揭示了人的产生和发展的秘密。劳动是由猿到人的决定性环节。

古猿能从事攀缘，采集果实，能直立行走等活动，古猿中的一种——类人猿也能从事这样的活动，其中特别是直立行走，后肢负起支撑身体的职能，这样就把前肢解放了出来，前肢（类人猿的手）变得自由了，并能不断地获得新功能。这个变化迈出了从猿变到人的具有决定意义的一步，这一步的标志就是类人猿用前肢把一块石头打击成了石刀，这时候，类人猿的前肢就变成了人的手，手也就成了劳动的器官。手不仅是劳动的器官，它还是劳动的直接产物。这是人类诞生的标志，直到现在，我们在考古中仍然把工具的发现同人类的存在紧密地联系在一起，只要发现劳动工具——不论怎样得原始和简单，我们就能认定这里一定存在过人类祖先——由类人猿演变过来的初人。语言也是在劳动中和劳动一起产生出来的。语言和劳动一起，成了两个最主要的推动力，在它们的影响下，猿脑就逐渐过渡到人脑；后者和前者虽然十分相似，但是要大得多和完善得多。人的大脑在劳动过程中进一步发展和完善，终于有一天它的活动能够让进化中的类人猿在地球上打上他自己意志的印记，从这一天起类人猿就告别了动物，使自己独自成为一个类——人类。自然界中这个类的本质特点是："动物仅仅利用外部自然界，简单地通过自身的存在在自然界中引起变化，而人则通过他所作出的改变来使自然界为自己的目的服务，来支配自然界。这便是人同其他动物的最终的本质的区别，而造成这

---

① 《马克思恩格斯选集》第 4 卷，人民出版社 1995 年版，第 373—374 页。

一差别的又是劳动。"① 所以，人这个类的特性就是劳动。

劳动把人从动物中提升出来。人的劳动从来就不是单个人的单独活动，从一开始就是一种集体行为，就是说劳动把人与人联系了起来，使得人们之间发生了一定的关系和联系——这就形成了人类社会。人不仅属于自然界，是自然界的一部分，而且同时也属于他所创造的关系——社会——的组成部分，是社会的人，人是社会动物。从此，在人的产生的问题上，彻底扫除了神学的迷雾，而被真正纳入科学的轨道。不管在人产生的问题上还有多少未解的难题，但探寻解决难题的道路已经开辟。

人立在地球上。有了人才有历史，类人猿在什么时候进化为人，历史就从什么时候开始。人以自己的存在为历史提供载体。恩格斯从劳动的视角科学地阐明了自然、人、人类社会和人类历史，这是唯物史观对人学的一大贡献，也为研究人类社会历史奠定了坚实的基础。

第二节　人的存在和历史

人类产生以后是怎样存在于这个地球之上的？他与其他生命物质的存在形式有何不同？为什么只有人的存在才是历史的基础？研究历史认识论，这些都是不应回避的问题。因为人的存在与自然界中其他生命物质的存在有着根本的区别，这个区别就在于人的存在是一种有意识的、实践的存在，正是这种存在，把人从自然界一切生命物质中提升出来，使人成为一个特殊的类——人类，才有了人类社会和人类社会的历史，才开始人对自己历史的认识，而发现这一点并将其上升为理论的，正是马克思主义哲学。

一　人是区别于动物的一种存在物

人与其他动物是有区别的，这在马克思主义哲学之前就为人们所知。对这个问题讲得比较深刻是费尔巴哈哲学。费尔巴哈反对把人说成是由神创造的，也反对把人说成是观念或意识的产物。他说："人不是导源于

① 《马克思恩格斯选集》第4卷，人民出版社1995年版，第383页。

天，而是导源于地，不是导源于神，而是导源于自然界；人必须从自然界开始他的生活和思维。"① 在他看来，人是导源于自然界的肉体的存在。他承认人有思想、意识，但思想、意识也是肉体的活动。他明确宣布他的哲学与以往旧哲学的对立。他说："旧哲学的出发点是这样一个命题：'我是一个抽象的实体，一个仅仅思维的实体，肉体是不属于我的本质的'；新哲学则以另一个命题为出发点：'我是一个实在的感觉的本质，肉体总体就是我的自我，我的实体本身。'"② 在人的存在问题上，我们之所以说在马克思之前费尔巴哈的理论是最高成就，这是因为他把人的存在同当时流行的神学划清了界限，他明确宣布人不是神创造的；恰恰相反，神倒是人创造的。他还有力地驳斥了黑格尔的唯心主义，反对黑格尔观念产生人的观点，他认为人是有意识的肉体存在物，坚持了唯物主义立场，进步是显然的。但是费尔巴哈在对人的认识上仅仅停留在自然的人、肉体的人上，他自己并没有真正发现人的存在，因而也就不可能说明人的存在。一个根本原因就在于他不理解实践，不懂得社会实践对于人的存在的意义。马克思指出："从前的一切唯物主义——包括费尔巴哈的唯物主义——的主要缺点是：对对象、现实、感性，只是从客体的或者直观的形式去理解，而不是把它们当作人的感性活动，当作实践去理解，不是从主体方面去理解。"③ 自从马克思主义哲学把实践引入哲学中以后，就引起了哲学的革命变革，对人的存在的考察也由此走上了真正科学的轨道。

没有对人的存在正确而真实的认识，要正确理解和认识人类的历史，几乎是不可能的，因为历史归根到底是人存在的历史。

二　人的自然存在、对象性存在和类存在

马克思主义哲学认为，人的存在既是客观实在的，又是能动的、积极的。人的存在包括三个层次，即人的自然存在、人的对象性存在和人的类存在，人的这三种存在创造出三种类型的历史：自然史、社会史和人类史——它们一起构成整体的历史。

---

① 《费尔巴哈哲学著作选集》下卷，商务印书馆1984年版，第677页。
② 《费尔巴哈哲学著作选集》上卷，商务印书馆1984年版，第169页。
③ 《马克思恩格斯选集》第1卷，人民出版社1995年版，第58页。

人的自然存在包括马克思所指出的人的双重存在，他说："人双重地存在着：主观上作为他自身而存在着，客观上又存在于自己生存的这些自然无机条件之中。"① 人的自然存在，一方面指人是自然界的产物，人依赖于自然；另一方面是指人的具有主体性的肉体存在。自然存在是人存在的基础，这是人的这种特殊物质的存在，它表明的是人与自然的关系。主观性的存在就是指人有精神和意识，这是人的精神的存在。但这两种存在都不能单独说明人存在的本质。因为坚持前者，就不能把人与动物区别开来，一切动物都以自然为其存在的基础；主张后者，势必会陷入唯心主义泥潭。马克思对人的认识的独到之处恰恰就在于指出这两者的内在的统一，就是说，现实的人是作为主观性的人和自然人的统一，这个统一的中间环节就是实践。

人的对象性存在就是人的实践的存在，即通过实践，一方面把人自然化，即通过实践把人内在的东西外化为客观存在；与此同时把自然人化，使自然成为人想要的那种存在，即在自然界打上人的烙印。人的自然化和自然的人化，就是仁德生成，就是真实的历史。人的存在的本质是人的社会存在，是人的社会关系。而人的社会关系是在劳动实践中建立起来的。为了生存，人必须同他所处自然界发生关系，即通过劳动向自然界索取和生产物质生活资料，劳动是一种社会活动，特别是在原始时期，必须人们共同行动才能围捕猎物，获得生存的食物，个别人的单独行为不构成劳动。正是在劳动中，人与人结成了这样或那样的关系，产生了社会和社会生活。劳动是人的最基本的实践活动，在实践活动的基础上，产生了人的意识和精神。因此，人的存在，某种意义上可以说，不在于他的肉体的和精神的存在，而在于社会实践，实践是人存在的根本方式，离开实践便就没有人的存在。如果一个新出生的婴儿，从他出生之日起，就让他与任何社会实践相隔绝，他长大以后，只能作为一个有生命的物的存在，而不是人的存在。不应当从人的生存之外去寻找人的存在，人的生存是以人的对象化活动——实践——为基础的。因此，人的存在的历史就是人的存在活动的展开和绵延，只有实践才能使人真正存在起来，才能说明人存在的历史。

---

① 《马克思恩格斯全集》第 46 卷，人民出版社 1979 年版，第 491 页。

人的类存在。马克思指出："人是类存在物，不仅因为人在实践上和理论上都把类——自身的类以及其他物的类——当作自己的对象；而且因为——这只是同一件事的另一种说法——人把自身当作现有的、有生命的类来对待，当作普遍的因而也是自由的存在物来对待。"① 所谓"人在实践上和理论上都把类"当作自己的对象，就是表明人的存在是一种能动的实践的存在。"正是在改造对象世界中，人才真正地证明自己是类存在物。这种生产是人的能动的类生活。通过这种生产，自然界才表现为他的作品和他的现实。因此，劳动的对象是人的类生活的对象化：人不仅像在意识中那样理智地复现自己，而且能动地、现实地复现自己，从而在他所创造的世界中直观自身。"② 人通过实践创造对象性世界，即改造无机界，证明了人是有意识的类存在物。人只有在实践中才能存在起来，并确证自己的存在，这种人的存在过程就是历史。

马克思主义哲学以前，有哲学讲过人是精神的存在（黑格尔哲学），也有人讲过人是物质的存在（费尔巴哈哲学），唯独没有人讲过人是实践的存在。马克思主义哲学第一次提出人的存在是实践的存在，因而也就肯定了人的存在是能动的、有活力的存在。他不仅适应环境，而且通过实践改造和创造环境，使环境成为人自身的一部分；同时通过实践，人自身也得到了改造，使得人变得更加完美，更加智慧，一句话，使人更成其为人。环境的改变和人自身的改变是同一个过程，在这个过程中作为主体的人是活泼多彩的存在，他既是确定的某一个体，又每时每刻趋向于他者，"是其所不是"，这就是人的真正的存在，也是我们看到和感受到的鲜活的历史。

然而，我们不无遗憾地指出，人类的存在过程是悲惨的，战争、杀戮、奴役、剥削、欺压、挨饿、受冻……人类是伴随这些苦难而存在着的。马克思的全部理论都是出于对现实的人生存状态的关怀，在于为现实的人寻求摆脱剥削和压迫的道路和途径，在于解放全人类。在这个意义上，我们说，马克思主义哲学是人类历史上最真诚、最彻底的人道主义，是全新的人学。正因如此，马克思对人性和人的本质进行了艰苦的研究。

---

① 《马克思恩格斯全集》第 42 卷，人民出版社 1979 年版，第 95 页。

② 同上书，第 97 页。

第三节　人性和人的本质

人性和人的本质不仅是对人的认识和定性，也是对人类历史的看法和定性。沃尔什说："历史学的确切的题材，乃是过去的人类行为。如果情形是这样，那么十分清楚的就是，我们必须对人性具有某些知识，才能最终使得历史有意义。"① 沃尔什这里说历史是人类的活动，因此认识历史与对人的认识有着密切的关系，这是有道理的。什么样的人，他创造的历史就是什么样的，这就是人们为什么特别重视对人性和人的本质研究的原因。但沃尔什说历史的意义取决于人性，似乎把人性夸大了。

一　西方人性论的主要缺陷

不同时代的人所创造的历史是不同的。为真切地认识人类的历史，首先要认识人自己。人性、人的本质都是人作为人的存在最根本的东西，人类对此早有认识，积累了大量丰富的资料。在具体论述马克思主义哲学在人性和人的本质问题上的突破之前，我们不打算详细阐述西方人学的全部内容，仅仅指出西方人学在此问题上普遍存在着的两大局限性：其一，在西方许多思想家那里，人性与人的本质是不加以区分的，不少学者认为人性就是人的本质，人的本质也就是人性，二者没有区别。这样认为虽然有一定道理，因为人的本质和人性都属于人内在的东西，都是人区别于其他存在物特别是动物的根本标志。但仔细研究起来，二者是有区别的，特别是在马克思主义哲学中，关于这一点在后面的论述中将作深入的分析。其二，马克思主义哲学以前，欧洲思想家在人性问题上另一个显著的特点，就是把人性看作是先天的、永恒不变的。无论是文艺复兴时期的思想家，还是法国启蒙运动时期的思想家，都在一定程度上流露出人性是先天的、不变的观点。在中国，也有关于人性先天论的观点，"人之初，性本善"就是一例。而马克思主义哲学则从人是社会动物，从人的存在是实践的存在的前提出发，根本上改变

---

① ［英］沃尔什：《历史哲学导论》，何兆武、张文杰译，广西师范大学出版社 2001 年版，第 109 页。

了这种看法。指出一个人的人性是怎样的，归根到底是由社会生活条件和社会实践决定的，而人的本性随着历史的发展而不断地改变，"整个历史也无非是人类本性的不断改变而已。"① 人类本性是怎样不断地改变的呢？从欧洲思想家关于人性理论的一般发展就可以管窥这种"改变"的端倪。

欧洲中世纪是神学占统治地位的时代，宗教是唯一的意识形态，上帝创造一切是不可动摇的信条。在"创世纪"中，人是上帝最后的创造物。根据这一理论，人的一切都是上帝赋予的，人性当然也不例外。根据《圣经》的说法，人类的出现是人类祖先亚当夏娃偷吃禁果而犯罪的结果，每一个人生下来就有罪，这就是"原罪说"。按这种说法，人生而有罪，人生的过程就是赎罪。除了这一层意义以外，在人性问题上，神学家们的说法尽管不同，但一个基本观点是：人性是善的。托马斯认为上帝不会创造邪恶和罪人，上帝创造的人是善的。在神学占统治地位的时代，人的存在是不重要的，人的存在和活动仅仅为了显示上帝的怜悯、智慧和万能，所以在那个时代，人根本不能成为认识的对象，自然也就谈不上人有什么真正的本质，人与历史也不发生关系。

意大利文艺复兴运动重大成果之一，就是人的发现。文艺复兴思想家一反以往神学家贬低人抬高神的做法，而是对人进行重新认识，重新定性。他们虽然还不能否定上帝创造人的信条，但提出人是上帝创造的许许多多奇妙东西中最奇妙的；提出上帝创造人与创造别的东西不同，上帝创造人时把自由赋予了人；他们颂扬人的高贵和伟大。莎士比亚写道："人类是一件多么了不得的杰作！多么高贵的理性！多么伟大的力量！多么优美的仪表！多么文雅的举动！在行为上多么像一个天使！在智慧上多么像一个天神！宇宙的精华！万物的灵长！"② 但丁写道："人的高贵，就许许多多的成果而言，超过了天使的高贵。"③ 人文主义者面对的是宗教神学贬人褒神的思想意识平台，在人神关系上，他们挣脱了神的锁链，把人解放了出来。脱掉了神的外套以后，显现出来的人是什么样的？即在人文思想家那里人是一种什么样性质的存在？首先，既然否定了神的高贵，那么

① 《马克思恩格斯全集》第 4 卷，人民出版社 1965 年版，第 174 页。

② 《莎士比亚全集》第 9 卷，人民文学出版社 1978 年版，第 49 页。

③ 转引自李士坤、赵建文《现代西方人论》，河北人民出版社 1988 年版，第 18 页。

也就肯定了人在宇宙中的崇高地位，人是宇宙的中心，人是地球上的神。其次，除了这种地位的确定外，他们认为人所特有的性质是人的理性。因为除了人类以外，没有任何动物是具有理性的；理性的具体表征就是意志自由，"人是本性不定的生物"，正因为本性不定，所以人才能够按照自己自由意志，即自己的愿望、自己的判断去选择和安排自己的生活，决定自己的生命形式。有愿望能判断正是理性的功能。概而言之，理性和意志自由就是人文主义思想家所发掘出来的人性。文艺复兴运动发现了人，也就发现了人类的历史。

法国的启蒙运动较之文艺复兴运动是一次更深刻、规模更大的思想解放运动。启蒙思想家对当时欧洲文明的现状是不满意的，对于教会散布的虚妄的教条、迷信和欺骗，启蒙思想家是不接受的，他们提出"坚持理性，反对盲从"；对于贵族的特权和虚荣、傲慢和偏私，愚昧和狂妄，他们极度反感。在他们看来，直到现在为止世界所遵行的只是一些成见，是非理性的。他们高举理性的大旗，追求正义和平等。他们不推崇上帝，而崇拜自然。在高扬理性权威的氛围中，启蒙运动思想家对人性另有一番新的理论，也使得他们对人类的历史产生了惊世骇俗的见识。

伏尔泰是启蒙运动的旗手，他反对迷信古代，尤其蔑视中世纪，反对颂扬人类种族存在什么远古的黄金时代。他认为，在自然状态下的人是愚昧无知的，经过漫长的探索，人类的理智才达到今天这个水平。他主张人是理智的人，理性的人，这个理智和理性的集中表现就是人的自爱心。自然以自爱为手段，产生出社会，维系着人类的福祉。他说："没有自爱心，社会就不可能形成和继续存在；没有情欲，就不会生出小孩子来；没有胃口就不想吃东西，诸如此类。正是对我们自己的爱，助长了对他人的爱；正是由于我们相互需要，我们对人类才有贡献；互相需要乃是一切商业的基础，乃是人与人之间的永恒的联系。没有这种联系，就不会有某项艺术的发明，不会有十人以上组成的社团。每种动物都从自然那里接受了这种自爱，是这种自爱告诉我们要尊重别人。"[①]

卢梭是18世纪法国启蒙运动又一位对后世产生深远影响的思想家。他明确提出人类知识的中心任务就是研究人，在研究人的基础上，指导人

---

① ［法］伏尔泰：《哲学通信》，高达观等译，上海人民出版社1961年版，第126页。

怎样做人。他研究的结果发现人性是善的。他说："我在所有的著作中，并以我所能达到的最清晰的方式所说明的道德的基本原则是：人是本性为善的存在者，他热爱正义和秩序，人心中没有原初堕落……一切加诸人心的邪恶都不出于人的本性。"① 卢梭推崇"自然人"，他认为，自然的原初运动总是正确的，这就是人性善的根据。原初的自然人由于没有受到社会的污染，他们不仅是善良的，而且是幸福和自由的。后来建立了社会，人便堕落了。人生而自由，可无一不在枷锁中；人生而平等，而社会到处是不平等。根据这样的理论，他认为历史不是进步的过程，而是退步和堕落的过程。如何使人类重新回到自由平等的状态？他提出了社会契约论。

早在休谟以前，"人性科学"就是西方思想家常用的一个词语，但真正把人性科学提到像以自然为研究对象的自然科学那样高度的，是英国的大卫·休谟（1711—1776）的《人性论》，这是一部系统全面研究人性的著作。指导休谟研究人的理论基础是怀疑论和不可知论，他认为感觉之外的一切都是值得怀疑的，包括上帝的存在。而感觉并不是由外物作用于人的感官而引起的，他在论知性时写道："感觉是由我们所不知道的原因开始产生于心中。"② 在人性问题上，他认为人性科学的真正基础在于人的同情心，凡人皆有同情心，这是普遍的、一致的。他说："同情是人性中一个很强有力的原则，它对我们的美德鉴别力有一种巨大的作用，它产生了我们对一切人为道德的道德感。"③ 同情心是一切美德、道德、善等的来源，也是道德评判的标准。他的这种观点影响了斯密，斯密人性理论的基础也是同情心，认为同情心是最完善的人性。

德国古典哲学以康德哲学为开始，期间经历了黑格尔、费希特、谢林、费尔巴哈等，其中费尔巴哈是它的终结。德国古典哲学对后世的影响是巨大的，它使得德国真正成为一个哲学的国度。在欧洲，古希腊哲学是一颗永不陨落的巨星，尔后虽然也曾出现过像培根和洛克（英国）、笛卡儿和爱尔维修（法国）等很有贡献的哲学家，但就哲学的创新和思维之深邃而言，都不能与德国古典哲学比肩。在人学方面德国古典哲学的贡献

---

① 转引自赵敦华主编《西方人学观念史》，北京出版社出版集团、北京出版社 2005 年版，第 188 页。

② ［英］休谟：《人性论》上册，关文运译，商务印书馆 1980 年版，第 19 页。

③ ［英］休谟：《人性论》下册，关文运译，商务印书馆 1980 年版，第 620 页。

是多方面的。康德自称在认识领域完成了"哥白尼式革命",他认为,哥白尼用"日心说"取代了人们一直以来奉为圭臬的"地心说",这是一场革命。他在认识领域,改变了以往从客体到主体的路线,而是提出从主体到客体的路线。就是说,以往人们总以为认识是由客体给予的,而实际上恰恰相反,是主体把认识、思想给予客体。比如自然界是杂乱无章的,是人把秩序和必然性带给了自然界,这就是"人为自然界立法"。人天生禀赋理性,是"理性者",这是人最根本的特性,正因为如此,人永远是目的,而不能当作手段。

　　哲学上历来有两条路线:唯物主义和唯心主义。其实贯穿这两条路线的是同一个问题,即思维与存在的关系问题,只不过各自的出发点不同,唯物主义从物出发,经过感觉而达到思想;唯心主义则倒过来,从精神到物。唯心主义从精神到物有两个途径:一个是从感觉出发,就会导致主观唯心主义;一个是从意识、思想出发,这就是客观唯心主义。康德是前者,而黑格尔则是后者。法国启蒙运动思想家崇拜理性,对中世纪神学是沉重打击;而黑格尔运用辩证法把理性推向极致,发展为绝对精神。绝对精神自己有一个由低级到高级的发展过程,到了高级阶段它就外化为自然界。在黑格尔看来,外部世界和人都是绝对精神产生出来的,他说:"自然界是自我异化的精神。"① 精神在自然界中不停地运动变化和发展,到最高阶段出现了生命,生命的最高形式是人的出现,这时人的自我意识就成了绝对精神表现形式,也就是绝对精神回到了自身。通过人的活动和创造,绝对精神贯穿于人类的社会和历史。绝对精神发展到了这个阶段终于达到了终端,黑格尔要给绝对精神一个归属,这个归属在精神上就是他的黑格尔哲学,在实践上就是当时的普鲁士王国。"在普鲁士王国中,精神达到了绝对精神的最高形态,其艺术是最高级的浪漫型艺术,其宗教是基督教这一绝对宗教,其哲学是达到绝对真理的黑格尔体系。按照黑格尔的设想,正如普鲁士王国终结了世界历史一样,黑格尔也终结了人的精神的历史。"② 普鲁士王国且放一边,

---

　　① ［德］黑格尔:《自然哲学》,梁志学、薛华、钱广华、沈真译,商务印书馆1980年版,第21页。

　　② 赵敦华主编:《西方人学观念史》,北京出版社出版集团、北京出版社2005年版,第280页。

黑格尔的体系又是什么样性质的精神呢？费尔巴哈深刻地指出：黑格尔哲学是"理性化和现代化了的神学"。是"神学的最后的避难所和最后的理性支柱"①。理性与神学本来是对立的，而在黑格尔体系中神学却以思辨的理性的形式获得了重生。不过黑格尔并没有意识到这点。诚然，他把绝对精神抬高至神学的地位，人作为绝对精神之对象化也就沾有了神的色彩，但他还是尊重人的。他说："人应尊敬他自己，并应自视能配得上最高尚的东西。"② 他的辩证法是一个伟大的贡献，辩证法不仅激活了他的整个体系，也使得作为精神异化的人具有了自由和能动性，从而使得历史也活了起来，他把哲学带进了历史，也将历史上升为哲学，这就是黑格尔在人性和历史问题上的真正成就。

研究德国古典哲学家的人性的思想和理论，不能不提到费尔巴哈，他是给人的本质和人性明确下过定义的哲学家。他说："人自己意识到的人的本质究竟是什么呢？或者，在人里面形成类，即形成本来的人性的东西究竟是什么呢？就是理性、意志、心。一个完善的人，必定具备思维力、意志力和心力。"③ 费尔巴哈把人的本质和人性作为一个对象来论述，他把人性和人的本质看作是思维力、意志力和心力的三位一体，有了它们，人才成其为人，没有了它们，人就等于乌有。费尔巴哈认为宗教即神的本质就是人的本质，神是人自己把自己对象化的产物，因此，一切神性皆是人性；反之亦然。"上帝之意识，就是人之自我意识；上帝之认识，就是人之自我认识。你可以从人的上帝认识人，反过来，也可以从人认识人的上帝；两者都是一样的。人认为上帝的，其实就是他自己的精神、灵魂，而人的精神、灵魂、心，其实就是他的上帝：上帝是人之公开的内心，是人之坦白的自我；宗教是人的隐秘的宝藏的庄严揭幕，是人最内在的思想的自白，是对自己爱情秘密的公开公认。"④ 费尔巴哈在阐述这个原理时，对于人为什么需要神，需要什么样的神作了充分而极富启发性的论述。他写道："宗

① ［德］路德维希·费尔巴哈：《费尔巴哈哲学著作选集》上卷，荣震华、李金山译，商务印书馆1984年版，第103、114页。

② ［德］黑格尔：《小逻辑》，贺麟译，商务印书馆1980年版，第36页。

③ ［德］路德维希·费尔巴哈：《费尔巴哈哲学著作选集》上卷，荣震华、李金山译，商务印书馆1984年版，第27—28页。

④ 同上书，第38页。

教是人跟自己的分裂：他放一个上帝在自己的对面，当作与自己相对立的存在者。"① 人为了创造神把自己所有本质和性质都给予了神，"上帝与人是两个极端：上帝是完全的积极者，是一切实在性之总和；而人是完全的消极，是一切虚无性之总和"②。"为了使上帝富有，人就必须赤贫。"③ 这些说法，对于把宗教奉作传统的国度，的确使人振聋发聩，起了巨大的思想解放作用。但费尔巴哈在建立这一历史功绩的同时，却产生了一个严重的错误，这就是他所提及的人仅仅是人的观念，是完全抽象的人，人与人之间除了爱什么都不存在，只有爱的宗教，没有神的宗教。他论述的人与现实的人没有关系，也就是说，现实的人根本不在费尔巴哈的视野之内。

以上，我们较详细地论述了欧洲思想家关于人性的理论，实际上展示的是欧洲历史的一个方面，这段历史的实质就是封建主义为资本主义所取代的历史。综上所述，马克思主义哲学以前的人学，比较注重于人性的研究和论述，对人的本质涉及较少、较浅。马克思主义人学更注重于对人的本质的揭示。马克思和恩格斯在理论上都是经过费尔巴哈而达到马克思主义的，费尔巴哈的人性理论既深深地影响了他们，又极大地启迪了他们。马克思主义人学和人性理论正是从批判费尔巴哈抽象的人性论开始的。

二 马克思主义哲学对西方人性论的突破

马克思主义哲学认为，人性就是人之为人的特性，在这个意义上，人性就是人的本质。马克思指出："一个种的全部特性、种的类特性就在于生命活动的性质，而人的类特性恰恰就是自由自觉的活动。"④ 马克思这里讲的人的类特性就是人的类本质，是人作为人并区别于其他一切事物最根本的东西。人并不具有什么预先确定的、永远不变的本质。人的本质不是与生俱来的，也不是先天的或神赋予的，而是在成长过程中逐渐获得的。一个呱呱坠地的婴儿就是一张白纸，什么性质也没有，仅仅是一个生命而已，我们还不能将他同动物完全地区别开来。把人从动物中提升出来并形成一

---

① ［德］路德维希·费尔巴哈：《费尔巴哈哲学著作选集》下卷，荣震华、李金山译，商务印书馆1984年版，第60页。

② 同上。

③ 同上书，第52页。

④ 《马克思恩格斯全集》第42卷，人民出版社1979年版，第96页。

个独特的类的东西，不是人天生下来就具有的什么天然的特性，而是劳动。劳动才是作为人这个类的真正的特性和本质。而劳动这个人的本质属性是人后天具备的。可见，人的本质并不是先天的、不变的，而是在后天生产和生活实践中逐渐形成的。说人生来就有什么不变本质的观点，显然缺乏根据，只是有些人的想象和猜想。一个初生下来的婴儿，他继承了父母的遗传基因，他必然属于人这个类，而不可能属于别的类，就是说，他必然是人，而不能是别的动物。作为人类的后代，他必然具有人的手，人的大脑……这一切都是从父母那里继承下来的。但由于刚生下的婴儿所有的器官都是弱小的，他的手还不能制造和使用工具，他的大脑还没有意识，还不能进行思维……所以还不能劳动，也就是说，我们虽然把他叫作人，其实他还不具有全部真正的人的本质，由于不具备完全的人的本质，所以这个阶段的人与动物是很相近的，在一定意义上可以说，他还不是人，因为他还不具备人的本质。人的本质的获得是一个逐渐的过程，随着年龄的长大也就逐渐具有了劳动的能力，即具有劳动这样的本质，这时他才与动物根本区别了开来。随着劳动实践的发展人的本质也在不断变化和发展。

马克思主义人学承认人的本质与人性具有共同的地方，但也注意到它们之间的区别，劳动作为人之为人的本质根据更根本，而人性则是人的劳动活动所表现出来的人的特性——人的社会性。二者在社会实践中统一了起来。劳动从一开始就不是个别人的个别活动，而是一种社会活动。在劳动实践中，人不仅与自然界发生关系，而且人与人之间也结成了一定关系。这种关系决定了人的劳动方式和性质，也就表现和决定了人的本质。马克思说："人的本质是人的真正的社会联系，所以人在积极实现自己本质的过程中创造、生成人的社会联系、社会本质，而社会本质不是一种同单个人相对立的抽象的一般的力量，而是每一个单个人的本质，是他自己的活动，他自己的生活，他自己的享受，他自己的财富。"① 人是社会动物，人的本质在其现实性上是一切社会关系的总和。这种对人的本质的认识是以往哲学从未达到过的。人是什么？不仅仅是他的肉体，这不是主要的，更重要的是可以用经验感受到的各种社会关系，人的本质和人性不在人之外，就存在于人自身之中，存在于他的全部社会实践和社会生活之

① 《马克思恩格斯全集》第42卷，人民出版社1979年版，第24页。

中。人与动物的本质区别在于劳动；人与人的本质区别在于社会关系。

马克思主义哲学关于人的本质和人性的理论，彻底破除了在这个问题上的先验主义和神秘主义，打破了形而上学的统治，开创了人学的新境界。对于怎样认识人和怎样成为一个人，提供了科学的理论指导。然而，自从私有制产生以后，特别是在资本主义社会，由于压迫和剥削的存在，人被异化了，人性和人的本质完全被扭曲了，甚至丧失了。马克思人的异化的理论就是对这种状况的认识和研究。

第四节　人的异化和历史曲折发展

一　马克思的人的异化理论

20世纪80年代，我国理论界进行了一场关于异化和人道主义的争论，其实质是关于怎样认识人和社会历史。焦点集中在以下两个问题上：一是社会主义社会是否存在异化；二是马克思主义是不是人道主义。笔者认为，争论的结果如何并不重要，重要的是这场争论冲破了以往的禁锢，加深了对马克思主义的研究，推动人们更深刻全面地认识历史和我国当时社会的实际，对于改革开放起了巨大促进作用。

异化这一范畴，早在马克思主义哲学产生之前，就已经广泛地被哲学家们所使用，在黑格尔哲学中，异化就是一个被经常使用的概念，黑格尔认为异化就是向对立面转化，异化就是对象化、异己化。费尔巴哈也频繁地使用异化概念，他认为上帝、神就是人的本质的异化。在不同哲学家那里，异化的含义也不一致，我国理论界对这一概念理解也存在分歧。我们在这里讲的异化，主要是指人性和人的本质的异化，其意义是指：人的物质的和精神的活动及其产物，反过来变成一种限制、甚至反对人的异己的力量，使人的本性和本质被这种力量所扭曲、甚至损毁。

有一个事实是不容争辩的，即把异化作为一种历史观、作为一种方法，考察资本主义社会里的人，建立了马克思主义的异化理论，并成为马克思主义人学的重要组成部分，这是马克思的新贡献。马克思认为，人的类本质是自由自觉的活动，即劳动——人的对象化活动，正是这一本质在资本主义私有制的条件下异化了。其表现是：

第一，劳动者同劳动产品相异化。就是说，劳动者自己的劳动所生产的产品成为一种异己的力量与之相对立，反过来统治着劳动者。作为一个雇佣劳动者，工人生产的产品不属于工人自己，而是属于资本家。这样，他的产品的力量和数量越大，他就越贫困。"工人创造的商品越多，他就越变成廉价的商品。物的世界的增值同人的世界的贬值成正比。"① 工人生产的对象越多，他能够占有的对象就越少，越受自己的产品即资本的统治。因为劳动成为他自身之外的存在、与之对立的独立的力量，是与他敌对的相异的对象同他相对立。

第二，劳动者同劳动活动相异化。在资本主义条件下，工人的劳动成为不属于他的、外在的东西，他在自己的劳动活动中不是肯定自己，而是否定自己，不是感到幸福，而是感到不幸；不是自由地发挥自己的体力和智力，而是使他的肉体遭折磨，精神受摧残。工人的劳动不是自愿的，而是被迫的强制劳动。他只有在不劳动时才感到舒畅，只要资本家的强制一停止，工人就会像逃避瘟疫那样逃避劳动。工人必须用劳动才能使自己获得吃喝穿住的东西，而他要以人的方式存在就将失去这些东西，这就是马克思所说的："结果是，人（工人）只有在运用自己的动物机能——吃、喝、生殖，至多还有居住、修饰等等——的时候，才觉得自己在自由活动，而在运用人的机能时，觉得自己只不过是动物。动物的东西成为人的东西，而人的东西成为动物的东西。"②

第三，人的类本质同人相异化。异化劳动不再是人的自由自觉的活动，而成了维持其个人生存的手段。马克思认为："一个种的全部特性、种的类特性就在于生命活动的性质，而人的类特性恰恰就是自由的有意识的活动。"③ 这种有意识的活动就是劳动，正是这种活动把人与动物直接区别了开来。因此，人的有意识的活动即劳动是人的真正本质。人是有意识的存在物，正因为这一点，人才是类的存在物；所以劳动也就成了人的类本质。马克思通过把人的有意识的活动同动物的活动进行对比，深刻地揭示了人的类本质的丰富的内涵。他写道："通过实践创造对象世界，改造无机界，人证明自己是有意识的类存在物，就是说是这样一种存在物，

---

① 《马克思恩格斯选集》第 1 卷，人民出版社 1995 年版，第 40 页。

② 同上书，第 44 页。

③ 同上书，第 46 页。

它把类看作自己的本质，或者说把自身看作类存在物。诚然，动物也生产。它为自己营造巢穴或住所，如蜜蜂、海狸、蚂蚁等。但是，动物只生产它自己或它的幼仔所直接需要的东西；动物的生产是片面的，而人的生产是全面的；动物只是在直接的肉体需要的支配下生产，而人甚至不受肉体需要的影响也进行生产；动物只生产自身，而人在生产整个自然界；动物的产品直接属于它的肉体，而人则自由地面对自己的产品。动物只是按照它所属的那个种的尺度和需要来建造，而人懂得按照任何一个种的尺度来进行生产，并且懂得处处都把内在的尺度运用于对象；因此，人也按照美的规律来构造。"① 然而异化劳动不再是人的类本质的体现，而是人的类本质的丧失。

第四，人与人相异化。这是前三种异化的直接结果。马克思指出："总之，人同他的类本质相异化这一命题说的是一个人同他人相异化，以及他们中的每个人都同人的本质相异化。"

人的异化就是人作为人的本质的丧失，私有制、阶级、剥削和压迫这些东西都是人自己活动造成的，是相应历史阶段上的必然产物，它不是永恒的，决不是人类历史发展的最后形态。凡是在历史上产生的必定会在历史上消亡。私有制、阶级是在历史上产生的，也一定会在历史上灭亡。社会财富是劳动人民创造的，当今世界许多国家中绝大部分财富，被1%的富人所掌有，99%的人只能拥有很少的财富。前者享受着奢侈豪华的生活；而后者只能生活在贫乏和穷苦之中，"一些人拥有数百亿美元，数十亿人几乎什么都没有"，人类决不会容忍这种不合理永久存在。

二　异化的扬弃

马克思通过剖析人特别是工人劳动的异化，揭示了私有制的起源，揭示了资本家与工人之间关系的实质。在此基础上，马克思走上了一条与以往哲学家研究考察人的完全不同的崭新之路，创立了属于无产阶级的彻底的人学，这是具有历史性的伟大功绩。

第一，资产阶级思想家形式上是考察一般的人、抽象的人，实质关心的是富人、有产者、资本家；马克思主义哲学考察的是现实的、具体的

---

① 《马克思恩格斯选集》第1卷，人民出版社1995年版，第46—47页。

人，关心的是劳动的人，特别是工人，正是他们在资本主义条件下，由于劳动的异化，不仅不能使自己获得人的身份和人的尊严，而且这种对象化的活动及其结果越来越同人对立，致使人的本质逐渐丢失。马克思主义哲学认为，只有通过异化的扬弃，消灭私有制，消灭阶级剥削和压迫，使无产阶级获得解放，才能最终解放全人类。

第二，以往的哲学家把人间的苦难归之于命运，把摆脱苦难的希望寄托于神和上帝；马克思则指出，人世间的苦难都是劳动异化和人的异化的结果，消除苦难的真正途径是根本消除异化，而消除异化只能是工人通过政治形式来实现，这是《1844年经济学哲学手稿》的提法，到1848年《共产党宣言》以后的提法就是无产阶级革命，通过无产阶级革命，推翻资本主义制度，消灭私有制和剥削，实现共产主义，只有到那时，人才能真正占有自己的本质，成为完全的发展的人。马克思指出："共产主义是私有财产即人的自我异化的积极的扬弃，因而是通过人并且为了人而对人的本质真正占有；因此，它是人向自身、向社会的（即人的）人的复归，这种复归是完全的、自觉的而且保存了以往发展的全部财富的。"①

第三，资产阶级人学鼓吹人的自由和解放，由于把人抽象化，对于真正受压迫的无产阶级毫无实际意义，其实质是资产阶级一个阶级的解放和自由。这种人学是片面的、不彻底的。马克思创立的人学，主张无产阶级和人类的解放，是完全的、彻底的为了人的人学。马克思指出："社会从私有财产等等解放出来，从奴隶制解放出来，是通过工人解放这种政治形式来表现的，别以为这里涉及的仅仅是工人的解放，因为工人的解放还包含普遍的人的解放；其所以如此，是因为整个的人类奴役制就包含在工人对生产的关系中，而一切奴役关系只不过是这种关系的变形和后果罢了。"②

马克思主义哲学产生以前，所有的人学都是为剥削阶级服务的人学，是封建地主阶级或资产阶级的人学，只有马克思主义人学是无产阶级的人学，是为了全人类解放的人学。马克思主义人学这一特色，使它完成了对他以前一切人学的超越。马克思的人的异化理论是破解历史之谜的一把钥

① 《马克思恩格斯全集》第42卷，人民出版社1979年版，第120页。
② 《马克思恩格斯选集》第1卷，人民出版社1995年版，第51页。

匙，尽管道路并不平坦，需要经过漫长的岁月，但人类终将挣脱锁链，把自己从束缚中解放出来，这就是人类的真正的历史。马克思关于人的异化的理论，是对资本主义历史条件下人的本质研究的深化。通过这种研究使他发现了人性和人的本质发展的历史规律。人类历史从原始共产主义向私有制的过渡，这是历史的必然。在私有制条件下，人的本质发生异化；资本主义社会的私有制是私有制发展的最高形式，在其内部发展出促使其灭亡的因素，最终为共产主义所取代。在共产主义社会条件下，私有制消灭了，人的异化得到扬弃，使人的本质完全复归，使得人真正成为人自己，每一个人都生活于属于他自己的时代，获得自由而全面的发展。

第五节　现实的人和具体的人是历史研究的真正起点

一　抽象的人是不存在的

历史是人的历史，人是历史的创造者，这是我们反复强调的观点。这里讲的人是具体的人、现实的人，而不是抽象的、一般的人。马克思的唯物史观创立之前，社会历史领域被神学和唯心主义统治着，把人看作是上帝或观念的创造物。生产规模的狭小，使得社会关系领域未能充分展开，是这种社会历史观产生的根本原因。由于这种世界观和历史发展的局限，哲学家们对人的考察往往限于孤立的个人。18 世纪，法国启蒙运动以后，随着生产的发展，人们之间的交往关系也跟着发展了起来，资产阶级思想家眼界有所开阔，他们重视人的创造和发展，强调人的地位和作用。然而，由于他们不能从社会生产关系和社会实践出发去考察人，致使他们把人抽象化和一般化。历史局限性是不可逾越的一股巨大力量，就连费尔巴哈这样的唯物主义者也未能越出这个藩篱。

在德国古典哲学中，费尔巴哈是取得真正成就的哲学家。我们在前面提到，他直截了当地批判了黑格尔的唯心主义，恢复了唯物主义的王位。在人学方面，他批评黑格尔把人说成是绝对观念的产物。他认为，人不是意识的存在，而是感性的实体。现实的人是肉体的感性的存在。但是，费尔巴哈并不懂得物质资料的生产以及在这种活动基础上形成的人与人的关系对社会和人的决定作用，尤其不懂得社会实践对人的决定作用，他的人本主义哲学在对人的考察方面并没有比他的前人有更突出的进步。马克思、恩格斯写道:"诚然,费尔巴哈比'纯粹的'唯物主义者有很大的优点:他承认人也是'感性对象'。但是,他把人只看作是'感性对象',而不是'感性活动'……没有从人们现有的社会关系,从那些使人们成为现在这种样子的周围生活条件来考察人们。"① 这就使得他始终停留在理论领域,停留于抽象的人,他从来没有看到现实存在着的、活动着的人。

正如恩格斯所说,费尔巴哈没有做到的总要有人去做到,这个人就是马克思。马克思彻底摒弃了以往那种神秘主义和思辨伎俩,运用唯物史观这一崭新世界观和方法论,不仅扬弃了旧哲学抽象的人,而且提出现实的人和具体的人的理论,这是人学上的一个重大突破。因为有这个突破,无产阶级、劳动人民在人学中才占有了一席之地。马克思主义认为,以往抽象的人的理论,把人说成是上帝创造的,而上帝是不管顾劳动者和穷人的。马克思主义哲学的贡献在于:揭示了社会是由个人及其活动所构成,而这里讲的个人不再是抽象的、理论的人,而是以一定的生产方式进行生产活动的一定的个人,这些个人不是人们想象中的个人,而是现实中的个人。他们的思想、精神并非上帝所赋予的,而是人们物质行动的直接产物。由于把对人的考察由精神、思想领域转移到社会实践的领域,社会最根本的实践活动是物质资料的生产,而从事物质生产的主体是劳动人民,在资本主义社会则是无产阶级。从此,凡是真正研究人的理论,就决不能丢弃无产阶级和劳动人民。马克思主义人学就是这种人的理论的代表。

每一个地区、国家的人,甚至每一个个人,为什么是这个样子?在这个问题上覆盖着无穷无尽的神话和揣测。但以往没有一种哲学给出过正确而科学的答案。马克思主义哲学运用唯物史观第一次对这个问题给出了科学的解答。马克思主义哲学认为,个人是什么样的,除了他的先天禀赋以外,完全是由后天的实践决定的。这里没有、也不需要任何神的作用。马克思、恩格斯写道:"个人怎样表现自己的生活,他们自己就是怎样。因此,他们是什么样的,这同他们的生产是一致的——既和他们生产什么一致,又和他们怎样生产一致。因而,个人是什么样的,这取决于他们进行

---

① 《马克思恩格斯选集》第 1 卷,人民出版社 1995 年版,第 77—78 页。

生产的物质条件。"①

如前所说，西方人学的最大特点，是把人抽象化、概念化。他们看到的是一般的、普遍的人或孤立的个人，只知道"人"这个概念。这种人学的主要成就，在于把人同自然界中的其他事物、特别是动物区别了开来。不可否认，这是人学史上的一大进步，因为这个进步，才有了人学的基础和研究的独特领域。只要是从类别这一层次上来考察人，人的一般、人的概念就是必要的、有意义的。然而当我们进入一个特定的时代、一个具体的社会，一段特定的历史，一旦进入这个层次，一般的人、普遍的人就淡出了，只能作为衬托的背景，真正社会中的人，都是现实的、具体的。这就是马克思主义哲学的新贡献，因为以前没有任何理论家认识到这一点。

二　关于人的阶级性

尽管时下不大讲阶级和阶级斗争这个问题，尽管阶级和阶级斗争的理论曾经被极"左"思潮弄得声名狼藉，但作为历史唯物主义的基本原理是不应该抛弃的。真理是金子，金子有时会被灰尘覆盖，使人看不到它的光辉，但只要是金子就一定会发出灿烂的光辉。马克思主义的阶级和阶级斗争的理论就是这样，决不会因少数人的歪曲和篡改而失去真理的光芒。大家都赞成和肯定《共产党宣言》这部著作，可是贯穿《共产党宣言》的一根红线就是阶级和阶级斗争的观点，可以毫不夸张地说，如果没有阶级和阶级斗争的理论，那么就不会有《共产党宣言》。

人的阶级性是我国学界一个特别尖锐敏感的问题，一直争论不休。一提到人的阶级性，有人就紧张、反感甚至厌恶。这种情况不是偶然的，是有着深刻的历史根源的。长期以来，我国理论界被一种"左"的气氛笼罩着，其特点是把马克思主义的一些理论和论断教条化、绝对化和极端化，不讲道理，任意地扣政治大帽子，本来是一个可以研究的学术问题，却被一些人说成政治立场问题，使很多人遭受了不应有的打击和迫害，给这些人的人生带来了伤害，有些伤害是不可弥补的，至今思之，令人痛心。这一教训应深刻汲取。现在的问题是，我们能不能因此就否认在阶级

---

① 《马克思恩格斯选集》第 1 卷，人民出版社 1995 年版，第 67—68 页。

社会中人性具有阶级性、人群是划分为阶级的这一真理，我们认为不能。

其实，发现现代社会有阶级和阶级斗争的存在，这并不是马克思的功劳，这一事实的真正发现者是早于马克思之前的资产阶级思想家。马克思的贡献在于把这一理论向前推进了一步，指出阶级并不是从来就存在的，它的存在仅仅同生产发展的一定历史阶段相联系，阶级之间的斗争必然导致无产阶级专政，这个专政最终会导致阶级的消灭而进入无阶级的社会。这是一个长期的历史过程，在阶级存在的社会中，人是从属于一定阶级的；只有带阶级性的人性，不存在超阶级的人性。这并不是马克思主义哲学的捏造或主观的臆断，而是客观存在的事实。既然人都是现实的人，都是从事一定活动特别是生产活动的人，它就决定了每一个人在社会中所处的地位和状态，处在同一地位和状态中的人，由于他的地位和作用与处于另一地位和状态的人的不同，所能获得社会产品多寡和生活方式也不同，因而形成不同集团，这些不同的集团就是社会中的不同阶级。每一阶级在社会中的地位和生活方式不同，决定着这一阶级的人在物质利益、生活态度、人生价值、精神文化、生活情趣等方面具有区别于其他阶级的共同特性，这就是人的阶级性。人性总是在人的生活和活动中形成并表现出来的，只要我们不带偏见，实事求是地去考察人类发展的每一种社会形态，得出人性在阶级社会中具有阶级性这一结论，是不困难的。说在阶级社会中人性带有阶级性，它本身并不具有什么政治含义，更不能作为政治帽子去乱扣，去伤害他人，它仅仅是对社会这种事实的正确反映而已。而抹杀否认人的阶级性，倒是不符合事实的错误认识。

人的阶级性寓于人的个性之中，阶级性包含着人的个性，所以，同一阶级的人仍然是各有个性的人。我们不应借口个性而否认人性的阶级性；同样，也不应该强调人性的阶级性而抹杀人的个性。既然在阶级社会中，不同阶级有不同的人性，马克思主义哲学是无产阶级世界观的理论表现，那么，作为马克思主义者坚持无产阶级的人性、反对资产阶级人性，就不是什么苛刻的要求，而应成为一个马克思主义者的基本素质和立场。其实这种反对是没有什么了不起的，正如有些人也反对马克思主义一样。

如何解释：不同阶级的人会具有相同的感情？比如同情心、共同的审美情趣等。同情心或恻隐之心一直是困扰学人的一个难题。"恻隐之心，人皆有之"，妇孺皆知。但不应忽视的是：绝大多数人都是在最一般的意义上使用这句话，一旦回到具体的层面，人们立刻就会发现同情心、恻隐之心实际上是完全不同的，奴隶主决不会对奴隶有什么同情和恻隐之心，地主对农民、资产阶级对无产阶级也是一样。如果我们否认这点，那就是从根本上否认了人类几千年的文明史。的确，现实社会中，不难看到某一阶级中的个别人对另一阶级个别人的同情和帮助。这可以作两种解释：一是某种利害关系所使然，世上决没有无缘无故的爱，也不存在无缘无故的恨；只要把其中的缘故找出来，就一定会发现其中所带有的阶级性。二是在特定环境条件下，某一阶级的人的立场移到了另一阶级的那一边，与被同情的人成为同一共同利益集团中的一员，这种同情仍然是阶级的同情，而不是超阶级的同情。关于共同的美感和审美情趣，在不同阶级人之间是存在的，马克思曾经说过，古代希腊的艺术对整个人类都具有永恒的魅力。这是因为美和艺术本身就具有一般性的一面，这与人具有一般性是相通的。但是到了阶级社会，美感和艺术也异化了，成了带有阶级性的东西，这也是不容否认的事实。把以上的分析总结起来，就是要表明，历史是现实的人具体的人的现实的活动。

第六节 人的价值和历史认识

人的价值是当今理论研究的热点，也是学界激烈争论的一个问题。这里讲的人的价值是指一般人的价值，同之前分析的历史学家个人的价值观是有区别的。在历史认识论中，不仅涉及什么是人的价值，而且要对认识历史产生深刻影响的是价值观，做进一步深入研究。西方哲学把人抽象化，把人的价值也抽象化，许多分歧和争论即由此而生，各种不同的价值观，产生出观点各异的历史认识论。

一 人的价值的含义

哲学意义上的价值，不同于具体科学中的价值概念。比如在政治经济学中，价值是指凝聚在商品中的一般劳动。作为哲学的价值范畴是要揭示价值的一般本质。马克思主义哲学认为，价值不是某种实体，不是指某一对象固有的属性；也不能简单地归结为主体即人的需要或意愿。价值是一个关系范畴，它反映了客体对于主体的意义和效用。从属性的意义上讲，价值是指客体所具有的满足主体需要的属性、功能。马克思说:"'价值'这个普遍的概念是从人们对待满足他们需要的外界物的关系中产生的。"①对这种关系的认识与对一般外在事物的认识是有区别的,对一般事物的认识必须从对象出发;而对价值的认识则必须从主体的需要和客体具有的属性关系出发。在这种关系中,主体永远是人,客体是指人和人以外的一切物,这个物既可以是物质性的存在,也可以是精神性的存在。价值关系总是相对于人而言的,所有的价值都是指客体对主体需要的满足,没有了人,客观对象及其属性依然存在,依然可作为认识对象,但不存在什么价值和对价值认识的问题。

客体虽然是价值的承担者,没有承担者,价值是不可想象的。但客体本身并不能形成价值关系,离开主体的需要,价值关系不能成立。客体具有的满足主体属性和功能,对人而言,除了客体自身具有的以外,客体的功能和属性主要是由主体通过劳动赋予的。价值关系从根本上说是在人的社会实践中建立起来的,其中特别是劳动实践即获取物质生活资料的实践,对于价值关系的建立具有决定性的意义,是人的实践活动创造了价值。人的实践活动不仅使客体具备了满足需要的功能和属性,而且在实践中不断开发客体蕴含的功能和特性,使其满足主体新的需要,从而也就使客体具有了新的价值。

世间只有人既是价值的主体,又能作为价值的客体。人的最根本的价值就在于人具有劳动的能力,人的劳动力可以创造各种各样的价值,既满足自己同时也满足他人的需要,劳动是一切客体价值的源泉,也是人的价值源泉。因此,人的价值就是指个体的人的劳动对于他人、社会所具有的作用和意义,也就是满足他人或社会的需要。人的价值突出地体现了人的社会性,需要和需要的满足这物与物之间关系的背后隐藏着的是人与人的关系,这种关系决定了人作为价值客体时和作为价值主体时的具体规定性。

衡量一切价值的尺度都在于客体满足主体需要的程度和性质,衡量人的价值也一样,就是看作为个体的人满足他人或社会需要的程度和性质。一般地说,满足需要的程度越高,这个人的价值就越大;越是能推动社会

① 《马克思恩格斯全集》第19卷,人民出版社1963年版,第406页。

发展，这个人的价值就越高。

人的价值的实现必须通过人的实践，人的价值的大小主要决定于他的实践创造能力的高低。现实的人都是具体的，每一个人天生禀赋、受教育的程度、社会权力的大小等各不相同，这些会对人的实践能力的发挥和实践能力使用的领域产生重大影响，也就造成人的价值的不同和差别，即对满足他人和社会需要的大小不同，从而显现出人的价值的大小高低。

二　关于价值观

以上是关于人的价值的一般理论，也就是我们对人的价值最一般的观点，同时也是我们的价值观。

价值观是评价人和事物的价值的复杂的理论体系。由于人是价值主体，离开了人就无价值可言，所以价值观是因人而异。不同的人衡量的标准不同，形成不同的价值观。在今天，我们提倡社会主义核心价值观，反对剥削阶级、特别是资产阶级价值观。价值观是人生观的重要组成部分，它具有很多层次。马克思主义哲学把实现共产主义作为人生的最高价值追求。这同资产阶级思想家把金钱作为人的价值是完全对立的。资产阶级思想家认为，一个人拥有的财富越多他的价值就越大。恩格斯曾指出：在资本主义社会中，"金钱确定人的价值：这个人值一万英镑（he is worth ten thousand pounds），就是说，他拥有这样一笔钱。谁有钱，谁就'值得尊敬'，就属于'上等人'（the better sort of people），就'有势力'（influential），而且在他那个圈子里在各方面都是领头的"[1]。

这种价值观的自然逻辑是资本家、富人最有价值，而无产者和劳动者则没有价值。马克思主义人学把这种错误逻辑彻底颠倒了过来，认为无产阶级和劳动者是世界历史的真正创造者，"奴隶们创造历史"，他们才是最有价值的人。这个论断是破天荒的，在这以前，有谁曾这样讲过？资产阶级思想家历来鼓吹英雄创造历史，直到马克思主义人学，才把这个旧案彻底翻了过来。

在我国现阶段，即在社会主义初级阶段，还存在私有制和商品交换的情况下，对金钱价值观、对金钱与人的价值的关系要做具体分析。一方

---

[1] 《马克思恩格斯全集》第2卷，人民出版社1975年版，第566页。

面，不能简单地接受、鼓吹金钱万能，陷入拜金主义；另一方面，又不能笼统地反对、拒绝金钱。"金钱不是万能的，但没有金钱也是万万不能的。"这虽然是句俗语，但却深刻地道出了当前我国的国情。我们不能把人的价值与金钱简单地等同，可也不能认为在今天的条件下，金钱与人的价值毫无关系。

说到底，人的价值应该是创造历史的价值，也就是人通过实践活动为社会、为他人、为人类之需要之满足所作出的贡献。现在有一种观点，把人从实践中孤立出来谈论人的价值。这种观点笔者以为不可取。一个孤立的个人，完全同社会实践活动相脱离的人，谈论他有什么价值只能是一种空洞的话语，于对象本身并无实质之意义。用言语说一个人具有天大的价值，而在实际上这个人与社会历史毫无关系，这样用话语允诺的价值又有什么意义呢？

不可否认，价值观对于认识和研究历史具有重大影响。西方历史哲学看到了这一点。但有三个方面的问题须进一步研究：第一，人的价值观是哪里来的？沃尔什认为价值观对历史研究的影响是不可避免的，但在人的价值观怎样产生的问题上他陷入了迷茫，他找不到正确的途径，勉强地把它说成是先天的或主观自生的。其实，从唯物史观看来，这个问题是不难解决的，人的世界观包括价值观，既不是天赋的，也不是主观自生的，而是在后天社会生活和社会实践中逐渐形成的。历史学家的价值观也是如此。第二，绝对拒绝任何价值观对历史的影响，如历史哲学中的客观主义者所主张的那样，是做不到的。问题不在于影响，而在于以什么样的价值观为指导，正确价值观对历史的研究不仅不会起破坏作用，反而能促进人们的研究，是研究取得好的成效的工具和助手。第三，承认历史学家价值观的作用和影响，但对价值观不作区分，这是现代西方历史哲学中常见的现象。我们主张历史学家个人应具有正确的价值观，只有这样，才能对历史作出科学评价和分析。

每个社会在不同历史时期，具有不同的价值观。党的十八大提出"倡导富强、民主、文明、和谐，倡导自由、平等、公正、法治，倡导爱国、敬业、诚信、友善，积极培育和践行社会主义核心价值观"，就是今天我国社会的价值观。这3个"倡导"24个字，从国家、社会、公民个人三个不同层面阐述了社会主义核心价值观的目标、价值取向和价值准则。这个价值观是中华人民共和国成立 60 多年来国家精神、社会精神、民族精神曲折发展的高度概括和总结，在国家层面把"民主、和谐"，社会层面把"自由、平等、公正、法治"，个人层面把"诚信、友善"，都作为一种具有国家、全民性质的意识形式，堂堂正正地提出来，这在共产党发展的历史上是前所未有的，在改革开放前 30 年是不可想象的。这个价值观也可谓来之不易，弥足珍惜。这个价值观既代表了全体中华民族的当前利益，也代表了整个国家未来发展的根本方向。每个个人应当自觉遵循，更应成为历史学家研究历史的指导原则。

第七节　人的发展和社会历史的发展

一　个人的发展离不开社会

人的发展既指个体的人的发展，也指整个人类的发展，人的发展也就是历史的发展。研究历史认识论必须对人的发展和社会历史发展给予足够的关注。因为在人的发展问题上，西方人学一个显著的缺点就是把人的发展同社会的发展割裂开来，离开社会的发展去抽象地谈论人的发展。正是由于这一缺点，导致西方人学过分看重个人的自我发展，把个人的自我发展凌驾于社会历史之上，看得高于一切。所以，不正确解决个人与社会的关系，就不能真正认识历史。

马克思主义哲学认为，社会是由个人组成的，但个人离不开社会，离开社会就没有个人的存在。所以社会历史的发展也就是人的发展，人的发展也就是社会历史的发展。随着原始社会、奴隶社会、封建社会到资本主义社会的发展，人类也由原始的人一步一步发展成为现代的人。马克思对社会形态与人的发展的内在关系曾做过深刻的揭示，他说："人的依赖关系（起初是完全自然发生的），是最初的社会形态，在这种形态下，人的生产能力只是在狭窄的范围内和孤立的地点上发展着。以物的依赖性为基础的人的独立性，是第二大形态，在这种形态下，才形成普遍的社会物质变换，全面的关系，多方面的需求以及全面的能力的体系。建立在个人全面发展和他们共同的生产能力成为他们的社会财富这一基础上的自由个性，是第三个阶段。第二个阶段为第三个阶段创造条件。因此，家长制的，古代的（以及封建的）状态随着商业、奢侈、货币、交换价值的发展而没落下去，现代社会则随着这些东西一道发展起来。"① 马克思的揭示表明，人的发展历程与社会的发展历程是完全一致的。人由对自然的依赖性发展为对物的依赖性，最终发展为自由个性。这是一个长期的历史过程，贯穿这一过程的是人的劳动，人的社会生产。

马克思主义哲学认为，任何个人的成长都离不开他人，离不开特定的社会环境和实际的生活处境。"一个人的发展取决于和他直接或间接进行交往的其他一切人的发展；彼此发生关系的个人的世世代代是相互联系的，后代的肉体的存在是由他们的前代决定的，后代继承着前代积累起来的生产力和交往形式，这就决定了他们这一代的相互关系。总之，我们可以看到，发展不断地进行着，单个人的历史决不能脱离他以前的或同时代的个人的历史，而是由这种历史决定的。"② 从个人总体的发展来看，他不可能超越他所处的时代，每个时代造就了属于它的那一代人，人的发展受时代的局限，必然会打上时代的烙印。然而，马克思主义哲学是唯物主义辩证法和历史唯物主义统一论者，它在强调个人的发展受社会环境和历史条件制约的同时，就认识到人是一种能动的存在，实践的存在。就是说，人通过实践，不断地改变环境，超越环境的制约和时代的束缚，使自己发展成为带有超时代的、未来的新因素，人既是现代的，又是未来的，是现代与未来的统一。处于相互关系中的个人，"他们既生产这种相互关系，又新生产这种相互关系。这是他们本身不停顿的运动过程，他们在这个过程中更新他们所创造的财富世界，同样地也更新他们本身"③。

二　个人的发展与主观努力

个人的发展固然离不开社会、他人，但一个人怎样发展跟他的主观努力有非常密切的关系，这也是必须承认的。

人是具有能动性的社会存在物，在个人发展的道路上，主观是否意识到发展，这种意识深刻的程度，以及能否把这种意识运用于自己的实践，对于个人发展极其重要。处于相同社会生活条件下的人，由于主观能动性

① 《马克思恩格斯全集》第 46 卷，人民出版社 1979 年版，第 104 页。
② 《马克思恩格斯全集》第 3 卷，人民出版社 1960 年版，第 515 页。
③ 《马克思恩格斯全集》，第 46 卷，人民出版社 1980 年版，第 226 页。

发挥运用上的差别，个人发展状况可能大不一样，这是社会中常见的现象。所以，在个人发展问题上，在客观条件允许的情况下，要强调个人的主观努力。人生的旅途从来就不是平坦大道，要不畏艰难，勇于克服前进道路上的一切阻力，发愤图强，勇往直前，只有不畏艰险攀登不止的人，才有希望达到光辉的顶点。

不可否认，个人发展有个机遇问题，但是机遇不是绝对的。无数成功人士的实践表明，机遇是可以创造的。每个人在自己的人生道路上，都要善于寻找和捕捉机遇，寻找和捕捉的过程就是自我奋斗的过程，机遇总是在等待辛勤耕耘的人。

三　历史的发展和人权

资产阶级思想家重大贡献之一，就是提出人的权利。人的权利或人权是一个历史范畴，不同历史时期其内容是不同的。严格来说，人权是在意大利文艺复兴运动之后才提出来的。欧洲中世纪，是封建专制和神权所统治的时代，只有贵族和神的权力和地位，人是上帝的奴仆，除了服从上帝，什么权利也没有。一般的劳动人民和农奴更谈不上有任何权利和地位。14 世纪，资本主义生产关系首先在意大利半岛发展起来，代表这种生产关系的先进的思想家发起了文艺复兴运动，借助古代希腊哲人们的思想，宣扬人的自由和权利。到了 18 世纪法国启蒙运动，随着资本主义生产关系的进一步发展，经过资产阶级大革命，资产阶级登上了历史舞台。历经几个世纪的斗争，启蒙运动思想家逐步形成了以反对封建专制统治和神权、主张自由平等为核心的比较系统的资产阶级的人权理论。由此不难看出，人权是历史的产物。这种人权理论最初主张人的权利是由上帝赋予的，到了 18 世纪，卢梭提出自然权利理论，主张天赋人权，认为人的权利是由自然赋予的，这是人权理论的历史发展。

1776 年，美国独立战争以后，发表了《独立宣言》，1789 年，法国大革命以后，发表了《人权和公民权宣言》。这两个宣言第一次宣布：自由、平等、追求幸福、安全等，是人的自然的、不可剥夺的神圣权利。其实质就是反对封建专制和等级特权，反抗英国对美国的殖民统治。资产阶级人权理论的出现是人类文明的一大进步，推动了封建时代向资本主义时代的过渡。对于这笔历史遗产我们要加以批判地继承。

马克思主义哲学认为，资产阶级人权理论的历史意义不容否认，但这种理论所讲的人权实质上仅仅是资产阶级这一个阶级的权利。在资本主义制度下，压迫和剥削的存在，使得无产阶级和劳动群众是不可能享受他们的人的权利的，他们不可能拥有真正的自由和平等。他们有言论自由，可不具备言论自由的条件；他们有参加竞选的权利，可没有参加竞选的资本。这种人权是虚伪的、片面的。自由、平等在现实社会中都是具体的，所以抽象的人权从来就不存在。

马克思主义人学认为，既然人权是具体的，那么在阶级社会中就只有阶级的人权，绝不存在所谓一般的超阶级、超国界的人权。马克思主义哲学并不否认自由平等是人的权利，但人的这种权利的实现只有在消灭私有制和阶级剥削以后，即在共产主义条件下才能普遍实现。我国正处于并长期处于社会主义初级阶段，在这个阶段的人权有两点必须明确：第一，在我国现阶段还不能超越资产阶级法权，就是说，我国人民享有的自由只能是法律允许的自由，平等也只能是在法律面前的人人平等。第二，必须承认我国法权与资产阶级法权的本质区别，即我国法律在根本上是维护广大劳动人民利益的，而资本主义国家的法律是代表资本家利益的。正是这一点，决定了我们党从事的每一项事业都必须把广大人民群众的利益放在首位，把人民群众的利益作为一切工作的出发点和归宿，"为人民服务"是我们党的根本宗旨。然而，在我国现实社会中，我们党的不少干部、政府官员却违背了这个宗旨，他们把人民赋予他们的权利当成谋取私利的工具，贪污受贿成风，任意挥霍国家和人民的财富，生活腐化堕落。在这些人那里，就像英国历史学家阿克顿（1834—1902）所说的："一切权力都使人腐化，绝对权力则使人绝对腐化。"① 从历史发展的角度来看，这些人不会长久，他们的覆灭是必然的。

人权从根本上讲，应是人的生存权。然而，当今世界以美国为首的一些西方大国，以维护人权为借口，不顾被它们侵犯国家人民的灾难和死活，肆意干涉这些国家的内政。人权成了现代西方发达国家用来干涉别国内政的一根大棒，它们以人权无国界的理论为武器，动辄以维护人

---

① 转引自［英］沃尔什《历史哲学导论》，何兆武、张文杰译，广西师范大学出版社 2001 年版，第 33 页。

权为借口，用武力去改变某一国家它们所不喜欢的政治制度，然后在这个国家建立能代表它们利益的政权，这就是所谓的"颜色革命"。伊拉克战争、阿富汗战争、科索沃战争、利比亚战争、乌克兰战事等，无一不具有这样的性质。美国一手引发的叙利亚内战，已经延续了五年多，有近50万人丧生，基础设施几乎完全被毁，逃亡的难民以百万计。可美国每年都在发表人权报告，仍然任意指责包括我国在内的别国的人权状况，公开露骨地干涉别国内政。它指责别的国家政权是独裁统治，统治者动用武力镇压反对派是践踏人权，于是就以此为借口出兵别国，帮助反对派推翻原来的合法政权，建立起听从于它的所谓民主政权。实质上，它根本不是为了保护这些国家人民的什么人权，而是为了它自身的利益。伊拉克战争后来被证实：根本不是萨达姆藏有什么大规模杀伤性武器，而是美国为了维护它在中东地区的石油利益。这场战争，使伊拉克几十万人死于战火，直至今日，这个国家仍然暴力不断，人民连正常生活的权利都没有保障，还谈得上什么人权！然而这一切始作俑者的美国，却熟视无睹！

第八节　人的自由和解放——历史发展的必然

前面我们不止一次地说过，认识和研究历史不是为了别的什么目的，就是为了人自己；这里研究人归根到底也是为了人自己，是为了人的自由和解放。尽管人的自由和解放是一个漫长的历史过程，但却是历史发展的必然。历史认识论就是要把这一必然揭示出来，为人类展现一个光明的未来！

一　提出人的自由是历史的进步

自由是属人的，自由（liberty）的原意是指人从束缚中解放出来。早在古代罗马斯巴达克奴隶起义时，奴隶们就喊出要自由，但那只是对奴隶主残酷压迫和奴役的一种直接反抗，对自由还没有理性的认识。其实，自由不仅指人与人之间的关系，还包括人与外部世界事物之间的关系。因为人的活动不仅会受到来自社会的束缚，而且也有来自自然界的束缚。随着人的认识的发展，人们逐渐懂得：之所以受束缚，根本原因在于人对某种外部力量没有认识和不能驾驭，这种外部力量就是某种必然性。人不认识这种必然性之前，行动是盲目的，即受外在必然性强制和奴役，是不自由的，只有认识了这种必然性并运用于实践，人才是自由的。所以，后来哲学上把自由概括为对必然的认识和把握。这种外在的必然性也就是客观规律性，只有正确认识并按照客观规律办事，人才是自由的。

我们这里讲人的自由主要是指人与人的关系即社会的自由。在欧洲，真正从理性的高度，在政治上把自由作为人的权利、人的本性并用以作为反抗封建统治旗帜的，是启蒙运动思想家。狄德罗认为"自由是天赋的东西"，人的自由不受任何人支配，任何人都不能"从自然得到支配别人的权利"（见《百科全书·政治权威》）。卢梭更是直接宣布："自由、平等是人与生俱来的权利"，是"天赋人权"。这是他们对封建专制制度的反抗。

相对于封建社会的不自由、不平等，相对于封建礼教和宗教的束缚，相对于等级特权等，提出自由、平等的进步性和思想解放作用是非常突出的。特别在推动市场经济发展方面，其作用无可替代。马克思曾指出，在市场上，在商品交换过程中，真正体现了资产阶级思想家所提出的自由和平等，"这个领域确实是天赋人权的真正乐园，那里占统治地位的只是自由、平等……"① 没有这种自由和平等，资本主义市场经济就不能发展，也就没有资本主义的文明和历史。

二 争取无产阶级的解放和自由

揭示资产阶级自由平等的阶级性、抽象性和欺骗性，是马克思主义哲学的首创。资产阶级在作为革命阶级的时期，是整个社会被统治阶级群众的代表，那个时候它还不能够把自由、平等发展为自己一个阶级独享的东西。但在资产阶级夺取国家政权成为统治阶级以后，自由、平等就变成了资产阶级特殊的战利品，被统治阶级实际上享受不到真正的自由、平等。可是在这种情况下，资产阶级国家的社会舆论和资产阶级的思想家，仍然在普遍的、抽象的意义上宣扬这些东西，把资产阶级统治的国家说成是自由、平等的乐园，把资产阶级专政美化为自由、平等的象征，似乎这种国

---

① 《马克思恩格斯选集》第 2 卷，人民出版社 1995 年版，第 176 页。

家中所有的人都能享有自由、平等的权利。这种宣传不仅欺骗了无产阶级和普通劳动群众，甚至使得一些社会主义者也受到了迷惑。

马克思主义的突出贡献之一，就是揭露了自由、平等的阶级性和具体性。指出人的自由和平等应当是具体的，而不是抽象的。马克思在刚登上社会舞台时就受到了普鲁士书报检查制度的迫害，在他投身无产阶级革命和全人类解放的事业之后，更是不见容于资产阶级和它所统治的国家。因此，对资产阶级思想家所宣扬的自由、平等的虚伪性、欺骗性有着深切的感受。在他发现并创立了唯物史观以后，更是以此为武器，对资产阶级的自由、平等作阶级的、具体的分析，关心现实的人的真正的自由，这是马克思对人类思想史的一个巨大贡献。

马克思在谈到自由时写道："先生们，不要受自由这个抽象字眼的蒙蔽！这是谁的自由呢？这不是一个普通的个人对待另一个人关系上的自由。这是资本压榨劳动者的自由。"① 马克思揭示了在资本主义社会劳动者的自由的实质，"这里所说的自由，具有双重意义：一方面，工人是自由人，能把自己的劳动力当作自己的商品来支配；另一方面，他没有别的商品可以出卖，自由得一无所有，没有任何实现自己的劳动力所必需的东西"②。

马克思主义哲学在人的自由问题上的另一个重要贡献，就是提出真正的彻底的自由，并为实现真正的自由指明了道路。现实社会中的自由是片面的，仅仅是有钱人的自由，无产阶级和广大劳动人民群众是无自由可言的。美国学者约瑟夫·斯蒂格利茨写道："现在，身居美国财富金字塔顶端的 1% 人口每年收入占全国总收入将近 1/4。若以所拥有的财富而论，这 1% 人口所控制的比例达 40%。"③ 在贫富悬殊如此之大的国度，那 99% 的人的自由是不难想象的。但这 99% 的人却决定着历史，"塔尖 1% 的人群住着最好的房子，享受最好的教育、医疗和最美妙的生活方式，但是有一样东西是买不来的：那就是意识到自己的命运取决于其他 99% 的人生活得如何。纵观历史，无数 1% 的人群最终都明

---

① 《马克思恩格斯选集》第 1 卷，人民出版社 1995 年版，第 227 页。

② 《马克思恩格斯选集》第 2 卷，人民出版社 1995 年版，第 172 页。

③ 陈人江编：《西方危机之争》，中国社会科学出版社 2013 年版，第 186 页。

白了这一点，但往往为时已晚"①。无产阶级的解放就是全人类的解放，无产阶级的自由就是全人类的自由。马克思主义反对的和要消灭的是资本奴役、剥削工人的这种片面的、虚假的自由，主张全人类获得解放的真正的自由。要实现这样的自由必须推翻资本主义剥削制度，消灭私有制。马克思主义的最高理想是实现"代替那存在着阶级和阶级对立的资产阶级旧社会的，将是这样一个联合体，在那里，每个人的自由发展是一切人的自由发展的条件"②。

①　陈人江编：《西方危机之争》，中国社会科学出版社 2013 年版，第 191 页。
②　《马克思恩格斯选集》第 1 卷，人民出版社 1995 年版，第 294 页。

第十章　把历史提升到哲学

　　从这一章开始，我们将进入历史哲学研究。这种研究包括三个方面的内容：历史学家运用什么样的哲学去从事历史研究；历史事实本身包含的哲学思想；对西方历史哲学的考察和分析。这是历史认识论的深入，也是历史认识论的具体运用。

　　把历史提升到哲学，这个思想来自于黑格尔。它的根本含义是主张要用哲学去驾驭历史研究。这种驾驭既是指要探究历史学家个人所拥有的哲学和对这种哲学的运用，又包含探索历史事实自身的哲学蕴含。现代西方历史哲学尽管流派纷呈，但仔细考察下来，在不少研究者那里，对此是不清楚的，常常将二者混淆在一起。

　　现在我国史学界也存在这种情形。不仅如此，而且还有一种现象，一提到历史哲学就是现代西方历史哲学，把某些西方历史哲学家的思想观点奉为圭臬；而马克思主义哲学的历史哲学在一些研究者那里一点地位都没有，变得不屑一顾。还有些人以食洋人的余唾为得意，一起反对、诋毁马克思主义哲学。反对、诋毁都是个人的事，本不足论。问题在于反对、诋毁是不是真有道理，如果不是这样，就不能听之任之，就必须辩论清楚，否则就会是非不明，贻害于人。本章的根本宗旨之一，就是突出主张把历史提升到马克思主义哲学的高度，坚持马克思主义哲学在社会历史研究中的指导地位。

第一节　历史学形而上存在之追究

一　历史研究向哲学转变

西方学者一般认为，18世纪以前，历史学研究主要注重于历史事件和历史事实，注重于对经验材料的搜集和整理；18 世纪 30 年代以后，人们对这种研究逐渐感到不满足，认为历史研究应该超越对材料的整理、编辑和叙述，做更深层次的哲学思考。特别是在作为理性主义奠基人的伏尔泰提出"历史哲学"以后，西方历史研究活动进入一个新的时代——对历史哲学思考的时代。

这个时代的前期是思辨研究的时代，后期则是分析研究的时代，当中还穿插着一个浪漫主义的历史时期。思辨的历史哲学主要特征是，超越了理性主义对神学历史观的批判，将崇尚理性的理性主义历史观远远抛在后边，并进行了无情的批判，主张社会历史的发展有其自身的目的和必然性，历史哲学应当通过对历史资料的思维和研究，把它蕴含的规律和目的揭示出来，历史应当是思辨的，而不是事实的。分析的历史哲学批评了思辨历史哲学家关于历史规律和目的性理论，提出历史哲学的任务在于对历史思维本身加以考察。浪漫主义的历史时期的历史学派是对启蒙运动历史观的反动，启蒙运动思想家提倡非历史的纯理性主义，而历史浪漫主义则主张"感情""同情"、非理性主义。这些历史哲学流派表现形式不同，但涉及的实质问题在我们看来并不存在根本的区别，都是围绕着历史领域中的认识问题而展开的。这个问题何以成为哲学，就在于研究者都企图超越历史事实，扬弃事实历史的个别性、特殊性和具体性，跃升到历史的普遍本质，把由伏尔泰提出的历史哲学真正充实和建立起来。现在看来，完全成功的人不多，无论是思辨学派还是分析学派，就历史认识论而言，他们的理论都存在缺陷和不足。不过，对他们在探索的过程中取得的成就，人们还是应予肯定，有些学者的创造精神也值得人们钦佩。

对历史的形而上的追究的确是历史研究的深入，但获得的成就并不为大家满意。我们认为问题的症结还是一个世界观和研究方法的问题，以往的研究之所以未能结出真正的果实，根本原因在于没有摆脱唯心史观和形而上学的束缚。有些研究者蹲在旧形而上学的洞穴之中，期望对历史的考察产生新的突破；有的学者虽然严厉地批评了旧的形而上学，但由于没有掌握新的理论武器，因而，只落得"破有余而立不足"的境地。特别是在马克思主义哲学产生以后，一些学者不无偏见地认为，马克思主义哲学是党派形而上学，不值一顾。其实，这些人蔑视马克思主义哲学恰恰使他们成了最坏哲学的奴隶。他们有的变了法子把思想、观念的东西放在第一位，有的以这样或那样的方式否认事实历史的真实性。在方法上，他们或者看到了个别历史事件，忘记了寓于其中的一般性；或者抓住了历史的一般性，而抹杀了这种一般存身之所的特殊性。他们徘徊于个别和一般、特殊和普遍绝对对立之中，在绝对不相容中思维，结果要么执着于个别具体的历史事实不能自拔，陷入实证经验主义；要么陷入所谓浪漫主义即历史非理性主义；还有人崇尚思想和主观精神，实质是纯粹理性主义的变种。

二　一般的历史到哲学的历史

上述历史研究的进展揭示了这样一个道理：对历史做表面的理解已经不够了，研究的发展要求我们必须把历史提升到哲学的高度。

什么叫作把历史提升到哲学的高度？我们先来看在日常生活中，人们是如何对待历史的。历史作为一个一般的概念，是再通俗普遍不过的了。它被人们普遍地运用着，谁的语言里不常说到"历史"呢？一般人对这个概念的理解是：历史就是指过去发生的事情和过程，甚至在字典和辞书中也这样定义历史。

怎样把哲学的深邃与日常的通俗理解结合统一起来，这就要对历史进行形而上的追问。对于这一历史的定义，我们要问什么是过去，什么是历史的过去？这似乎是一个无须解释的问题，其实不然。人们习惯于把"过去"理解为几年前、几十年前、几百年前，也可以是几千年前、上万年前，或者更远。这种理解在常识范围是可以的，但在更深刻、学术研究的意义上就远为不够了。历史的过去并不是普通的过去，乃是有特殊含义的过去，是指特定历史事实发生的那个"过去"，这种过去是为了它自己过程而存在的那种过去，是现实中不存在的过去，是历史学家对被称作历史的那段过去可以进行任意想象的过去。人们常说历史学家活在过去，实际情况是他仅仅活在某个特定的过去，一旦离开了那个特定的过去，他就做不成历史，也就不是什么历史学家了。可见过去并不是随便哪个过去。有着如此丰富内容的过去就不是常识思维所能解决得了的了。恩格斯曾指出："常识在日常应用的范围内是极可尊敬的东西，但它一跨入广阔的研究领域，就会碰到极为惊人的变故。"① 历史过去的概念就是这样。就是说，从哲学层面来看，过去便从常识中脱俗出来，成为需要特别加以规定的一个范畴，人们对历史的认识和研究也就提到一个新的境界。这是对历史进行形而上追究的一个层次。

仅仅解释了过去是不够的，问题尚需深化。任何历史事实都包含个别与一般、具体与抽象的问题，这是哲学中最普遍、最深刻的矛盾，对于历史哲学来说也是如此。人头脑中的历史就是过去发生的人和事，那么过去的人和事是如何成为历史的？这又是一个需要深入的问题，我们就由此再向前深探，如此将把我们引入历史的具体。不少人是从历史著作和教材中理解历史的，从历史文字记载的意义上思考历史，也就是说从别人对过去发生的事件的研究结果去看待历史。然而这种关注和认识的究竟是什么样的历史呢？人们并未注意到他关心的历史的具体性和个别性。仔细分析一下，就会发现人们关注的历史不是抽象的，而是非常具体的。例如：没有一个社会的人和学问家不关注历史，尽管他们关注的重点和目的各不相同，但他们关注的都是很具体的过去发生的事件和事实。政治家关注的是某一时期、某一国家的某一历史事件，可能是政治的、经济的、文化的，也可能是宗教的和艺术的等等；学问家关注的历史也是具体的历史。这些关注历史的人情况尽管很复杂，但有一个共同的特点，就是关心的都是过去不同领域已经发生过的具体事情。随便问一个人什么是历史，能够告诉你的必定是一个具体事件或事实，此外，他说不出别的。例如，《春秋》是我国先秦时代编年史的泛称，相传是孔子"微言大义"之作。读这部书可以说就是读中国最早的历史。可是我们读到的是什么呢？仅仅就是某年某月某日某国发生的某一件事。《史记》更是如此，就是写某一位具体的人所做的某些事，也是特别具体。可以说，离开了这些具体的国、具体的人、具体的事，就没有历史。这种现象说明历史具有个别性和具体性。读史的人几乎不去思考：这种个别的、具体的历史同一般的历史之间的关系，人们似乎不去注意历史的一般性，即历史本身，而在现实生活中他告诉别人的却是一般的历史。他没有意识到这是一个矛盾：他读的、听到的，甚至告诉别人的都是具体的、个别的、真实的历史，可在他自己心中

---

① 《马克思恩格斯选集》第 3 卷，人民出版社 1995 年版，第 360 页。

或与别人说起时，这个历史却是一般的历史。他自己懂得自己所说的话、别人也听得懂他所说的话。为什么？这正好说明一般就存在于个别之中，一般与个别、普遍与特殊是统一而不可分的。人们不论在什么意义上提到历史，这种历史已经是由概念和判断所构成，任何概念已经是一般，已经是对个别的概括和抽象。历史总是以个别和一般相统一的形式而存在的。这是对历史进行形而上追究的又一个层次。

历史认识论就是要通过历史的个别性去揭示历史的一般，历史不仅是专门领域的历史，而且也是一般的历史，这个一般的历史是从许多具体的历史中抽象出来的，它就存在于某一具体的历史之中，它不是某一具体事件的历史，而是历史本身。这种思考就超出了历史的范围，是对历史的形而上的存在的追究。

所谓历史本身最根本的意义就是对历史从哲学层次上加以研究，对历史思想的考察，不是停留于表面的事实上。黑格尔在他《历史哲学》一书中，把历史分为三种：第一种是原始的历史。这种历史是作者把自己亲自经历过的事件记载下来而成的。他举了古希腊两位历史学家写的历史的例子。在我国上古时代一些历史书籍所记载的历史也是属于这一种历史。第二种是反省的历史。是指整个世界或一个国家、一个民族的普遍的历史。第三种是哲学的历史。黑格尔说："我们所能订立的最普遍的定义是，'历史哲学'只不过是历史思想的考察罢了。"① 我理解黑格尔是说历史哲学不是停留于个别历史事实之上，而是要深入史实的内部，将其所蕴含的精神挖掘出来，这样才算真正把握了历史。

在现实生活中，人们所说的历史，很少是他自己亲自经历过的事物，而是别人记载的或历史学家撰写的历史。历史学家撰写的历史也并不是他自身亲自经历过的，他通过收集历史资料和记载，然后利用自己的思想把这些材料整理在概念之下，编辑成书，这就是我们看到的历史。仔细分析一下，这里至少有三点值得人们思考：第一，历史学家的思想是不是就是产生这些历史材料那个时代的思想，即是不是就是历史的思想；第二，历史学家自己的思想同历史本身的思想是什么关系；第三，历史资料本身的可靠性和选取方法是否正确。除了专门研究历史的人，一般的读史的人几

---

① ［德］黑格尔：《历史哲学》，王造时译，上海书店出版社1999年版，第8页。

乎都不去思考这些问题，轻易地相信历史学家撰写的历史就是真实的事实，他传达的思想就是历史的思想。然而，我们若不对历史进行追究，又怎么能做到我们是在认识或接触真实的历史？我们甚至会被引入谎言和欺骗的陷阱而不自觉。因此，历史很久以来就受到人们的追问：我们所读历史是真实的吗？凭什么让我们对书中记述信而不疑呢？可见在历史问题上必须迈出新的步伐，作出新的思考，必须跨越过表面外在的东西，以达到真理的广阔的世界。这是对历史进行形而上追究的第三个层次。

上面涉及的三个方面：历史的过去、历史具体和一般、历史的意义，离开辩证的哲学思维，一个也解决不了，而这些问题得不到科学的解释，我们就不能在历史领域中获得真理。

三 历史哲学中的历史之"真"

在一般认识论中，真理是指主观同客观对象相一致的认识；在反映历史领域中，真实注重于对被反映对象的正确陈述。一般说来，历史的职责在于把现在和过去确实发生的事变和过程记载下来，叙述出来，越是不离事实就越有价值，也就越真实，越值得人们信赖。但是这里讲的真实还不能与真理等同。因为历史的这种记载和描述涉及的仅仅是历史事实的外在联系。我们知道事物的外在联系只是事物的现象，并不是事物的本质。而只有达到对事物本质的认识，才真正获得了关于该事物的真理，这就是历史哲学意义上的真实。

第一次提出这个问题的是黑格尔。他认为，哲学的真实与上面提到的历史的真实完全不同，"哲学事业的努力和历史家的努力恰好相反。"① 这就是说，历史哲学所说的真理，不是指已逝的事物表面的东西，而是探究这种表面现象背后的本质及其内在联系。这就超出了历史学自身的范围，因为从现象上升到本质，再从本质达到事物的规律，这不是一般历史学所能完成的。这里，必须借助于哲学。黑格尔讲的一番话值得参考，他说："在任何一门知识或科学里按其内容来说可以称之为真理的东西，也只有当它由哲学产生出来的时候，才配得上真理这个名称；人们完全没认识到，其他的科学，它们虽然可以照它们所愿望的那样不要哲学

---

① ［德］黑格尔：《历史哲学》，王造时译，上海书店出版社1999年版，第9页。

而只靠推理来进行研究，但如果没有哲学，它们在其自身是不能有生命、精神、真理的。"① 一般的历史陈述所涉及的仅仅是历史事实，这个层次上虽然也存在"真"的问题，真就是指陈述要与史实相符。黑格尔这里所说的真是指对历史内在必然性的认识，应该说这才是真正属于历史的真，而要达到这种真就必须借助于哲学。

正是黑格尔的这一意见启发了我们，使我们认识到必须在哲学的意义上来考察历史，让历史在哲学指导下产生出来。

第二节　历史研究中的世界观和方法论

在研究领域，提到历史，研究者都情趣盎然；一提到哲学，研究历史的人未必都满腔热情；相反，很少有历史学家在撰写历史时明确宣示自己秉持的世界观和方法论，有人讳莫如深，甚至不乏公然反对的。其实这是不正常的，因为世界观方法论是掩藏不了的，从字里行间总会透露出来。

让历史由哲学产生出来，这句话的根本含义就是要研究：历史学家个人具有什么样的哲学和怎样运用这种哲学去研究历史？这个问题以前有过不同程度的论述；此处我们将进一步深入探讨，历史学家个人应当运用什么样的哲学才是正确的。哲学是一种工具，它给人们的思维提供思考、解决问题的路径和方法，解决的是世界观和方法论的问题。历史哲学提出从哲学层面考察历史，归根到底就是要告诉历史学家应当用什么样的世界观和方法论去研究历史才能获得成功。大量事实表明：唯心主义哲学、机械唯物主义哲学都不是考察历史的科学世界观和方法论，只有马克思主义哲学才是指导历史学家研究历史真正科学的理论武器。

一　唯心主义哲学不能成为考察历史的科学世界观和方法论

纵观以往的历史学家所秉持的世界观和方法论大致有两类：第一类是唯心主义的世界观和方法论。我们自己的老祖宗在这方面就有很多令人瞩目的见解。在介绍主、客观唯心主义哲学具体表现形式时，我们曾提到过朱熹和王守仁的哲学；这里我们将从这两种哲学的具体运用上，再以它们

---

① ［德］黑格尔：《精神现象学》上卷，贺麟译，商务印书馆 1979 年版，第 46 页。

为例。

在客观唯心主义方面，中国宋朝的朱熹的历史观就是一个代表。朱熹认为，"理在事先"，先有此事物之理，而后才有此事物，如先有车之理，而后才有车；先有船之理，而后才有船。朱熹说："未有天地之先，毕竟也只是理"（《语类》卷一）。正是这个"理"形成了天地万事万物。他说："宇宙之间，一理而已。天得之而为天，地得之而为地，而凡生于天地之间者，又各得之而为性。其张之为三纲，其纪之为五常，盖皆此理之流行，无所适而不在。"（《文集·读大纪》）这就是说，先有天地万物之理，而后有天地万物。将这种宇宙观贯穿于历史，则人类社会历史就是理的流行和演化的历史，理是人类社会历史存在和发展的决定性因素。他把理叫作"天理"，把它与"人欲"对立起来，提出"存天理、灭人欲"。认为社会历史决定于"天理"是不是得到崇扬，"人欲"是不是灭尽。他身处南宋，反对北伐，劝孝宗皇帝"愿自今以往，一念之顷，必谨而察之，此天理耶？人欲耶？"（《朱子大全》）朱熹的"理"同古希腊柏拉图的"善"一样，都是人类社会历史的主宰。客观唯心主义哲学最终总不可避免地要导致神秘主义，无论是朱熹的"理"还是柏拉图的"善"，实质就是神的另一种说法。

另一类是主观唯心主义哲学。这种哲学同客观唯心主义不同，它不认为在人的主观意识之外存在什么"理"或"善"的观念，"理"和"善"就在人的心中，就是人心，是"心"决定一切。明朝王守仁的心学是这方面的一个例子。王守仁最基本的思想是"万物都在我的心中"，"心外无物"。在《传习录》中记载了这样一件事："先生游南镇，一友指岩中花树问曰：'天下无心外之物，如此花树在深山中，自开自落，于我心亦何相关？'先生云：'你未看此花时，此花与汝心同归于寂。你来看此花时，则此花颜色，一时明白起来。便知此花，不在你的心外。'"（《传习录》下）王守仁把朱熹的客观唯心主义的"理学"改变为他的主观唯心主义的"心学"，他说："心即理也，天下又有心外之事，心外之理乎？"（《传习录》上）如此，心便成了宇宙万物的主宰，人类社会的历史也就成了心的历史。王守仁这种说法同英国哲学家巴克莱的"存在就是被感知"的命题如出一辙。王守仁同他的弟子还有如下一段对话："先生曰：你看这个天地中间甚么是天地的心？对曰；尝闻人是天地的心。曰：人又甚么叫作心？对曰：只是一个人的灵明。可知充实天地中间只有这个灵明，人只为形体自间隔了。我的灵明便是天地鬼神的主宰，天没有我的灵明谁去仰它的高？地没有我的灵明谁去俯它的深？鬼神没有我的灵明谁去辩它的吉、凶、灾、祥？……又问：天地鬼神万物千古见在，何没了我的灵明便俱无了？曰：今看死的人，他的这些精灵游散了，他的天地万物尚在何处？"（《传习录》下）从这段话可以清楚地看出，主观唯心主义哲学把人心、人的感觉作为唯一的存在，没有人的心、没有人的感觉，什么事物，什么人类社会历史，统统都不存在。人的主观意识、思想决定历史的存在和发展。

朱熹的理学和王守仁的心学都曾在我国产生过巨大影响，这种哲学落实到社会历史领域，不仅产生了错误的社会历史理论，在历史研究中起了消极的作用；而且也影响了中国社会的进步和发展。例如，近现代中国两位重要人物曾国藩和蒋介石，都是王守仁心学的崇拜者和践行者，而这两位对中国社会历史的发展进程所起的作用是消极甚至是反动的。

文艺复兴时期，思想家们冲破了神学的禁锢，发现并回到了人，予人以思想的自由。法国启蒙运动思想家较为彻底地否定了上帝的权威和神学的统治，提倡理性，反对盲从。自那以来，两个多世纪过去了，历史学界虽有了不少新的变化。然而，以笔者看来，所有的变化都未能完全越出上述两种哲学的藩篱。

二　机械唯物主义也不是考察历史的科学世界观和方法论

在马克思主义哲学产生之前，唯物主义哲学已经迅速地发展了起来，尤其是在自然观方面，唯物主义哲学具有强劲的优势地位。在社会历史观方面，个别唯物主义者也曾经提出过一些富有启发性的观点，比如一些地理环境主义者，注意到了气候条件和地理环境对社会历史的影响，努力从地理环境去揭示社会历史变迁所出现的差异。然而这些观点现在看来，总觉得是游离于唯物史观天空中偶尔一现的流星，瞬间即逝，未能为这个领域带来真正的光明。这就是说，长期以来，在社会历史领域唯心主义哲学占据着统治的地位，唯物主义哲学在社会历史领域内很难说有什么真正的贡献。这种情况，就连费尔巴哈这样杰出的唯物主义哲学家都未能使之有所改变。费尔巴哈的世界观在本体论上是唯物主义的，而且彻底、鲜明，富有战斗性，曾经有力地驳斥了黑格尔的唯心主义哲学；但这种唯物主义很不彻底，到了社会历史领域，他就背离了唯物主义，而陷入了唯心主义的泥淖。马克思、恩格斯在评价费尔巴哈时写道："当费尔巴哈是一个唯物主义者的时候，历史在他的视野之外；当他去探讨历史的时候，他不是一个唯物主义者。在他那里，唯物主义和历史是彼此完全脱离的。"① 从历史发展来看，马克思以前的唯物主义者在方法论方面陷入了形而上学，就贡献而言，旧唯物主义哲学远远不如唯心主义哲学，因为后者常常能以辩证的思维去对待历史。

从方法论上分，有机械的唯心主义者，也有辩证的唯心主义者，这里我们要特别讲一下黑格尔的辩证法在历史领域中的运用，以彰显机械唯物主义方法论的缺陷。黑格尔把世界历史当作绝对观念演变和发展的过程，这个过程的展开是有着内在联系的，这种内在联系是不以人的意志为转移的，是一种客观必然性。恩格斯在评价黑格尔哲学体系时写道："在这个体系中，黑格尔第一次——这是他的伟大功绩——把整个自然的、历史的和精神的世界描写为一个过程，即把它描写为处在不断的运动、变化、转变和发展中，并企图揭示这种运动和发展的内在联系。"② 黑格尔并未因此达到科学的历史观，由于体系的局限，他的光辉的思想被闷死在厚重体系中。"黑格尔把历史观从形而上学中解放了出来，使它成为辩证的，可是他的历史观本质上是唯心主义的。"③ 所以这种哲学并不能成为我们考察历史的科学武器，但比起机械唯物主义来，黑格尔还是深刻了许多。

三 坚持马克思主义哲学的世界观和方法论

黑格尔提出让哲学产生出历史，就能使历史达到精神和真理。但黑格尔所讲的哲学是指的他自己的客观唯心主义。所谓让哲学产生历史，就是指从世界观和方法论的高度思考历史的内容和特点。我们已经分析过，黑格尔获得的真理就是"绝对精神"，此外再无别的真理。黑格尔的确讲出过许多经典的、格言式的语言和论断，给后世以极大启示；但他的哲学所

---

① 《马克思恩格斯选集》第 1 卷，人民出版社 1995 年版，第 78 页。
② 《马克思恩格斯选集》第 3 卷，人民出版社 1995 年版，第 362 页。
③ 同上书，第 739 页。

包含的或显露出的世界观和方法论，如恩格斯所说"本质上是唯心主义的"，是不足以把握他的时代精神的精华的，也不能真正通晓历史发展的客观规律。

世界观方法论是人类思维的最高和最根本层次，从这个层次去考察历史可以摆脱个别事件和现象的纠缠，以便深刻地把握历史的本质和规律，即历史的真理。但已如上述，并非进入哲学层面就一定能把握历史的本质，因为这里还有一个世界观和方法论正确与否的问题，如果世界观方法论不正确，非但不能把握历史的本质和规律；相反，更容易陷入歧途，歪曲甚或掩盖了历史的本质和规律。从前面我们对唯心主义和形而上学唯物主义哲学的分析可以看出，它们都不是考察历史的真正科学武器。

那么，什么是科学的、正确的哲学？学界认识很不一致，争议颇多。在当今世界各种哲学纷呈、流派众多的情况下，识别什么是科学的、正确的哲学尤其重要。我们认为，一种称得起真正科学的哲学必须是来源于实践又在实践中得到验证的哲学。一种哲学是不是科学的，不靠自封，要靠实践的检验。以实践为基础的马克思主义哲学产生一百多年以来，经过社会实践、特别是自然科学发展实践的检验，已经被、而且还将继续被证明是正确的，这就是我们这个时代真正科学的哲学，是马克思贡献给人类的唯一正确的理论武器。

马克思主义哲学认为，哲学不是玄学，更不是凌驾于科学之上的科学，归根到底它是一种世界观和方法论的理论体系。也就是说，哲学是人们对客观世界万事万物的根本看法和观点形成的理论，是在这种看法和观点指导下所产生出的研究和改变事物的根本方法的理论。几千年来，在人类思维的根本层次上，出现了众多理论，但归结起来不外乎两种基本的对立世界观和方法论，也就是两条哲学路线：一种是由精神到物质的路线；另一条是由物质到精神的路线。这是哲学作为世界观和方法论的根本分水岭，掌握这条分水岭对于在历史研究中坚持正确方向具有决定性的意义。在马克思主义哲学产生以前，旧唯物主义哲学在社会历史领域是谈不上有什么真正贡献的，已如上述。因此，从哲学路线上讲，真正称得上与上面那种哲学路线相反的另一条哲学路线就只能是马克思主义哲学路线，这条哲学路线从本体论上划分，它属于唯物主义阵营，但它和以前的唯物主义有着重大区别，它把唯物主义奠定在实践的基础之上，驱除了旧唯物主义的不彻底性、机械性和形而上学性，第一次把历史奠定于唯物主义基础之上，注入了能动的辩证法思想，使唯物主义成为辩证的、历史的唯物主义。

如何在历史研究中具体做到坚持马克思主义哲学的指导？

第一，把历史同唯物主义基础协调起来。

马克思主义哲学路线坚持把对历史的考察建立在唯物主义的基础之上。恩格斯指出："人类社会同自然界一样也有自己的发展史和自己的科学。因此，问题在于使关于社会的科学，即所谓历史科学和哲学科学的总和，同唯物主义的基础协调起来，并在这个基础上加以改造。"① 把历史科学"同唯物主义基础协调起来"，这是空前未有的创造。这里所讲的唯物主义已经不是以前的机械唯物主义，而是作为马克思伟大发现的历史唯物主义。根据历史唯物主义，历史认识论首要的任务就是要研究和考察观念的历史是否尊重事实，是不是从真实存在事实出发，坚持事实是历史的基础。历史认识论把事实置于研究和考察的第一位，事实是什么，历史就是什么；事实是什么样，历史就是什么样；有几分事实，就讲几分历史。这就从根本上封杀了凭主观想象去杜撰、臆造历史的错误道路，事实是历史科学性的基础。当然，唯物史观若到此为止，并没有实质的进步；而是在此基础上，对事实本身进行深入辨析。

以事实为基础，以事实为根据，看似简单，实行起来颇为不易。原因之一，在于不同哲学对什么是事实理解并不一致。事实可以分为两种：一种是自然的事实；一种是社会的事实。自然的事实比较好理解，就是指人类生存的环境、自然界，也就是自然条件。这里需要注意的是，纳入历史的自然条件，是跟人类活动不可分的，更多的是指那种打上人类实践活动印记的人化自然，那些非属人的自然尽管处于优先的地位，若是没有了人的实践活动，对人类而言也只是无。用马克思的话来说，就是已经成为人的身体一部分的自然才是我们这里说的历史的自然，历史的自然不包括人类实践尚未关系到的那部分自然。马克思指出："自然界，就它自身不是人的身体而言，是人的无机的身体。人靠

---

① 《马克思恩格斯选集》第 4 卷，人民出版社 1995 年版，第 226 页。

自然界生活。这就是说，自然界是人为了不致死亡而必须与之持续不断的交换作用过程的、人的身体。"① 就是说，这部分自然同人已经不可分割。

一谈到社会的事实，问题就比较复杂。大概可以这样说，除了马克思主义哲学，哪一种哲学都未能对社会事实作出过真正科学的规定。马克思主义哲学认为，社会历史的事实首先不是指它的精神，如政治、思想、观念等，因为这些东西虽然也是社会的产物，但它们不是社会的根本产物，就是说，在它们背后还有决定着它们的更深刻的根源。它们是社会这棵大树上的枝叶和花朵，社会不能没有这些枝叶和花朵，如果缺少这些繁茂芜杂的花朵，社会将无比单调而乏味。但它们不是社会这棵大树的根，对社会这棵大树的根还需进一步探究。

社会存在的真正基础是社会的物质生产，离开了物质生产，任何社会都不能存在，社会的其他一切都是在这个基础上产生出来的。"历史破天荒第一次被置于它的真正基础上；一个明显的而以前完全被人忽略的事实，即人们首先必须吃、喝、住、穿，就是说首先必须劳动，然后才争取统治，从事政治、宗教和哲学等等，——这一明显的事实在历史上的应有之义此时终于获得了承认。"② 这是一个极其朴素的真理，然而，在马克思以前没有一位理论家、思想家真正明确地把它揭示出来。根据这样的观点，作为历史的第一个活动不是伟人或智者的头脑，而是人们的劳动，它才是一切历史的真正根基。在研究社会历史时，首先纳入视野的就应该是这个基础——人的劳动——社会的物质生产。这个道理是马克思发现的，他提出社会存在决定社会意识的原理，而社会存在就是指社会物质关系方面的内容，既包括生产过程中发生的人与自然的关系，也包括生产过程中发生的人与人的关系，作为社会物质关系的本质的就是这两方面的结合和统一——物质资料的生产方式。上面提出的考察历史必须坚持以事实为基础，坚持从事实出发，从马克思主义哲学来说，就是要以物质资料生产方式为基础，就是要从社会的物质生产出发。从社会的生产方式出发去解释社会现象，一切社会现象就能得到真正的说明，现象背后的东西就能被正

---

① 《马克思恩格斯全集》第 3 卷，人民出版社 2002 年版，第 272 页。
② 《马克思恩格斯选集》第 3 卷，人民出版社 1995 年版，第 335—336 页。

确地揭示出来，从而达到历史的真理。

在马克思主义哲学看来，人的存在和历史的存在是内在地统一的。人在自己的实践活动中，扬弃了对象世界的外在性，达到了外在自然界与社会的统一，使得历史得以生成。马克思指出："人是全部人类活动或全部人类关系的本质基础……历史什么事情也没有做，它并不拥有任何无穷无尽的丰富性，'它并没有在任何战斗中作战'！创造这一切、拥有这一切并为这一切而斗争的，不是'历史'，而正是人，现实的、活生生的人。'历史'并不是把人当作达到自己目的的工具来利用的某种特殊的人格。历史不过是追求着自己目的的人的活动而已。"① 至此，才将谜底揭示出来：考察历史不是考察那些材料和记载，而是考察人自身及其活动，探究人怎样用自己的活动写成了历史，这种历史体现的人的精神是什么样的。

第二，把历史研究同唯物辩证法结合起来。

考察历史不仅要遵循历史唯物主义原则，而且要遵循辩证法的原则。辩证法（dialektike techne）一词是从古希腊哲学而来的，在古代希腊的意思是辩论的艺术。苏格拉底认为辩证法是通过对立观点的争论而发现真理的艺术。古希腊哲学家的辩证法是朴素的，是对自然现象和社会生活的直观。在欧洲哲学中，辩证法这一术语曾被哲学家们在不同意义上使用过。17、18 世纪形而上学唯物主义占据统治地位，到了德国古典哲学，辩证法在唯心主义哲学中获得了发展。在黑格尔哲学中辩证法作为世界观和方法论才重新兴盛起来。黑格尔在唯心主义基础上把辩证法发展到完善的地步，是辩证法集大成者。他认为："辩证法是现实世界中一切运动、一切生命、一切事业的推动原则。同样，辩证法又是知识范围内一切真正科学认识的灵魂。""自然世界和精神世界的一切特殊领域和特殊形态，也莫不受辩证法的支配。"② 黑格尔的辩证法是唯心主义的，他认为是辩证法的观念决定着一切事物的运动、变化和发展，在他的哲学体系中，辩证法是头足倒置的。马克思、恩格斯是从黑格尔体系中把辩证法挽救出来并加以唯物主义改造的唯一的人，是他们把辩证法建立在唯物主义的基础之上，用现代唯物主义辩证法取代了唯心主义辩证法，如果说 17、18 世纪

---

① 《马克思恩格斯全集》第 2 卷，人民出版社 1957 年版，第 118—119 页。

② ［德］黑格尔：《小逻辑》，贺麟译，商务印书馆 1980 年版，第 177、179 页。

的形而上学被唯心主义辩证法否定了；那么现代唯物主义辩证法又否定了唯心主义辩证法，这是否定之否定。通过这种否定之否定，使哲学发展到一个新的更高的水平，产生了现代唯物主义和辩证法结合的唯物辩证法，这是一次飞跃。恩格斯写道："现代唯物主义，否定的否定，不是单纯恢复旧唯物主义，而是把两千年来哲学和自然科学发展的全部思想内容以及这两千年的历史本身的全部思想内容加到旧唯物主义的永久性基础上。这已经根本不再是哲学，而只是世界观，它不应当在某种特殊的科学的科学中，而应当在各种现实的科学中得到证实和表现出来。"[1] 以上叙述表明，辩证法有唯心主义和唯物主义之分，我们这里强调的是唯物主义的辩证法。所谓唯物主义的辩证法是指它是客观辩证法的主观反映，它是唯物主义世界观在对事物变化发展问题上的根本看法和观点的科学。

对立统一是唯物辩证法的本质和核心，是唯物辩证法的根本观点，也是研究和考察历史的根本观点。一切事物都注定免不了矛盾，都是矛盾的统一体。矛盾双方既相互对立又相互依赖，既相互排斥又相互联系，统一中有斗争，统一中有否定，是一种不可抗拒的力量，在它面前，无论表面上是多么坚固稳定的事物，都将或迟或早发生改变，历史也是如此。用对立统一的观点去考察历史，历史就不再是僵死的、不变的，而是具有活力的生动的过程。这样去看待历史，不仅是"梨花一枝春带雨"，而且是"宝马雕车香满路"。

第三，弘扬马克思主义历史哲学在历史研究中的指导地位。

马克思发现的唯物史观，列宁称之为"是科学思想中的最大成果"[2]，是我们研究社会历史最科学、最新的理论武器；但是由于种种原因，这几年被人们冷落了，甚至遭到一些人的非难和攻击。这种情况的出现跟有些人对历史唯物主义的滥用有一定关系，用对历史唯物主义的研究取代对具体历史的研究，一提及历史就贴上历史唯物主义的标签，就是滥用的典型例子。这些做法不是坚持历史唯物主义，而是损毁了历史唯物主义。但比这更严重的是，一些研究者的偏见，一些研究者拜倒在西方流派的脚下，盲目追随实质是妄说谬见，拒绝马克思主义的理论，让他们轻而易举地占

---

① 《马克思恩格斯选集》第 3 卷，人民出版社 1995 年版，第 481 页。
② 《列宁选集》第 3 卷，人民出版社 1995 年版，第 311 页。

据了本应由马克思主义占据的理论阵地。

马克思主义理论阵地的丢失，跟主流媒体不坚定的态度和模棱两可的立场有很大关系。现今这个时代，人们信仰的多元化是不奇怪的，也无须加以制止和指责；但作为一个社会主义国家，即使处在初级阶段，坚持马克思主义也应是责无旁贷，在是非面前，在原则问题上，应当态度鲜明，立场坚定。如果在坚持还是否定马克思主义基本原理这样一个问题面前态度暧昧，立场模棱两可，这就会给不信仰马克思主义的人提供机会和条件，攻击和否定之声也就会随之甚嚣尘上。我们并不在意谁攻击或否定马克思的唯物史观，思想是自由的，人们信仰什么不信仰什么，是不能强迫的。我们这里探讨的是科学和真理，我们在意的是哪一种研究和考察历史的世界观和方法论是真正科学的？拿马克思的唯物史观同现代任何一种历史哲学理论相比，马克思的唯物史观必定是赢家，正确性完全在马克思的历史唯物主义一边。我们的不在意还有另一个原因，那就是马克思的唯物史观是真理，真理是不怕攻击的，是打不倒的，如果马克思的唯物史观一击即垮，那么它还值得人们尊重吗？还能保持它的威望到今天吗？

马克思主义历史哲学是马克思主义的重要组成部分，它是指导历史研究的指南。我们主张弘扬马克思主义哲学的历史唯物主义的指导地位，并不是把马克思主义当作标签或公式到处乱套。

马克思主义的唯物史观是研究的指南，而不是构造体系的诀窍，决不能拿它作为套语和标签贴到历史事件上去。这是马克思主义历史哲学一条极其重要的原则。马克思主义的历史哲学——唯物史观，被一些人误解的原因之一，就是过去把历史唯物主义公式化，当作教条。这种做法从根本上说是违背历史唯物主义的。关于这一点，恩格斯晚年多次重申。1890年6月5日恩格斯在给恩斯特的一封信中写道："至于谈到您用唯物主义方法处理问题的尝试，那么，首先我必须说明，如果不把唯物主义方法当作研究历史的指南，而把它当作现成的公式，按照它来剪裁各种历史事实，那它就会转变为自己的对立物。"① 所谓"对立物"就是唯心主义，就是说，如果把历史唯物主义当作公式、套语就会陷入唯心主义泥坑。针对当时德国一些年轻学者不作艰苦研究，用唯物史观任意构造体系的情

---

① 《马克思恩格斯选集》第 4 卷，人民出版社 1995 年版，第 688 页。

况，恩格斯在 1890 年 8 月 5 日给施米特的信中写道："对德国的许多青年著作家来说，'唯物主义'这个词大体上只是一个套语，他们把这个套语当作标签贴到各种事物上去，再不作进一步的研究，就是说，他们一把这个标签贴上去，就以为问题已经解决了。但我们的历史观首先是进行研究工作的指南，并不是按照黑格尔学派的方式构造体系的诀窍。必须重新研究全部历史，必须详细研究各种社会形态存在的条件，然后设法从这些条件中找出相应的政治、司法、美学、哲学、宗教等等的观点。"① 恩格斯的这些论述表明，对于他和马克思所提出的历史哲学——历史唯物主义，决不能取代对社会历史的具体研究，决不是束缚研究者思想的枷锁，而是开启人们智慧的钥匙。

---

① 《马克思恩格斯选集》第 4 卷，人民出版社 1995 年版，第 691—692 页。

第十一章　历史和历史哲学

历史早就产生和存在了，历史哲学则是近现代才出现的。二者既有区别，又有联系。历史认识论注重在联系中去把握区别，在区别中去把握联系。这样，既能加深对历史的理解，又便于去更好地把握历史哲学。

第一节　历史与哲学的区别和联系

一　历史与哲学的区别

自从学科分类出现以后，历史和哲学就分属不同学科。哲学和哲学史已有许多专门的论述和研究；历史在各种不同的意义上也有不少专门的研究。历史与哲学从性质和内容上讲，都有明显的不同，人们已习惯地把它们看作两种不同的专业门类，很少关注它们之间的联系。

多年以来已形成了一种习惯，研究哲学的人只看重哲学的各种命题本身，盘桓于形而上的境界之中。他们虽然有时也谈及历史，但论述所及大体是哲学自身的发展过程，历史在他们的视野之外。即使哲学史家也只是在论及某个哲学家及其哲学观点产生的时代背景时，才顺便叙述当时的社会历史，但他们所论述的决不是历史哲学。作为哲学家这样做无可非议。除了纯哲学以外，研究历史上的哲学都是以个人为主，它的对象是具体的某一个人的思想及其著作，是直接的，尤其是他们的论著，如至今盛传的《老子》《论语》《庄子》等，老子、孔子、庄子的哲学思想就在这些著作之中；历史学家除了从这些著作寻找资料以外，并不将这些著作就当作历史，这是哲学与历史的很大不同。

历史学家对哲学的注重比哲学家对历史的注重更为薄弱，他们的兴趣完全集中在对史料和历史事实的研究上，他们流连于形而下的世界里面，在论述历史时常常忘记了哲学。作为历史学家这样做也无可非议。

哲学与历史的上述特点，在哲学和历史之间留出了一块开阔地，这个空间便是历史哲学的地盘。在这块开阔地上要兴建的建筑就是把历史与哲学结合起来的大厦——历史哲学。

二 历史与哲学的联系

我们有感于自然科学同哲学的结合和融合，尤其近现代以来，许多在自然科学中有大成就者，同时也是很有影响的哲学家。牛顿的万有引力定律为人类确立起一个崭新的宇宙观，达尔文的进化论哲学给了占统治地位的形而上学狠命的一击，爱因斯坦的相对论哲学开拓了现代宇空理论，所有这些自然科学的成就，都对人类理论思维的发展起了巨大推动作用。相形之下，我们的历史学家对人类理论思维所作出的贡献，就很难列举了。

历史与哲学的联系客观上是存在的。认真研究起来，要在理论上将二者完全分开是很困难的，在实践中加以区分则几乎是不可能的。因为历史是哲学的，哲学也是历史的，历史意义的哲学和哲学意义的历史是一直存在的。之所以为人们所忽视，主观上是人的认识不够发展，客观上是哲学和社会科学还不发达，还不具备发现和开发这个领域的主观和客观条件。历史学家和哲学家不注重历史哲学虽然都无可非议，但毕竟是一种缺陷。

之所以无可非议，是因为在这两个"无可非议"之中包含着一种局限——历史发展的局限，即历史自身还没有充分地展开，内在的必然性还被重重芜杂现象所遮盖着，例如社会形态之间的内在联系，决定社会历史存在和发展的真正基础等等，都远远还没有显露出来。在欧洲，到了16世纪，随着科学的发展，才逐步出现了冲破这种局限条件，大约经过两个世纪，这块开阔地才开始慢慢繁荣起来。如何把哲学与历史有机地结合和统一起来，才作为一个问题浮现出来，人们才开始研究从哲学的高度去审视历史，从历史中发掘哲学，把历史与哲学打通，从而在更深的层次上将二者结合起来。

然而，这种结合却走着曲折的道路。在西方，18世纪以来，历史哲学像雨后春笋般出现，一方面，是历史哲学繁荣的表现；另一方面，泥沙俱下，鱼龙混杂，谬误与偏见充斥其中。这个领域亟待澄清，我们在这里试图做的正是这一工作。在这个基础上，揭示历史与哲学的内在联系，从而把历史哲学奠定在科学的基础之上。其实在我们看来，问题本身并不复杂，历史与哲学是不可分的。我们坚持说两句话：第一句是哲学是历史的，历史是哲学的载体，哲学只能在历史中存在，只有在历史中哲学的生命才得以延续，它不像事实和事件可以直观，哲学存在于历史深处，要通过思维才能把握。第二句是历史是哲学的，任何历史都是有意义的，总是蕴含着这样或那样的哲学思想，只有把这种哲学思想揭示出来，历史才具有灵性。

哲学与历史的发展是同一个过程，是同一个过程两个不同的又紧密联系的方面。没有任何现实的哲学活动不是历史的，系统哲学与历史学的分野从本质上、绝对意义上讲是不正确的。既要把历史与哲学区别开来，又不能隔断它们之间的联系。

第二节　历史研究需要哲学的指导

一　一个历史旧案的启示

上面我们提到历史与哲学的结合的道路是曲折的，其重要表现之一就是有些历史学家公开拒绝哲学。

历史认识都必须以历史哲学为前提，这是不以人的意志为转移的。然而，时下企图回避世界观和方法论问题成了一些历史学家的时髦，更有一些人把哲学当作是一种干扰，要把哲学竭力从历史领域中排除出去。他们认为只有这样，才能进行真正的历史研究。这些看法是受了一些自然科学研究家的影响而产生的，他们主张把实证主义简单地搬到历史学研究中来，主张要像自然科学那样，搞纯粹的实证，以为自然科学家是超越一切哲学的。这种情况，引起我对一个历史旧案的回忆。早在 19 世纪，自然研究家中就有那么一些人蔑视哲学，尤有甚者，有些自然研究家对哲学家进行谩骂。针对这种情况，当时恩格斯写道："自然研究家相信，他们只有不理睬哲学或羞辱哲学，才能从哲学中解放出来。但是，因为他们离开思维便不能前进，而且要思维就得有思维规定，而这些范畴是他们从所谓有教养者的那种受制于早已过时的哲学残渣的一般意识中盲目地取来的……正因为这样，他们同样做了哲学的奴隶，而且遗憾的是大多做了最蹩脚的哲学的奴隶，而那些辱骂哲学家骂得最厉害的人恰好成了最蹩脚的哲学家的最蹩脚的庸俗残渣的奴隶。"① 恩格斯在这里批评的是自然研究家，也就是我们今天所说的自然科学家；研究社会历史的历史学家是否也应从中获得某些启示呢？

当今的时代是科学技术迅猛发展的时代，也是各种文明激烈碰撞融合的时代，作为世界文明古国之一的中国，在这个大潮中，不仅应占有与国家相称的地位，而且要为人类历史的进步作出无愧于我们伟大民族的贡献。我国有悠久的历史，有光辉灿烂的文化，把这些推向世界，是每一个历史学家不可推卸的时代责任。

一个国家要想使科学迅速发展，赶上和超过世界先进水平，就不能没有正确的理论思维的指导。我们国家要想在世界取得话语权，让世界听懂、接受中国故事，对人类历史进步作出贡献，历史学家肩负着崇高的历史使命。完成这种历史使命的关键在于：历史学的研究要自觉接受正确哲学的支配。当今世界称得上科学的世界观和方法论的理论体系就是马克思主义哲学，特别是它的唯物史观，是直接指导历史研究的最好的理论武器。马克思主义哲学的彻底性和科学性，使它成为不可超越。任何一个历史学家不论他主观上对马克思主义哲学抱何种态度，客观上他只有用马克思主义的哲学方法来思考，来了解历史事实和研究历史文献，才能使自己的研究达到真正科学的水平，才能不辜负时代所赋予的重任。

二　自觉成为哲学意义上的历史学家

历史研究家同自然研究家一样，离开理论思维同样也不能前进；所以恩格斯的批评对于那些蔑视哲学的历史学家也是非常适用的。正因为如此，我们希望每一位历史学家都自觉成为拥有科学思维的历史哲学家。

历史研究不可避免地渗透着历史学家个人的世界观、价值观，这一点有些西方学者早就认识到了。沃尔什明确指出，历史学家总是用自己的世界观、道德信仰和价值观理论去看待历史事实的。他说："非常清楚的是：历史学家们确实是在运用这些理论，哪怕他们并没有明白地总结出它们来；而且对于许多这类可能的理论之中哪一种是正确的，他们之间也并

---

① 《马克思恩格斯选集》第 4 卷，人民出版社 1995 年版，第 308 页。

没有一致的意见。"① 沃尔什这里讲的既非常实际又很客观，历史学家"确实"不能没有理论指导，既然如此，历史学家何不自觉地、理直气壮地成为拥有科学哲学理论指导的历史学家！

沃尔什的可贵之处不仅在于提出历史学家确实是在运用一种理论去看待历史，而且已经意识到每一位历史学家拥有的理论不一定就是正确的，在历史学家之间，对于什么是正确的理论，也是众说纷纭、争论颇多。事实正是如此，由于拥有的理论不同，所得到的结果常常大相径庭。

严格说来，哲学贯穿整个历史进程，但相对于事实历史而言，哲学意义的历史更是指反映的历史。人们总以为反映的历史是历史学家对事实直接的简单记述或描写，而忽略了反映者渗透于其中的世界观和方法论因素，这样很容易导致对反映的历史的盲目性。如果我们注意到反映者的世界观和方法论的问题，即他是在什么样的世界观和方法论主导下去反映、记述事实的历史这样的问题，立刻就会使我们对反映的历史持一种审慎的态度，从而使对反映历史的认识更加深入。这是从另一角度来考察的。

哲学意义的历史就是挖掘历史被哲学化的过程，即历史是怎样转化为历史哲学的。历史不可能仅仅停留在对事实的记载和描述，研究历史的人都懂得需要深入历史事件的深处，把寓于历史事件中的哲学意义揭示出来。要做到这一点，就必须从事实中超升出来，在另一个高度、从不同的视角去考察这些事实，这样考察的深刻性是不言而喻的。哲学意义的历史就是从世界观与方法论的高度来反观历史，它不研究历史事实本身，而是研究反映事实历史的世界观以及人们记载、论述、研究事实历史所包含的根本观点和方法，把这些观点和方法提炼出来，上升到哲学就是哲学意义的历史。比如我们说黑格尔研究历史的世界观是唯心主义的，但他的方法却是辩证的；费尔巴哈的历史观既是唯心主义的，方法又是形而上学的。

记载、论述、研究本身已经是反映的历史，已经是一种认识。从这种反映和认识中去探索它所包含的世界观和方法论，就是对这种认识进行再认识，是对思考的再思考，是对反映历史的原则的再思考，这样再思考出来成果，就是历史哲学意义的历史。历史哲学意义的历史注重的不是历史

---

① ［英］沃尔什：《历史哲学导论》，何兆武、张文杰译，广西大学出版社 2001 年版，第 105 页。

事实本身，而是隐藏在反映历史深处的主体的精神。没有这种精神，事实尽管是事实，但不能成为历史。这是很清楚的，当人们面对一种过去的事实时，如果不能根据一定的世界观和方法论原则把它描述出来，把这一事实所包含的意义揭示出来，谁都不会把这一事实就指称为历史。

一个明摆的事实是：不论什么时代，也无论何人，当他去进行这种反映时，他的思维决不是一块白板，而是已经有了一定知识和社会经验的积淀，他总是以确定的世界观、方法论、价值观（不管反映者意识到与否）去面对事实的历史的，正是这一点为历史研究者所疏忽，或者被有意回避。黑格尔指出："进行工作的人用了他自己的精神来从事这种整理工作，他这一种精神和材料内容的精神不同。因此，那位作家在叙述各种行动和事变的意义和动机时，他所依据的若干原则以及决定他的叙事的若干原则，是特别重要的。"[1] 黑格尔在这里讲的工作者所依据的叙事的原则就是反映者自己（主体）的精神——反映者的世界观、方法论和价值观。

黑格尔洞察到这一点是他思想深刻性的表现；然而，这里讲的主体的精神、世界观和方法论原则是哪里来的？在解决这个问题时，黑格尔陷入了先验主义，他认为这种精神、世界观和方法论原则是先天地就存在的。人们就是把这些先天存在的原则运用于考察的对象，于是才有了历史。在黑格尔哲学中，这种所谓先天的原则，其实也不过就是"理性""绝对精神"，因为在他的体系中，"理性""绝对精神"不仅决定产生一切，而且它自己就是主体，它自己、也只有它自己才能认识它自己的产物。新黑格尔主义者意大利历史学家、历史哲学家克罗齐发挥了黑格尔哲学，不过他是把它推向了右的方向，即推向主观唯心主义方向。克罗齐认为，事实是躺在坟墓中的死的历史，要使死的历史复活，就必须由现代人的生活精神去把它唤醒，然后才有历史。就是说，事实要成为历史必须要借助于活人的精神。然而，就好像走路一般，克罗齐走到这一步还是在真理的道路上，可是当他再向前再迈出一步的时候就不幸陷入了错误的泥潭。他看到了事实与反映者的精神之间的关系，可当他深入去考察这种关系时，竟然认为是主体的精神决定历史，甚至说精神本身就是历史。

我们与黑格尔（甚至所有历史唯心主义者）的分歧，决不在于对事

---

[1] ［德］黑格尔：《历史哲学》，王造时译，上海书店出版社 1999 年版，第 4 页。

实的考察有没有或需要不需要一定的原则，而是在于对原则是从何而来的不同回答。我们决不承认有什么先天的、先验的原则，一切原则只能来源于人后天的实践，是主体在实践中逐步形成的。

第三节　哲学是历史的

一　历史是哲学的载体

上面我们说历史是哲学的，是强调从世界观、方法论和价值观高度去审视历史学家对历史事件的研究，不要就事论事；然而哲学又是历史的，这个命题的根本含义是把历史自身的意义作为研究对象，揭示历史事实背后隐藏着的思想和精神，这个精神的底蕴是指历史事实自身所显现的世界观和方法论，即哲学。历史是哲学的载体，任何历史事件总有着它自己的意义和思想，这就是事实历史自己的精神。我们这里讲的事实历史自己的精神，就是指事实历史本身所蕴含的必然性和对它的抽象和概括，也就是透出的一定的世界观和方法论，是特定世界观和方法论的某种体现；而不是指历史事实透露出的别的精神，如政治的、道德的、艺术的，等等。世界观和方法论是一种更高的精神，是时代精神的精华，这是比一般的历史事件更有价值的东西。强调哲学是历史的，就是要把深藏于历史事实中的世界观和方法论即作为时代精神精华的东西挖掘出来。

毫无疑问，历史应是对历史事实和史料的研究。但这种研究，除应揭示历史事实的真实性，凭事实和文献展示当时社会的情景之外，一个更为深刻的方面是揭示历史本身所蕴含的哲理，展示那时社会的时代精神的精华。而正是这一点为一般历史研究者所忽视。打开现今的史书，我们见到的是历史事实的描述和记载，是对历史文献的分析和研究。这当然无可厚非；然而，这种历史研究是不深刻的。要深刻地反映历史，就必须把历史中的哲学展示出来，只有这样，才能起到打动人的心灵、启迪人们思维的作用。这与哲学意义的历史把历史哲学化一样，历史意义的哲学就是把历史本来包含的哲学揭示出来。历史事实以及再现的历史情景对人也具有一定的吸引力，但真正使人震撼、深刻地触动人心的，是历史事实所包含的哲学智慧，是事实中透出的哲学光芒。研究历史如果不能把这种光芒带给读者，不能给读者以哲学的启迪，这种历史是肤浅的、苍白的。研究历史当然要钻研历史事件和历史文献，但这种研究是不深刻的，它至多能告诉我们"是什么"，而探索"为什么"才是对研究更有意义的。康德把历史事件叫作现象，认为哲学在这里的任务，是把隐藏于现象背后的必然的东西发掘出来，就是要探究是什么东西驾驭、操纵着历史事件，使它产生，而且是以这样的形式产生？康德的这个思想是深刻的、具有合理性的。可惜他未能发掘出驾驭历史的真正的力量，而是把驾驭历史的力量说成是"天意"。

康德虽然不能算神学信奉者，但他还是假设上帝的存在，在这里所表现出来的是神学世界观，在历史事件背后起决定作用的是上帝，作为哲学意义的历史就是上帝决定的历史；同时考察历史的方法也就确定了下来，这就是把考察上帝的意志作为前提，作为出发点，考察上帝的意志，理性做不到，只能靠信仰，这就是他为什么提出"要给信仰留下地盘"的原因。不难想象在这样的世界观和方法论影响下的历史将会是什么样子。

其实，哲学意义的历史是对历史本质的再概括、再抽象，并没有什么特别神秘的地方。历史的本质已经是对事实历史的概括和抽象，使这种概括和抽象再深化，才能达到精神的精华。事实的历史是个别的、特殊的，而哲学的历史不仅是普遍的和一般的，而且是普遍和一般的升华。

为什么历史的本质可以再升华？因为历史的本质同任何事物的本质一样，也是层层递进级级深入的，就是说，有较浅显的、低层次的本质，也有高层次的、很深入的本质。例如决定整个人类历史的本质是高层次、很深入的本质；决定某一时期、某一地区、某一事件的本质就是低层次的、较浅显的本质。康德认为，历史是假设的上帝设计好的计划的实现，上帝的计划是最完善、最美好的；人是上帝实现它的计划的手段，上帝把自己的目的隐藏在背后，冥冥之中掌握着人类的一切活动，每个人都在不自觉地为上帝的目的的实现而努力着，驱动人们活动的动力是人的自私心和人的恶性。正是在人的贪欲、残忍、斗争的过程中，历史在不断地实现着自己，也就是说，上帝的目的在一步一步得到实现。康德这里所说的道理是神秘主义的，甚至是荒唐的；但他在这里却是从哲学的意义上去讲历史的，这就是一种哲学意义的历史。由此不难看出，所谓哲学的历史就实质而言，就是认识和研究渗透于、贯穿于历史事实中更深刻的普遍性，对事件起决定作用的深层的规律和必然性，驾驭历史事实的最高力量，而这种力量在唯心史观那里完全被扭曲或者神秘化了。之所以如此，完全是神秘化的世界观和方法论所使然。

二 哲学意义的历史与哲学史

哲学意义的历史不同于哲学史。20 世纪 80 年代末，朱伯崑先生写了一本题为《易学哲学史》的专著。他在书中就讲了易学与哲学的关系问题。他认为：过去关于易学的研究只限于经学史领域，内容包括文字和义理两个方面；一般的哲学史著作对易学的哲学虽然也有所论述，但往往是脱离易学发展的历史，脱离易学自身的问题去讲哲学，没有揭示出哲学同易学的内在联系。朱伯崑先生写道："易学哲学有自己的特点。其哲学是依据易学自身的术语、范畴和命题而展开的，而这些范畴和命题又出于对《周易》占筮体例、卦爻象的变化以及卦爻辞的解释，从而形成了一套独特的理论思维形式；其对哲学问题的回答是通过其理论思维形式来表达的。因此，易学哲学的发展，就其形式和内容说，都同易学自身问题的展开，特别是同对占筮体例的解释紧密联系在一起，有其特有的理论思维发展的逻辑进程及其规律。……这是一个新的研究课题，其内容既不同于作为经学史的易学史，也不同于一般的哲学史。"[1] 这个现象在历史研究中也同样存在。在一般的历史研究中，人们注重的是对历史事实的考察和诠释，而这一事实蕴含的哲学往往被人们所忽视。在哲学史的研究中，人们注重的是每个事实历史的理论思维及其发展，而历史的一面却不为人们所关注。

历史是过去人们的生活，人们的生活充满哲学。但哲学并非历史事实本身，它不能被直观和感性地加以把握；它是历史事实中蕴含的理论思维，是一种精神的存在。它不同于实在的历史事实，但哲学这种精神的存在并非是不需要载体的，它必须是，也必然是附着于一定的历史事实，哲学就是深藏于历史事实的宝库之中的精神。

我们讲历史意义的哲学是指特定历史的哲学。就是说，必须是这一历史事实的哲学思想，而不是别的历史事实的哲学思想。历史意义的哲学不是今日之哲学，它是以往历史事件所表现出来的哲学。尽管历史意义的哲

---

① 朱伯崑：《易学哲学史》第 1 卷，华夏出版社 1995 年版，第 2 页。

学在现今可能仍具有价值，但却不能因此而无视它的历史意义，不能把历史的哲学现代化，倘若如此，就不能叫作历史哲学。

不论是历史事实还是历史文献都蕴含一定的哲学思想，不过这需要有哲学头脑的人有意识地去挖掘。首先，历史意义的哲学是通过人把它挖掘出来的。这是因为哲学不等于历史事实本身，它不是事实的一部分，它不可以直观，它是对事实的反思，是对蕴藏于事实背后精神的挖掘和把握。历史事实也蕴含一定的思想，这就是通常人们所说的历史事实表现出来的意义；而历史意义的哲学则是这意义深处支持这一意义的精神。它要通过人的意识的深入思考方能将其发掘出来并加以掌握。中外历史上发生过无数次战争，历史学家讲战争的原因、发生、过程和结果。这些当然是必要的，也具有一定的意义，但不具有恒久性。然而，一旦把战争所蕴含的哲理揭示出来，它给予人们的东西便是恒久的。如依据对战争的研究而写出的《孙子兵法》一书，既讲了战争这一历史事实，更注重对战争哲理的研究。无数关于历史上的战争的历史都躺在历史书中，很少有人问津，而《孙子兵法》直至今日仍有其价值，为一切研究和进行战争的人必读之书。其根本原因就在于这部著作揭示出了战争历史的哲学，即战争的规律性。

其次，研究历史的人要具有哲学的头脑。这是历史的哲学得以挖掘的主观条件。许多历史学家之所以只知道历史而不知道哲学，一个重要原因就是缺乏哲学的头脑。就如同开矿一样，历史学家是宝藏的发掘者，但由于他不认识哲学这种宝藏，结果这种宝藏他视而不见。一些历史事实和材料在历史学家眼里仅仅是历史，我们不能因此断定说这位历史学家没有水平，而是因为他并没有以一种哲学的眼光去考察这些材料。这些材料的哲学思想要依赖研究哲学的人来揭示。在哲学家眼里，这些东西就变了性质，它不仅是历史，而且还是哲学的素材，并从之揭示出丰富的哲学思想。本来哲学与历史是结合在一起的，可是当我们真正去把握它时却必须分别进行。许多历史著作对历史事实的叙述很用心、很丰厚，然而对于哲学这个层面的论述或者缺乏，或者很薄弱、很苍白。

三　历史意义哲学的三个层次

第一层次是指个别历史事件和史料所蕴含的哲学思想。1898 年与

1899 年之交，在中国河南省安阳县西北五里的小屯发现了无数龟甲兽骨的碎片，骨片上多刻有古代文字，文字的内容是三千年前殷代王室占卜的记录。这就是中国最早文字——甲骨文的发现。这是一个个别的历史事件。历史学家通过对它的研究，揭示出殷商时代社会的生产、生活、文化艺术等。这些工作是很有意义的。但甲骨文蕴含什么样的哲学意识，却未被人们注意，这不能不是一个缺憾。对甲骨文的认识不等于是对其所蕴含的哲学思想的认识，任何一件历史事实，历史学家可以从之挖掘历史，哲学家亦可从之发掘哲学，自古而今，不少人从历史上政治的、经济的、战争的等事实中引发出许多哲理，给人以智慧。这些哲学智慧乃是历史所赐。

第二个层次是指一个国家、一个民族或地域的历史所体现出来的哲学智慧。因为国家、民族、地域的历史是由它们那里的事实而决定的，是历史学家根据这些事实而写成的，所以就各有特色。正是这种区别也就形成了不同的哲学，或者说哲学是有国家的、民族的、地域的特点的。

古希腊和罗马是欧洲文明的发祥地，也是欧洲哲学的故乡。黑格尔在他的《哲学史讲演录》中写道："一提到希腊这个名字，在有教养的欧洲人心中，尤其在我们德国人心中，自然会引起一种家园之感。"在他看来，今天欧洲人的一切，"科学和艺术，凡是满足我们精神生活，使精神生活有价值、有光辉的东西，我们知道都是从希腊直接或间接传来的，——间接地绕道通过罗马"[1]。至于哲学则更是如此。"那更高的、更自由的科学（哲学），和我们的优美自由的艺术一样，我们知道，我们对于它的兴趣爱好都植根于希腊生活，从希腊生活中我们吸取了希腊的精神。如果我们可以心神向往一个东西，那便是向往这样的国度，这样的光景。"[2] 由此不难看出，古希腊的历史对于古希腊哲学的形成是多么的重要。黑格尔认为希腊之所以成为哲学的家园，是与希腊人的生活分不开的。他说："正如希腊人在生活上安于家园一样，哲学也是畅适自足，哲学上的畅适自足，亦即人在精神上畅适自足，怡然如在家园。"[3] 黑格尔

---

① ［德］黑格尔：《哲学史讲演录》第 1 卷，北京大学哲学系外国哲学史教研室译，生活·读书·新知三联书店 1956 年版，第 157 页。

② 同上书，第 157—158 页。

③ 同上书，第 159 页。

对希腊人生活的理解是不全面的，他所向往的希腊人的生活实际上是一部分希腊奴隶主的生活。把希腊人想象得过于美好，似乎每一个希腊人都生活在神仙的世界，都天生的是哲学家，这就使得他把希腊的历史与哲学的关系搞成不相干的两码事。他说："思想的发展，在希腊人那里，是从他们最原始的素质中启发出来、发展出来的；我们不必远求于外在的机缘，便可研讨希腊哲学。"① 其实他忘了，哲学从来就是闲人的事业。亚里士多德在这方面比黑格尔有见识，他认为"闲暇"是哲学产生的必要条件。他说："只有在几乎所有的生活必需品都得到满足，而且确保有个安逸的生活环境时，才能谋求这种知识。"② 亚里士多德在这里讲了一个非常平凡的真理：先要解决吃、喝、住、穿的问题，然后才能去从事艺术、哲学等。而吃、喝、住、穿的东西必须先由奴隶把它生产和创造出来。因此，奴隶的劳动实践才是古希腊哲学的真正得以萌生的土壤。所以，哲学不是存在于希腊人的"最原始的素质中"，而是存在于包括奴隶在内的希腊人的生活中。正是这种生活形成了历史，同时也产生了希腊哲学。

什么是希腊哲学的特点？或者说，希腊历史所蕴含的是一种什么样的哲学？这是一个很复杂的问题，也是一个专业性很强的问题。我们这里引证西方学者格思里的见解。他认为在具体的天文学、数学和其他有些科学技术方面，东方人早就超过了希腊。但东方人发展这些科学技术，只是为了实用和宗教的需要，只停留在对个别的、具体的事物的阶段，还没有上升对一般理论的认识。只有希腊人才提出了"为什么"的问题。他举例说："火，在埃及人看来是有用的工具，对他们生活的各个方面多发生作用；而希腊人却要问为什么同一个火能做许多不同的事情，究竟火的本性是什么。这样就使希腊人的思想大大上升，达到一般的抽象思维，产生了理论科学或称为哲学。正是在这一点上，希腊人超过了他们的先驱者。"③ 希腊人不满足现象，他们的兴趣常常在于探寻现象背后的东西；他们相信一切事物的背后一定隐藏着比感知到这个事物本身更为深刻的东西，他们把它叫作"罗各斯"。探寻"罗各斯"就是探寻哲学，每个事物有每个事

---

① ［德］黑格尔：《哲学史讲演录》第 1 卷，北京大学哲学系外国哲学史教研室译，生活·读书·新知三联书店 1956 年版，第 160 页。

② ［古希腊］亚里士多德：《形而上学》，吴寿彭译，商务印馆 1989 年版，982b22—24。

③ 转引自汪子嵩等《希腊哲学史》第 1 卷，人民出版社 1988 年版，第 62 页。

物的"罗各斯"。每个事物都有着自己的哲学，这就是希腊历史所贡献于哲学的。

中华文明发源于两河流域，其中特别是黄河流域。两河流域各族人民的生活和生产活动是主要的历史事实，对于这些史实的挖掘和研究就是中华民族的历史，在这一历史中蕴含着丰富的、具有中华民族特色的哲学智慧，它的内容和表现形式都与古希腊哲学不同。差不多与古希腊历史同时代的中国历史是春秋战国时期，这个时期的历史也体现了一种哲学，但这种哲学是由当时中国人的社会生活和实践所决定的，由于这种生活和实践与希腊人的完全不同，因而形成了中国那个时期的特定的哲学。侯外庐等人编著的《中国思想通史》对这个问题做了分析，书中指出："在希腊，思想起点上的思想家，例如泰勒士，一开始便提起了（并且也解答了）宇宙根源的问题；与此一问题相并行，也从事于自然认识的活动。但是，在中国，思想史起点上的思想家，不论孔子和墨子，其所论究的问题，大部分重视道德论、政治论与人生论；其所研究的对象也大部分以人事为范围；其关于自然的认识，显得分量不大；其关于宇宙观问题的理解，也在形式上仍遵循着西周的传统。""中西两相对勘，我们可以说，希腊古代思想史在起点上，是追求知识、解答宇宙根源问题的'智者气象'……而中国古代思想史在起点上，是关心治道、解明伦理的'贤人作风'。"①这些分析对于帮助我们了解中国古代哲学与希腊哲学的各自特点，具有一定参考价值。但并非不可再行思之。以我看来，作者俱有囿于儒家影响之嫌。儒家人物，一提起中国古代哲学，皆体认非儒学莫属，作者这里提到的"贤人作风"正是儒者之作风。可与儒学同时且高于儒学的派别还有许多，如具有显著地位的有墨子、老子等学派，在他们的著作中，关于追究天地之源万物之本的言论并不少，然而却不为人们所重视。更有人在寻求近代以来中国之落后的原因时，也把它归于古代的这一传统。这种观点值得商榷。第一，影响中国发展的决不仅仅是儒学一脉。认为只有儒学对中国的发展起作用，其他学派对中国发展没有意义。这种认识显然是不全面的。第二，中华之历史以几千年计，落后不过是近一百年来的事，在更长的历史年代，中国无论在科学技术上还是经济发展上，都处于世界领先

① 侯外庐等：《中国思想通史》第 1 卷，人民出版社 1957 年版，第 131—132 页。

地位。这个事实不但可以说明影响中国发展的决不仅仅是儒学，其他学派的作用也不可低估；而且说明，即使在儒学占统治地位的情况下中国也决不是没有"智者气象"。

第三个层次是一定时期的时代性哲学。这种哲学与世界历史是联系在一起的。世界历史是由各民族国家历史构成的有机整体，作为这种整体历史所形成的哲学带有它的时代性。比如：在世界历史的古代，由于人类自身进步程度的限制，人类在某种意义上还没有从自然界中完全独立出来，同自然界仍然浑然一体，这个时代所形成的哲学思维就带有整体性的特点，即能从联系的、发展的、运动的观点上去认识世界事物，这就是古代的辩证思维。就是说，整体性的世界历史形成了整体性的理论思维。到了近代，随着生产与科学的发展，人们不仅把自己从自然界中区分开来，而且逐步认清了各种不同事物所具有的各自的性质，从而将它们区别开来，对它们进行分门别类地研究。"主要是把事物当作一成不变的东西去研究……这种方法在当时是有重大的历史根据的。必须先研究事物，尔后才能研究过程。必须先知道一个事物是什么，尔后才能察觉这个事物中所发生的变化。自然科学中的情形正是这样。"① 这是在认识自然界方面取得巨大进步的基本条件。"但是，这种做法也给我们留下了一种习惯：把自然界中的各种事物和各种过程孤立起来，撇开宏大的总的联系去进行考察，因此，就不是从运动的状态，而是从静止的状态去考察；不是把它们看作本质上变化的东西，而是看作永恒不变的东西；不是从活的状态，而是从死的状态去考察。"② 这种思维方式也影响到对社会历史的研究。生产和科学的进一步发展，特别是细胞学说、能量转换守恒定律和达尔文进化论三大发现，推动世界思维从形而上学向辩证法转化，即过渡到用运动、联系、发展的观点去看待事物。人们对这个时期世界历史的认识，也有利于受到时代哲学变迁的影响。19世纪末到20世纪，世界历史进入现代发展阶段，生产和科学高度迅速地发展，推动世界历史的进步，经济的全球化，使得历史越来越成为世界史，世界历史越来越成为一个整体。那种孤立的、静止的、片面的思维方式，被无数科学成果和历史事实所冲

---

① 《马克思恩格斯选集》第4卷，人民出版社1995年版，第244—245页。
② 《马克思恩格斯选集》第3卷，人民出版社1995年版，第360页。

破，于是一种辩证的思维形式又逐渐取代了形而上学的思维方式，构成了今天时代特点的哲学。

总之，历史是哲学的，哲学要以历史为载体。根据不同的载体去挖掘不同的哲学思想，是历史哲学化的过程，也是历史认识论研究深化的过程。

第四节　历史哲学一般

一　哲学的明灯

中国语言中原本没有哲学一词。哲学一词是从古希腊文 philosophia 来的，＝由"爱"和"智慧"两个词所组成。汉语中"哲"字亦有"智慧"、"聪明"的意思；19 世纪，日本学者西周（1829—1897）首次用汉语中"哲"和"学"指称"philosophia"方面的学说，始有哲学概念。1896 年前后，由中国学者黄遵宪（1848—1905）介绍到中国，逐渐使用开来。

哲学是各门具体科学的概括和总结，每个时代的哲学都是它那个时代社会思想和精神的集中表现。哲学作为一种抽象的思想领域，离开产生它的基础——经济结构——最远，因而受到各种因素的影响就多。反过来也可以说，哲学渗透的领域也多。无论是自然科学还是社会科学，几乎每一个门类都包含哲学，而哲学给每一个学科门类都是增光添彩的。哲学在它自身里是贫乏而无味的，当它进到别的门类却生动了起来，变得深邃而有趣。例如：老子在《道德经》讲"为之于未有，治之于未乱。合抱之木，生于毫末；九层之台，起于累土；千里之行，始于足下"。"祸兮福所倚，福兮祸所伏。"在亚当·斯密的《国富论》中有这样的论说，"奴隶的劳动是最昂贵的劳动"。这些话所以为人们所欣赏，就是因为其中含有深刻的哲理。对历史来说也是如此。

通常所说的哲学，主要是指研究世界观的学说，是人们对于自然、社会和思维的根本看法和观点的理论体系。世界古代，各民族都产生了萌芽状态的哲学，古希腊是哲学最为繁荣的地方，这里出现了许多对后世产生重大影响的著名哲学家，如赫拉克利特、德谟克利特、苏格拉底、柏拉图、亚里士多德等，他们探讨了宇宙的本源、运动、变化和发展，研究社会和社会历史及其运动和变化。哲学研究的是各种现象最初的根源和最后的原因。在古代，哲学还没有从具体科学中分离出来，也可以说具体科学尚未从哲学中独立出来，所以，一切科学都是哲学，哲学一直凌驾于全部具体科学之上，成为"哲学王"，"科学的科学"。这种状况直到近代，随着生产、科学的进步和发展，出现了许多分门别类的科学，它们自成体系，纷纷从哲学中独立了出来，才最终结束了哲学"科学之科学"的地位。

哲学是一种思维工具，一直被统治阶级用来奴役、压迫被统治阶级，是每一时代统治阶级维持其统治和维护自己利益的不可缺少的精神武器。欧洲中世纪，哲学与神学相结合，做了神学的奴仆，成为宗教神学残害人性的帮凶。直到意大利的文艺复兴运动以后，哲学开始才回到人这里来；18世纪法国资产阶级的启蒙运动，用理性取代了神的权威，冲破了神学的殿堂，哲学又有了新的发展。到了19世纪，以康德为发端、黑格尔为顶峰、费尔巴哈为终结的德国古典哲学，把哲学的发展推向了新的阶段。其中特别是黑格尔，是马克思主义哲学以前对近代哲学发展贡献最大的哲学家，他的唯心主义哲学是近代哲学中最完善的哲学体系。恩格斯指出："在这个体系中，黑格尔第一次——这是他的最大功绩——把整个自然的、历史的、精神的世界描写为一个过程，即把它描写为处在不断的运动、变化、转变和发展中，并企图揭示这种运动和发展的内在联系。从这个观点来看，人类的历史已经不再是乱七八糟的、统统应当被这时已经成熟了的哲学理性的法庭所唾弃并最好尽快被人遗忘的毫无意义的暴力行为，而是人类本身的发展过程，而思维的任务现在就是要透过一切迷乱现象探索这一过程的逐步发展的阶段，并且透过一切表面的偶然性揭示这一过程的内在规律性。"[①]

从古到今，哲学的发展尽管经历了许多阶段，表现为各种形态，但贯穿其中的基本问题是思维与存在的关系问题，即是思维是本源、第一性的，还是物质存在是本源、第一性的？对这个问题的不同回答划分了哲学上的两大营垒：凡是主张思维第一性、存在第二性的哲学家就是属于唯心主义的阵营；凡是认为存在、物质是本源第一性的、思维意识是第二性的

---

① 《马克思恩格斯选集》第3卷，人民出版社1995年版，第362页。

哲学家，组成唯物主义阵营。马克思主义哲学属于唯物主义哲学阵营，它是一种新的世界观，它同一切唯心主义形式的哲学是对立的，又与旧唯物主义哲学有着重大区别，它是完备的、彻底的、辩证的唯物主义哲学。特别是马克思主义的历史唯物主义，是马克思的独创和新发现。马克思主义哲学为世界无产阶级认识世界和改造世界提供了伟大的认识工具，也为我们研究社会历史提供了理论指导。

从理论上来讲，历史哲学是哲学的一个分支。虽然，历史是哲学的，哲学也是历史的，说明历史哲学作为一个相对独立领域是有根据的。然而当历史、哲学作为一门学科早已繁花似锦之时，历史哲学还没有真正独立出来。

"历史哲学"这一概念是伏尔泰在 18 世纪创造出来的。俄国著名诗人普希金曾指出："伏尔泰第一个走上了新的道路，他把哲学的明灯带进了黑暗的历史档案库中。"① 但伏尔泰只是发现对历史有进行哲学思考的必要，他并没有意识到历史哲学将要成为一门独立的学科，更谈不上去建立这门学科。历史哲学作为一门学科并具有自己特定的知识领域是近现代的事情。所以，也就是在近现代才逐渐有人去认真思考什么是历史哲学这个问题。一当人们对这个问题进行思考，各种意见便纷至沓来，形成了蔚为壮观的热闹场面。因此，历史哲学也同许多学科一样，是一个众说纷纭的领域。争论的焦点在于：什么是历史哲学？这个问题又可以分为以下三个具体问题：1. 历史哲学概念的定义；2. 历史哲学的对象；3. 历史哲学的内容。在这样一个领域中要获得相对确定的东西，非做一番艰苦的探索而决不能成其功。

二　历史哲学的不同解说

什么是历史哲学？这不是一个轻松的话题。现在关于这方面的书汗牛充栋，但对此概念作出不存争议的定义并不多。问题似乎存在于：有的论者只是从历史是哲学的意义上去考察历史哲学，有的论者只是从哲学是历史的意义上去考察历史哲学。我们则主张：既要从历史是哲学的意义上、

---

① 转引自 ［苏］维·彼·沃尔金《18 世纪法国社会思想的发展》，杨穆 、金颖译，商务印书馆 1983 年版，第 34 页。

又要从哲学是历史的意义上，就是说，从二者的结合和统一的意义上去考察和规定什么是历史哲学。为了厘清这个概念，不妨简略地考察一下几位主要历史哲学家对这一概念的界定。

1. 黑格尔历史哲学的理解

黑格尔是明确地写了《历史哲学》专著的哲学家和历史学家。他在《历史哲学》这部书中把历史分为三类：原始的历史、反省的历史和哲学的历史，前两种历史尽管生动有趣，但是不深刻，没有揭示历史的本质和真相。只有第三种哲学的历史才能把握历史的精华，这就是他主张的历史哲学。

他从对什么是历史的理解中去定义历史哲学的。他认为历史是"绝对精神"的自我展现。"世界历史可以说是'精神'在继续作出它潜伏在自己本身'精神'的表现。如像一粒萌芽中已经包含树木的全部性质和果实的滋味色相，所以，'精神'在最初迹象中已经含有'历史'的全体。"① 基于对历史的这种理解，黑格尔认为历史哲学这个概念的基本含义就是对历史思想的考察。他写道："'历史哲学'只不过是历史思想的考察罢了。"② 这个考察历史思想的思想就是"理性"。他说："哲学用以观察历史的唯一的思想便是'理性'这个简单的概念，'理性'是世界的主宰，世界历史因此是一种合理的过程"③ "理性"之所以是世界的主宰，就在于"理性"本身就是实体，它具有无限的权力，它自己就是无限的素质，这个素质就是创造一切自然的和精神生活的基础；而且"理性"自身就具有推动内容的源泉，这个源泉就是"自由"。他把这种"理性"也叫作"宇宙精神"，世界历史就是"宇宙精神"的展开。自然宇宙和世界历史不过是："宇宙精神"的现象。正因为如此，所以"理性"才是万物的无限的内容，是万物的精华和真相。

历史哲学不把考察现象作为自己的责任。黑格尔写道："'理性'是万物的无限的内容，是万物的精华和真相。它交给它自己的'活力'去制造的东西，便是它自己的素质；它不像有限的行动那样，它并不需要

① ［德］黑格尔：《历史哲学》，王造时译，世纪出版集团、上海书店出版社1999年版，第18页。

② 同上书，第8页。

③ 同上书，第9页。

助于外来的素质，也不需要它活动的对象。它供给它自己的营养食物，它便是它自己工作的对象。它既然是它自己的生存的唯一基础和它自己的绝对的最后的目标，同时它又是实现这个目标的有力的权力。它把这个目标不但展开在'自然宇宙'的现象中，而且也展开在'精神宇宙'——世界历史的现象中。"① 正是由于在历史的背后有如此深刻的东西，所以黑格尔才不满意那种仅仅停留在事实层面的历史，而提出哲学的历史，要对历史进行哲学的考察。

黑格尔并不否认历史有事实的一面，但他认为历史的事实是由思想所决定的，不仅如此，黑格尔还更前进了一步，去探究思想是由什么决定的，也就是说，要探究思想背后东西。这是黑格尔深刻的地方，他本来具有比他以前任何哲学家更有条件走向历史唯物主义，然而，他的体系害了他，使他在探索思想动因背后的原因时不能超出思想，而是仍然回到思想，这个决定思想的东西在他那里不是别的，就是"理性"，就是"绝对精神"。他认为"理性"是万物的精华和真相，历史哲学要把握的不是事实本身，而是决定事实思想的思想，历史哲学就是关于历史绝对精神的哲学。

2. 狄尔泰发现了什么

威廉·狄尔泰（1833—1911）是德国的历史学家和哲学家。他在历史哲学方面有着特殊的贡献，因而具有较大的影响。这个贡献突出地表现在他把历史理性的批判问题提了出来。如同康德在纯粹理性批判的研究中提出了人的认识是如何可能的一样，狄尔泰提出了历史认识何以可能的问题。

他提出这个问题是针对当时在历史研究中的经验主义倾向的，历史经验主义者不懂得研究历史与研究自然的区别。人们对自然现象的认识仅限于解释和说明；而对于历史则依赖于人的记忆、回想和想象，回忆就是复活过去的存在过的事物；想象是展望未来而成为历史的事物。无论是回忆还是想象都不过是人的一种心理活动。这样一个发现的意义就在于：狄尔泰发现了历史学家与历史资料的新的关系。原来的历史研究只是简单地从文献和资料出发去了解过去，狄尔泰认为，文献和资料本身是死的，并不

---

① ［德］黑格尔：《历史哲学》，王造时译，世纪出版集团、上海书店出版社1999年版，第9页。

能显示过去，也就是说，文献和资料并不能给我们真正的历史知识。历史知识是如何来的呢？实际上这些资料只不过为历史学家在他的心灵中复活历史的精神活动给了一种提示，不是死的历史资料本身有什么意义和生命，而是通过这些资料提供的机缘，才使得历史学家有了某种体验，而正是这些体验才形成所谓历史知识。在此基础上，他把历史与历史哲学区别了开来：历史仅生活于文献和资料所提供的外部景观中，而历史哲学则是借助这些景观让研究者的精神活动为人们提供历史知识，这就是对历史认识如何可能的问题的回答。也就是说，在狄尔泰看来，历史认识之所以可能，实际上依赖于人的体验，也就是人的心理活动。

这种对历史哲学的理解的确是从形而上的角度去思考的，就此而言，人们肯定狄尔泰的进步。但正如柯林武德所指出的，从心理学的观点加以处理的历史就根本不再是历史了。狄尔泰强调历史哲学不能与直接经验等同是具有合理性的，然而把历史知识与历史直接经验区别开来并不能真正构成历史知识，狄尔泰指望通过精神活动去获得历史知识，即通过心理学去解决历史认识如何可能的问题，这就从根本上否定了他的发现的意义。他不懂得：历史知识是要通过精神活动去获得的，但精神活动本身并不就是历史知识。不能否认，历史学家在面对史料时不免会产生这样或那样的体验，即回忆和想象，在研究历史时会将自己的体验包括进去，但必须明确，体验本身并不构成历史，构成历史的只能是已经发生过的事实和事件以及对这种事实和事件的认识和研究。

3. 柯林武德对历史哲学的理解

柯林武德（1889—1943）也是一位对历史哲学很有影响的人物。他是对历史和历史哲学进行过专门考察的少有的一位历史学家。在我看来，他在这两方面都取得了空前的成就。在这些成就面前，尽管人们议论纷纷，但对他观察和研究问题新的视角，谁都不能不给以重视。他的这些成就集中反映在《历史的观念》这部书中，特别是这部书的导论和第五编中。

他对于历史哲学比他对历史的理解要深刻得多。关于历史，他先是把历史事件分为外部的东西和内部的东西，前者是指可以凭感官直接感知的；后者是指只能用思想来把握的。两者的统一就是行动。任何行动都是由思想决定的，这是历史事件与自然事件的根本不同点。然后，他又从研究自然与研究社会历史的方法比较中得出他关于历史的定义。他认为，自然科学关心的是自然现象本身，是对自然现象本身进行研究；历史学家并不关心历史事件本身，而是研究事件背后的思想。柯林武德认为，事件是由它背后的思想决定的，它是思想的外在表现，人们只是为了考察思想，才去关心历史事件的。他说："历史的过程不是单纯事件的过程而是行动的过程，它有一个思想的过程所构成的内在方面；而历史学家所要寻求的正是这些思想过程。一切历史都是思想史。"[①] 从得出这一论断的分析过程来看，柯林武德的许多分析是很有道理、很深刻的，例如任何行动都是由思想决定的，因此考察引起行动的思想比考察行动本身更有意义；但我们不能因此就认为他的这一论断就是正确的。因为把历史说成是思想史显然是片面的，他丢弃了历史的根基和基础——历史事实。尽管在分析时他也注意到了历史事实，但他最终在对历史的理解中、在对历史进行定义时，却把事实这一面丢弃了。

柯林武德认为，一般的哲学都是反思的学问，是对于思想的思想。每个时代的哲学都是为了解决那个时代所产生的特殊问题而出现的。在古代是数学问题，中世纪是神学，17、18 世纪是自然科学，大体上在 19 世纪历史才被当作一个特殊形式被人们注意，正是由于这一特殊形式的出现，才在一般传统哲学上产生出一个新的分支——历史哲学。他说："需要有一种特殊的探讨它的任务应当是研究这一新问题或这一组新问题，即由有组织的和系统化的历史研究之存在而造成的哲学问题。这种新探讨就可以正当地要求历史哲学的称号。"[②] 历史哲学是由 19 世纪这个时代历史被人们所关注以后而产生的，它是一种与特殊类型的对象有关知识的一种特殊类型或形式。严格说来，柯林武德这里所说只是对历史哲学何以产生的一种解说，并未真正解释清楚什么是历史哲学；然而从他对哲学的一般理解，我们不难看出，柯林武德所理解的历史哲学就是对特定时代历史思想的反思，就是说，历史哲学作为一种特殊类型和形式是对 19 世纪历史思想的反思。他的这一思想与他把一切历史都当作思想史的观点是一致的，哲学比历史更深刻，历史不过是通过事件去把握思想，历史哲学就是通过

---

① ［英］柯林武德：《历史的观念》，何兆武、张文杰译，商务印书馆 1997 年版，第 302—303 页。

② 同上书，第 32—33 页。

思想去把握决定思想的思想。

4. 克罗齐对历史哲学的解说

本尼戴托·克罗齐（1866—1952），意大利哲学家、历史学家。克罗齐是意大利新黑格尔主义的重要理论家，他的历史哲学的思想产生过广泛的影响。他在阐述自己历史哲学时，批判地审视了历史决定论的因果论和历史先验论的目的论。

他认为历史决定论的方法论原则是因果联系，他们的公式是：先搜集事实，然后再找原因，把因果原则当成了历史的"黏合剂"，也就说，在历史决定论者那里，事实正是通过因果关系这一"黏合剂"才成为历史的。"先搜集事实，再按因果把它们联系起来"，这就是历史。这种理论遇到的第一个矛盾是无法避免去探寻最终的原因，而在因果链上，这种终结的原因实际是不存在的。于是就会产生这样一种危险，"人们终将宣布他们任意确定的'原因'就是'最终的'、'真正的'原因，从而把个人的随心所欲提高到创造世界的行动的高度，把它当作上帝那样，那是某些以自己的随心所欲为真理的神学家们的上帝。"① 这个批判无疑是深刻的。克罗齐还敏锐地指出，如果坚持逻辑的一贯性，那么历史决定论必将陷入先验的目的论。因为认为因果在事实之外或之上决定着事物，若是放弃因果范畴而代之以另外一个范畴，这个范畴就只能是外在的先验的"目的"最适合。在克罗齐看来，历史决定论必然导致二元论。他们设想的实际是两个世界：一个是"观念"；一个是在"观念"之外的事实。一个是天国；一个是尘世的国度。这就是二元论的历史哲学。

关于历史先验主义的方法，克罗齐指出，他们是先确立意义，然后再把这种意义赋予事实。它与历史决定论因果联系原则不同，而是"把这些粗糙的事实描述为一种先验过程的各个方面，即神的显现"②。他认为这种历史学具有诗意的特征，就是说，人们常常把美丽的幻想看作是事实之外的动因，正是它在决定着事实的产生和展现。克罗齐很不客气地批评道："这些都是十足的神话。"

在做了以上的批判之后，克罗齐提出了自己关于历史哲学的意见。他

① 张文杰等编译：《现代西方历史哲学译文集》，上海译文出版社1984年版，第305页。
② 同上书，第308页。

认为，无论是历史决定论还是历史先验论，都不能成为历史哲学。在这个意义上他宣布："历史哲学已经死亡。"因为这两种历史理论都以粗糙的事实为出发点，而这些事实都是未经证明的假设。所以，问题在于：首先是肯定事实的存在。谁来肯定事实的存在呢？不是原因，而是心灵。正是心灵使事实成为并被安排成为历史事实的。因此，历史哲学的出发点不是事实，而是思考和解释事实的心灵。历史决定论和历史先验论把问题完全搞乱了，什么追溯事实的原因，什么事实是先验过程的显现，都是对粗糙事实真相的遮掩，粗糙事实本来面目是，只有被心灵光芒照射着的时候它才成为事实的。所以，真正的出发点是心灵。因为"真正的出发点将显示它本身不仅是一个出发点，而且既是终点又是出发点，不是史学建设的第一步，而是整个史学建设，那也就是史学的自我建设"①。从这些论述不难看出，克罗齐不仅认为历史离不开心灵，而且心灵就是历史；他也谈论事实，但没有心灵便没有事实，这就难怪他说，历史就在人的思想里。

从根本上看，克罗齐是接受了黑格尔哲学的遗产。在世界观上，他认为精神是唯一的实在，此外再无任何存在，人们所说的客观事物，不过是精神的表现或精神本身。对于历史，他认为史实和史料是历史学家登入历史殿堂的凭借，但如果没有人的精神，这些事实和史料就毫无意义，它们之所以成为历史全在于人注入了自己的精神，没有人的精神就没有历史。在这里我们可以清楚地感到，克罗齐对于事实的历史和反映的历史的认识是极其含糊不清的，对于它们之间的关系更是浑然不知。

对于什么是历史哲学，克罗齐的见解在本质上是与黑格尔一致的，历史哲学是研究精神的哲学。因为他认为历史只能在人的精神中存在，凡不构成人的精神的就不是历史，也不是历史哲学。所以，哲学与历史并不是两样东西，而是一回事。一个真正的历史学家必然是一个真正的哲学家，这样一个历史哲学家就会认识到："精神的自我意识就是哲学，哲学就是它的历史，或者说历史就是它的哲学。"②

三　历史哲学的含义

历史哲学的定义应从哲学的历史和历史的哲学这两个方面去规定。首

---

① 张文杰等编译：《现代西方历史哲学译文集》，上海译文出版社 1984 年版，第 313 页。

② 转引自何兆武《历史理性批判散论》，湖南教育出版社 1994 年版，第 201 页。

先，无论是哲学的历史还是历史的哲学所研究的侧面不同，但这两个侧面共同的东西是世界观和方法论，因此，历史哲学的定义最基本、最主要的含义就是关于历史领域中的世界观和方法论的学问。其次，具体说来，历史哲学既是研究历史学家使用什么样的世界观和方法论去考察和研究历史的，又是研究历史事实体现了什么样的世界观和方法论。这两个方面的结合和统一就是历史认识论。

这样来规定历史哲学定义的根据是什么？

第一，很好地占领历史与哲学之间的开阔地。因为研究历史的人他决不会专门去研究自己的世界观和方法论，即使他意识到了这个问题，在他所研究的历史中也不会专门去思考和论述，这就需要历史哲学去对之专门加以关注。占领这个开阔地还有一点，就是历史事实自身的意义，这也是历史哲学专门要加以关注的领域。因为这个方面是研究历史的人可以不管的，就是说研究历史的本职任务是研究历史事实，事实蕴含的意义可以放在一旁。例如，2009 年 12 月，安阳考古队宣布发现了曹操墓，虽然历史学界质疑很多，争论蜂起，尚不能定论。但作为历史研究彼此关注只是事实本身，至于这个发现的意义，肯定方和质疑方都不去关注。这个问题只有坐在一旁的历史哲学在作冷静的思考。

第二，很好地表现了哲学特征。哲学是超越的，所谓超越就是从事实出发，又摆脱了事实的纠缠；离不开个别，又从之上升为一般；探索和把握历史观念体系的形而上学性。前面介绍的诸位历史学家对历史哲学的理解仔细分析起来，都不能算作对历史哲学正确的规定。他们要么把历史事实扔在一边，完全从思想、精神的角度去思考历史哲学，如黑格尔、克罗齐；要么是提及历史事实，把历史事实当作跳板，让他驻足于精神和思想，把这个驻足地当作历史哲学，如柯林武德和沃尔什。

第三，历史哲学关注的事实历史形而上的东西，不仅考察历史事实背后的思想，而且要进一步探索历史学家使用什么样的世界观和方法论去揭示历史背后的思想和精神。

历史哲学的派别只能根据世界观和方法论的特点来划分，世界观方法论不同，所形成的历史哲学必然不同。

第十二章　历史哲学的内容

　　历史哲学是历史的形而上学。就是说，它研究的不是具体的历史事实，而是思考驾驭、统辖历史事实的基本原则和规范。这些原则和规范离不开历史，但它们的确不是历史。历史学家作为具体的社会的人，他的研究除了要告诉人们历史事实外，一个更为重要的任务就是揭示历史事实的意义和价值，这是每一个读史的人最希望获得的东西，也是激励历史学家肩负研究重任的巨大力量。意义和价值既在历史事实之中，又在历史事实之外，是历史哲学游弋的空间。历史观是世界观中相对独立的部分，是历史哲学的核心，统辖着历史研究的起点和基础。历史的目的是历史领域中一个极其混乱的地带，有待历史哲学给予澄清。历史发展动力是历史研究中的重大问题，在这个问题上，既存在不少难点，需要深入探索；又覆盖着许多神秘不实的垃圾，需要予以清扫。总之，以上这些问题正是每一种历史哲学都会涉及和予以研究的问题，它们构成了历史哲学的主要内容。

第一节　历史的意义和价值

　　在哲学中，意义和价值是两个不同的范畴，含义是不一样的。意义主要是从作用、影响上去考虑，即指某种事物具有或会产生什么样的作用和影响；价值是指某种事物所具有的满足人们需要的功能和性质，比如历史的价值之一，就是满足人们对以往事情和人物活动了解的兴趣和渴望，这种兴趣和渴望中包含"以史为鉴"的意味，即从历史、前人吸取某种经验和教训，这也可以说是一种意义。意义与价值有相通的地方，都对人具有一定的作用，就是在这个层面，我们把历史的意义和价值等同起来，不再处处把它们加以区别。

意义和价值都是对人而言的。我们讲意义是指人对某一事物产生影响的认可和反馈，没有后者不成其为意义；我们讲价值是指某一事物对人的某种需要的满足，没有人的需要的满足，光有事物本身也构不成价值。意义和价值既离不开事物，又离不开人。因此，考察历史的意义和价值，实际上就是考察历史与现实人的生存和生活二者之间的关系，孤立地讲一方，是说不清楚的。

我们在前面说过，历史本身是多层面的，对它的价值和意义要作具体分析。

一 对波普尔历史的意义见解的评析

在一般历史哲学中，对历史的价值和意义持肯定意见的是多数。尽管出发点和角度可能有别，但对历史总怀敬畏之心，对其价值予以尊重和认可。但在西方历史学界，对历史是否有价值，其意义何在？意见是不一致的。有一种极端的意见，认为历史无真实可言，也就谈不上有什么价值。尽管这种意见仅仅出现在少数人那里，但因其影响存在，所以，我们觉得有必要特别加以关照。

笛卡儿是这种意见的一个代表。他写道："到目前为止，我认为我在研究古代的语文、理解古代的作家以及他们的历史和著述方面已经作出了足够多的辛劳。和更早时代的人们生活在一起，就像是在异域旅行，知道一些其他民族的风尚，以便更加不偏不倚地判断我们自己的，而不像是那些从未到过自己本国以外的人们会鄙视和嘲讽与自己不同的任何东西——这是有用处的。但是那些旅行得为期太久的人，结果在它们自己的本乡倒变成了外人，而那些过分好奇地研究古代行为的人，却对我们自己中间今天所作出的事情懵然无知。何况，这些著述所说的事情是不可能像它们实际所发生的那样发生的，因而也就在怂恿着我们去尝试超乎我们能力之外的东西，或者去希求超乎我们命运之外的东西。即使历史书籍是真实的，既不夸张又没有改变实物的价值，也还是略去了较猥琐和很少尊严的那类情况，以便更值得读者去注意；因此，它们描述的那些事情从来都不是恰好像它们所描写的那样，而那些想要以它们为自己榜样的人，就都倾向于浪漫的骑士狂并琢磨着铺张扬厉的业绩了。"① 笛卡儿的这一大段话无非是说历史很难做到是真实的，对于现实的人不可能产生有益的影响，不会有什么真正的价值。

不过笛卡儿说的还是婉转含蓄的，英国历史学家卡尔·波普尔跟笛卡儿完全不同，他直截了当宣称历史没有任何意义，所有历史事实都是虚假的，毫无价值可言。下面来见识一下这位历史学家的具体观点。

波普尔认为，历史是已经消失了的东西，根本不具有像自然科学那样的精确性，更不能通过实验加以验证。同一个历史事实，不同人有不同的解释，有的历史学家抓住这个侧面；另一些历史学家抓住那一个侧面，他们反映的都不是真实的历史。因此他认为只存在不同解释的历史，而不存在真正客观的历史。这种完全由历史学家撰写的历史与真实的历史毫不沾边，谈论这样历史的价值和意义是徒劳无益的。

波普尔以"不存在真正客观的历史"为出发点，否认历史的价值和意义是站不住脚的。波普尔这种观点是历史虚无主义在历史意义问题上的表现，一个最明显的错误是，他不懂得现在不存在的东西同曾经存在过的东西是两个完全不同的概念。道理非常简单，现在不存在不等于过去也不存在。对今天中国而言，秦始皇的确是死了不存在了，但决不能因此否认秦始皇曾经真实存在过，也不能否认秦始皇统一中国的历史功绩。今天世界上马克思是不存在了，但谁能否认马克思曾经存在过？不可否认，历史学家撰写的历史与历史事实是有距离的，并非百分之百地相符；但同样不可否认的是，一本严肃的历史著作，总是这样或那样地反映了历史，总是包含一定的真实性。如果连这一点都不认可，那么人类的文化传承还怎么能进行？波普尔的第二个错误是不懂得社会科学与自然科学的区别，他以不能用实验证明而否认社会科学存在的合理性，这是实证主义的表现。自然与社会是两个既有区别又有联系的领域，不能把二者绝对对立起来，更不能把它们绝对等同起来，研究自然的方法并不绝对适用于研究社会，特别是社会历史，反之亦然，应当看到社会科学的特殊性。在自然科学中，一种现象可通过实验使其重复出现，而社会历史领域的现象是不可重复

---

① 转引自柯林武德《历史的观念》，何兆武、张文杰译，商务印书馆 1997 年版，第 102—103 页。

的，但不可重复并不等于不存在。世界上的每一个人都是不可重复
的，能因此否认人的存在吗？可见这种绝对主义的思维是不能立足的。

二　历史是有意义的

我们不赞成否认历史的价值和意义的观点，主张无论从什么意义上
讲，历史的价值和意义都不容抹杀。学习研究历史有重要意义，这是历史
学家总不忘告诉人们的一句话。因为这不仅涉及如何对待历史，而且关乎
历史学家个人工作的性质。如果历史对人们是没有意义的，那么还去写作
和研究历史干什么？有些历史学家怕被别人说自己的研究迎合某种利益，
标榜他的任务在于求真，至于历史有什么作用和意义，他可以不必操心。
这里他可能将下面这两个问题搞混了：一个是历史本身有什么意义和价
值；另一个是别人如何对待和使用历史的价值。对于后者历史学家的确可
以不必介意，也管控不了；但对第一个问题，历史学家也可以不管不顾，
这种说法就不真实了。如果一门学科不能向世人和社会显示它的价值和意
义，那么从事这项工作的人又何以自处呢？

我们还是让研究回到自己的轨道，研究历史的意义究竟是什么，这是
需要认真思考和分析的。

历史的意义是历史哲学特别要关注的一个问题，这里实际上包含三个
方面的问题：第一个问题是研究历史有没有意义；第二个问题是历史本身
有什么意义，即作为事实历史具有什么价值；第三个问题是对后世特别是
今天有什么价值。历史学家关注较多的是第一个问题和第二个问题；历史
哲学却必须对这三个问题都作出回答。不难发现，在这三个问题上，不同
的历史学家和不同的历史哲学派别，回答并不相同，不一样的回答引发出
无数的纷争。

如前所说，我们在总体上对历史的意义持肯定的态度，在任何意义上
都不能否定历史的价值。历史是人和人的活动，是人类认识和改造世界的
积淀和结晶，否定它的价值实际就是对人自身的否定，人为什么要否定人
自己呢？何况历史是否定不了的。

总体而言，从性质上讲，历史的意义不外两种：一种是进步的，这是
历史善的一面；另一种是退步的，这是历史恶的一面。具体到价值层面就
是有些历史是有价值的，有些历史是无价值，甚至是负价值。历史哲学把

历史价值的真实状态揭示出来，以达到对历史的正确评判。

唯物史观认为，所谓进步的、善的、有价值的，就是指那些推动历史前进、发展的历史事件和历史事实；所谓退步的、恶的、无价值的，就是指那些倒转历史车轮、阻碍历史发展的历史事件和历史事实。对于一段历史意义的性质要作具体分析。比如奴隶社会，把战争中俘获的俘虏用来作为奴隶，像对待牲口一样对待他们，可以随便杀戮。在今天看来是野蛮的、不人道的；然而在当时，这却是一种进步，由于奴隶的使用，不仅保住了一些人的性命，更重要的是奴隶作为劳动力被使用，使得社会生产发展了、提高了，推动了历史的进步。所以，我们可以说，没有古代野蛮的奴隶制，就没有今天文明的资本主义制度。

纵观人类历史，纯粹的、绝对的善和恶是不存在的，纯粹的、绝对的正价值和负价值也是不存在的。总是善恶相伴、正负难分，历史就是在善恶斗争、正负相角中走过来的。黑格尔是思想深邃的辩证法家，他看到了这种内在联系，在人们纷纷指责恶的时候，他揭示了恶在历史发展中的作用。恩格斯指出："在黑格尔那里，恶是历史发展的动力借以表现出来的形式。这里有双重的意思，一方面，每一种新的进步都必然表现为对某一神圣事物的亵渎，表现为对陈旧的、日渐衰亡的、但为习惯所崇奉的秩序的叛逆；另一方面，自从阶级对立产生以来，正是人的恶劣的情欲——贪欲和权势欲成了历史发展的杠杆，关于这方面，例如封建制度的和资产阶级的历史就是独一无二的持续不断的证明。"① 这个理论，对于指导我们正确认识历史的意义和价值，是很有启发的。

三　历史的意义和价值的具体剖析

以上对跟历史的意义和价值有关的问题所做的一般的阐述，是为下面具体分析研究历史的意义和价值，提供理论的铺垫。现在来具体考察历史意义和价值。

通常讲历史的意义和价值可分为三种类型：

第一类是某一历史事实本身所具有的价值和意义，即某一历史遗迹、某一历史事物对社会发展有什么作用和价值。如中国古代发明的罗盘、火

---

① 《马克思恩格斯选集》第 4 卷，人民出版社 1995 年版，第 237 页。

药和印刷术这三大历史事实，不仅对中国自身，而且对整个人类和世界都具有重大的意义和无可估量的价值。英国哲学家弗朗西斯·培根写道："最显著的例子便是印刷术、火药和指南针……这三种东西曾改变了整个世界事物的面貌和状态，第一种在文学方面，第二种在战争上，第三种在航海上；由此又产生了无数的变化，这种变化是这样的大，以至没有一个帝国，没有一个教派，没有一个赫赫有名的人物，能比这三种机械发明在人类的事业中产生更大的力量和影响。"① 这就是事实历史本身具有的价值和意义，这种意义和价值超越了国界，给了全世界和全人类。事实历史的意义和价值随着时间的推移，会发生很大的改变，甚至出现了价值转换。如秦始皇时代修造的长城，在冷兵器时代一直具有御敌和防止侵犯的作用和价值，可是到了今天，它这方面的作用基本已经失去，而转变为一种历史文化，具有观赏的价值和寄怀的意义。对这种意义的研究实际就是对历史事实自身所具有的实际使用价值的研究。英国科学家瓦特发明了蒸汽机，把人类历史推向了蒸汽时代，随之而来的工业革命极大地提高了劳动生产率，也从根本上改变了人们的生活和生存状态，对历史发展起了巨大推动作用。这些都是历史事实本身的价值和意义。

第二类是指事实历史所蕴含的精神思想的价值和意义。历史哲学的一项重要任务，就是探索事实背后所隐藏的思想所具有的意义和价值。因为作为事实它已经不存在，但存在、寓于其中的思想和精神及其价值却是长期存在的。孔孟之道也就是通常所说的儒家思想，并未随着孔子和孟子的离世而消失，它的作用一直影响着中国整个封建社会时代，即使在今天它仍然在统驭着一些人的精神。

历史哲学与历史学不同，后者的任务是把历史事实真实地记述和描写出来，着力于一个"真"字；历史哲学追究的是不在场的事实背后的思想和精神。因为历史事实是思想和精神的载体，所以对历史事实背后包含的思想和精神的评价也就是对历史事实的评价的一部分，这种评价常常因人而异，不同的人，由于世界观、价值观的差异，对同一个历史事实所蕴含的思想会有不同的评价，给予的意义和价值也不一样，在中国比较典型的是秦始皇焚书坑儒这段历史。焚书坑儒既是一种历史事实，又蕴含一定

---

① ［英］弗朗西斯·培根：《新工具》第 1 卷，许宝骙译，商务印书馆，第 129 节。

的思想和观念，评价起来至今歧见犹存，争论不已。一些人从思想和精神的角度，认为焚书坑儒是为了扫除异见，以利统一中国，对于封建大帝国的建立起了巨大推进作用。翦伯赞主编的《中国史纲要》就持此种观点，书中写道："焚书坑儒对于古文献的保存和学术的传授，造成了颇大的损失。但是在当时统一与分裂激烈斗争的年代里，秦始皇用这种手段来打击复活封建贵族政治的反动思想，又是具有积极意义的事情。"① 但也有人认为，秦始皇惨无人道，残害知识分子，毁灭文化。甚至有人认为，中国近代落后，未能走上资本主义道路，原因之一就在于秦始皇焚书坑儒，毁灭了文化和知识分子。至于在现代的意义，更是众说纷纭，基本上是贬斥者多。1945 年，郭沫若在重庆写作并出版了《十批判书》的著作，书中最后一篇题为"吕不韦与秦王政的批判"。郭沫若对秦始皇的身世和事业做了评述，特别评论了秦始皇的"焚书坑儒"。对这一历史事件郭沫若是不赞许的。对于"焚书"，他写道："这无论怎么样说不能不视为中国文化史上的浩劫。"关于坑儒，郭沫若认为："所坑的儒实在是不折不扣的孔子之徒。"② 作为一个学者，郭沫若的评述不能说没有根据，应当是允许的。毛泽东不赞成郭沫若的观点，他一向在肯定的意义上谈论秦始皇，对于焚书坑儒这件事他有自己独到的见解。1973 年，他在《七律·读"封建论"呈郭老》中写道："劝君少骂秦始皇，焚坑之事待商量。祖龙虽死秦犹在，孔学名高实秕糠。百代皆行秦政事，'十批'不是好文章。熟读唐人《封建论》，莫从子厚返文王。"毛泽东写这首诗时已年八旬，这也是他一生中写的最后一首诗篇。如果不是从政治和领袖人物去看他们之间的争论，毛泽东的意见也是应当允许的，这表明毛泽东一直到晚年都坚持对秦始皇以及他的焚书坑儒这件事持肯定态度。

第三类是这个历史事实对今天有什么意义，也就是评价一桩历史事实对今天社会实践具有什么作用和价值，这应当是人们更为看重的。今天读史之人都不忘"以史为鉴""读史明智"，就是对历史事实价值一种肯定的方式。当然，具体到某个历史事实对今天的意义，评价起来也是因人因时而异，不同的人在不同时间对某一历史事实会作出不同的评价。这方面

---

① 翦伯赞主编：《中国史纲要》上册，人民出版社 1983 年版，第 103—104 页。
② 《郭沫若全集》历史编第 2 卷，人民出版社 1982 年版，第 445 页。

的事例俯拾即是，不必多举。

意义和价值总时相对的，历史的意义也不例外，甚至更是如此。不同时期不同人对历史意义的认识、价值的评价、接受的方法和程度都有差别，这是常见的，也是正常的。这里应当注意的是不可把历史价值绝对化。比如：历史对后人具有警示的作用，但由于社会在发展，历史不断流逝，这种作用不可能具有绝对意义。黑格尔指出："人们惯以历史上经验的教训，特别介绍给各君主、各政治家、各民族国家。但是经验和历史所昭示我们的，却是各民族和各政府没有从历史方面学到什么，也没有依据历史上演绎出来的法则行事，每个时代都有它特殊的环境，都具有一种个别的情况，使它的举动行事，不得不全由自己来考虑，自己来决定。当重大事变纷呈交迫的时候，一般笼统的法则，毫无裨益，回忆过去同样的情形，也是徒劳无功，一个灰色的回忆不能抗衡'现在'生动和自由。"① 黑格尔的这一论述思想深刻，具有重大启发意义，值得我们汲取。"真理都是具体的"，决定举动行事的，是客观实际，必须从实际出发，实事求是，而不能从原则出发。

第二节　历史观

历史观就是社会历史观，是指对社会历史发展的根本看法和观点，它是历史哲学世界观的核心。历史观是历史哲学的理论基础，有什么样的历史观就有什么样的历史哲学。历史观制约和决定其他历史问题解决的方向和特点。历史观又集中表现在历史发展变化问题的看法上，常见的有历史循环论、历史退步论和历史进步论，分别阐述如下：

一　历史循环论

历史循环论是较为常见的一种历史观，这种观点认为人类社会的历史发展变化是周而复始循环进行的。

历史循环论有大循环学说，认为人类历史从鸿蒙开始，逐渐发展，直到顶峰，便开始衰落，最后毁灭；然后又重新开始，这样的周而复始，无

---

① ［德］黑格尔：《历史哲学》，王造时译，上海书店出版社 1999 年版，第 6 页。

限循环。

还有一种历史循环论认为社会政治制度的变化是循环的，如古希腊历史学家波里比阿提出，人类社会政治制度有三种，即君主制、贵族制和民主制，与其相应的三种政治形式是暴政、寡头政治和暴民政治，社会历史就是这种制度和形式的周而复始的循环。

还有一种历史时代的循环理论。18 世纪意大利思想家维柯提出来的，他认为历史的变化经过三个阶段：神的时代、英雄时代、凡人时代。神的时代是原始时代，是人类的童年时期；英雄时代是贵族统治的时代，是人类的青年时期；凡人统治的时代是资本主义时代，是人类的成年时期。凡人时代是历史发展的顶峰，历史变化经历了这个阶段以后，就会重新回复到原始时代，如此周而复始，循环不已。后来的一些资产阶级学者也宣扬过资本主义社会是人类历史上最好的社会，历史的继续只能是从这个顶点倒退到原始时代的观点。

19 世纪末，德国哲学家斯宾格勒（1880—1936）提出文化结构周期循环的理论。他把世界历史归结为几种高级文化发展的历史。他认为有八种：埃及文化、印度文化、巴比伦文化、中国文化、古希腊罗马文化、阿拉伯文化、墨西哥文化和西方文化，这些文化之间没有什么联系和关系，都是相等的，没有高低贵贱之分。各种文化都按照四个阶段：前文化时期、文化早期、文化晚期和文明时期，即诞生、生长、衰落、死亡的阶段完成一个周期，周而复始。

在中国，与古希腊的柏拉图—波利比乌斯的循环历史观出现差不多时期，出现了邹衍的"五德终始说"。邹衍（约公元前 305—前 240）生活于战国末期，齐国人，是阴阳学派的代表人物，他认为，朝代更替不过是五德（五行之德：土、木、金、火、水）的转移，《淮南子·齐俗》高诱注引《邹子》云："五德之次，从所不胜，故虞土，夏木，殷金，周火。"《七略》曰："邹子有终始五德，从所不胜，木德继之，金德次之，火德次之，水德次之。"五德循环思想影响很深，中国整个封建时代没有一个朝代不讲究本朝代所尚。秦始皇相信邹衍"五德终始"之说，认为"周得火德，有赤乌之符。今秦变周，水德之时。昔秦文公出猎，获黑龙，此其水德之瑞"（《封禅书》）。中国历朝历代均受其影响，每次"革命"均要"改正朔，易服色"。典型地体现了中国古代的历史循环观，带有浓厚的神秘主义色彩。

历史循环论把历史发展中个别现象、事件的重复出现夸大化和绝对化，表面上坚持社会历史的变化，实质把变化看作是简单的重复，是周而复始的圆圈运动，这就从根本上否定了历史的变化和发展。

二 历史退化论

许多人有这样一种看法：认为现在不如从前，发出"今不如昔"的叹息。对于个人这或许仅仅是对人生的感慨，不足道哉。然而在历史研究领域，有不少历史学家持这种看法，这在历史观上叫作历史退化论。

历史退化论非常普遍，中国和外国都有。在古代希腊罗马时期，西希阿德（约公元前 750—前 700）是一位农民诗人，他在流传下来的《神谱》中，认为历史上曾经有过黄金时代、白银时代、青铜时代、英雄时代和黑铁时代，最美好的当然是黄金时代，最恶劣的是黑铁时代，是古希腊最早的一位"厚古薄今"历史退化论者。

中国古代也盛行历史退化论，中国的古籍记载和研究历史的人，往往把尧舜时期当作是历史的文明昌盛时期，以后的朝代及君王未有能企及者。后代那些推崇君王的阿谀奉承之者，把当朝皇帝常常比之于尧舜。这个传统是孔子留下来的。

在中国历史上，孔子是退步历史观的代表人物之一。孔子崇尚"礼"，认为礼是一代一代传下来的，到了周代特别周文王时期这种文明被进一步提升了，周文王创立了周礼，"周人尊礼尚施，事鬼敬神而远之，近人而忠焉。其赏罚用爵列，亲而不尊，其民之敝；利而巧，文而不惭，贼而蔽"（《礼记·表记》）。孔子把周文王说成以礼治国，人心向仁，社会大治。这是不符合历史事实的。周朝是中国社会奴隶制时期，奴隶主对奴隶的压迫是非常残酷的。所谓"礼"不过是奴隶主贵族用来统治人民的一根绳索。孔子生活于春秋战国时期，这个时期礼坏乐崩，他认为是社会的退化。其实当时出现的混乱，正是奴隶制瓦解的前兆，面对这种社会实际，孔子不能容忍。按照周礼，只有天子才能用"八佾"，季孙氏是鲁国的正卿只能用四佾。当孔子见季孙氏八佾舞于庭，便对他说："八佾舞于庭，是可忍也，孰不可忍也。"（《论语·八佾》）他提出的主张是恢复"周礼"。他说："周监于两代，郁郁乎文哉！吾从周。"（《论语·八俏》）要人们"克己复礼"，"一日克己复礼，天下归仁"。他做梦都离不开周公；他的理想是恢复和重振周礼，也就是重新恢复周朝的礼，也就是恢复奴隶制的社会秩序，从历史观意义上说，这是典型的倒退的历史观。

历史退化论是一种错误的理论。首先，违背历史发展的事实。无论是中国还是整个世界的历史，都是从低级向高级、由野蛮向文明的发展过程，也就是说都是一个不断进步的过程。当今时代，没有哪一个国家和民族愿意重新回到刀耕火种、茹毛饮血的时代。其次，所谓昌明辉煌的远古时代不过是复古主义者的美好想象，实际上根本不存在。现代的考古发现证明，越是远古时代，由于社会生产力的落后，除了少数统治阶层的人过着豪华奢侈的生活以外，绝大多数人群过的是极其贫乏、极其艰辛的生活，绝对不是像那些人所说的如何美满幸福。再次，退化的历史观是消极的，它不是引导人们向前看，而是要人们把眼光和希望寄于过去，不是鼓励人们勇往直前，而是让人们陶醉于消逝了的过去。

不可否认的是，上述这些认为"古胜于今"的人，往往着眼于伦理道德层面，就是说，他们的观点中包含对现实社会中人在伦理道德方面堕落的批判，具有一定的现实意义。

三　历史进步论

历史进步论主张社会历史是不断进步发展的。在社会生产活动中，人们总是不断有所发现，有所发明，产生了科学；科学又反过来推动生产的发展。随着生产和科学的不断提高，社会也就跟着前进和发展。人类的历史是一部由低级向高级、由原始向文明进步发展进步的历史。

社会进步的动力在于社会自身，在于社会基本矛盾的运动。人类社会历史进步的基本历程从社会形态来考察，是由原始社会发展到奴隶社会，由奴隶社会发展到封建社会，再由封建社会发展到资本主义社会，最终发展到共产主义，到了共产主义人类社会将踏上真正属于人的文明发展的轨道。贯穿这个发展历程始终的，是社会生产力的提高以及这种提高所引起的矛盾运动。与此相反的观点是天命观和宗教神学，把社会历史的发展归诸天意或上帝的意志。这种观点，在中国古代颇为流行。例如关于夏商周更替，认为完全是"天命"使然。"有夏多罪，天命殛之"（《尚书·汤誓》）。"天命玄鸟，降而生商。"（《诗·商颂·玄鸟》）"天乃大命文王，"

"惟助王宅天命"（《尚书·康诰》）。这些说法，实际上是借天命和神来寄托人的思想和意志，是一种唯心主义的历史观。社会历史的变迁和发展完全是社会生产力提高和改进的结果，与天意或上帝意志没有关系。

凡主张历史进步论的人，都反对"厚古薄今"，而是主张"厚今薄古"。各个国家和每一个民族的古代的文明和文化，都值得珍惜和尊重；但是我们反对无根据地美化古代时期，把人类古代社会描写成黄金铺地、花团锦簇的天堂，鼓励人们向后看，这是不可取的。在近代欧洲历史上，第一个说出这一真理的是法国启蒙运动思想家伏尔泰，他指出："任何时代的人总夸奖过去和污蔑现在……每一个民族都幻想着一个纯洁、健康、悠闲、愉快实际上不存在的黄金时代。"① 实事求是地讲，古代社会由于生产力水平低下，科学的不发达，人们的社会生产和社会生活是很低下、很愚昧，甚至是野蛮的，不值得人们向往。我们是历史进步论者，我们相信现在比过去好，未来会更好。人类文明的进步就是人自身的进步，告别野蛮与落后是人的存在的必由之路。

第三节　关于历史目的论

在社会历史观中，目的论是一些哲学家们颇感兴趣的话题。历史目的论的基本观点是：认为历史的发展，是为了实现某种既定的目的，正是这种目的引领着、决定着历史的发展。在不同的历史时期，目的论有不同的表现，下面作一简略的评介。

一　目的论的产生和发展

人类早期目的论的代表，是古希腊苏格拉底的历史目的论。在苏格拉底哲学中，善是最高的范畴。他认为善是人生的最高目的，也是人类历史的最高目的。人所做的一切事情都是为了善而进行的，善也是全部社会生活的目的。社会历史所发生的一切，最终都是为了实现善这个目的。他看到当时雅典城邦存在着恶，他认为去恶存善是人的本性，所以，他把劝人行善当作自己一生的使命。

---

① ［法］伏尔泰：《哲学通信》，高达观译，上海人民出版社1961年版，第289—290页。

在欧洲，随着社会历史的发展和变化，目的论也不断地改变形态，在不同思想家那里，对历史的"目的"有不同的规定。这里我们主要介绍马克思主义哲学产生以前，西方历史哲学中最为流行的两种历史目的论。

第一种神学目的论。神学目的论可分为两种情形：一种认为历史发展的最终目的是实现人类灵魂得救，从地狱升入天堂；另一种认为历史的发展是为着实现一种目的，而在这目的的背后则是神的力量。托马斯·阿奎那（约1225—1274）对于上帝存在的五大论证中，就有一个是从目的论来论证的。他认为包括人在内的一切生物，都是为着一个目标而活动的。"但是，一个无知者如果不受某一有知者的指挥，那他就像一支不受射手指挥的箭那样，也不能够达到他的目的地。这就意味着必定有一个智慧的存在者。一切自然事物都依靠它指引而趋向自己的目的，这个存在者就是上帝。"① 欧洲的中世纪，神学目的论非常盛行，它引领和制约着人的一切活动，从而也就规定了人类历史的未来发展。

第二种理性目的论。这种理论主张历史的发展最终是一种观念或理性的实现。这在德国古典哲学中尤其明显。在黑格尔那里是"自由"，在鲍威尔那里是"自我意识"，在费尔巴哈那里是"类"，在施蒂纳那里是"唯一者"，而在赫斯和"真正的社会主义者"那里是"人"。如果说黑格尔把"自由"规定为历史的"目的"还包含有现实的内容和历史的根据，那么把"自我意识""类""唯一者""人"等规定为历史的"目的"，则完全是"应然"逻辑的产物。"历史目的论"假定历史是"无人身的理性"，它就像现实的个人那样有自身的"目的"，这是非常荒谬的。

在德国古典哲学中，康德的历史目的论更值得人们关注。康德早就把类似"自由""上帝"这样的范畴看作是与"知性"无关的领域，因为知性（经验的、实证的科学）不能认识它们，也就无法证明，如果非要以"知性"方式对它们作出证明，必然会出现"二律背反"，就会导致"独断论"。"自由""上帝"等与人的信仰（信念）、价值目标、终极关怀等相关的范畴，实际上也就是康德所谓的"物自体"。尽管它们无法靠"知性"得到证明，却是人的"理性"所需要的，因而具有存在的合理性。康德从认识论角度论证历史的发展非要有一个目的，否则就无法理

---

① 全增嘏主编：《西方哲学史》上册，上海人民出版社1983年版，第324页。

解。这跟他"贬损知识，给信仰开辟地盘"的做法是一致的。就是说，康德把历史目的论抬高到上帝的地位，不是简单地主张或宣扬有神论，而是为了说明（认识）事物不得不树立起的一种设定，而正是这种设定（目的）在背后制约着和决定着人的全部活动，它引领着人们对它的服从，这就是所谓"理性的狡计"。尽管如此，不可否认，康德的历史目的论本质上是唯心主义的。

二 马克思主义哲学关于历史目的论的思想

马克思和恩格斯在《德意志意识形态》中对历史目的论进行了彻底的清算，他们指出："历史不外是各个世代的依次交替。每一代都利用以前各代遗留下来的材料、资金和生产力；由于这个缘故，每一代一方面在完全改变了的环境下继续从事所继承的活动，另一方面又通过完全改变了的活动来变更旧的环境。然而，事情被思辨地扭曲成这样：好像后期历史是前期历史的目的，例如，好像美洲的发现的根本目的就是要促使法国大革命的爆发。于是历史便具有了自己特殊的目的并成为某个与'其他人物'（像'自我意识'、'批判'、'唯一者'等等）'并列的人物'。其实，前期历史的'使命'、'目的'、'萌芽'、'观念'等词所表示的东西，终究不过是从后期历史中得出的抽象，不过是从前期历史对后期历史发生的积极影响中得出的抽象。"① 神秘的目的根本不存在，不过是人的思维想象的产物。

马克思主义把共产主义当着最高理想，要人们为实现共产主义理想而奋斗，是不是也是一种目的论？搞清这个问题，首先要弄清楚马克思关于共产主义理想的真实含义。不可否认，马克思主义也有自己的最高理想，这就是实现共产主义。但在马克思主义那里，共产主义并非是一种主观任意设定的目标，而是通过对社会历史、特别是对资本主义生产方式分析研究后得出的科学结论。

马克思主义关于共产主义理想的理论，同历史目的论有根本的区别。尽管马克思对未来的共产主义社会也做过一些设想，但他们并不是把共产主义作为预先设定的一种目的，而是从历史自身发展中所探索和发现的客

① 《马克思恩格斯选集》第 1 卷，人民出版社 1995 年版，第 88 页。

观必然性。共产主义社会不是马克思赐予历史的，而是历史自身发展的必然产物，社会发展自身会达到的一种必然状态。马克思不过是把这种客观必然性揭示出来让人们知晓而已。共产主义社会将是什么样的社会，不是人们凭头脑想象出来的，而是通过革命实践对资本主义进行辩证否定的结果。因此，它是马克思和恩格斯对社会历史发展规律的正确认识，是以事实为基础的科学理论。马克思指出："共产主义对我们来说不是应当确立的状况，不是现实应当与之相适应的理想。我们所称为共产主义的是那种消灭现存状况的现实的运动。这个运动的条件是由现有的前提产生的。"① 马克思在《德意志意识形态》中提出的响亮的口号是："在思辨终止的地方，在现实生活面前，正是描述人们实践活动和实际发展过程的真正的实证科学开始的地方。"② 在这种精神的指引下，马克思、恩格斯对共产主义进行了经验的、实证的考察。因此，决不能把马克思主义共产主义理想的理论同历史目的论相提并论。

第四节　关于社会历史发展的动力

历史发展的动力是历史哲学的一个重要内容。凡是直面历史的人，都承认历史是变化发展的，这个观点无疑是正确的，但在历史发展的动力问题上，回答就非常混乱了。

一　神学主宰论和精神决定论

神学历史观惯常把历史发展的动力归于天意或上帝，这种观点普遍存在于 18 世纪以前欧洲史学家的论著中，是神学宇宙观在历史领域中的具体表现。就连卢梭这样对社会历史发展起过重大作用的人，也不能摆脱神对社会历史的决定作用的观点，他说他对神的信仰就如相信真理一样坚定。

从法国启蒙运动思想家开始，人们逐渐注意到自然环境对社会发展的影响，于是在历史发展动力问题上出现了地理环境学派，这一派理论不把

---

① 《马克思恩格斯选集》第 1 卷，人民出版社 1995 年版，第 87 页。
② 同上书，第 73 页。

精神的力量绝对化，对于神和上帝的力量也给予了否定，不再仅仅从思想或精神上去考察社会历史的变化和发展，而是考察地理环境和气候条件在社会历史发展中的作用。但是在马克思主义哲学产生之前，把观念和精神作为历史发展动力的思想，在西方历史哲学中从未真正断绝过。

不能否认，黑格尔在《历史哲学》一书中所阐述的思想对整个西方学者的深远影响。在历史发展动力问题上，黑格尔写道："思考的认识在哲学中证明：'理性'——我们这里就用这个名词，无须查究宇宙对于上帝的关系。——就是实体，也就是无限的权力。它自己底无限的素质，做着它所创世的一切自然的和精神生活的基础，还有那无限的形式推动着这种'内容'。……'理性'是宇宙的无限的权力，就是说，'理性'并不是毫无能为，并不是仅仅产生一个理想、一种责任，虚浮于现实的范围以外、无人知道的地方，并不是仅仅产生一种在某些人类的头脑中的单独的和抽象的东西。'理性'是万物的无限的内容，是万物的精华和真相。它交给它自己的'活力'去制造的东西，便是它自己的素质……它既然是它自己的生存的唯一基础和它自己的绝对的最后的目标，同时它又是实现这个目标的有力的权力，它把这个目标不但展开在'自然宇宙'的现象中，而且也展开在'精神宇宙'——世界历史的现象中。"① 黑格尔这一大段话无非是说，"理性"是万能的。是世界历史发展的绝对动力。应当说，在精神动力这点上，没有人比黑格尔在这里讲得再全面、再深刻的了。

然而，黑格尔并未穷尽观念论者在这个问题上的见解，在他之后，不同的观念论者在观念的意义又有了新的发挥，例如生命学家提出"生命"，心理学家提出"心理"，唯意志论者提出"意志"等，把这些精神性的事物抬高到对社会历史发展起决定性作用的地位。

二　马克思主义社会历史发展动力论

马克思主义的唯物史观则认为，观念、精神对社会历史的发展是有意义的，不能简单地、全盘地否认或排斥精神的作用。马克思就曾讲过："批判的武器当然不能代替武器的批判，物质力量只能用物质力量来摧

---

① ［德］黑格尔：《历史哲学》，王造时译，上海书店出版社 1999 年版，第 9 页。

毁；但是理论一经掌握群众，也会变成物质力量。"① 可见精神、思想、理论对社会历史的作用是不容抹杀的。但是，马克思主义认为，精神的力量不具有决定性，真正推动社会历史发展的决定性力量是物质资料的生产方式。

马克思主义哲学认为，社会是一个具有复杂结构的有机体，促使这个有机体发生变革的力量是一个复杂系统，在这个系统中社会生产力的发展是最初的动力。下面我们就来看一下马克思是如何揭示这一过程的。他说："人们在自己生活的社会生产中发生一定的、必然的、不以他们的意志为转移的关系，既同他们的物质生产力的一定发展阶段相适合的生产关系。这些生产关系的总和构成社会的经济结构，既有法律的和政治的上层建筑竖立其上，并有一定的社会意识形式与之相适应的现实基础。物质生活的生产方式制约着整个社会生活、政治生活和精神生活的过程。不是人们的意识决定人们的存在，相反，是人们的社会存在决定人们的意识。社会的物质生产力发展到一定阶段，便同它们一直在其中运动的现存生产关系或财产关系（这只是生产关系的法律用语）发生矛盾。于是这些关系便由生产力的发展形式变成生产力的桎梏。那时社会革命的时代就到来了。随着经济基础的变更，全部庞大的上层建筑也或慢或快地发生变革。"② 马克思的这段文字表明，社会是一个有机体，它的基础及其结构是由生产力的发展建立起来的。而仅仅由于生产力的发展，就促使整个社会有机体发生了变革，推动着社会历史的进步。这个理论把社会历史变更发展的根源清晰地展示在人们面前，荡涤了以往在这个问题上的一切污泥浊水，使人们清晰地看到人类历史起动的源泉的源头。

这是人类历史运动力量的源泉头，力量的表现形式则是矛盾，这个矛盾引起了占有社会财产的阶级和不占有社会财产阶级之间的冲突和斗争，通过这种斗争，使矛盾获得一定的解决，社会又在新的阶段上运行了起来。所以，阶级斗争是阶级社会发展的直接动力。

阶级斗争渗透于经济、政治、思想等领域，政治斗争是全部阶级斗争的集中表现，这种斗争发展到激烈的程度将会激荡整个社会，使社会的各

① 《马克思恩格斯选集》第 1 卷，人民出版社 1995 年版，第 9 页。
② 《马克思恩格斯选集》第 2 卷，人民出版社 1995 年版，第 22—23 页。

个阶级都动员起来为争取自己的利益而斗争，最终以革命的形式推翻原来的统治阶级，建立新的统治机关，把历史带到新的时期。所以说，"革命是历史的火车头"。

以上是历史发展动力系统的主线，除了这条主线以外，对历史发展起作用的各种因子，如科学技术、思想理论、宗教、哲学等，都在各自领域中运动着，以它们自己的方式影响历史的某一方面，促进其变化和发展。

我们强调经济因素对社会历史发展的决定作用，但我们反对把经济因素说成是唯一起决定作用的因素，反对"经济决定论"。恩格斯指出："政治、法、哲学、宗教、文学、艺术等等的发展是以经济发展为基础的。但是，它们又都互相作用并对经济发生作用，并非只有经济状况才是原因，才是积极的，其余一切都不过是消极的结果。这是在归根到底总是得到实现的经济必然性的基础上的互相作用。"① 可见，在社会发展动力问题上，那种把马克思主义历史哲学理解为"经济决定论"是完全错误的。

---

① 《马克思恩格斯选集》第4卷，人民出版社1995年版，第732页。

第十三章　历史哲学发展的主要阶段

　　历史哲学发展的主要阶段，也就是历史认识论发展的主要阶段。因为历史哲学归根到底是对历史的认识和对这种认识的研究，这种研究在不同时代具有不同的特点；但用联系发展的眼光来看，人们对历史的认识是一个有着内在联系的不断发展进步的过程。我们将努力从这样的高度，去考察几个主要历史阶段历史哲学的具体状况和发展。通过这种考察，为历史认识论的发展理出一个大致的脉络。我们参考了其他学者在这方面的著述，虽获益良多，但总感到不满足；因此，我们力求能写出一些新的内容，来满足自己的追求，或许也能填补某些不足。

第一节　古代朴素的历史哲学

　　古代希腊是欧洲文明的源头，欧洲的哲学是从古希腊哲学开始的，作为哲学分支的历史哲学也不例外。其实，这种说法是不严格的，古代希腊连真正意义上的历史都没有，遑论历史哲学。我们这里讲的古代朴素的历史哲学，是从认识论发展的视角，考察古代学者的论述中哪些关乎类似今天意义上的历史哲学的言论，把它摘取出来做一些分析。

　　据考古代希腊文字产生于公元前8世纪中叶，这是由希罗多德在他的著作《历史》第5卷中论述的。"格拉菲人是和卡德斯摩一同来到今天彼俄提亚的那一部分的腓尼基人。……这些格拉菲人又为彼俄提亚人所驱逐，于是他们便到雅典去了。……他们把许多知识带给了希腊人，特别是我认为希腊人一直不知道的一套字母。但是久而久之，字母的声音和形状就都改变了。这时住在他们周围的希腊人大多数是伊奥尼亚人。伊奥尼亚人从腓尼基人学会了字母，但他们在使用字母时却少许改变了它们的形状；他们将这些字母称为腓尼基亚，这是十分正确的，因为这些字母正是腓尼基亚人带到希腊来的。"① 有了文字。才能产生哲学。

语言文字是人类思维不可缺少的工具，文字更是哲学思维不可缺少的条件。古希腊是神话最丰富的地方，原始宗教也是一种世界观，也是对世界的一种认识，它是借助于形象和故事来表达的。哲学是抽象思维，必须借助于语言和文字来反映世界，所以哲学是在文化进一步发展以后才产生的。希腊哲学产生于公元前 7 世纪末伊奥尼亚地区，由泰勒斯开始。②

哲学是研究认识的，古代人对事物的认识还不能达到分门别类的水平，除了天文学和数学较早相对独立以外，那时人们的认识多为对万事万物的总认识，对历史的认识和研究就包括在这种总认识之中。

一　希罗多德的历史哲学

历史是哲学的载体，历史学的形成也是历史哲学的形成。在欧洲，人们把古希腊历史学家希罗多德（Herodotus，约公元前 484—前 425）称为"史学之父"，他是西方历史学的奠基者。他留给后人的最主要著作《历史》（又称《希腊波斯战争史》）是史学史上的第一部叙述体的历史著作。他所创立的这一体裁成为后来编撰历史的通用的体裁，对后世西方史学的发展产生了深刻的影响。从哲学层面来看，作为"史学之父"的希罗多德的主要贡献有以下几点：

第一，尊重事实的历史。希罗多德的《历史》中叙述的许多历史是符合古希腊对"历史"（Historia）一词的原始的意义的，即亲身经历过的事和调查、访问目击者。这里的亲身经历既包括他自己所经历的事，如书中大量记载了他本人经历过的事件，目睹过的遗迹等；也包括他人所经历的事，如在《历史》中有许多是他对目击者采访、询问时所得来的口述，还有些是口头流传。为了确证这些口述和流传的真实性，他常常不辞辛劳，跋山涉水，去探寻第一手实在的材料。希罗多德尊重事实历史、努力探究第一手材料，既是一种可贵的精神，又是一种非常正确的方法，具有

---

① ［古希腊］希罗多德：《历史》，王以铸译，商务印书馆 1985 年版，第 209 页。

② 参见汪子嵩、范明生、陈春富、姚介厚《希腊哲学史》第 1 卷，人民出版社 1988 年版，第 3 页。

普遍意义。他虽然没有从认识论上将此上升为一般的原则，但对后世产生了重大影响，为后来史学家们所遵循和效法，实际上体现出一种史学方法。

这里需要说明的是，希罗多德为了尽可能地收集材料，他给自己定的规则是"不管人们告诉我什么，我都把它记录下来"①。他还说："我的职责是把我所听到的一切记录下来，虽然我并没有任何义务来相信每一件事情。"② 尽管他这样要求自己，但要真正做到并非易事。因为要做到事事勘校，事实上是不可能的。这样就难免先入为主，失之轻信，导致该书的错误和缺陷的发生。也正因为此，后人亦因其书中的讹误而称他为"谎言之父"，虽未免过分，但也决非无由。

第二，历史包含主观因素。历史事实是历史的基础和根据，舍事实无历史。但仅仅是事实也不能构成历史，历史是历史学家辛勤劳动的成果，没有历史学家的辛勤劳动，历史也无法产生。所以，历史既是事实的历史，同时又是历史学家创造的历史，包含着主观因素的历史。希罗多德的《历史》渗透着他的主观意图和想法，关于写这本书的目的他自己说的很清楚："在这里发表出来的，乃是哈利卡尔那索斯人希罗多德的研究成果，他所以要把这些研究成果发表出来，是为了保存人类的功业，使之不致由于年深日久而被人遗忘，为了使希腊人和异邦人的那些值得赞叹的丰功伟绩不致失去他们的光彩，特别是为了把他们发生纷争的原因给记载下来。"③ 可见《历史》这部著作决不仅仅是对事实的记载，而是包含希罗多德对这些事实的研究和评价的，即是他研究的结果。这是任何一部真正的历史所不可缺少的。也就是说，历史的主观性是不可避免的。

难能可贵的是，他还企图去追寻历史事件的原因。他当然是不可能正确揭示历史事件的原因的，恰恰相反，他在阐述原因时常常使他陷入荒谬，他相信神的存在和力量，他在书中记述了大量关于神示、天象、占卜等材料，并把它们与历史事件联系起来。我们在这里并不是看重他是否正确地揭示出了历史事件的原因，而是注重他探究历史事件原因的这种做

---

① ［古希腊］希罗多德：《历史》，王以铸译，商务印书馆1985年版，第165页。

② 同上书，第525页。

③ 同上书，第471页。

法。因为正是这种做法能启示和引导人们去把历史事件背后的东西揭示出来，从而达到对历史本质的认识和把握。

二 修昔底德的历史哲学

修昔底德（Thucydides，约公元前460—前396）是这一阶段在历史学和历史哲学方面卓有成绩的一位历史学家。他的主要著作《伯罗奔尼撒战争史》虽是一部尚未完成的著作，但却是继希罗多德的《历史》之后对西方历史学影响最深远的一部书。之所以如此，当然在于修昔底德的对这场战争本身的卓越叙述，有学者认为这部著作是对希罗多德所创立的历史叙述体的一种完成。但我们认为修昔底德这部著作所具有的杰出的哲学思想和哲学精神也是其中原因之一。

第一，修昔底德贯彻了修史的一个基本原则：求真。他为了获得第一手材料，亲自到实地进行考察，如他写的西西里之战，对山丘关隘、河流沼泽都写得非常详细而具体，如果没有亲自探访是不可能做到的。他也重视当事者的口述，但尽可能通过实地调查去证实那些从口述中得到的材料。这是对希罗多德开创的尊重史实传统的继承与发扬。

第二，修昔底德正是古希腊哲学兴起和繁荣的时代，许多具有朴素唯物主义和朴素辩证法思想的哲学家冲破神学的桎梏，用素朴的语言坚持从自然界自身去说明自然。如米利都学派的创始人泰利斯针对神创造万物的思想提出水是万物的本原的思想，认为万物来源于水，又复归于水。赫拉克利特则进一步提出："这个世界对一切存在物都是同一的，它不是任何神所创造的，也不是任何人所创造的；它过去是、现在和未来永远是一团永恒的活火，在一定分寸上燃烧，在一定分寸上熄灭。"[1] 他还说："互相排斥的东西结合在一起，不同的音调造成最美的和谐；一切都是斗争所产生的。"[2] 赫拉克利特的思想直接反对神创论，不仅是唯物主义的，而且包含丰富的辩证法。当时这种朴素的唯物主义思想是很流行的，在赫拉克利特之前尚有阿那克西曼德等；在赫拉克利特之后、与修昔底德同时的有

---

[1] 北京大学哲学系外国哲学史教研室编史教研室编译，《古希腊罗马哲学》，生活·读书·新知三联书店1957年版，第21页。

[2] 同上书，第19页。

原子唯物论的创立者德谟克利特。正是在这种浓厚的哲学氛围中，修昔底德使自己的战争史注入了哲学的气息，这突出表现在：（1）修昔底德的战争史把历史引向人类自己的历史。在他以前充斥整个社会的是各种神话，还谈不上有历史。如果说有什么历史的话，也是各种神的活动。到了希罗多德历史基本上还是神人合一的历史。修昔底德的一个重大贡献就是突出讲人自己的历史。在他看来，战争的成败，城邦的兴衰都是由人决定的，天神对这一切不起作用；他不相信有什么天神的警示或惩罚，他认为风雨雷电、日蚀、月蚀、地震等现象与人事的吉凶没有关系，这些都是自然自己的事情。他相信人的力量，认为人是第一重要的，指出使我们城邦光辉灿烂的是人的勇敢和英雄气概。以上这些思想表明，在修昔底德看来历史不应是神祇的历史，归根到底是人类自己的历史。这个观点对于历史学是开创性的，从哲学来看，也是对人的自我存在和自我实现的途径的正确领悟。（2）修昔底德注重探寻历史事件的真正原因，这就必然把历史学引向深入。由于他排除了天神对人事的影响和作用，所以，他在考察历史事件发生的原因时，使他很自然地倾向唯物主义。例如他在分析特洛伊战争的原因时指出，战争的真正原因并不是特洛伊王子骗走了希腊的美人海伦，而是希腊人与特洛伊人为争夺爱琴海地区的霸权所致。他在书中对伯罗奔尼撒战争的原因进行了详细的分析，指出：雅典的强大和发展，引起了斯巴达、伯罗奔尼撒和科林斯等城邦的严重不安。依仗自己强大的国力，雅典对外推行侵略和掠夺的政策，使得斯巴达和它的盟国受到严重威胁，当雅典的势力发展到顶点，人人都能够看到一场战争不可避免。因为斯巴达人已经感到形势再不能容忍，所以决定发动战争企图以全力进攻消灭雅典。这种分析没有任何神的作用和意味，即使在今天看来也是非常精辟和正确的。（3）修昔底德对战争原因分析的深刻性，还表现在他敏锐地洞察到经济既是战争发生的基础，又是决定战争胜负的重要因素。他认为生产和商业的发展，是城市和城邦国家产生的根本条件，经济利益上的冲突是城邦国家矛盾和对立的根本原因，也是最终导致战争的根本原因。斯巴达等城邦国家之所以要发动对雅典的战争，根本原因在于雅典的强大威胁到它们的利益，也正是共同的利益，才使这些国家结成抗击雅典的联盟。而战争的胜负也取决于一个国家的经济实力。修昔底德认为，雅典的最终失败，从根本上说不是军队人数的问题，而是经济资源特别是粮食匮乏所致。在两千多年前，分析社会现象、历史事件不借助神力已属难能可贵，修昔底德能从经济的角度去思考，应当说是很了不起，尤其值得钦佩。他所迈出的这一步，尽管在今天看来还是非常幼稚的，然而历史学的独立而行和历史哲学的出现却能在此处找到源头。

我们并不认为修昔底德已经有了成熟的科学的历史理论和历史哲学，但以上这些成就必将成为形成中的历史哲学思想初期阶段的积极因素，对后世产生的影响，是令人瞩目的。

三　柏拉图的历史哲学

柏拉图（Plato，公元前 427—前 347）是古希腊哲学家，他在希腊哲学历史、西方文化发展史和世界文明发展史上，都占有重要的地位。黑格尔在谈到柏拉图时写道："柏拉图是具有世界历史意义的人物之一，他的哲学是有世界历史地位的创作之一，它从产生起直到以后各个时代，对于文化和精神的发展，曾有过极为重要的影响。"他还把柏拉图称作"人类的导师"①。对于这样一位对世界历史具有重要意义人物的历史哲学理论不予关注，是不应该的。

柏拉图公元前 427 年出生于雅典一个贵族家庭，早年丧父，母亲后改嫁。柏拉图受过良好教育，喜欢哲学、文学，热衷于政治。20 岁时成为苏格拉底的学生，崇拜老师的思想和人格。苏格拉底为人公正不屈服权贵，因被视为民主派的政敌，于公元前 399 年被处死。这使柏拉图对当时的城邦政治彻底失望，这件事对他震动极大。到了晚年他回忆他思想转变时写道，我终于清楚地认识到，所有现存的城邦政体无一例外都是坏的，如果没有一个奇异的计划，以及一个好运气，它们的法律几乎无可救药。我不得不认为必须颂扬正确的哲学，向人们提供一个有益的观点，使他们能在一切情况下分辨什么是公众和个人的正义。因此，除非真正哲学的人获得政治权利，或者拥有政治控制权的阶级靠天赐良机变成真正的哲学家，人类将不会有好日子。他决心用哲学去改变统治者。他曾因触怒叙拉古国王狄奥尼索斯一世被当作奴隶拍卖。公元前 387 年返回雅典，创办学

---

① ［德］黑格尔：《哲学史讲演录》第 2 卷，生活·读书·新知三联书店 1957 年版，第 152、151 页。

园，从事教学和研究哲学，许多青年和学人到这里来学习，亚里士多德就是他的学生之一，直至 80 岁去世。传世著作极为丰富，主要有《美诺篇》《会饮篇》《理想国》（《国家篇》）、《菲多篇》等。柏拉图是一位伟大的哲学家、政治家，也是一位学识渊博的学者，他的思想极其丰富，从历史认识论视角，我们主要介绍以下两点：

1. 柏拉图对远古历史的观点。柏拉图是一位政治热情很高的人，关心国家的前途命运，希望国家和人们走上他所向往的那种时代。在他的心目中，有一个不同于他所处时代的美好远古时代。

古代哲人往往都对远古时代寄予美好的想象，如中国的老子把远古社会说成是治理极好、人民都有好的食物、美丽的衣服，过着相安快乐的生活；孔子则认为周代是礼仪之邦。柏拉图也有这种情形，他把远古时代说成是神统治的时代。认为在神统治的时候，社会没有暴力，没有战争，不需要政府，也不把女人和孩子当作私有之物，人们以天然果实为生，有许多空闲的时间从事研究哲学和学习其他东西。后来发展到人的统治，一切就改变了。这时候的统治者便是政治家。

他认为政治家不同于从事种植的农夫，打猎的猎人，从事各种工艺的工匠和给人治病的医生，他们主要从事国家事务，这些人就是"智者"。有些政治家能按照理性去处理国家事务，这是柏拉图所希望的；但政治家未必都是哲学家，那些不能按理性治理国家的政治家，他认为人们在这样人的治理下，就不会过上好日子。

柏拉图"今不如昔"的观点，在后面我们将要论述的《国家篇》中还会提到，就社会历史观而言，柏拉图这种观点不能算作是进步的，毋宁说是一种倒退的历史观。但这种历史观也反映了柏拉图对当时社会的不满，希望这种社会得到变革，用他的说法就是让真正有智慧的哲学王来治理国家。

2. 柏拉图的国家观。我们是从历史认识论来研究柏拉图的国家观的，与其说是国家观，不如说是对整个社会生活的看法和改革的设想，他几乎讨论了社会生活的各个方面，诸如灵魂与肉体、幸福与平等、爱情与婚姻、音乐和体育、男人和女人、男女平等、个人与集体，等等。柏拉图是公元前 4 世纪时期的人，一方面具有超越常人的智慧，另一方面又存在着在今人看来可笑的神话和幼稚。他的《理想国》是用对话形式写成的，里面有他说出的一直影响后世的许多真理，也包括神谕和想象，他对国家的观点就有这种情况。我们只能继承他的智慧和天才的部分，至于那些幼稚和神话的想象，可以不必认真计较。

他认为组成国家的人实际上有三类：第一类是劳动者，他们是农夫、猎人、工匠、医生、艺人等，这些人是由神用铜或铁做成的，他们的职责就是为国家提供需要的食物、各种用品和服务。第二类是武士，他们由勇敢的人组成，武士则由神在其身上加进了银子。第三类是卫国者，即有智慧的人，也就是哲学家，这种人身上被神加进了金子。这三类人都各有自己的美德。卫国者的美德是智慧，具有知识，这种知识是真正关于理念的知识，懂得哲学。武士的美德是勇敢，心灵中有伟大而坚定的意志，对自己人温和对敌人凶狠，不为情欲享受所动。第三等级的人的美德是节制，包括对欲望的克制。前两者也应如此。第四种美德是"正义"，是最高的美德，它与前三种美德并列，可又高出并驾驭前三种美德，是全体城邦之民都应具有的。柏拉图主张哲学家治理的国家应该是"你们自己在开始讨论建立你们国家的时候，早已同意一个原则，即每个人应该做天然适宜于自己的工作"①。这就是他所希望建立的理想国家。

柏拉图理想的国家实质就是等级分明的奴隶制国家。他希望城邦里的人各司其职，不要僭越，鞋匠就做鞋匠的事，不要妄图行武士的职能。他观察到历史的变化，由于受退化历史观的影响，他认为历史变化是由好变坏的蜕化过程。他提倡尊重法律，提出在法律面前人人平等。只有法律才是最高的权威，一切违反法律的人（包括政治家）都将被处以死刑。

柏拉图的国家观的重要意义在于，他是从分工认识国家的起源的。他认为很多人住在一个城邦之中，必定要有人从事不同行业，这样就为神的统治过渡到人的统治找到了条件。另外他提出，城邦之人各司其职是社会安定和谐的保证，这些设想都很具智慧和启发性。在还没有人提出系统全面的治理国家的办法的时候，柏拉图的国家观总还是一份可贵的财富，对于社会历史的发展及其认识，都应当得到应有的重视。

---

① ［古希腊］柏拉图：《理想国》，郭斌和、张竹明译，商务印书馆1986年版，第183页。

四 亚里士多德

亚里士多德（Aristotle，公元前 384—前 322）出生于希腊北部的斯塔吉拉城一个医生的家庭。父亲是马其顿王阿敏塔斯二世（腓力二世之父）的御医。还是在亚里士多德幼年时期，父母就因宫廷内部斗争回归故乡，不久便双亡离世，亚里士多德靠姐姐和姐夫抚养。公元前 367 年，亚里士多德 17 岁，离开故乡来到雅典柏拉图学园，师从柏拉图，在这里他学习了 20 年之久。他勤奋好学，学业精湛，思维能力极强，他对政治学、伦理学、修辞学、逻辑学、历史学、物理学、生物学、心理学、数学、天文学、医学、戏剧、诗歌等都有所研究，马克思、恩格斯称他为古代最伟大的思想家，知识最渊博的人。公元前 347 年，柏拉图去世，亚里士多德受同学和挚友之请，来到阿塔内斯，在这里他结识了一直忠实追随于他的泰奥弗拉斯特，现存亚里士多德的著作多出于泰奥弗拉斯特之手。公元前 343 年，受马其顿国王腓力二世之请，成为王子亚历山大的老师。亚历山大登上王位后，公元前 335 年，亚里士多德回到雅典，创办吕克昂学园，在这里从事教学和研究学问。他的主要著作哲学、政治学、伦理学、物理学等都写于这一时期。公元前 323 年，亚历山大染病身亡，亚里士多德被迫离开雅典，他把学园交给了泰奥弗拉斯特，逃亡到欧比亚的加尔西斯城，于次年去世。亚里士多德一生论著颇丰，中文已有中国人民大学出版社出版的《亚里士多德全集》，常提到的有《物理学》《形而上学》。

在历史哲学领域中，人们提到亚里士多德常常引用他在《诗学》中说过的那句话，诗是"某种比历史更具哲学意味，更被严肃对待的东西，因为诗所描述的事带有普遍性，历史则叙述个别的事"。亚里士多德这里说的"历史"的确是他那个时代历史的实际情况，那时人写的历史没有时间的观念，即还没有把历史作为一个过程来理解，仅仅记述一件一件具体的事。但这决不等于说亚里士多德没有深刻而丰富的历史思想，以下我们从历史认识论层面，对他最为突出的两点作一简要评介：一是"人是政治的怪物"；二是中产阶级的社会。

1. "人是政治的动物"和国家的起源。"人是政治的动物"这是亚里士多德的著名论断，是他对人的根本认识，它指明了人的本质。他说，很明显，国家是自然的产物，人在本性上是政治的动物。那些出于本性，而不是出于偶然性没有国家的人，或高于人，或低于人。他认为最初人和自然界中的动物一样，是男女两性的结合，家里的有智慧远见的人成为主人，仅有体力的人自然成为奴隶。主人和奴隶的结合而组成了家庭。为了满足需要，由家庭自然形成共同体，又进一步形成村落，多个村落为了满足生活需要和生活的美好，达到自给自足的程度，便自然产生了城邦。所以，亚里士多德认为，国家是依时间和自然顺序而出现的，家庭是城邦的单位，每个人都是家庭的成员，因此他必然离不开国家，必然成为政治的动物。

家庭是构成国家的基本单位，他所说的家庭实际指的就是主人和奴隶的关系，他认为主人是统治者，奴隶是被统治者，这种区分是天经地义的。奴隶是主人的财产和工具。但他提出统治奴隶并不是滥用统治的权力，不仅要符合主人的利益，也要符合奴隶的利益。

亚里士多德认为，国家是达到最高理智和道德的社会机构，因为人是政治的动物，所以每个人只有在公共的政治生活中才能获得真正的幸福。因此，国家高于个人。国家是整体，个人与国家的关系犹如有机体的部分和有机整体之间的关系，只有在国家这个有机整体中，作为国家有机整体的一部分，个人才能实现自己，展现自己的才能。一个人如果脱离国家，就不能成为人。政治权力是最高的东西，它的功能主要有三项：一是保有一定的疆域，国家总需要有国土，以保证有必要的资源；二是维持社会的等级制度；三是教育，这是国家特别重要的一项功能，培养教育人成为具有美德的人。经济也是国家管理的重要内容，要通过不同途径争得财富，使公民能够过上有道德的幸福生活。

亚里士多德的对人和国家起源的认识未能超出他那个时代的局限，他所说的国家就是他亲自生活于其中的城邦，城邦社会就是奴隶等级制社会，他把奴隶主和奴隶都看作是天生注定的，虽然他也承认有些奴隶主会堕落，奴隶也有优秀的人，但总体上，这种社会制度他认为是合理的。尽管他反对柏拉图女人和孩子共有的主张，但除了对人的认识以外，亚里士多德的社会历史哲学并无实质性的突破。

2. 关于中产阶级社会政治制度。亚里士多德同柏拉图一样，把政治体制分为君王制（由一人统治）、贤人制（由优秀的人统治）、共和制

（由多数人统治）、僭主制（由一人统治，是君王制的变体）、寡头制（是贤人制的变体）和民主制（是共和制的变体）六种。寡头制是少数富人的统治，民主制是多数穷人的统治。在一个城邦中，富人总是少数，穷人总是多数，这两种人的统治的政体对于正义来说都是不完全的。民主制认为平等是正义；寡头制认为财富不平等才是正义。都是对政治体制正义观念的片面的理解。亚里士多德认为最佳的政体是立宪制，所谓立宪制就是由中产阶级统治的政体，这种制度比较能够保持稳定和持久。他认为，这个阶级是一个国家中最安稳的公民的阶级，因为他们不像穷人那样觊觎邻人的东西，别人也不觊觎他们的东西；既然他们不谋害别人，又不遭别人的谋害，所以很安全地生活。由中产阶级统治的国家会治理得很好。这是亚里士多德所理想的政治体制，也是他中庸哲学在国家政治体制上的反映。

亚里士多德的理想实际上是根本实现不了的。指导他产生这种设想的哲学是中庸调和主义，他完全不认识人作为"政治的动物"实际上是由物质利害关系决定的，无论是少数人的寡头政治还是多数人的民主政治，都是建立在一定经济基础之上的，阶级之间的冲突和矛盾是调和不了的。中产阶级即使在希腊城邦时代，跟亚里士多德的认识也不一样，他看到了这个阶级温和稳定的一面；但没有看到这是一个极易分化的阶级，他们的稳定是表面的暂时的，在社会斗争中，他们或者上升为富人（极少数），或者沦为穷人。所以，他在世期间，未曾见到有中产阶级统治的国家，他以后世界上也没有出现过中产阶级统治的国家，就是证明。其实，他自己也知道中产阶级政治体制是很难建立的，他说，中等的政府形式如果曾经存在过，也是极稀罕的事，并且只有在很少数的国家里面。

当然，我们不能因此否认亚里士多德政治学说的重要意义，我们这里并没有全面论述他的政治学说，只是重点论述了两个方面。他毕竟是欧洲历史上第一位系统论述政治学这门学科的人，就是说，论及政治学的历史，还是要把亚里士多德尊为首位。

第二节　神学统治下的历史和历史哲学

西欧从公元 5 世纪晚期西罗马帝国灭亡（476）到 17 世纪中叶英国

资产阶级革命爆发（1640），是封建社会时期。从 5 世纪到 14 世纪，是封建社会形成、发展和繁荣时期，史称 "中世纪"；从 14 世纪到 16 世纪末，是封建社会解体、资本主义生产关系萌芽和形成时期，史称 "文艺复兴时期"。

西欧的中世纪是神学占据绝对统治的时代，宗教是这一时期的唯一的意识形态，各种理论无不打上神学的印记，历史学当然也不例外。那时的人们认为，历史就是上帝及其活动的历史，这种历史学中所透出的哲学光芒既是灰暗的，又是被扭曲的。

一　基督教的兴起和教会历史哲学

神是怎样产生的？人为什么需要神？这两个看似简单的问题却蒙蔽着无数的人们，使他们不能从神的束缚下解脱出来。神的确是人创造的，如果没有人的存在神也就不存在。现在信教的人把神说成先于人而存在，其实，神的这种先在性仍然是人赋予的。在初人那里神本不具有后来人关于神的观念的意义，是初人对不能理解的现象的一种称谓。时人对两类现象无法解释：一类是自然现象，由于对这类现象惊异和不可理解，于是产生了自然神；另一类是对人自己的精神活动认识不清，于是便产生属于人自己的神，这就是灵魂的独立存在。对神之产生和人之需要神的问题，被人自己神秘化了。真正对这一问题作出科学解释的是恩格斯，他在研究哲学基本问题——思维与存在关系问题时，对这个问题做了精辟的论述。他写道："在远古时代，人们还完全不知道自己身体的构造，并且受梦中景象的影响，于是就产生一种观念：他们的思维和感觉不是他们身体的活动，而是一种独特的、寓于这个身体之中而在人死亡时就离开身体的灵魂的活动。从这个时候起，人们不得不思考这种灵魂对外部世界的关系。如果灵魂在人死时离开肉体而继续活着，那就没有理由去设想它本身还会死亡；这样就产生了灵魂不死的观念，这种观念在那个发展阶段出现决不是一种安慰，而是一种不可抗拒的命运，并且往往是一种真正的不幸，例如在希腊人那里就是这样。关于个人不死的无聊臆想之所以普遍产生，不是因为宗教上的安慰的需要，而是因为人们在普遍愚昧的情况下不知道对已经被认为存在的灵魂在肉体死后该怎么办。由于十分相似的原因，通过自然力的人格化，产生了最初的神。随着各种宗教的进一步发展，这些神越来越具有了超世界的形象，直到最后，通过智力发展中自然发生的抽象化过程——几乎可以说是蒸馏过程，在人们的头脑中，从或多或少有限的许多神中产生了一神教的唯一的神的观念。"① 恩格斯的论述，从历史唯物主义高度，科学地回答了神的产生的问题。

每个民族在原始社会阶段都会产生许多神话和传说，这是原始人类借助想象去征服自然力并把自然力形象化的结果。在欧洲，古代希腊的原始社会也经历过一个神话和传说的时代，是一个众神降生和活动的时代，历史也就被说成是众神的历史。开始是多神教，几乎每一个氏族和部落都有自己的神和宗教，后来随着人世间统一之王的出现，天国中也产生了统一的神。这是基督教兴起最根本的历史基础。基督教原本是犹太教的一支，起初曾遭受罗马帝国的残酷迫害，为了反抗罗马帝国的统治和迫害，该派的教徒进行了艰苦而顽强的斗争。他们的基本观点是提出耶稣降临人世，不惜一切拯救世界。《福音书》叙述了耶稣的生平、活动直至被送上十字架的历程。经过近4个世纪的奋斗，到4世纪末终于由一个小教派而变成罗马帝国的国教，基督教的教义也就逐渐成了罗马官方的意识形态。在整个中世纪，欧洲完全在基督教的统治下，上帝成了真理的化身，《圣经》是唯一可信的文献，历史也就成了神（上帝）的历史。贯穿于这种历史学中的哲学是神创论和先验论。

二　神学统治的历史哲学

中世纪是基督教徒的世纪，他们的神学世界观决定了由他们去编写的历史就只能是神的历史，重要内容是善与恶斗争的历史。在这方面的代表人物是奥古斯丁。

圣·奥古斯丁（Augustinus，354—430）本不是基督教徒，到32岁才接受洗礼皈依基督教。他是一位有影响、有成就的教父，并非严格意义上的历史学家。他一生论著颇丰，其中有两部对欧洲中世纪史学产生了相当大的影响，这就是《上帝之城》和《忏悔录》。前者叙述了作为善良、光明象征的天国（即上帝之城）与象征邪恶、黑暗人世之国（地上之城）之间的斗争，历史就是善通过对恶的斗争最终战胜恶的历

---

① 《马克思恩格斯选集》第4卷，人民出版社1995年版，第223—224页。

史。《忏悔录》，一部分描写他个人成长的经历，还有一部分是依据《圣经》创世纪叙述上帝创造世界的过程。显而易见，这不能算作认真的历史学意义上的著作。然而，正是这两部著作对于后来的人们如何从宗教的角度去考察和叙述历史提供了一种很具影响力的世界观和方法论；也就是在这个意义上，圣·奥古斯丁才在历史哲学中占有自己的地位。奥古斯丁的贡献是什么？

第一，奥古斯丁在《上帝之城》里把人类的历史说成是由上帝和天意所决定的，描述了上帝的信徒为了善、光明、幸福同代表罪恶、黑暗、苦难的魔鬼信徒之间斗争的历史。这的确不能当作严肃的历史来对待，但他在论述时却透露了这样一种思想：在现世中，这两个城是混在一起的，善与恶、光明与黑暗、幸福与苦难并非泾渭分明，而是要通过斗争才能在来世最终区分开来；谁将成为上帝的选民，在今世不得而知；上帝要实现天国的统治不是没有阻碍，而是要通过长期的、尖锐的斗争过程才能最终实现，对立和斗争是推动这一过程得以进展的力量。这个见解比起把历史看作僵死的一个一个事件的堆积，无疑要深刻得多。后来的人们有意无意地把人类历史看作是斗争的历史，不能不说是受了这种观点的影响。

第二，奥古斯丁认为上帝是一切的创造者，没有上帝的创造什么都不存在。这是最基本的信条，对于无神论者来说本不足论。但奥古斯丁在论述和解释这个信条时却留给后人两点遗产：一是上帝是从无中创造世界。他认为，上帝创造世界不同于工匠创造物体，工匠的创造是用机器或工具以一个物体形成另一个物体；上帝是用"道"来创造万有，而道并不是什么具体的物，而是与天主同在的无先无后、表达一切、永恒不寂的言语。道是什么？道是空无。罗素在《西方哲学史》中将奥古斯丁的这个见解与古希腊哲学做了比较，无论是在柏拉图还是在亚里士多德那里，都认为上帝是借助于有形的原始物质去创造世界的；而奥古斯丁超出了这个传统，提出上帝是从无中创造了世界万物。这样就消除了创世说中历来存在的一个矛盾，即原始物质是哪里来的，从而把创世说贯彻到底。二是奥古斯丁对时间的"三元"即过去—现在—将来的辩证理解。奥古斯丁认为，什么是时间是一个很困难的问题，但他仍然希望天主赐他以智慧，让他来回答这个问题。首先，他认为时间是天主所创造的，天主没有把时间创造出来之前是没有时间的。因此，不存在、也不能问"天主创造天地前在做什么"这样的问题。其次，他认为"如果没有过去的事物，则没有过去的时间；没有来到的事物，也没有将来的时间，并且如果什么也不存在，则也没有现在的时间"。

"既然过去已经不存在，将来尚未到来，则过去和将来之两个时间怎样存在呢？现在如果永久是现在，便没有时间，而是永恒。现在所以成为时间，由于走向过去；那么我们怎能说现在存在呢？现在所以存在的原因是即将不在；因此，除非时间走向不存在，否则我便不能正确地说时间不存在。"① 在这里，他把时间看作是过去—现在—将来不可分割的整体，这个理解对于把人类的历史看作是一个不可分割的整体，是很有意义的。他还分析道："有一点已经非常明显，即：将来和过去并不存在。说时间分过去、现在和将来三类是不正确的。或许说：时间分过去的现在、现在的现在和将来的现在三类，比较确当。这三类存在我们心中，别处找不到；过去事物的现在便是记忆，现在事物的现在便是直接感觉，将来事物的现在便是期望。如果可以这样说，那么我是看到三类时间，我也承认时间分三类。"② 奥古斯丁在这里既否定时间可分为过去、现在和将来，又承认时间可分为过去、现在和将来，看似矛盾，实质是对时间三元的辩证的理解，这个理解被用于考察历史是不无意义的。

第三节 文艺复兴运动时期的历史哲学

从 14 世纪起到 16 世纪，由于海上通航的发展，意大利半岛商业开始繁荣起来。商业的繁荣促进生产的发展，要求生产规模不断扩大，意大利一些城市的工场手工业作坊迅速改变原来的生产方式，使得资本主义生产方式最早在这里出现。作坊的师傅逐渐被称为资本家，师傅带徒弟的生产形式越来越被雇佣劳动形式所取代。这是一种历史趋势，它不可阻挡地迅速扩展开来，很快在德国、法国、尼德兰、英国一些沿海地方发展起来。原来零散的、狭小的封建生产方式越来越不适应新发展起来的生产力。这种变化反映到思想意识上，使得人们对宗教神学的统治和神学教

① ［古罗马］奥古斯丁：《忏悔录》，周士良译，商务印书馆 1989 年版，第 242 页。
② 同上书，第 247 页。

条禁锢产生了不满和怀疑，对封建专制联合教会压制人性、剥夺人的自由产生了抵触和反抗。一些文化人从整理古代希腊流传下来的材料中，汲取有益的思想和观念，打出文艺复兴的旗号，从对神的崇拜，转向对人自身的关怀；从对虚无缥缈天国梦想，转向对世俗生活的追求。这场运动的实质，是早期代表资产阶级利益的思想家，利用经它们改造过的希腊文化，使之成为适合资产阶级需要的资产阶级文化，用来反抗宗教神学和封建专制文化，是资产阶级的人道主义反抗封建主义神道主义的斗争。这是一场人类有史以来最伟大的变革。这种变革给历史学和历史哲学带来了新气象。

以往的历史哲学著作，对于文艺复兴这一段历史哲学思想，很少有人提到，给人一种印象：从中世纪到启蒙运动时期当中缺了一块。其实这一段历史是很有意义的，也是非常重要的，它是一个过渡时期，是欧洲封建等级制衰亡、资本主义生产方式兴起的时期。作为这一时期思想理论表现的文艺复兴运动，出现了许多对后世很有影响的思想家，我们在这里介绍三位，但丁、瓦拉和皮科。

一　但丁

但丁（Alighieri Dante，1265—1321）出生于意大利的佛罗伦萨的贵族家庭，属于佛罗伦萨经济政治上颇有地位的资产阶级，佛罗伦萨是当时欧洲工场手工业中心之一。但丁是意大利伟大的诗人、政治思想家，《神曲》是他最有代表性，也是影响最大一部著作。关于历史哲学思想主要也是表现在这部著作中。

严格说来，但丁并没有我们后来所称为的"历史哲学"的理论，然而，文艺复兴时期的历史哲学必须从但丁开始。这是因为"意大利曾经是第一个资本主义民族。封建的中世纪的终结和现代资本主义纪元的开端，是以一位大人物为标志的。这位人物就是意大利人但丁，他是中世纪的最后一位诗人，同时又是新时代的最初一位诗人"①。叙述资产阶级的历史哲学不能不从但丁开始。他的一些历史哲学观点最适宜用来说明由中世纪到文艺复兴的转变，也就是由封建社会向资本主义社会的转变。如同

---

① 《马克思恩格斯选集》第 1 卷，人民出版社 1995 年版，第 269 页。

他本人一半还留在中世纪、一半已经进入近代资产阶级社会一样，他的思想也是充满了时代交织时期的矛盾。在《神曲》中，他一方面把基督教神学所说的天堂形象化为庄严美丽的极乐世界；另一方面他在诗中把基督教的上层人物如教皇、主教等打入地狱。

但丁提出《神曲》隶属于哲学，这种哲学是指属于道德和伦理的范畴，意义不在于思辨而在实际行动。诗的目的就在于影响人的实际行动，最终的结果还在于实践。这个思想反映了资产阶级积极有为的精神。

但丁认为人是高贵的、自由的，人的自由特别表现为意志判断的自由。人的意志自由就使人得到自由。自由不仅表现在判断上，而且要通过行动来实现。他主张人世间的幸福可通过道德和精神的实践而得到；天上的幸福，则需要按照基督教的信仰实践道德仁爱才能获得。他强调人应当利用人的意志自由去实现人自己的历史——追求神圣的幸福。他说："人的本分工作，就整个来讲，乃是能完全实行其理解力的范围与发展；首先能实行思想，以辨别是非，其次，则能将其所认定之是非悬为目的，而以行动达此目的。简单说，就是先思而后行。……人类的本分工作为何？……在求神圣的幸福。"[1]

但丁认为爱是人的本性，"爱"是统治宇宙的力量，通过这种力量组成世界；但这种爱不是对神而言，而是人与人之间的爱。他主张提高人性——人对人的爱，取代中世纪的人对神的爱和神对人的爱。爱把人组成了世界，他说他的《神曲》的主题就是人凭自由意志去行善行恶，人类的历史就是善人升入天堂、恶人降入地狱的历史。

从上述观点透露出但丁的社会历史观是积极向上的，反映了新兴资产阶级的历史特点。

二　瓦拉

瓦拉（Lorenzo Valla，1406—1457）出生于罗马一个律师的家庭，曾在佛罗伦萨接受教育，是文艺复兴时期资产阶级个人主义色彩最突出的人文主义者。他的重要著作是《论享乐》。

很难说瓦拉有系统的历史哲学理论，我们这里提到他，主要是因为他

---

[1]　转引自全增嘏主编《西方哲学史》上册，上海人民出版社1983年版，第359页。

在理论上为资产阶级个人主义开了先河，这对后来资产阶级历史哲学产生了一定的影响。瓦拉认为，每个人所做的事都是他自己愿意而为，他有他的自由，并不完全是由上帝决定的，所以人对自己所做的事情要负责。这是一种具有新意的意志自由理论。他反对人的一切都是上帝安排好了的宿命论，认为上帝的安排并不是意志自由的障碍，在上帝的控制下，意志自由存在仍然是可能的。

瓦拉最突出的是提出个人享乐主义，他认为享乐是人的天性，没有什么不合理的。他反对教会的虚伪和欺骗，揭露教皇的贪欲。他提倡极端个人主义，把个人利益同他人利益、社会利益绝对对立起来，维护前者，不顾后者。他说："对我来说，我的生命要比整个宇宙的生命有更大的幸福"，大有"拔一毛利天下而不为"的意思。这是资产阶级个人主义最初的理论表现，表达一种错误而没落的思想倾向。但在当时敢于提出这种观点，对反对教会的禁欲主义还是具有进步意义。

资产阶级创立的资本主义社会是私有制社会的最高形式，也是个人主义和享乐主义发展的最高形式，瓦拉就是这一形式在思想和理论上的最初代表。

瓦拉虽然未能做到彻底反对宗教和神学，但他的见解已经表明，他不是沿着原来的历史轨道在迈步，而是踏上了新的历史轨道，是在为新纪元到来在鼓而呼。

三　皮科

皮科（Giovanni Pico，1463—1494）出生于米兰多纳的一个伯爵家庭。曾在意大利著名大学学习。他的主要著作是《论人的尊严》。

皮科还没有达到否定上帝创造人的地步，但他所讲的上帝创造人的过程跟神学中宣扬的上帝创造人完全不同。他用自己的神创论，给予了人以尊严。他认为人是上帝为证明自己的伟大而特意创造出来的，上帝创造人同创造其他万事万物不同，人从上帝那里得到了其他生物身上所没有的一切，上帝赋予人自由意志，认定人是本性不定的生物，赐给人想实现自己目的的全部能力，总之，人是万物之灵，被安置在世界的中心。他说："我们把你安置在世界中心，使你从此地可以更容易观察世间的一切。我们使你既不属于天堂，又不属于地上，使你既非可朽，亦非不朽，使你好像是自己的塑造者，既有自由选择，又有光荣，能将你自己造成你所喜欢的任何模样。你能够沦为低级的生命形式，即沦为畜生，亦能够凭你灵魂的判断再转生为高级的形式，即神圣的形式。"① 这种人性理论对于后来资产阶级思想家对人的认识和研究产生了很大影响。人类中心论在欧洲一直占据统治地位，作为具有资产阶级特色的一种理论，皮科的上述观点尽管很不成熟，但终不愧是早期资产阶级人性论一种表现形式。

皮科对人的肯定就是对新生的资产阶级的肯定，他所说的人不是宗教神学的人，而是资产阶级的人，他提出人是世界的中心是对人的颂扬，也就是对资产阶级登上历史舞台的颂扬。皮科只活了 31 岁，对历史的观察竟如此敏锐，用新的创造说，生动地反映了新兴资产阶级积极向上的进取精神。

第四节　维柯的历史哲学

乔巴蒂斯塔·维柯（Giambattista Vico，1668—1744）是 18 世纪意大利哲学家、社会学家、美学家和历史学家。靠自学成才，曾做过家庭教师，也当过大学教员。主要著作有《新科学》（该书的全名是《关于各民族共同性的新科学的原则》）。他是系统历史理论的提出者，是历史哲学的真正奠基人，他的《新科学》被认为是真正历史哲学学科的开端。德国历史学家蒂森写道："真正的历史哲学以乔巴蒂斯塔·维柯的著作《关于各民族共同本性的新科学的原则》为开端，并不是没有根据的，因为正是维柯，不仅描绘了一门关于历史世界的新哲学学科的位置，而且在一部详尽的著作中试图充实这个位置。"② 尽管笔者对蒂森的这种说法有不同的意见，但不难看出维柯及其《新科学》对于历史哲学的重要意义。

一　历史哲学的发轫者

虽然伏尔泰被认为是较早提出"历史哲学"一词的人，就实际情况

---

① 转引自全增嘏主编：《西方哲学史》上册，上海人民出版社 1983 年版，第 368 页。
② 转引自李秋零《德国哲人视野中的历史》，中国人民大学出版社 1994 年版，第 61 页。

而言，伏尔泰并没有刻意去探讨历史哲学本身，作为法国启蒙运动的主将，他主张理性，反对神灵和盲从。对于历史他认为不应仅仅停留在对事实的记载上，而应注重对事实的哲学意义的阐明，即对事实进行理性的思考。这个思想具有超越一般历史学的意义。但对历史哲学本身，伏尔泰可能尚未真正意识到，这就是人们虽然在论及历史哲学时总要提到他，但并没有给他在这方面以崇高地位的原因。真正在历史哲学方面作出贡献的是意大利历史哲学家维柯。

维柯的历史理论十分丰富，首先值得我们重视的，是他贡献于历史学的关于历史学的前提的理论，这就是他为历史研究所奠定的一些原则。其中最有意义的我们认为是他关于"要素"的论述，这一部分他做得非常认真。我们并不认为他所提出的这些要素果真就是构成历史的东西，但在他对要素的分析中所涉及在历史研究中经常碰到的现象和问题，对于历史研究或者说对于历史学是有巨大启发意义的。维柯把人类历史看作是一个发展流动的过程，而不是一堆过去遗留下来的僵尸，这就给历史哲学增添了活力。

他认为历史是一个由低级向高级发展的过程。在他看来，历史发展遵循一定的规律，这个规律就是人类有共同的起源，不论在任何地方任何民族都有一个共同的真理基础，人类在本性上是一致的，正是根据这种一致的本性，一切民族才被创造出来，生存下去。他写道："我们观察到一切民族，无论野蛮的还是文明的，尽管是各自分别创建起来的，彼此在时间和空间都相隔很远，却都保持着下列三种习俗：（1）他们都有某种宗教，（2）都举行隆重的结婚仪式，（3）都埋葬死者。无论哪一个民族，不管多么粗野，在任何人类活动之中没有哪一种比起宗教、结婚和埋葬还更精细，更隆重，根据［144］条公理：'起源于互不相识的各民族之间的一致的观念必有一个共同的真理的基础'，一定就是这种共同真理基础支配了一切民族，指使他们都要从这三种制度开始去创造人类，所以都要最虔诚地遵守这三种制度，以免世界又回到野兽般的野蛮状态。因此，我们把这三种永恒的普遍的习俗当作本科学的三个头等重要的原则。"①

① ［意］维柯：《新科学》上册，朱光潜译，商务印书馆1989年版，第154—155页。

每个民族的发展无例外都经历三个时代：神的时代、英雄的时代和人的时代，这是每个民族的发展史，也是整个人类的发展史。每个时代以及一个时代向另一时代的过渡，是一种流动的过程，他的《新科学》就是要把这一过程描绘出来。他在书中写道："本科学所描绘的是每个民族在出生、进展、成熟、衰微和灭亡过程中的历史，也就是在时间上经历过的一种理想的永恒的历史。"① 他认为神的时代是一个民族的原始发展的阶段，这个阶段的政治形式是神权统治。英雄的时代是一个民族的强者征服弱者的时代，为了对付被征服者的反抗，征服者建立起一套统治的手段，这便是国家的形成，英雄时代的政治是贵族政治，最初的国家形式是君主专制。人的时代是政治平等的时代，也就是平民政治时代。这是一个更高的发展阶段，但并非历史发展的完成。由于少数人占有财富，贪婪享受，引起多数平民的不满而导致对富人的反抗和斗争，历史又由于战争和动乱而开始新的三个周期的循环，经过这样不断地循环逐步达到理想境界。维柯在历史观上，有人把他说成是一位历史循环论者，这是不完全正确的。尽管有循环论的嫌疑，但在维柯眼里，历史不是僵死不变的，而是一个变化发展的过程，不是简单的重复，而是螺旋式的上升运动。

二 提出历史认识论的问题

维柯提出历史认识论问题，而且主张历史是可认识的，这是维柯对历史哲学的一大贡献。

维柯认为有两个世界：一个是自然界；一个是民政的世界。前者是上帝创造的，应由上帝去认识；后者是由人类创造的，人类就应该能认识。他批评过去的哲学家说："过去哲学家们竟倾全力去研究自然界，这个自然界既然是由上帝创造的，那就只有上帝才知道；过去哲学家竟忽视对各民族世界或民政世界的研究，而这个民政世界既然是由人类创造的，人类就应该希望能认识它。"② 维柯的这个思想极其宝贵，他开了历史认识论的先河。在他之前还没有人专门关注人们怎样认识历史这个问题，而现代历史哲学最关注、讨论、争论最激烈的也正是这个问

---

① ［意］维柯：《新科学》上册，朱光潜译，商务印书馆1989年版，第164页。
② 同上书，第154页。

题。如果我们把历史哲学看作就是历史认识论，那么维柯的确就是历史哲学的发轫者，他提出的原则是历史学的基础，也是历史哲学的一个基本原则，"那就是：民政社会的世界确实是由人类创造出来的，所以它的原则必然要从我们自己的人类心灵各种变化中就可找到"①。维柯是历史可知论者。

他认为认识和创造是同一回事，"真理就是创造"。在他看来，人类历史是由人类自己创造的，因此，对于人来说是能够认知自己的创造物的。他在《新科学》一书中写道："如果谁创造了历史也就由谁叙述历史，这种历史就是最确凿可凭的了。"②维柯的观点是非常有意义的，为历史哲学成为人们研究的一个专门领域奠定了基础。维柯在历史认识论方面的贡献主要有以下几点：

第一，他把历史同人的创造活动结合了起来。"维柯把历史的过程看作是人类由以建立起语言、习俗、法律、政府等等体系的一个过程；也就是，他把历史看作是人类社会和他们的制度的发生和发展的历史。"③ 对于这样的历史，维柯认为人类是完全可以认识的。与自然史根本不同，人类历史是人们自己有意识有目的的活动的结果，因此，事实的历史作为对象性的客体包含着人的思想，它同自然界这种客体是完全不同的，在它里面总是凝聚了某种意识，这就在根本上把自然史同人类历史区别了开来。更为可贵的还在于，他指出历史由人按自己的理想而不是按上帝的计划塑造出来的，但他并不把事实的历史归结为意识。明确这种区别是正确理解人类历史的前提。

第二，他提出了在创造中认识历史的思想。维柯认为，人不是先创造出历史，然后再去认识它，而是在创造的同时就认识这种创造活动。这个思想接近于在实践中进行认识这样一种科学的认识论的观点。实践活动本身就是一种创造活动，这种创造活动不是单纯的循环，而是螺旋式的上升运动，因为历史总是在不断地创造新事物。这就破除了以往在历史中流行简单重复的观点。

---

① ［意］维柯：《新科学》上册，朱光潜译，商务印书馆 1989 年版，第 154 页。

② 同上书，第 165 页。

③ ［英］柯林武德：《历史的观念》，何兆武、李文杰译，商务印书馆 1997 年版，第 110页。

第三，他认为认识历史不仅要认识历史的外在表现，而且要认识历史的内在过程。所谓"内在过程"就是指包含于历史事实和事件中的意图和思想。维柯毫不怀疑，人们不仅能够认识历史的外在过程，而且能够认识历史的内在过程。他相信：尽管距离我们久远的最早的古代文物沉浸在一片漆黑的长夜之中，但它毕竟无疑地闪耀着真理的永不褪色的光辉。这就是说，事实历史总是这样或那样地传达了当时创造者的意图和思想，事实历史的价值是可以通过其自身表露出来的信息而被认识和把握的。他说："古代文物的重大的零星片段前此对科学都没有用处，因为它们已经弄得污秽了，破烂了，七零八落了，可是如果加以清洗、拼凑和复原，它们就会在科学里放出奇光异彩。"①

第四，由于维柯在历史认识论方面的上述成就，所以能有效地清除存在于历史哲学中的一些错误观点。柯林武德列举了五个方面：一是一些历史学家夸大古代辉煌的看法。维柯认为一段历史之所以值得研究，并非它本身有多么伟大，而是在于它是历史总进程中的一个环节。二是国家自负感，即用偏爱的色彩渲染自己的国家。三是个人自负感，即历史学家故意抬高他所思考的人，把他感兴趣的人也当成是像他自己一样的学术人士。四是史料来源的错误。五是认为古人对于跟他们近的时代的事比后代人知道得更清楚，维柯认为这是一种偏见，历史学家不必完全依赖权威著作的论述，而应当运用科学的方法重新去认识和研究。②

如上所述我们不难看出，维柯超出他的前人笛卡儿有多么远，又是他的后来者——波普尔何等不可企及！然而，维柯思想的深刻性还在于：他不仅指出了认识历史的客观基础，而且非常深刻地揭示认识历史的困难和复杂性。他指出，人们在认识历史时常有跌入陷阱、落入迷途的可能。其根本的原因就在于主观与客观的分离，犯了以主观代替客观的毛病。他说："人对遥远的未知的事物，都根据已熟悉的近在手边的事物去进行判断"③，"由于人类心灵的不确定性，每逢堕在无知的场合，人就把自己当

---

① ［意］维柯：《新科学》上册，朱光潜译，商务印书馆1989年版，第167页。
② 参见柯林武德《历史的观念》，何兆武、张文杰译，商务印书馆1997年版，第114—115页。
③ ［意］维柯：《新科学》上册，朱光潜译，商务印书馆1989年版，第99页。

作权衡一切事物的标准。"① 这样一来，人们的认识就会偏离历史。维柯认为，语言文字、绘画雕刻、诗歌寓言、神话传说，都是历史，人们都可以通过它们去认识历史。要使人的认识不偏离历史，关键是要善于把它们放到产生它们的那个时代和环境中去加以认识和理解。

维柯的以上观点具有重大启发性，对历史哲学研究具有开创性的意义。在他那个时代能够作出人自己创造历史的论断，已属超凡脱俗；因而人能够认识自己创造的历史，更为真知灼见，很是难能可贵。毫无疑问，维柯理论的局限性也非常清楚，他远没有达到站在辩证的、能动的反映论的高度来考察这个问题。他对历史的认识也缺乏真正的科学性，他在信仰上是神学殿堂中的忠实使者，仍然扔不掉神学和宗教这根拐杖。例如：他把宗教、结婚、埋葬死者当作世界各个民族创造历史"共同的真理基础"，是永恒的、普遍的"三个头等重要的原则"。完全没有触及人类历史存在和发展的客观本质。

第五节　启蒙思想家的历史哲学

一　孟德斯鸠

孟德斯鸠（Monte Squieu，1689—1755）出生于法国南部吉伦特省波尔多市的一个贵族家庭。他的伯父是波尔多议会议长，1716 年，孟德斯鸠伯父病故，他继承了伯父的议长职务，并接受了"孟德斯鸠男爵"的封号。他是法国 18 世纪杰出的启蒙运动思想家，是资产阶级社会政治学和法学理论奠基者之一。他的代表作有《罗马盛衰原因论》和《论法的精神》。孟德斯鸠理论上的贡献主要有三个方面：批判封建专制主义和教会神学；系统论述了地理环境对社会历史发展的影响；建立三权分立的理论。

1. 尊重理性，反对君主独裁。孟德斯鸠虽然出身贵族，但他并不拥护君主独裁，他曾对英国进行过考察，认为英国的自由制度是合乎理性的社会制度。他指出，在封建专制的国家理，"朕即国家"，君主的意志就是法律。在君主的独裁统治下，个人的命运乃至生死完全取决于君主的意

---

① ［意］维柯：《新科学》上册，朱光潜译，商务印书馆 1989 年版，第 98 页。

志。在理性法庭面前，这种历史是不值得尊重的。他探寻世界一般的规律，把这种规律说成是法，而这种法是无处不在的，一切事物皆有法，就连上帝也不例外。他说："从广泛的意义来说，法是由事物的性质产生出来的必然关系。在这个意义上，一切存在物都有它们的法。上帝有他的法；物质世界有它的法；高于人类的'智灵们'有他们的法；兽类有它们的法；人类有他们的法。"① 他从论述历史中引出一般原则——法，然后又用这一般原则——法，去解释历史。在他看来，"个别的情况是服从这些原则的，仿佛是由原则引申而出的；所有各国的历史都不过是由这些原则而来的结果；每一个个别的法律都和另一个法律联系着，或是依赖于一个更具有一般性的法律"②。

孟德斯鸠跟其他启蒙运动思想家一样，都是理性王国派的臣民，法就是他发现和创立一种理性原则，他认为"是有一个根本理性存在着的。法就是这个根本理性和各种存在物之间的关系，同时也是存在物彼此之间的关系"③。他凌驾于历史事实之上去考察历史，挖掘历史事实背后的原因，正因为如此，他被有些人看作是历史学家中第一个正式冠以哲学家头衔的人。

2. 地理环境对社会政治和国家的影响。在宇宙起源的问题上，孟德斯鸠未能超越上帝创造说，他明确讲上帝是宇宙的创造者和保养者。他认为上帝创造和保养宇宙也是遵循一定规律的，并不是随心所欲地干预宇宙的一切事物。既然宇宙的创造都必须遵循规律，那么宇宙中的其他事物更应该如此。根据这种认识，他认为社会政治制度和国家的发展，都应有它们自己的规律，他在前人地理、气候思想的基础上，提出社会政治制度和国家的发展必须适应它所处的地理环境，他是地理环境决定论的提出者，认为地理环境对社会政治和国家具有决定性的作用。他所说的地理环境包括气候、土壤条件和一个民族居住的疆域的大小。

在谈到气候条件时，孟德斯鸠写道："炎热的气候使人的力量和勇气委顿；而在寒冷的气候下，人的身体和精神有一定的力量使人能够从事长

---

① ［法］孟德斯鸠：《论法的精神》上册，张雁深译，商务印书馆 1982 年版，第 1 页。

② 同上书，第 37 页。

③ 同上书，第 1 页。

久的、艰苦的、宏伟的、勇敢的活动。"这样就使得"热带民族的怯懦常常使这些民族成为奴隶，而寒冷气候的民族的勇敢使它们能够维护自己的自由"①。

在谈到土壤条件时，孟德斯鸠写道："土地贫瘠，使人勤奋、俭朴、耐劳、勇敢和适宜于战争；土地所不给予的东西，它们不得不以人力去获得。土地膏腴使人因生活宽裕而柔弱、怠惰、贪生怕死。"因此他认为"肥沃的地方常常是平原，无法同强者对抗，只好向强者屈服；一经屈服，自由的精神便一去不复返了"②。

在谈到一个民族居住疆域大小时，孟德斯鸠认为，小国宜于实行共和的政治体制，中等国家宜于实行君主制度，大国多实行专制制度。他不无偏见地认为，亚洲只能实行专制制度，"一种奴隶的思想统治着亚洲；而且从来没有离开过亚洲。在那个地方的一切历史里，是连一般表现自由精神的记录都不可能找到的。那里，除了极端的奴役而外，我们将永远看不见任何其他东西"③。而在谈到欧洲时，他认为欧洲天然地划分为不大不小的国家，这样的地理条件，使欧洲人爱好自由和保持独立。这是欧洲优越论的一种表现。

用地理气候条件去解释社会政治制度和国家的历史，总比用神和上帝去解释要进步得多，因为地理气候条件对社会历史的发展的确是有作用的，是任何社会和国家不可缺少的要素。孟德斯鸠在这个问题上有值得肯定的地方。他的错误在于把这种作用过分夸大了。而且有些说法明显表现出是个人的偏见，反映了孟德斯鸠理论的局限性。

3. 三权分立。在当时社会历史条件下，现实利益斗争，使孟德斯鸠站在贵族一边；其实，他仍然是资本主义时代的产儿，这是他成为封建君主制度的埋葬者和新制度理论奠基人的根本原因。

孟德斯鸠不关心社会政治制度的递进和变迁，他的兴趣在于研究各种政治体制运行的机制，他敏锐地察觉到拥有权力的人都容易滥用权力，权力不能没有界限。他考察和研究了民主政体、君主政体和专制政体，想为

① ［法］孟德斯鸠：《论法的精神》上册，张雁深译，商务印书馆1982年版，第273页。

② 同上书，第282、280页。

③ 同上书，第278—279页。

每一政治体制的运行寻找出一个"理想模式",为其提供准则和理由。在理论上,他继承了洛克的分权学说;在实践方面,他受到英国政治制度的启发。在这两个前提下,他提出了"三权分立学说"。他说:"每一个国家有三种权力:(一)立法权力;(二)有关国际事项的行政权力;(三)有关民政法规事项的行政权力。依据第一种权力,国王和执政官制定临时的或永久的法律,并修正或废除已制定的法律。根据第二种权力,他们媾和或宣战,派遣或接受使节,维护公共安全,防御侵略。依据第三种权力,他们惩罚或裁决私人讼争。我们将称后者为司法权力,而第二种权力则简称为国家行政权力。"① 这就是孟德斯鸠提出的立法权、行政权和司法权,他认为这三种权力彼此分开和独立,又互相牵制。否则,如果三种权力集中于一人,恐怖的暴政就将统治一切,就没有人民的民主和自由。

孟德斯鸠在政治上是站在贵族一边的,但他所处的时代已经是资本主义发展的时代,当时资本主义生产方式的存在和商业的发展,深深影响着他,使他不自觉地成了资本主义政治制度理论基础的奠基者。"三权分立"理论为资本主义社会的存在和发展起了巨大的推动作用,至今仍被一些资本主义国家奉为圭臬。尽管有人认为孟德斯鸠不是一个历史进步论者,但他的"三权分立"学说为社会历史向着资本主义方向发展,起了巨大的促进作用,这一点不容抹杀。

孟德斯鸠的尊重理性、反对独裁,地理环境决定论,三权分立理论,是对历史哲学的新贡献,他为人们认识和考察历史提供了新因素,丰富了历史学和历史哲学。

二 "历史哲学"的提出者——伏尔泰

弗朗索瓦-马利·阿鲁埃·伏尔泰(Francois Marie Arouet Voltaire,1694—1778)出生于巴黎一个公证人家庭,在大路易学院受过良好教育,是法国最有影响的启蒙运动思想家,富有革命精神。他大胆揭露封建专制主义的黑暗统治,猛烈批判天主教会,为法国大革命作了舆论准备。他学识渊博,影响遍及法国文化的各个领域。一时使他成为启蒙运

---

① [法]孟德斯鸠:《论法的精神》上册,张雁深译,商务印书馆1961年版,第154、155页。

动的领袖和导师。在历史哲学方面，人们一般称他为用哲学光辉照亮黑暗历史领域的第一人。历史哲学最早是由伏尔泰在 1765 年提出来的（也有人提出早在 1650 年法国思想家让·博丹就用过这个词）。然而正是在这方面，伏尔泰并未提出系统的理论和作出真正的贡献，因而也就未能争得真正的荣誉。

1. 提倡理性历史观，反对神学历史观。伏尔泰初登史坛之时，宗教势力仍然异常强大，在历史领域，神学史观占据统治地位。上帝被说成是人类历史的决定者和推动者，《圣经》被认为是人类文明的源头和宝库，它本身就是历史，而且是解释一切其他历史现象的唯一根据和最高权威。伏尔泰以他丰富的历史知识和深刻的洞察力，揭穿了这些谎言，指出《圣经》决不是出于上帝之手，也不是什么人类文明之源头，早在《圣经》以前，世界上许多民族就创造了自己的文化。他批判了奥古斯丁的《上帝之城》，法国大主教博絮埃的《世界史论》（1681 年出版），反对他们所鼓吹的神决定历史的观点。他公开批判禁锢人的理性的宗教迷信，提倡用对理性的追求代替对迷信和偏私的盲从。他认为推动历史发展的不是神，而是理性的力量，人类历史是不断发展的，经过曲折和迂回，终将达到一个理想的境界。伏尔泰是理性主义史学的奠基人。如果就此打住，伏尔泰在历史领域所放射出的光芒仍能指引人们前进；不幸的是，他又向前跨了一小步，就是这一小步让他跌入了反历史的迷途：崇尚理性，否定历史。

伏尔泰信仰自由，尊崇理性，蔑视迷信，反对愚昧。他以理性法庭的审判者自居，把一切他认为非理性的东西统统彻底抛弃。他把历史说成是"一连串罪恶与灾难的图画"，里面充满了迷信与谬误、蒙昧与野蛮，历史所记载的无非是发生在世界某一角的猥琐无聊的惨剧。古代史是以少量的事实掺进了大量的谎言所写成的，"我们在读历史时，永远小心不要轻信那些虚构的寓言"。"写古代史无非是用一千句谎言来装扮很少的真相。"① 这一切使得伏尔泰走向了否定历史的方向，有人把他的历史观说成是非历史的，甚至"是反历史的"，这并非没有原因。

2. 提倡写全面的历史，反对孤立地研究历史。伏尔泰以前，人们都

---

① 参见韩震《西方历史哲学导论》，山东人民出版社 1992 年版，第 80—81 页。

以古希腊罗马的历史学家为楷模,注重对历史个别人物或个别事件的描述和研究,以纪传体为主。伏尔泰认为历史应是全面的,他提倡写"全面的历史"。这有两点含义:其一,历史不应是一个国王的历史。他说:"有些历史仅仅叙述一个国王的遭遇,似乎只有他一个人存在,其他一切仅仅由于他才得以存在。我讨厌这样的历史,我写历史更多的是写一个伟大的时代,而不是一个伟大的国王。那不应当简单地仅仅是他在位的年代记,相反,应当成为最能为人类增光的那个时代的人类智慧史。"① 其二,传统的历史主要写政治和军事及其首领。伏尔泰认为这种历史过于片面。他在《路易十四时代》中,除了写政治和军事以外,还写了财政、贸易、宗教、哲学、文学、艺术、科学,还写了风俗民情、饮食起居、娱乐活动等,把人物放到他所处的那个时代来评述。这样的历史是丰富的、生动的。

伏尔泰"全面的历史"的思想很有见地,在他那个时代能够对仅仅写国王的历史提出反对意见,主张历史应该写"一个伟大的时代",这是非常卓越的见解,对后世的历史哲学产生了重大影响,现代法国的新史学派把历史放置于广阔范围去加以考察,用新的手段全方位地研究历史的风气,跟伏尔泰这一思想有着直接的关系。

3. 提出人类历史是一个整体。传统的历史观是一种狭隘的历史观,在这种历史观的影响下,研究历史的人常常把眼光局限在欧洲范围以内,在以往一些著名的历史著作中,很少提到欧洲以外的国家。伏尔泰打破了这种历史观的狭隘眼界,用新的世界史观去考察人类的历史。他在《论世界各国的风俗和精神》中,把人类历史当作一个统一的整体进行考察,他把目光扩及整个世界,对欧洲以外的许多国家作了研究和介绍。更加难能可贵的是,他不仅把西方文明与东方文明加以比较,而且深刻地指出东方文明对西方文明的发展起了重大的推动作用。

伏尔泰在历史哲学方面的成就具有奠基性,他所提出的理性主义历史观,用哲学的眼光去考察历史,开了近代史哲学的先河。

三 卢梭

让-雅克·卢梭(Jean-Jacques Rousseau,1712—1778)出生于日内

---

① [法]伏尔泰:《路易十四时代》,吴模信等译,商务印书馆1997年版,第7页。

瓦一个钟表匠家庭，幼年丧母，一度流浪，后投奔华伦夫人，得到照顾和接受教育。他是启蒙运动时期杰出的政治理论家，伟大的社会学家。主要著作有《论人类不平等的起源和基础》《社会契约论》《爱弥儿》和《忏悔录》。

1. 对理性的反思。启蒙运动思想家提倡理性，主张用理性去衡量一切；但他们唯独没有考察理性自身。卢梭也崇尚理性，但他认为理性并不是从来就有的，理性并不外在于人类历史，人类在自然状态下没有理性，理性观念是随着人类的发展而逐渐发展起来的。卢梭虽然陷入了矛盾：他一方面向往着一个完全符合人性的历史时期；可另一方面他又认为这种时期的出现是以人自身的堕落为代价，就是说，人放弃了原来自然状态下的一切纯真和自由。但他并未回避对理性的历史的考察，他认为，正如人类历史充满着善与恶、前进与倒退的对立和斗争一样，理性也有一个充满对立和斗争的历程，它从无到有，经受无可避免的曲折和反复。苏联学者奥伊则尔曼指出："启蒙的'理性明灯'照射着外部世界，并将驱散各处的黑暗，但不驱散自身的黑暗，对自己来说，它仍然是暗昧的。而卢梭则把这样的亮光投射到'理性的黑暗'。"① 在崇尚理性王国的时代，卢梭这一睿智对人类认识是一种贡献，推进了历史哲学的发展。

2. 辩证的又包含某种消极意义的社会历史观。为了探索社会不平等的起源，卢梭对人类的原始状态及其演变进行了研究和考察。

他认为，人是生而自由的，自由是人的本性。他说："在一切动物之中，区别人的主要特点的，与其说是人的悟性，不如说是人的自由主动者的资格。自然支配着一切动物，禽兽总是服从；人虽然也受同样的支配，却认为自己有服从或反抗的自由。而人特别是因为他能意识到这种自由，因而才显示出他的精神的灵性。"② 人的自由的本性只有在自然状态下才能得到发挥和实现，在那种状态中，每个人都不受任何束缚。随着社会的发展人也开始堕落，丧失了原来的纯朴、幼稚和平等，逐渐变得贪婪，追求安乐萎靡的生活。在社会状态下，使人成为虚伪、胆小、卑躬屈膝的

① ［苏］奥伊则尔曼：《十四—十八世纪辩证法史》，钟宇人、朱成光等译，人民出版社1984年版，第257页。

② ［法］卢梭：《论社会不平等的起源和基础》，李常山译，商务印书馆1997年版，第83页。

小人。

是什么原因使人由自然状态而转入社会状态的呢？卢梭认为是由于人自身具有的完善化的能力。而这种能力一定要同外部条件偶然会合，才能使转化变为现实。他说："完善和能力、社会美德以及自然人所能禀受的其他各种潜在能力，决不能自己发展起来，而必须借助于许多外部原因的偶然会合。……没有这些原因自然人则会永远停留在它的原始状态。"卢梭讲的偶然外部原因主要是指自然条件的变化，如洪水泛滥、火山爆发、剧烈地震等。卢梭并不认为人进入社会状态对人来说是多大的好事，相反，他认为"在使人成为社会的人的同时，却使人变成了邪恶的生物，并把人和世界从那么遥远的一个时代，终于引到了今天这个地步"①。在卢梭看来文明中包含着野蛮，进步中包含着退步，这种对社会历史的观点带有值得肯定的辩证性思想。

卢梭的上述言论尽管具有批判当时社会丑恶和黑暗的意义，也察觉到了社会历史进步与退步辩证发展的关系，但是他过于抬高和美化了人类原始状态，极不确当地评价人类的进步和发展。他说："人类所有的进步，不断地使人类和它的原始状态背道而驰，我们越积累新的知识，便越失掉获得最重要的知识的途径。这样，在某种意义上说，正因为我们努力研究人类，反而变得更不能认识人类了。"② 他的这种观点不符合启蒙运动精神，甚至可说是"非理性"的，理所当然地遭到一些启蒙思想家的反对，伏尔泰在接到卢梭赠送给他的《论科学和艺术》的论文以后写信给卢梭，在信中伏尔泰写道："为了把我们描写成动物，谁都还没有动过这么多的脑子；当你读到你的论文时，你会巴不得希望用四肢爬行的。不过，我改变这种习惯已经六十多年了，而且不幸得很，我感到我自己已经不能重新恢复这种习惯了。"伏尔泰对卢梭倒退消极的历史观的批评溢于言表。其实，卢梭也并不是主张回到原始状态，他的本意是用远古时期人的纯朴、自由和平等，映照出当时社会的欺诈、压迫、贪婪和不平等。卢梭所认为的远古时期人的美好的东西，其实不过是一种想象；对于他所处的现实社

---

① ［法］卢梭：《论社会不平等的起源和基础》，李常山译，商务印书馆 1997 年版，第 109 页。

② 同上书，第 63 页。

会中的欺诈、不平等的批判倒是很真实的。

3. 私有财产的出现和不平等的起源。卢梭主张人是自由的、平等的，然而，现实社会充斥着压迫、奴役和贫困。人是生而自由的，但却无往不在枷锁中；人是生而平等的，但压迫和奴役却无处不在。这种情况是如何产生的呢？卢梭认为这同私有观念的形成和私有财产的出现是不可分的。在自然状态终点以前，由于生产技能一代一代的积累，生产的发展使得人越来越远离原始的自然状态，他开始占有土地和别人的劳动。"由于人类能力的发展和人类智慧的进步，不平等才获得了它的力量并成长起来；由于私有制和法律的建立，不平等终于变得根深蒂固而成为合法的了。"① 难能可贵的是，卢梭在这里不是从观念或理性去论述不平等的起源，而是从生产的发展中去进行探索，这一点使他在社会历史领域接近了真理。他说："使人文明起来，而使人没落下去的东西，在诗人看来是金和银，而在哲学家看来是铁和谷物。"② 他认为，社会上各种不平等最后都必然会归结到财富上去。

财产是哪里来的？卢梭认为，一个人只有损害他人才能扩大自己的财产。于是人与人之间的残酷的斗争不可避免。富人一旦享受到统治的快乐就鄙弃其他一切快乐，"他们好像饿狼一样，尝过一次人肉以后，便厌弃一切别的食物，而只想吃人了"③。卢梭的这些言论，是对当时社会的深刻揭露和尖锐批判。

卢梭还认为，法律政治制度是富人为保护自己的利益而制定出来的，是为了防止穷人的反抗而给他们戴上的新的枷锁。他说："它们给弱者以新的桎梏，给富人以新的力量；它们永远消灭了天赋的自由，使自由再也不能恢复；它们把保障私有财产和承认不平等的法律永远确定下来，把巧取豪夺变成不可取消的权利；从此以后，便为少数野心家的利益，驱使整个人类忍受劳苦、奴役和贫困。"④ 卢梭在这里揭示了法律为富人服务的实质，法律并不像人们所说是维护平等的。不仅如此，他还进一步揭示这

① ［法］卢梭：《论人类不平等的起源和基础》，李常山译，商务印书馆1997年版，第149页。

② 同上书，第121页。

③ 同上书，第126页。

④ 同上书，第128—129页。

种不平等发展到了极点就会回到平等的起点——但不是转变为原始自发的平等，而是转变为高级的社会契约的平等，这就是卢梭那里表现出来的否定之否定的辩证法。

他认为平等的发展要经历三个阶段，第一个阶段是私有财产权和法律的确立；第二个阶段是官员的产生；第三个阶段是合法的权力变成了专制的权力，这是不平等的顶点，这时人民就会起来夺回他们被别人夺走的权利，就要通过新的变革使政府瓦解。卢梭认为这种变革是必然的，他支持和赞赏这种变革。他说："当人民被迫服从而服从，他们做得对；但是，一旦人民可以打破自己身上的桎梏而打破它时，他们就做得更对。"①

卢梭是一位伟大的政治学家和社会学家，他从宏观的视角考察了人类社会的历史发展，研究了人类社会的起源，揭示了人类历史进程内在的矛盾性。在启蒙运动思想家中，他所提供的历史认识论最具有辩证的色彩。他在黑格尔之前，就从自己所研究的对象的自身发展，揭示了否定之否定的辩证法；在马克思之前，就初步揭示了生产的发展对社会进步的作用和影响，物质财富是社会斗争的根源。他的这些成就是其他启蒙思想家所不能企及的。他的确存在把人类原始状态过于理想化的缺点，但同他所取得的成就比起来，这个缺点无疑是次要的。卢梭的历史观具有进步性和反抗性，不仅对历史哲学增添了活力，也鼓舞了后来勇于改变现状的人们。

第六节　德国古典哲学家的历史哲学

一　康德的历史哲学思想

伊曼努尔·康德（Immanuel Kant，1724—1804）出生于东普鲁士柯尼斯堡的一个手工业者家庭，先后在腓特烈公学和柯尼斯堡大学读书。他是德国古典哲学的开创者和奠基人，也是德国伟大的启蒙思想家。为了钻研学问，他终身未娶。主要著作有《自然通史与天体论》《纯粹理性批判》《实践理性批判》《判断力批判》等。

---

① ［法］卢梭：《社会契约论》，何兆武译，商务印书馆1980年版，第8页。

1. 康德在认识论领域中的革命。康德生活的时代是自然科学蓬勃发展并取得巨大成就的时代，也是人文科学迅速发展的时代。"牛顿第一个把十分简单明了的秩序和合规律性带入到了人们以前只看到混乱和无联系的杂多现象的外部自然界里；卢梭则在人的五光十色的表现里发现了深深隐藏着的人的本性。"① 康德认为，相对于自然科学和人文科学，形而上学的哲学却显得黯然失色。康德形象地说，哲学曾经被尊奉为一切学问之女王，而今竟落得个"流离颠沛之身"。是什么原因使得哲学如此为人们所"贱视"，无情地被科学抛在一边？根本原因在于当时的形而上学不能为自然科学的发展提供哲学理论的证明。要改变这种状况，康德认为必须对当时的哲学进行革命性的改造。为此他用了近十年的时间完成了《纯粹理性批判》一书。他说："我们这个纯粹理性批判的任务在于，试图改变迄今为止形而上学的研究程序，也就是说以几何学家和自然科学家为榜样在形而上学中进行一场彻底的革命。"②

康德认为，当时作为形而上学的哲学有两个流派：一派是经验论，主张认识源于经验，自然事物作用于人引起人的感觉，认识和知识就是对这种感觉的整理；另一派是唯理论，拒绝经验对认识的干扰，认为知识是理性的产物。这两派存在一个共同的缺陷，就是都忽略了认识主体人的能动性。作为认识主体的人并不是自然现象的消极接受者，不是在作为客体的自然界的刺激后就有了对自然的知识，而是主体的人运用先验的原则和形式去整理、调配从自然界得来的感性材料后，才形成了知识，依照这些知识构成我们的认识对象，这个对象并不就是自然事物本身，而是运用人的能动性对自然事物表现出来的现象的重组和调配。这样一来，知识就不是简单地决定于外部事物，而是与主体的能动功能和具有的先验形式有着密切的关系。这就像哥白尼颠倒了观察者的地位而创立了"日心说"一样，康德确立了认识过程是主体具有的先验的能力和对先验原则的运用，用这种方式突出主体的地位而引起了哲学认识论的哥白尼式革命。

揭示认识过程中主体的能动性较以前的经验论和唯理论的确是一个很

① 杨祖陶、邓晓芒：《康德"纯粹理性批判"指要》，湖南教育出版社1996年版，第14页。

② 同上书，第13—14页。

大的突破；但康德把这种能动性夸大到脱离实践，甚至反过来规定实践，就走上了另一条道路——先验唯心主义。根据考察，他认为一切知识之所以可能，就在于能动的主体运用先于经验的认识形式去对感性材料进行整理，运用这些先验的形式和范畴对经验直观加以整理，就形成了知识并使其带上规律性。用这样的方法去观察世界和历史，结果会是怎样呢？自然现象是一座杂乱无章的大仓库，是人运用先验的理性形式把秩序和规律带给了自然界，这就是"人为自然界立法"。说康德对社会历史没有任何见解，在社会历史领域毫无贡献，显然缺乏深入的研究，问题出在对康德研究考察社会历史的方法的认识上出了差错。

康德以前的哲学，总以为人的认识无论对于自然界还是社会历史领域，都是没有界限的；其实不然，康德发现，人的认识只是对事物呈现出来的现象，即感性经验材料进行加工整理，这样形成的认识和知识只能说明经验自身，至于现象背后的"自在之物"并没有被认识，这个领域就是世界、灵魂、上帝，这是信仰的地盘，是感性、知性和理性都不能达到的领域。康德的这种认识理论是他以前历史学家从未接触过的，也是康德以后的许多历史学家不愿接受的。

2. 康德的历史观。康德认为："如果没有感性，对象就不会被给予我们，如果没有知性，就不能思维对象。思维无内容是空的，直观无概论是盲目的。"① 只有把感性同知性结合起来，才能产生知识，而这一点只有人才能做到。他认为"人具有一种自己创造自己的特性，因为他有能力根据他自己所采取的目的来使自己完善化；他因此可以作为天赋有理性能力的动物（animal rationabile）而自己把自己造成为一个理性的动物（animal rationale）"②。人虽然是一个理性的动物，但人的理性是天赋的，在感性和知性的领域人可以达到知识，一到理性这个领域，人的认识能力就被限制住了。

到了社会历史领域，一方面，人借助于感性的历史事实经过先验形式的整理而认识历史；另一方面，他认为这只是现象，在这些表面现象背后

① ［德］康德：《纯粹理性批判》邓晓芒译，人民出版社，2004 年版 A 本第 71 页，B 本第 93 页。

② ［德］康德：《实用人类学》，邓晓芒译，上海人民出版社，2002 年版，第 232—233 页。

的历史理性人是无法达到的。他承认人与其他动物存在区别，因为人能通过道德实践而趋向于至善，但人不可能通过意志的自由而实现善。历史在康德那里是迷蒙而模糊的，似乎可以触摸，又陷于浓浓的迷雾中。直到他讲目的论时，才稍稍明晰起来。

3. 康德的历史目的论。在历史哲学领域，康德创造了属于他的历史目的论体系，这个体系才是真正的康德的历史哲学，而这种历史哲学是以他的认识论革命为基础的。

康德讲的目的的意思是指人的活动"合乎法则性"，这里讲的合乎法则性跟一般哲学讲的合规律性不是一回事。康德所说的合乎法则即合乎规律是指事物的发展总是朝着某一目标进行的，这个目标不是预先制定的，而是事物本身就是这样表现的，事物本身就是目的的组成部分。很多事情在个人那里是变化无常的、偶然发生的，例如个人的生老病死、社会和国家之间的战争等，乍看起来，都是无序的、偶然的，但若是从整体上、长期上去考察分析，就不难发觉其中的规律性，它们好像都是按一定法则在进行的，都在朝着一个目标在运动。这个自然界被偶然的、零散的、无序的事物充满着，其实没有一件事情不是由自然规律决定的。

人类社会历史是自然界的一部分，社会历史领域中的每一件事同样也是被自然规律所决定。"康德把有机生物发展的目的论引入了对社会历史的研究，认为历史就是人类朝完全实现自己的禀赋的目标前进。在个别的活动和事件表面的杂乱和无目的性中，会呈现出整个过程的共同目标，似乎有一个理性目标引导着所有的人。共同的目的使不同个人之间的活动呈现出共同性，从而表现出整个过程的合乎法则性。"①

在康德看来，所谓人的意志自由、人的计划和目标，不过是自然实现它自己总目的的工具和手段，是自然借助于人的活动来实现自己的目的。康德说："人类可以将人类的历史大致看成是自然的一种隐秘计划的实施，这种计划的实施为的是产生出一种内在的——而且，为此目的，也是外表的——完善的，独一无二的社会状况。在这种状况之下，人的所有的禀赋得以充分地发挥……"② 这就是所谓康德的"自然的狡计"，即看起

① 韩震：《西方历史哲学导论》，山东人民出版社1992年版，第155页。
② 转引自同上书，第156页。

来，人在设计着自己的计划，追求着自己的目的，实际上在每个人的背后，自然都在操纵着他，并在把他引导到自然给他规划的目的上去。

4. 人类的历史就是自然安排的让人在困难中接受磨炼而成长发展的历史。康德认为，人并不是自然的骄子，自然也不特别去袒护他们；相反，自然把人看成同自然界中其他生命物质一样，不仅不厚待于他，而是让他经受更多的磨难，以使他们更成其为人，他把自然"人格化"了，似乎一切都是有意而为。康德说："外界的自然远不是把人变为它的一种特殊的宠儿，或者厚待它过于一切其他的动物的。因为我们眼见在自然的毁灭性作用中——如瘟疫、饥荒、洪水、冷冻、大小动物的攻击，等等——自然却没有使人不遭受到、正如没有使任何其他动物不遭受一样。"不仅如此，"而且除这一切以外，内部自然倾向不谐和还使人陷入他的自作之孽，而且使他自己的同类通过统治的压迫、战争的残酷，等等，受到这样的苦难，而人自己反尽其所能来对同类施行毁灭，结果就是，即令外界的自然有着最大的善意，而它的目的，就算它是以我们人的种类之幸福为其目标的，也永远不会在地上的一个系统中达到的，因为我们原来的本性是不能领受这种幸福的，所以人从来只就是自然目的链条的一环。"①

我们在考察康德这一思想时，应当注意到他的对人和人类社会历史发展的论述中所包含的辩证的思维。在他看来，人只有在各种对抗和斗争的磨炼中，才能克服自己的惰性，人为自己的荣誉心、权力欲和贪婪心而发生争斗是完全正常的。只有通过这种争斗，才能把人自己变得更有才智，才能把自己的潜能、禀赋和力量全部发挥出来，使人真正迈出野蛮状态而进入文明社会。在这种认识下，康德在黑格尔之前就已经揭示恶是历史进步的杠杆这一道理。他说："如果没有这些对抗由之而起的不友好的反社会性特征——每个人都可在其自我倾向中发现他们——所有的才能仍将被埋没……人们的良好本性仍然像他们所牧养的绵羊那样温顺，但却不可能发展出高于动物的能力……感谢大自然所赋予的不相容性、好胜的自负心和贪得无厌的占有和统治欲！没有他们，人性中所有极好的自然能力将永

① [德]康德：《判断力批判》下卷，韦卓民译，商务印书馆1964年版，第94页。

远沉睡，永远得不到发展的机会。"①

总之，康德对社会历史不是没有关注，而是关注得很深。他的关注不是停留在表面。如同在认识论领域一样，他让我们停留在事物的现象上，不让我们通过现象达到"自在之物"；他让我们的认识停留在知性的领域，以便给信仰留下地盘。在社会历史领域，他让人什么都可以做，但人所做的一切，不过是自然为了实现自己的目的而这样安排他的；至于自然的总目的本身同样是"自在之物"，只能信仰而不能达到。

二 赫德尔的历史哲学

约翰·戈特弗里德·赫德尔（Johann Gottfried Herder，1744—1803）出生于东普鲁士小镇摩隆根一个教师家庭，曾在柯尼斯堡大学读书，康德做过他的老师。他是一位著名的神学家，也是一位当时有影响的历史哲学家和文艺批评家，汤普森称他为历史浪漫主义思潮的始祖。主要著作有《高于人类历史哲学的思想》《语言的起源》《另一种历史哲学》等。

1. 赫德尔历史观的特点。赫德尔在年轻的时候，深受法国启蒙运动的影响，读了大量启蒙思想家的著作，他既从中汲取了不少的营养，也在吸收的同时产生了自己的见解。在社会历史的认识方面，他不赞成启蒙思想家鄙视、厌恶历史的做法，历史并不像启蒙思想家所认为的那样是"一片黑暗"、毫无价值。他认为，即使中世纪也是历史发展中它自身所需要的阶段，历史的每一个别阶段都有其内在的必然性，体现了赫德尔发展的历史观。对于启蒙思想家用他们所主张的文明、理性、自由、平等去衡量以往人类的历史和其他民族的历史的做法，赫德尔也是不赞成的。他认为，野蛮与文明、理性与盲从、自由与束缚、平等与压迫，所有这些都不能孤立地存在，它们都是历史自身发展的产物，而不应当用非历史的观点去看待它们。各个民族的历史都有各自的特点，不应一概抹杀和否定。

赫德尔在社会历史观上的另一个特点，是对老师康德历史目的论的批判。首先，他认为康德所规定的绝对的、不可达到的理想目标是一种虚幻的梦想，他说："最终目标的这种哲学并没有给自然史带来好处，而是取

---

① 转引自韩震《西方历史哲学》，山东人民出版社1992年版，第161—162页。

代研究，给爱好者以虚幻的满足。"① 赫德尔认为根本不存在作为各种事物和贯穿一切时代的共同目标，也没有存在于彼岸世界的不可达到的目的，每一种事物自身的存在就是它的目的。他说："如果地球上有幸福的话，那么它就在每一个有感觉的生物中。每一个人都自在地有其形式，他被塑造成这种形式，而且是在这种形式的范围内，他独自都会感到幸福。正因此，自然在地球上创造了它的所有的人的形式，为的是让他们每一个人在自己的时代和地位上得到一种享受……"② 这样一来，人也就没有必要去关心自然的目的了。

2. 语言不是神创的。语言是意识思维的物质外壳，而意识思维是人类的特性，因此，严格来说，还不能说人以外的其他动物有语言的存在。可语言是怎样产生的呢？一直到康德那个时代，哲学家们都未能给出一个正确的答案，就连康德这样思想深邃的哲学家，也只能认为语言是神创造的。赫德尔不盲从老师，他明确反对神创论。他说："我们可以不顾这一切创造语言的活的精神痕迹，而到天上去寻找它的起源吗？我们怎么能证明只有上帝才能发明那唯一的字呢？难道在某种语言里存在着那唯一的纯粹普遍的、必须由上天交给人的概念吗？"③ 赫德尔认为，语言的产生是同思维、文化的发展联系在一起的，无须到社会之外去寻找它产生的原因。

这个思想是正确的，比起神创论来，是一个不小的进步。但由于时代和科学发展水平的限制，他还不能从人类起源中的决定性因素——劳动实践中——去揭示语言的起源。这里不是要突出赫德尔在语言方面的贡献，而是借用这事实表明作为神职人员的赫德尔对于神创历史观的反对和批判。

3. 关于自然和社会历史发展的动力问题。赫德尔认为自然界处于不断地由低级到高级的发展之中，自然界中的生命物质也经历着同样的过程。赫德尔是一位神职人员，可是在研究自然和生命发展动力的问题上，他并不简单地去求助于上帝，而是认为自然和生命物质本身内在地有一种

---

① 转引自韩震《西方历史哲学导论》，山东人民出版社1992年版，第170页。
② 同上书，第171页。
③ 同上书，第173页。

力推动它们发生由初级到高级变化。他说："宇宙中凡是有活动的地方，就有力；凡是有生命出现的地方，就有内在的生命。因此，在创造物的潜在王国中毫无疑问不仅存在相互联系，而且存在力的上升系列，因为我们看见了它们在可见世界和组织形成中的表现……"[1] 他不是一个无神论者，但他不主张到世界之外去寻找上帝，认为上帝就存在于世界和事物之中。

将上述思想应用于社会历史发展的问题上，赫德尔认为人自身就具有一种力量，这种力量是自然有机力量在人类历史中的继续，这是人的内在力，他把气候环境说成是外在力，正是这两种力量的结合和相互作用决定着社会历史的发展。难能可贵的是，赫德尔看到了劳动和工具对社会历史的作用。在他看来，人生活的自然决定着人的天赋，而人的能力和劳动反过来又改变着自然环境，人能依靠自己的力量和劳动，使荒野变成良田。在谈到工具的作用时，他写道："人们创造数量在不断增加的、大量越来越复杂的工具；他们学习着把彼此作为工具来加以利用，人类的体力在增大，进步的球在滚滚向前，应当去推动这个球的机器正在变得复杂、更精巧，功率更强大，更灵敏。"他认为，人以利用自然为目的的发明精神是不受任何东西限制的，它一直向前，带动着社会历史进步。

在文化方面，赫德尔特别注意到亚洲和非洲文化的发展，他甚至研究了像中国、印度、日本等亚洲这些国家，还触及巴比伦、波斯、亚述，还谈到了埃及人、迦太基人、腓尼基人的生活和文化。可见他不能算作是欧洲中心论者。

4. 关于人道主义的思想。1793—1797 年，赫德尔完成了《关于人性进展的通讯》一书，在这本书中他阐述的人道主义思想特别值得关注。

赫德尔认为人道就是人的天性所抱的一种目的，具体来说，就是人的本质和人性的完善，就是对人的权利的尊重和对人的爱。根据人道主义原则，就应该为人类的幸福和利益贡献出全部的才能和智慧。每个个人、一个国家只要促进人道的发展，就是最有价值的。

在宗教和人道的关系上，赫德尔主张宗教应当促进人道的发展，如果把宗教引向不利于人道的发展，就是对宗教的误用。

---

[1]　转引自韩震《西方历史哲学导论》，山东人民出版社 1992 年版，第 176 页。

关于宗教和哲学，他写道："立意为人民服务的哲学，应当把人们置于自己问题的中心，即使为此需要把自己的立场改变到这样的程度，就像哥白尼的体系对托勒密的体系所做的那样；因此，当全部哲学成为人本学的时候，那将会出现多么好的条件呵！"①

在人道和国家的问题上，赫德尔主张一个良好的国家应该是一个培养良好人道精神的国家，统治者应促进人类最终不要任何统治者就是最好的统治者；国家朝着人道方向发展，最终就是国家自身的消灭。

总起来看，赫德尔是对人类历史很有见解的人，他的各个方面的见解无疑有不少独到之处，其中包含即使在今天看来仍然具有启发意义的论述和观点，这些就是对历史哲学的可贵的贡献。他的历史哲学也被后来的研究者认为是浪漫主义的历史时期最具代表性的历史哲学。

三 黑格尔的历史哲学

在前面的叙述中，为了论证某些思想和理论，我们曾引用了不少黑格尔的话和论述，对他的有些观点也做过阐述，但总的说来，不够系统和全面。然而对于像他这样一位历史学家不给予应有的重视，那将是不能容许的缺憾。正因为如此，我们在这里对他的历史哲学思想再行作出论述。

格奥尔格·威廉·弗里德里希·黑格尔（Georg Wilhelm Friedrich Hegel，1770—1831）出生于德国符腾堡省斯图加特的一个高级官吏的家庭。在斯图加特中学读过书，1788 年 10 月，在金图宾根神学院求学，主要学习哲学和神学。为人聪明好学，才华出众，对哲学、历史、文学和自然科学都有浓厚兴趣。先后在耶拿大学、纽伦堡文科学校、柏林大学任教。黑格尔年青时深受法国大革命的影响，是法国大革命的积极拥护者，尤其崇拜拿破仑，认为拿破仑是旧精神、旧世界的摧毁者，是新世界、新精神的开拓者，他把拿破仑比喻为骑在马背上的"绝对精神"。可是他反对社会革命，最终屈服于普鲁士王朝的统治。1829 年 10 月被推选为柏林大学校长，1831 年 11 月 14 日，因感染霍乱而病逝于柏林。

黑格尔的主要著作有《精神现象学》《逻辑学》《哲学全书纲要》《法哲学原理》《历史哲学》等，他死后，他的学生根据他的讲稿和听课

---

① 转引自韩震《西方历史哲学导论》，山东人民出版社 1992 年版，第 181 页。

笔记整理、汇集出版了一系列讲演录，其中有《美学讲演录》《历史哲学讲演录》《哲学史讲演录》《宗教哲学讲演录》等。黑格尔是历史感很强、历史知识极其丰富的哲学家，对于历史哲学论述系统而深刻，他有关于历史哲学的专著。

1. 黑格尔是德国新兴资产阶级的理论代表。黑格尔是一个政治热情很高的人，但最终未能挣脱时代对他的制约，使他成为普鲁士王朝的捍卫者。这种情况对他的整个理论都有很大影响，对他的历史哲学影响尤甚。

黑格尔年青时代，深受法国启蒙运动的影响，阅读了大量启蒙运动思想家的著作，使他从传统偏见的束缚中解放了出来。在他大学时代，爆发了法国资产阶级大革命，这场革命推翻了法国封建君主制度，把路易十六送上了断头台，对德国产生了巨大的影响，特别是对德国的年青人，激发了他们投身变革社会的政治热情，他所在的图宾根神学院，学生们热情高涨，进步同学在一起组织成立了政治俱乐部，黑格尔是其中积极的一员，他同谢林等一起种植了"自由之树"。他主张自由、平等，反对封建专制统治，认为任何人都具有享受民主自由的权利。他无情地抨击了基督教，揭露超自然的、超理性的宗教剥夺了人的道德自由，践踏了人的尊严，是专制政治的精神支柱。他说："宗教和政治是一丘之貉，宗教所教导的就是专制主义所向往的。这就是，蔑视人类，不让人类改善自己的处境，不让他凭自己的力量完成其自身。"① 黑格尔在批判宗教的同时，对腐朽的德国政治制度进行了揭露和鞭挞，他指出，在与法国的战争失败以后，整个德国民不聊生、债务累累，民主自由权利丧失殆尽，国家处于水深火热之中，"德意志已经不再是一个国家"。

黑格尔是德国新兴资产阶级的理论代表，是资产阶级民主思想在德国的奠基人。他深受法国资产阶级大革命的影响，也希望在德国上演一场像法国那样的社会变革。然而，德国的资产阶级是一个软弱无能的阶级，它既惧怕国王又惧怕民众，国王和民众都是它要面对的敌人。这就注定德国的资产阶级不可能像法国资产阶级那样作出一番惊天动地的大事业。而德国资产阶级的这种软弱性也表现在它的理论思想代表者身上，正如黑格尔自己所说："就个人来说，每个人都是他那个时代的产儿。哲学也是这

① 苗力田编译：《黑格尔通信百封》，上海人民出版社1985年版，第43页。

样，它是被把握在思想中的它的时代。妄想一种哲学可以超出它那个时代，这与妄想个人可以跳出他的时代，跳出罗陀斯岛，是同样愚蠢的。"①黑格尔狂热地鼓吹变革，可是他不支持革命，认为革命会引起人民的报复；他无情地批判宗教，可是他并不主张取消宗教，而只是主张对宗教加以改革；他对德国政治统治进行了严厉批判和揭露，可是他最终还是拜倒在普鲁士王朝的脚下，为它唱赞歌。这一切表明，黑格尔以及他的哲学，的的确确是他的时代的产儿。

2. 黑格尔哲学。研究黑格尔的历史哲学，首先要研究他的哲学。因为历史哲学不过是他哲学的一个部分，是他的哲学在历史领域的应用和发挥。

黑格尔是一位历史知识极其丰富的哲学家，他把哲学当作历史来阐述，他的整个哲学就是叙述"绝对精神"产生、发展和回到自身的辩证过程。

黑格尔哲学思想最早的渊源可以追溯到古希腊的柏拉图的理念说，切近的来源却离不开康德、谢林、斯宾诺莎和费希特这些人。

黑格尔批判了康德的二元论和不可知论，认为康德把现象和物自体、思维和存在割裂开来，人为地在二者之间划出一道不可逾越的鸿沟，否认了思维与存在的同一性，也就否认了思维认识世界的可能性，从而导致了不可知论。黑格尔认为，康德的"物自身"不过是没有任何规定性的、毫无内容的抽象物，是一个完全抽象的概念。他说："物自体（这里所谓'物'也包括精神和上帝在内）表示一种抽象的对象。——从一个对象抽出它对意识的一切联系、一切感觉印象，以及一切特定的思想，就得到物自体的概念。很容易看出，这里所剩余的只是一个极端抽象、完全空虚的东西，只可以认作否定了表象、感觉、特定思维等等的彼岸世界。"② 康德把思维预测、现象和物自身绝对对立起来，陷入了不可知论，他没有发现一切事物最初有其抽象自身，但这并不是事物的极限；相反，事物都要超出其自身，通过不断地发展去实现自身，这样事物就不是不可知了。黑格尔在事物的发展过程中，揭示了思维和存在、现象同物自身的同一，在

---

① ［德］黑格尔著：《法哲学原理》，范扬、张企泰译，商务印书馆 1961 年版，第 12 页。

② ［德］黑格尔：《小逻辑》，贺麟译，商务印书馆 1980 年版，第 125 页。

他看来，现象就是"自在之物"的现象，现象是属于本质、表现本质的，现象和本质之间、现象与"自在之物"之间不存在不可逾越的鸿沟。不过，黑格尔是在唯心主义的基础上去解决思维与存在的同一性的，他认为思维与存在同一的基础不是存在，而是思维，"物自体"尽管是一个完全抽象的概念，但它在发展过程中不断丰富、充实自己，使自己有了内容和规定性，终于使自己成了对象自身。

黑格尔同谢林是同学，一度感情很好，后因观点相异而分手。他从谢林哲学关于同一观点获得启发，批判了康德割裂同一的二元论和不可知论。但他对谢林把同一看作就是等同的观点提出了批评。在谢林那里，思维和存在、主体和客体就是一个东西。就是说，思维就是存在，存在也就是思维；主体就是客体，客体也就是主体。黑格尔认为，如果是这样，就会把思维和存在投入空洞的无底深渊，就像黑牛在黑夜里都是黑夜一样，像纯粹的光明在纯粹的光明中一样，什么都看不见，把思维等同于存在或把存在等同于思维、把主体等同于客体或把客体等同于主体，什么都没有说明，完全是空虚的。

黑格尔扬弃了斯宾诺莎哲学的实体学说，把僵化的实体改造成为活生生的、富有创造性的、包含着内在否定性的真正现实的存在。黑格尔认为这种实体并不就是"绝对精神"，而是"绝对精神"实现自身过程中的一个环节和阶段。费希特的超越自然的"自我意识"为黑格尔将实体向"绝对精神"过渡提供了中介。费希特从"自我"出发推演出外部世界，这个外部世界是"自我"设定的、作为外部刺激的存在，而与自我对立。黑格尔看到了费希特"自我"的能动性，这种能动性又受到自己创造物的牵制，还不是真正的自由。黑格尔赋予"自我"客观性和具体性，使之回到它自身成为具有内容的实在的存在。他说："主体当它赋予在它自己的因素里的规定性以具体存在时，就扬弃了抽象的，也就是说仅只一般地存在着的直接性，而这样一来，它就成了真正的实体，成了存在"①。通过这种改造，斯宾诺莎的"实体"和费希特的"自我意识"就合而为一，演化为黑格尔的"绝对精神"。马克思恩格

---

① ［德］黑格尔：《精神现象学》上卷，贺麟、王玖兴译，商务印书馆 1979 年版，第 21 页。

斯在《神圣家族》一书中写道:"在黑格尔的体系中有三个因素:斯宾诺莎的实体,费希特的自我意识以及前两个因素在黑格尔那里的必然的矛盾的统一,即绝对精神。"①"绝对精神"既是主体又是客体,是主体与客体的辩证统一。

"绝对精神""绝对观念"是黑格尔哲学的基本范畴,也是这一哲学的真正基础和灵魂。黑格尔认为,"绝对精神"是客观独立存在的宇宙精神,它先于自然界和人类社会而存在,是构成世界万事万物的基础和本源,是决定一切事物变化发展的动力源泉。黑格尔赋予"绝对精神"以无穷的活力和创造力,它永远在运动着、前进着,这一切皆决定于"绝对精神"自己所具有的内在否定性。依靠这种内在的否定性,"绝对精神"自己产生自己、自己规定自己、自己完善自己。他说:精神的辩证运动是"从单纯性中给予自己以规定性,又从这个规定性给自己以自身同一性,因此,精神的运动就是概念的内在发展;它乃是认识的绝对方法,同时也是内容本身的内在灵魂"②。

如前所说,黑格尔是一位极具历史感的哲学家,"绝对精神"的发展有它自己的历史,这个历史也就是黑格尔对自然史、人类史和意识史的一种哲学考察。"绝对精神"的发展分为三个阶段,第一阶段是"绝对精神"作为纯粹精神、概念的阶段,在这个阶段上它是一种不具有任何规定性的精神自身而存在;第二阶段是"绝对精神"把自己外在化为自然界,即以自己的对象而存在,自然界的发展产生出人类和人类社会,通过人类精神"绝对精神"回到了自身,即回到了思维和精神自身,又以精神而存在,这是"绝对精神"发展的第三个阶段。"绝对精神"经过这样的历史发展,使自己具有了规定性,更加充实和丰富,它已经不是原来的单纯的没有内容的精神存在,而是把自然界、人类社会和人类思维的全部丰富性容纳在自身之中。在黑格尔看来,自然界、人类社会、人类思维都不过是"绝对精神"自我运动自我发展过程的体现。这样一切都被颠倒了过来,不是自然界和人类社会的存在决定概念和精神的存在,而是相反,"绝对精神"决定着自然界和人类社会。恩格斯曾经指出:"黑格尔

---

① 《马克思恩格斯全集》第 2 卷,人民出版社 1965 年版,第 177 页。
② [德] 黑格尔:《逻辑学》上卷,杨一之译,商务印书馆 1966 年版,第 5 页。

的思维方式不同于所有其他哲学家的地方，就是他的思维方式有巨大的历史感作基础。形式尽管是那么抽象和唯心，他的思想发展却总是与世界历史的发展平行着，而后者按他的本意只是前者的验证。真正的关系因此颠倒了，头脚倒置了，可是实在的内容却到处渗透到哲学中……他是第一个想证明历史中有一种发展、有一种内在联系的人"。①

"绝对精神"的发展有其固有的途径和模式，这就是"绝对精神"的发展遵循"正""反""合"的公式。"正题"就是肯定；"反题"就是否定；"合题"就是否定之否定，经过"正、反、合"，"绝对精神"完成自己的发展过程。

总之，黑格尔哲学是一个内容丰富、充满变化发展的客观唯心主义哲学体系，作为一个体系不是黑格尔贡献给人类真正珍宝，真正有价值的珍宝是包藏于体系中的辩证法，尽管在他那里，辩证法是头足倒置的。

3. "绝对精神"是历史哲学万能的灵魂。绝对精神是整个黑格尔哲学的灵魂和基础，黑格尔哲学体系就是描述绝对精神发展过程的历史，因为世界历史不过是绝对精神发展的一个阶段，所以除了绝对精神发展过程的历史，再没有别的历史。正因为如此，作为这个哲学一部分的历史哲学也必须从绝对精神才能得到说明。黑格尔并不是没有看到其他历史，也不是有意贬低经验历史的存在；只是因为从他的哲学出发，其他形式的历史是不值得认真关注的。因为他已经有了足以任其驰骋领域，这就是"绝对精神"自身的历史。为了阐述"绝对精神"的历史，他随手拈来各个国家和民族的历史来充实和丰富"绝对精神"的发展，其实，这些国家和民族是没有历史的，它们不过是作为"绝对精神"的自我展现而存在的，历史仍然是"绝对精神"的。

"理性"决定历史。在黑格尔哲学中，"理性"是同"绝对精神""绝对观念"相等的概念。"理性"决定一切也就是"绝对精神""绝对观念"决定一切。所谓理性决定历史，就是在黑格尔看来，历史本身、历史的存在状态、历史的发展和变化，都是由"理性"决定的。他说："'理性'……就是实体，也就是无限的权力。它自己底无限的素质，做着它所创始的一切自然的和精神生活的基础，还有那无限的形式推动着这

---

① 《马克思恩格斯选集》第 2 卷，人民出版社 1995 年版，第 42 页。

种'内容'。一方面,'理性'是宇宙的实体,就是说,由于'理性'和在'理性'之中,一切现实才能存在和生存。另一方面,'理性'是宇宙无限的权力,就是说,'理性'并不是毫无能为,并不是仅仅产生一个理想、一种责任,虚悬于现实的范围以外、无人知道的地方;并不是仅仅产生一种在某些人类的头脑中的单独的和抽象的东西。'理性'是万物的无限的内容,是万物的精华和真相。它交给自己的'活力'去制造的东西,便是它自己的素质;它不像有限的行动那样,它并不需要求助于外来的素质,也不需要它活动的对象。……它既然是它自己的生存的唯一的基础和它自己的绝对的最后的目标。同时它又是实现这个目标的有力的权力,它把这个目标不但展开在'自然宇宙'的现象中,而且也展开在'精神宇宙'——世界历史的现象中。"① 黑格尔的这一番叙述,道尽了"理性"的全部特性,它是宇宙万事万物的主宰,决定一切事物变化和发展的根本动力,推动世界历史的唯一源泉。历史哲学所关注的历史本身、历史的存在方式、历史发展的动力等,都让黑格尔在他哲学思维的框架下一一获得了说明。

在这种历史观的视野之下,世界历史是一种什么样的景象呢?黑格尔认为,世界历史是以民族精神更替的形式向前发展的。世界历史离不开各个国家和民族,也离不开这些国家和民族所处的地理环境,黑格尔都在"绝对精神"自我发展、自我展现的层面对这些问题予以论述。世界历史借助民族精神的形式分阶段地展现出来,而民族精神只有通过国家才能取得实在性,也就是说,民族精神是以国家为基础的。黑格尔认为,历史是精神形态,但它采取的形式是直接现实性的,每一发展阶段是作为直接的自然原则而存在的,而这些原则归属于一个民族,成为这个民族的地理学上和人类学上的实存,这就是一种民族精神。一个民族精神只能体现为一次,然后就将被别的民族精神所取代,正是这种更替构成了世界历史。他说:"一个世界历史性民族的特殊历史,一方面包含着它的原则的发展,即从它幼年潜伏状态起发展到它全盛时期,此时它达到了自由的伦理性的自我意识而进窥普遍历史;另一方面,它包含着衰颓灭亡的时期,其实,

---

① [德] 黑格尔:《历史哲学》,王造时译,世纪出版集团、上海书店出版社 1999 年版,第 9 页。

衰颓灭亡标志着在这个民族中出现了一个作为纯粹否定它自己的更高原则。这种情况指出，精神过渡到了那个更高原则，而另一个民族获得了世界历史的意义。从这一时期开始，先前那个民族就丧失了它的绝对利益。"

　　历史发展的过程也就是自由意识进步的过程，黑格尔把这一过程的演进分为四个阶段：第一个阶段是东方世界，包括中国、印度、波斯等国，东方民族不认识自由是人的本质，因此这些国家和民族是没有自由的，是绝对的"专制独裁统治"，没有独立个人的存在。东方世界的原则是"实体性精神"，也就是不包含对立的同一，这种精神是僵固的、封闭的。第二、第三个阶段分别是希腊世界和罗马世界，黑格尔认为自由的意识首先出现在希腊人中间，希腊人和罗马民族知道他们是自由的。但他们只知道少数人是自由的，而不是人人都自由。这种自由存在的形式就是奴隶制，在奴隶制下，少数人的自由是以牺牲、剥夺多数人的自由为基础的。希腊世界的精神充满了活力，罗马世界精神原则是抽象的普遍性，即追求统一的世界霸权，用严酷的手段去争取直接的统治。黑格尔不无偏见地认为日耳曼人把自由意识发展到了第四个阶段，也就是最高阶段。日耳曼世界的原则是"从无限对立那里返回的精神"，他把日耳曼民族说成是最高原则精神的负荷者。民族精神的发展如同生命的发展一样，他认为东方世界是人类精神的朦胧童年；希腊世界是人类精神充满诗意的青年；罗马世界是人类精神的壮年；日耳曼世界是人类精神的老年。而对"老年"，黑格尔有他独特的解释："自然界的'老年时代'是衰弱不振的；但是'精神'的'老年时代'却是完满的成熟和力量，这时期它和自己又重新回到统一，但是以'精神'的身份重新回到统一。"② 黑格尔这段论述不无恭维日耳曼人的意思，但他却无意中道出了一个真理，即精神是通过积累来丰富自己的，所以时间越久越是淳厚。

　　4. 世界历史发展的动力。黑格尔认为精神从来没有停止不动，它永远是在前进运动着。正是这个缘故，使他对推动历史前进的法国大革命始终怀有不能泯灭的激情。他歌颂大革命对旧世界的埋葬，欢呼新时期的降

　　① ［德］黑格尔：《法哲学原理》，范扬、张企泰译，商务印书馆1961年版，第354页。
　　② ［德］黑格尔：《历史哲学》，王造时译，上海书店出版社1999年版，第154页。

临。他觉得就在旧世界颓毁败坏、预示着有什么新的东西正在到来之际，"突然为日出所中断，升起的太阳就如闪电般一下子建立起了新世界的形相"①。那么促进精神前进和推动世界历史发展的动力是什么呢？黑格尔运用辩证思维对这些问题做了解答，这些解答构成了他的哲学体系，被烦琐艰涩词句层层装叠起来的体系中包藏着许多值得汲取的珍宝。

世界历史进步的过程也就是自由意识进步的过程，推动这一过程的源泉是人的需要、热情和兴趣。他说："'自由'发展为一个世界，它所用的手段的问题，使我们研究到历史本身的现象。自由虽然是一个内在的观念，它所用的手段却是外在的和现象的，它们在历史上直接呈现在我们的眼前。我们对历史最初的一瞥，便使我们深信人类的行动都发生于他们的需要、他们的热情、他们的兴趣、他们的个性和才能；当然，这类的需要、热情和兴趣，便是一切行动的唯一源泉——在这种活动的场面上主要有力的因素。"② 黑格尔认为，人的自私心和欲望鼓起了人的热情。"热情这个名词……意思是指从私人的利益、特殊的目的，或者简直可以说是利己的企图而产生的人类的活动——是人类全神贯注，以求这类目的的实现，人类为了这类目的，居然肯牺牲其他本身也可以成为目的的东西，或者简直可以说其他一切的东西。"③ 在一般人那里，利己、私欲以及由此而激起的热情是一种恶；在黑格尔那里，善恶是一对矛盾，它们是不可分割的。正是在这层意义上，黑格尔看到了恶在历史进步中的巨大作用，恶是历史发展的杠杆。这一观点既是辩证的又是深刻的，比那种仅仅颂扬善、仁义道德的作用的观点要深远智慧得多。

认识到生产劳动和工具对历史发展的重大作用，是黑格尔又一杰出之处。他非常清楚，需要作为观念是抽象的、不实在的，正如他所说，犁比作为目的的享受要高贵些。人为了实现自己的需要，就必须同自然作斗争，征服自然，利用自然。他认为，人类因为有了种种需要，就与外界的自然结着一种实用的关系；为着要靠自然来满足自己，便使用工具来对付自然。自然的事物是强有力的，它们有各种方法抵抗。人类为了能征服它

---

① ［德］黑格尔：《精神现象学》上卷，贺麟、王玖兴译，商务印书馆1979年版，第7页。
② ［德］黑格尔：《历史哲学》，王造时译，上海书店出版社1999年版，第20—21页。
③ 同上书，第24页。

们，便采用了其他自然的东西；他发明了各种达到这种目的的工具，用自然来对付自然。这些人类的发明属于"精神"方面，这种工具应当被看作是高出于单纯的自然的事物。黑格尔的这些观点非常接近马克思的唯物史观，是很有洞见的天才发现。

在英雄人物的历史作用的问题上，黑格尔陷入了英雄人物决定历史的唯心主义认识论。他不仅颂扬古代的英雄人物，尤其崇拜拿破仑。认为只有具有雄才大略的英雄人物，才担当得起历史发展的重任。同英雄人物相比，人民群众则不过是只顾眼前蝇头小利的"消极"存在，"只是一群无定形的东西"。他还认为，英雄人物的活动和行为具有必然性，哪怕是触犯践踏了神圣的事物，也是可以理解的，甚至是不可避免的。他说："一个'世界历史个人'不会那样有节制地去愿望这样那样事情，他不会有许多顾虑。他毫无顾虑地专心致力于'一个目的'。他们可以不很重视其他伟大的、甚或神圣的利益。这种行为当然要招来道德上的非难。但是这样魁伟的身材，在他迈步前进的途中，不免要践踏许多无辜的花草，蹂躏好些东西。"① 黑格尔在评价英雄人物的巨大作用时，并没有忘记世界精神对历史发展最终决定作用，英雄人物不过是世界精神的代理人，是世界精神的工具和手段，他把拿破仑说成是骑在马背上的"绝对精神"，因此任何英雄人物都不能超出他自己的时代。他说："个人作为时代的产儿，更不是站在他的时代以外，只是在他自己的特殊形式下表现这时代的实质，——这也是他自己的本质。没有人能够真正地超出他的时代，正如没有人能够超出他的皮肤。"② 英雄人物创造了时代，时代也造就了英雄人物；每个时代都会产生属于这个时代的英雄人物，如果没有也要创造一个出来，英雄人物的出现是必然的。"我们应当把世界历史人物——一个时代的英雄——认作是这个时代眼光犀利的人物。他们的行动、他们的言词都是这个时代最卓越的行动、言词。伟大的人们定了志向来满足他们自己，而不是满足别人。"③ 这就是说，伟大人物是代表时代精神的人，"谁道出了他那个时代的意志，把它告诉他那个时代并使之实现，他就是那个

① ［德］黑格尔：《历史哲学》，王造时译，世纪出版集团、上海书店出版社，第34页。
② ［德］黑格尔：《哲学史讲演录》第1卷，北京大学哲学系外国哲学史教研室译，生活·读书·新知三联书店1956年版，第56—57页。
③ ［德］黑格尔：《历史哲学》，王造时译，上海书店出版社1999年版，第31—32页。

时代的伟大人物。他所做的是时代的内心东西和本质，他使时代现实化"。

从以上介绍不难看出，黑格尔对于英雄人物的历史作用的观点，本质上是唯心主义的，但其中包含许多闪光的思想。正因为如此，使他在这个问题上高出他的前人许多。

第七节　现代历史哲学的发展

1938 年，雷蒙·阿隆（Raimond Aron，1905—1983）出版了《历史哲学导论》，莫里斯·曼德尔鲍姆（Maurice Mandelbaum）出版了《历史认识论的问题》，后来有人就将这一年当作现代历史哲学问世的一年。一般说来，现代这个概念大体是指 19 世纪末到 20 世纪末。这个时期，西方历史哲学在承继近代历史哲学的基础上有了新的重大发展，集中表现在批判历史哲学和分析历史哲学这两大派别的出现。前者的代表有意大利的克罗齐、英国的柯林武德、法国的阿隆等；后者的代表有出生于奥地利后加入英国籍的波普尔、英国的沃尔什、德国的亨佩尔等。此外，这个时期还出现了存在主义历史哲学、结构主义历史哲学等派别。

一　批判的历史哲学

批判的、分析的历史哲学是对它以前思辨历史哲学的发展，后者流派众多，基本特征是着重于历史是什么的研究，即对历史事实的追究。到了 19 世纪，受康德所谓"哥白尼革命"的影响，历史哲学家们把注意力转移到历史认识领域，即研究历史是怎样形成的，探讨历史与历史学家主观认识的关系。相对于思辨的历史学派而言，批判的、分析的历史学派的产生是历史研究的进步，历史哲学的发展，不能说是对前者的背叛。

批判历史哲学基本特征是突出历史的主体性，主张用主观精神、思想甚至心理去建构历史，提出"思想的历史"，"体验的历史"，认为没有主观精神、思想，就没有历史。有些极端主义者甚至宣称自己的精神就是历史，在精神思想之外没有历史。这些观点都是具有针对性的，比如强调历史的主观性就是反对历史客观主义，后者把历史说成不能有任何主观成分的纯客观的存在。历史客观主义只顾"如实直书""消灭自我"，完全不顾历史是人的、人写的、为了人的历史；可是批判的历史在批判这种片面性的时候又走向了另一个极端：否认事实历史的客观性，把历史统统装进历史学家个人的头脑之中，什么历史事实、历史事件，完全不存在，存在的只是历史学家的精神和思想。

历史批判主义的片面性是显著的，为了避免这种片面性所产生的荒谬，在这一派别内部，有人对这种片面性提出了修正，阿隆就是这样一位历史哲学家。阿隆是法国著名历史哲学家，做过圣克劳德师范学院、图卢兹大学社会哲学、巴黎大学的教授，主要著作有《历史哲学导论》《论现代德国史学理论》。阿隆认为，"如实直书"在历史研究中是必要的，不能完全否定科学的历史探索。但他认为这种探索应当是有界限的，这个界限就是不能超出人的意识。只有人意识到历史存在，才会有真实的历史存在。他承认历史是死去人的生活，但这种历史是由活着的人建立和描绘出来的。阿隆对历史批判主义虽有修正，但根本立场没有离开历史批判主义，甚至他使历史批判主义更加精致化了。

二　沃尔什和波普的分析历史哲学

分析历史哲学其实也属于批判历史哲学，它也是致力于历史认识论的研究。主要代表人物有英国的沃尔什、波普和亨佩尔。比起亨佩尔，波普更值得我们关注，所以我们这里着力介绍一下沃尔什和波普的历史哲学观点。

1. 沃尔什（Willian H. Wslsh，1913—1986）于1913年出生于英国利兹城一个小资产阶级家庭，1932年入牛津大学求学，1936年在该校担任研究工作，1939年第二次世界大战爆发，他应征入伍，战后于1947年重回牛津大学从事教学和研究。1960年担任爱丁堡大学逻辑学和形而上学的讲座教授，直至1979年退休。他的主要著作有《理性与经验》《历史哲学导论》《形而上学》《黑格尔伦理学》和《康德对形而上学的批判》等。之所以把他放在波普之前来介绍，是因为历史哲学研究中有一种观点，认为1951年出版的他的《历史哲学导论》一书，奠定了分析历史哲学的基础。

沃尔什是英国现代著名历史学家，但他对哲学也颇有研究。沃尔什在历史哲学方面最显著的贡献就是提出历史哲学实际上可分为思辨的历史哲学和分析的历史哲学，并对后者进行了详细的阐述。一般研究者都认为，他在 1951 年出版的《历史哲学导论》是分析的历史哲学的开端。沃尔什对康德提出的先要考察人的认识能力，然后再去考虑能认识什么的观点非常赞赏，他提出在历史认识中，也应首先考察历史认识的能力，然后再谈去认识历史的本质和规律。这个提法，就将对历史事实和性质的研究转化为对历史学家进行历史解释和历史思维性质的研究。这一主张表明，历史哲学研究重点的转移，从如何反映、认识历史事实的研究，转移到对历史学家认识能力和思维方式的研究，即从客观方面转移到主观方面。他在《历史哲学导论》中写道："如果说，19 世纪西方史学思想的主潮是朝着兰克式的'客观如实'的方向前进的，那末当代史学思想的主潮就是朝着反兰克的方向在前进的。历史思维与历史认识的性质取代了历史事实与过程的性质，而成为历史哲学的热门题材……旧的意义上的'史观'已经日益让位给了'史学观'，这一点乃是西方当代历史哲学中无可争论的事实；——即，史学理论的立足点从客位转到主位上来，过去的历史哲学是着眼于历史的客体的，现在则转到了主体如何认识历史客体的问题上来。"[①]

由于这种转移，沃尔什认为，历史研究离不开资料，但不论历史资料多么丰富，并不能构成真正的完备的历史，赋予史料以生命并使之成为历史的，必须通过历史学家的思想。历史哲学就是对历史思想的反思，或者说是对历史思维的更高级的思维。他认为历史学家在考察历史事实之前他必须具有假设的前提，这个前提就是历史学家道德和形而上学的观念，而史实之成为历史则取决于历史学家的这种前提和假设，前提和假设不是从历史事实中来，是历史学家加于历史事实的。认识历史就是历史学家以他预先得到的假设和构想去考察过去，看里面什么是真的重要的东西。因为历史学家不可能不以某些前提假设为出发点，所以他所作出的结论和判断就必定是价值判断。因此，在对历史的解释和理解过程中，自始至终都包含着主观的因素。本来问题讨论到这里应该完成了，但沃尔什不愧为历史哲学分析大家，他对上述思想继续提出分析，认为历史学家虽然不得不这

---

①　转引自《当代西方著名哲学家评传》第 7 卷，《历史哲学》，山东人民出版社 1998 年版，第 2 页。

样做，可这样做的结果可能妨碍历史的客观性。

从历史认识论来分析，沃尔什尽管把历史哲学从思辨阶段推向了现代，提出有异于前人的见解，但我们还是发现他仍然徘徊于事实历史与观念历史之间，对二者之关系并未给出科学的解释。

沃尔什的历史哲学理论。在《历史哲学导论》对自然科学的研究方法进行了详细客观的分析，指出这种方法并非毫无成就，不应被一概否定。他不赞成当时英国哲学界对经验形而上学所持的贬斥态度。沃尔什也认真研究了社会历史的特点，指出历史同自然科学家面对的感性的经验的对象是不同的，历史要借助于想象和假设。因此他认为历史哲学是成立的。他说："我要试图表明确实有一种意义，在那种意义上各派哲学家都应该承认历史哲学乃是一门真正学术探索的名称。"他认为，"这种研究，正如我们上面以其传统的形式所简单描述它的那样，可能涉及历史事件的实际过程。而在另一方面，它也可能是关注历史思维的过程，靠了历史思维，我们就达到第二种意义的历史了。"① 沃尔什在这里提出对历史思维的研究的问题，如前所说，这是一种转向，即仅仅由对历史事实的研究转向对历史学家历史思维的研究。在我们看来就是转向了历史认识论。

关于历史中的真理问题。沃尔什认为，不能把用事实与陈述直接对照的方法应用于历史领域，因为历史描写的是过去的事实，过去的事实是不能再接受检验的。沃尔什提出的思想是，尽管历史学家认为他们所陈述的历史是有证据的，比如说有文献、建筑物、硬币、制度、礼仪等等。每一个有尊严的历史学家依赖这些证据去重建历史，但仅仅这样做还是不够的。他指出："历史学家的责任不仅仅是把他的一切的陈述都建立在可以利用的证据上面，而且还要进一步确定什么证据是可以利用的。换句话说，历史的证据对于我们可以据之以检验历史判断的真实性来说，并不是最终的数据。"沃尔什的论述，一方面揭示了证明历史真理的复杂性和困难；另一方面，也表明历史领域真理问题是一个可以进一步探讨的领域；而且他在这方面做了很有价值的努力。令人不满足的是，沃尔什对于历史真理缺乏明确肯定的意见，仅仅提出可以思考和研究。

---

① ［英］沃尔什：《历史哲学导论》，何兆武、张文杰译，广西师范大学出版社 2001 年版，第6—7 页。

我们认为历史的真理性问题尽管十分复杂，但应当肯定在历史领域是可以获得真理的。如我们在前面已经论述过的，历史真理是一个过程，只要有充分的事实证据，历史陈述的真实性是可以保证的。的确，历史事实是不可回复重建的，但如果提出的预想和陈述为后来的发现和发展所印证，或为地下挖掘出来的历史遗物和文件所证实，我们就应该承认历史学家预想和陈述的正确性，即真理性，就应该排除在这个问题上的怀疑主义和相对主义。

关于论述客观性的问题。沃尔什对历史客观性的研究是很深入的，他主要对他所列举的见解进行分析，但所给出的结论性意见并不明确。我们这里主要介绍两点：

一是说历史学家陈述历史时不带任何主观性和偏见。他对这种意见的解释，一方面说要把历史陈述同宣传区别开来，历史学只有如此，才具有客观有效性，历史家的活动是一种认识活动，涉及的是独立的客体，他个人应是无党无派和一视同仁；可是另一方面，他又认为"历史学家们不仅会而且必定会受主观因素的影响。不偏不倚的历史学，不但不能成为一种理想，而且简直是一件完全不可能的事"①。他所说的主观因素就是历史学家的道德的和形而上学的信念。"所谓道德的信念，我的意思指的是历史学家所带给他们自己对过去的理解的那些终极的价值判断；所谓形而上学的信念，我的意思指的是与这些判断相联系着的对人性以及对人在宇宙中的地位的理念。"②尽管历史学家个人未必都意识或知道这一点，但这对他们揭示历史起着决定性的作用，而这就必然影响历史学家去获得历史的客观性。从这一段论述不难看出，他似乎对"不偏不倚的历史学"是持否定态度的。

二是他认为历史学家总是因为个人的缘故而对客观的历史作出不同的解释，这是由历史学家所持的观念不同使然，观点的对立导致对客观历史陈述的对立。他对狄尔泰关于人性在历史的解释和解说中起着重要作用进行了发挥。他说："我们可以认为历史客观性的概念和科学客观性的概念

———————————

① ［英］沃尔什：《历史哲学导论》，何兆武、张文杰译，广西师范大学出版社 2001 年版，第 13 页。

② 同上书，第 106 页。

是彻底不同的，这种不同来自这一事实，即当所有可敬的历史学家们都谴责有偏见的和有倾向性的著作时，他们却并不是很清晰地认可那种完全非个人思维的科学理想。"历史学家要像艺术家那样，把自己的作品当作是他个性的表现。我们感到，沃尔什在这个问题上也是不彻底的。主观因素对历史学家的影响既然不能排除，那么到底是一种什么样的影响，这种影响在历史形成过程中处于什么地位？这些沃尔什都未给出明确的回答。

沃尔什最为令人不满的是，他对于讨论的问题不作明确的论断；然而这也正是他的可贵之处，他对这些观点进行了入情入理的分析和解释。正是这些分析和解释把问题引向了深入，使读者能立于更高的台阶去审察他所感兴趣的那些问题，从而开阔了眼界，欣赏到历史理论研究新的景观。

2. 卡尔·雷蒙德·波普（Karl Raimund Popper，1902—1994）出生于奥地利，曾在维也纳大学求学。第二次世界大战期间逃离奥地利来到英国，后来加入英国籍。一生著作颇丰，主要有《研究的逻辑》《开放社会及其敌人》《猜测和反驳》《历史决定论的贫困》《客观知识》等。这里主要评介他的《历史决定论的贫困》。这部著作公开出版是在 1957 年，但书中主要观点早在 20 世纪三四十年代他就以论文或演讲的形式晓之于世了。

波普在《历史决定论的贫困》一书中最突出、最鲜明的一个观点，就是对历史决定论的批判和否定。他说：在"《开放社会及其敌人》中，我已从历史决定论思想中选取若干事件，以证明这个问题对赫拉克利特和柏拉图到黑格尔和马克思的社会政治哲学的持续而有害的影响"①。他认为，历史决定论是一种恶劣的方法，这种方法不会产生任何结果。他在《历史决定论的贫困》"序"中，提出了自己的论证，他写道：

"为了让读者知道这些最近成果，我拟在这里简单谈谈我对历史决定论的这个反驳。我的论证可以概括为如下五个论题：

（1）人类历史的进程受人类知识增长的强烈影响。（即使把我们的思想，包括我们的科学思想看作某种物质发展的副产品的那些人，也不得不承认这个前提的正确性。）

---

① ［英］波普：《历史决定论的贫困》，杜汝楫、邱仁宗译，华夏出版社 1987 年版，第 2 页。

（2）我们不可能用合理的或科学的方法来预测我们的科学知识的增长。（这个论断可以由下面概述的理由给予逻辑的证明。）

（3）所以，我们不能预测人类历史的未来进程。

（4）这就是说，我们必须摈弃理论历史学的可能性，即摈弃与理论物理学相当的历史社会科学的可能性。没有一种科学的历史发展理论能作为预测历史的根据。

（5）所以历史决定论方法的基本目的……是错误的；历史决定论不能成立。"①

以上这些观点根源于对自然科学的研究方法是否适用于对社会历史领域的研究，批判的、分析的历史主义的一个根本特征，就是试图实现对社会历史的认识也要达到如同自然科学一样的精确性，坚持自然科学方法对社会历史领域基本上是适用的。波普不是没有看到自然科学与社会历史学的区别，但他即使承认它们之间的差别，也不愿在基本立场上后退一步。他说："我并不是要断言，在理论自然科学方法和社会科学方法之间不存在任何区别；区别显然是存在的，甚至在不同的自然科学之间以及不同的社会科学之间也是存在的。……但是，我同孔德和密尔，以及其他许多人（例如曼格尔）一样认为，这两个领域的方法基本上是相同的。"② 一种历史理论如果不能通过用他们提出的方法得到检验、论证、证实，这个理论就不能成立，在波普那里，历史决定论就是一个恰当的例证。

应当承认，波普在哲学方法论上是有贡献的，他一反以往专注于证明正确，而提出了证伪反驳的理论。他提出任何理论最终将被证伪，一旦被证伪，该理论就是不正确的，于是就必然会产生新的问题，再对新的问题进行证伪，这样又会产生新问题，再去进行证伪，如此推进，科学就得到了发展，科学不能达到真理，但在不断地"逼近"真理。他把这种哲学方法用之于研究历史，认为历史的认识和研究，也应从问题开始。由于人们掌握的历史非常之有限，而且不能像自然科学知识那样可以重演和补充，因此，他认为历史是无法证伪的，它就不能成为真正的理论，真正的

---

① ［英］波普：《历史决定论的贫困》，杜汝楫、邱仁宗译，华夏出版社1987年版，第1—2页。

② 同上书，第104页。

历史理论是不存在的。波普虽然对此提出了以上五点论证，实际上问题并没有真正解决。而且他的五个论题本身就很成问题，这里我们也提出五点：

第一，人类历史进程受知识增长的影响，这是很正确的。但知识的增长为什么就不可以预测呢？预测是人的本质的表现，对任何事物能不能预测是一回事，预测的是不是准确是另一回事。人是离不开预测的，离开预测人将寸步难行。人每做一件事情都包含预测在其中，例如一个木匠要打一张桌子，在一堆材料面前他就预测到这张桌子一定会成功，否则他就不必去打了。打制桌子是这样，做其他任何事情也都是如此。又如一个人外出办事，出门之前他必定预测到外出是安全的（尽管他未必意识到）；如果连这点预测都没有，他怎能迈出大门半步？当然，预测不可能百分之百地准确，这可另当别论。

第二，关于预测历史未来的进程，这个论题的正确性值得研究。如前所说，人对任何事情的发生都有预测，历史进程也不例外。现代科学知识的增长日新月异，人们称作知识大爆炸的时代，即使如此，人们对社会历史的发展进程仍然在不断地预测（正确与否另当别论），正是这种预测在指引着人类创造历史实践的方向。难道事实不正是这样吗？世界上有哪一个国家因所谓"不能预测科学知识的增长"而拒绝科学知识呢？另外，历史是一个有机的整体，如果说别的事物能不能预测尚可讨论，唯独历史进程的预测比起别的事物来更有根据。因为现在的存在是从昨天（过去）的存在发展来的，而今天（现在）是明天（未来）进程的基础和根据。这不就是告诉人们，对历史进程的预测比对别的事物的预测更具有可靠性吗？

第三，对历史决定论要作具体分析，有科学的历史决定论，也有不科学的历史决定论，如神学历史决定论等，这在前面已经作过论述和分析。

第四，历史学的可能性与科学知识（如果指的是一般意义上的科学）增长可否预测，是两个性质完全不同的问题，不可混淆。前者是指由历史学家所从事的专门学科；后者是指以生产为基础的科学技术发展的状况，二者之间不存在因果关系。历史学能否成立依靠历史学自身，不依赖于对学科知识的预测。科学知识的增长会促进历史学的研究，但绝不等于说科学知识增长与否决定历史学是否可能。

第五，不同的历史决定论所采用的方法是不同的，其所要达到的目的也不相同。不可笼统地说都是错误的、不能成立的。我们反对把目的说成是由神或上帝预先安排的；但我们不反对在一定物质基础条件下，经过缜密思考而提出的理想和奋斗目标。因为这些目标作为社会发展前进的方向，经过人们的实践和努力，是可以实现的，这在前面也作过详细的分析。

三 存在主义哲学的历史哲学

存在主义哲学形成于 20 世纪 20 年代，是现代西方哲学颇有影响的一个哲学流派，尤其在 20 世纪中叶，这一哲学曾风靡一时，是那个时期最时髦的哲学。存在主义哲学的产生，就其社会背景而言，同第一次世界大战和接着而来的震撼世界的欧洲经济危机有着密切的关系。战争特别是第二次世界大战，给人们带来了灾难和死亡，经济危机给人们带来的是工人失业，人们生活没有着落。在战争和危机的双重影响下，人的生存受到了威胁，人的尊严遭到了践踏，忧虑、感伤、悲观、失望、迷茫占据着人们的精神世界。资本主义社会中垄断资本的发展，使资本主义向垄断资本主义转变。人的异化继续加剧，科学技术的迅猛发展，先进的生产工具层出不穷，人越来越成为生产工具的奴仆，失去了人之为人的地位和作用。这种实践和生活反映到哲学思维，就是对人生价值和人存在的意义的关怀和追问，产生了怀疑和绝望，产生回望自我的倾向和悲观情绪，认为人的存在就是"烦、畏、死、绝对毁灭"。悲观的精神、孤独的感受成了人的真正的存在状态。存在主义哲学便应运而生，它把人在现实中的困惑上升到理论思维，成了西方这一时期人本主义的代表。

存在主义哲学没有专门的历史哲学著作问世，研究历史哲学的人也很少提到它们。其实，第二次世界大战以来，存在主义哲学在世界范围产生了很大影响，甚至改变了一些人的生活方式。在文学艺术领域，以存在主义哲学为指导形成的小说、话剧也不少，在社会历史领域也是如此。其中特别是海德格尔和萨特的存在主义哲学，对历史研究产生了很大影响。这是我们要对它进行专门研究的原因，以下分别介绍德国的海德格尔和法国的萨特的历史哲学思想。

（一）海德格尔的历史哲学

海德格尔（M. Heidegger，1889—1976）出生于德国巴登邦的梅斯基尔希的农村小镇，1913 年在弗莱堡大学学习哲学，1914 年获博士学位，做过胡塞尔的学生，1933 年希特勒上台，他被任命为弗莱堡大学校长。主要著作有《存在与时间》《康德与形而上学问题》《形而上学是什么》《人类自由的本质》等。

1. 以人为根本的"存在本体论"

据说 1907 年，17 岁的中学生海德格尔读到了亚里士多德的《形而上学》如下一段话："自古已经提出、我们今天仍在提出、将来还会提出的一个永远使人困惑的问题就是：在是什么？"① 从此就开始了对"在"的思考。文艺复兴运动和法国启蒙运动以后，理性主义成为西方哲学的主流，把思维与存在的关系当作形而上学的基本问题，唯物主义哲学和唯心主义哲学围绕着这一问题进行激烈的争论。它们争论究竟物质是本体还是精神是本体（本体也就是存在），只是追究是物质存在还是精神存在，而都忘记了"在"本身。海德格尔对这种传统哲学进行了批判，他认为"在"与"在者"是根本不同的两个东西，是先有"在"，然后才有"在者"，如"一张桌子在"，桌子是在者，先有在，然后才有桌子，因此，在比桌子更根本，在才是真正的本体，这就是"存在本体论"。

按海德格尔的意思，对在是不能作什么规定的，它永远不是其所是，是没有规定性的东西，只有在自身在的过程中才把自己显露出来，这种在就是人，因为只有人能够自己规定自己，决定自己的存在的方式。什么是人，人是一种特殊的存在，他用"Dasein"这个术语来表示。他说"诸种科学都是人的活动因而都包含有这种存在者（人）的存在方式。我们用此在（Dasein）这个术语来表示这种存在者"② 。此在的特性是它自己规定自己，自己领悟自己，自己就是自己的此在。"它向来不得不去是作为它本己存在的它的存在，所以，此在这个名称就被选来作为纯粹指存在的术语，用来标识这个存在者了。"③ "Dasein"这个术语是指"此在""亲

---

① 转引自徐崇温主编《存在主义哲学》，中国社会科学出版社 1986 年版，第 161 页。

② ［德］海德格尔：《存在与时间》，陈嘉映、王庆节合译，生活·读书·新知三联书店1987 年版，第 15 页。

③ 同上书，第 16 页。

在"，"既指被意识反思着的客体，又指进行这种反思的主体；既指自我意向性活动；又指意向所指向的对象；既指人又指人的本质处境。"①

那么作为这种存在是如何显现的呢？海德格尔认为，"此在"在他自身存在总是敞开的，他自身就发着光芒，因而是澄明的。此在的现身就是"情绪"，就是平常人们所说的惧怕、烦恼、欢乐等。而人最"本真的情态"就是"烦、畏、死"。

烦。此在之在就是烦，人就是凭着对烦的体验来处理与外部世界的关系的。烦的含义就是担忧、焦虑，也含有希望的意思。人和物打交道就是烦心，与人打交道是麻烦。烦不是烦什么，而是人生活在世界上的一种情状。"海德格尔挑选烦这个字眼来指称此在之在，固然表达了人对自身、世界和他人的态度和关系，表达了人生在世有所作为的种种存在状态，但仔细体会，它也表达了此在在向外开展时的一种内心的主观体验。说此在之在是烦，就指出了此在自身总是关心、挂念着某些东西，为某些东西感到忧虑。而此在首先和最主要的就是关心和担忧着他自己的将来，同时也关心和担忧着他自身当下的状况和被抛入其中的世界。总之，人生就是烦，一切人都被烦统治着。"②

畏就是畏惧，这种畏惧不是畏惧什么，而是"此在"先天就具有一种基本情绪，是畏这个词在其展开过程中的一种状态。畏之所畏完全是不确定的，它是此在在世的存在。此在的这种存在状态表明人们在现实生活中必然处于畏惧之中，畏惧是人之为人的一种宿命。所谓畏最根本的就是畏死，畏死是此在对自己的"向终了而在"的最深刻的"知"。

关于死，海德格尔说："死，作为此在的终了，是此在最本己的可能性——它是无关涉的、确实的、本身又是不确定的、不可逃脱的。死，作为此在的终了，在这一在者向着它的终了的在中。"③ 死是此在自己的终了，是此在到达完满的一种境界。此在达到这一境界之日，就是自己失去之时。此在自身不能体验自己的死，只能体验别人的死。死是不可代替的。此在存在和展开的过程就是向死而在的过程，此在自身寓有"不再

---

① 徐崇温主编：《存在主义哲学》，中国社会科学出版社 1986 年版，第 174 页。

② 同上书，第 206 页。

③ 转引自徐崇温主编：《存在主义哲学》，中国社会科学出版社，1986 年版，212 页。

此在"的可能性，死是此在注定的命运。向死而在是此在的真实历程，也就是此在的历史。

2. 历史是此在的存在方式

海德格尔是如何由此在过渡到历史的呢？他认为以往的哲学理论只关注对日常状态存在的讨论，"始终未经重视的不仅是向开端的存在，而且尤其是此在在生死之间的途程"①。所谓"向开端的存在"、"生死之间的途程"就是指此在的真实的在，是此在存在的正式历史。进入回顾前面的此在状态，就是历史。这里不难看出海德格尔把历史看作是此在的历史，历史学就是回顾此在向非此在前往的过程。

此在不是每一现实体验的堆积，也就是说，对此在向开端的回顾和向死的途程，不能归结为此在每阶段现实存在的总和或综合，此在并非有一条现成生命的轨道，而是此在的本己存在先天就把自己组建为途程，在此在的存在中已经有着与出生和死相关的"之间"，"出生不是而且从不是在不再成这一意义上的过去之事；同样，死的存在方式也不是还不现成的，但却来临着的悬欠。实际此在以出生的方式生存着，而且也已在向死存在的意义上以出生的方式死亡着。"② 海德格尔把此在的过程当作历史，从直接的意义上就是把人自己再起来的途程与历史联系起来。

3. 什么是历史和对历史的认识

海德格尔曾这样解释历史："历史是生存着的此在所特有的在时间中发生的历事；在格外强调的意义上被当作历史的则是：在相互共在中'过去了的'而却又'流传下来的'和继续其作用的历事。"③ 说得简单一点，历史就是在过去特定时间中存在着的对现在仍有作用的事物。海德格尔注意到了自然史和历史的区别，他特别指出认识是历史事件的主体，人是纷纭世界中重要的"原子"。历史是属于此在的存在，而此在的存在奠基于时间性，认识和研究历史最简便的方法就是从历史事物的那些显而易见具有时间意义的性质着手，进行对历史性的生存论的分析。从这个解

① ［德］海德格尔：《存在与时间》，陈嘉映、王庆节合译，生活·读书·新知三联书店1987年版，第439页。

② 同上书，第446页。

③ 同上书，第441页。

释，可以看出海德格尔主张历史是可以认识的，这种认识的起点就是此在。

4. 海德格尔存在主义历史哲学的启示

此在（Dasein）是海德格尔存在主义哲学的核心，也是他历史哲学的核心。此在是"在"的特殊形式，与此在最恰当的对象就是人的存在，尽管海德格尔总对此加以掩蔽，但他的本真的意义还是清楚的。因为在海德格尔看来，"只有这样一种存在者，它就其存在来说本质上是将来的，因而能够自由地面对死而让自己以撞碎在死上的方式反抛回其实际的此在之上，亦即，作为将来的存在者就同样原始地是曾在的，只有这样一种存在者能够把继承下来的可能性承传给自己本身之际承担起本己的被抛状态并在眼下为'它的时代'存在。只有那同时既是有终的又是本真的时间性才使命运这样的东西亦即使本真的历史性成为可能"①。这是他对存在主义哲学历史理论的概括，从以上论述和这一概括中我们得到的启示是：海德格尔的历史哲学并未突破历史唯心主义哲学的藩篱，他的此在从根本上分析就是人和人的精神。但他的阐述很有新意，其中充满了发展和变化，尤其是对生死之间及其关系的说明，是其他历史哲学所未曾关涉过的。海德格尔历史哲学的另一个突出之处是对人及其存在状态的关怀，是人文历史学的代表，对历史的理解以及对读史的人，都具有独到启示。

（二）萨特的历史哲学思想

让—保罗·萨特（J. P. Sartre，1905—1980）是存在主义哲学影响最大的一位哲学家，现代的许多事件他都积极参与了，他反对美国对越南的战争，支持过法国 1968 年发生的大学生"五月风暴"运动，到过苏联、中国和越南，在越南受到英雄般的欢迎。同情法国共产党，自称是共产党的同路人。他不仅是位哲学家，而且写过许多剧本和小说，是有影响的存在主义文学艺术家。主要著作有《存在与虚无》《存在主义是一种人道主义》《辩证理性批判》，长篇小说《自由之路》，剧本《苍蝇》等。

1. 自在的存在和自为的存在

萨特同海德格尔一样，也是从批判近代哲学的二元论着手。他认为，

---

① ［德］海德格尔：《存在与时间》，陈嘉映、王庆节译，生活·读书·新知三联书店 1987 年版，第 452—453 页。

把此在和显现、即现象和本质割裂开来而导致的二元论哲学，是不正确的。"现象是什么，就绝对是什么，因为它就是象它所是的那样的自身揭示。"[①] 这就是说现象不是本质的表现，它也不是属于本质，现象就是它自身，现象背后什么也没有。存在就是现象的存在。这种现象的存在的特点有三：其一，这种存在是不透明的，因为它自身是充实的，它是其所是。其二，它是完全的肯定，不包含任何的否定。它永远不把自身当作异于其他存在的存在，它不与其他存在有任何关系。其三，现象的存在是自在的存在。它不能派生可能性，也不能归并为必然性。萨特写道："存在存在。存在是自在的。存在是其所是。这是我们初步地考察存在的现象之后，能给现象的存在规定的三个特点。"[②]

与自在的存在相对立的是自为的存在。自为的存在与自在的存在完全不同，它是一种超越性、能动性、可能性，它是虚无的存在，是否定的存在，是缺乏的存在，犹如维纳斯的手臂，它不存在，可是它是缺乏的存在，比存在更美。

在萨特那里，常常把自在的存在同外界具体事物和自然界存在相类比，这种存在是僵死的、充实的、恶心的，永远是其所是。而自为的存在就是意识的存在，人的存在，这种存在是有能动的、不断超越的、可能的存在，永远不是其所是，而是其所不是。如果说在海德格尔那里，"此在"与人的实在还不十分明确，还很掩蔽和朦胧的话，到了萨特这里"此在"就具体化了，就是指现实的人，也就是自为的存在。

2. 萨特的人学

萨特的人学是他历史理论的基础，也是研究他历史哲学的入口处。这里先对萨特人学作一简要考察。萨特的人学是一个复杂理论系统，分别介绍如下：

第一，人是"存在先于本质"。萨特自称是无神论的存在主义者。他不相信上帝的存在，在他看来，宗教把上帝当成一个"工匠"，说上帝按照一定计划、模式、式样创造人，并决定着人的命运；哲学家如狄德罗、

---

① ［法］萨特：《存在与虚无》，陈宣良等译，生活·读书·新知三联书店1987年版，第2页。

② 同上书，第27页。

伏尔泰甚至像康德都认为先有人性这个普遍概念，然后才有人的出现，每一个人不过是这个普遍概念的特殊例子。萨特认为，这都是宗教和哲学家们编造出来的谎言，他们的共同缺点就是先设定人的本质，然后塑造人，这就是"本质先于存在"。事实上，根本就没有什么上帝和神的存在；也不存在先天的人性。人起先仅仅是一种实在的存在，这种存在没有本质，什么也不是，实际就是虚无，人是从虚无之中逐渐显现出来的。

人一出场，作为人的存在就是自为的存在，也是一种缺乏的存在。因为他不是其所是，总在趋向是其所不是，所以人存在自身就具有一种超越性，正是这种超越性使人真正地存在了起来，使其成了具有某种本质的人，如成为一个工人、农民或教师。这就是存在主义哲学所主张的"存在先于本质"，即先存在，然后才具有本质。萨特写道："我们说存在先于本质的意思指什么呢？意思就是说首先有人，人碰上自己，在世界上涌现出来——然后才给自己下定义。如果人在存在主义者眼中是不能下定义的，那是因为在一开头人是什么都说不上的。他所以说得上是往后的事，那时候他就会是他认为的那种人了。所以，人性是没有的，因为没有上帝提供一个人的概念。人就是人。这不仅说他是自己认为的那样，而且也是他愿意成为的那样——是他（从无到有）从不存在到存在之后愿意成为的那样。人除了自己认为的那样以外，什么都不是。这就是存在主义的第一原则。"① 萨特反对先天人性的存在，否认有上帝的存在，是很正确的。说人在后天的活动中不断获得自己的本质，也很有道理。但说人是偶然地被抛到这世界上来的，似乎简单化了。人的出现从起源上讲是极其复杂的；即使在后来，每个个人也是一种关系的——婚姻关系的产物，并不像萨特说的那么简单。

第二，人的存在是烦恼、孤寂、绝望。存在主义哲学的一个重要特点就是关心人的存在。萨特认为人的存在就是烦恼、孤寂和绝望。

关于烦恼。萨特认为人的存在样式和类型是人自己自愿选择的，你要成为一个什么样的人，完全由你自己决定。因此，对于这种选择的结果个人就要承担全部责任，烦恼由此而生。萨特写道："不论我做什么，我都

---

① ［法］萨特：《存在主义是一种人道主义》，周煦良、汤永宽译，上海译文出版社1988年版，第8页。

不能在哪怕是短暂的一刻脱离这种责任，因为我对我的逃离责任的欲望本身也是负有责任的。"① 因为负有责任，所以就有烦恼。我一刻不能脱离责任，我就一刻不能逃离烦恼，人就是烦恼。萨特举例说，一个军事首领他要组织一个敢死队，这样十几个或几十个人的性命就决定在他的选择上，他就不能不感到烦恼、痛苦和畏惧。萨特认为，一个人的选择不仅是为他自己的选择，同时也为别人做了选择，甚至是为全人类作出了抉择。这样他就把全世界都放在自己身上，人是无法摆脱那种整个的重大的责任感的。"从我在存在中涌现时起，我就把世界的重量放在我一个人身上，而每一任何东西、任何人不能够减轻这重量。"② 由此他如何能不畏惧、痛苦和烦恼？

关于孤寂。萨特认为，以往的哲学即使不宣扬上帝的存在，也是把伦理道德原则放在先天的位置上。用这些空洞的概念来给人以支撑。其实，在存在主义者看来，人就是孤零零的存在。无论是在内心还是自身之外，都找不到可以依靠的东西，永远找不到任何借口。

关于绝望。萨特写道："它只是指，我们只能把自己所有的依靠限制在自己意志的范围之内，或者在我们的行为行得通的许多可能性之内。"③ 萨特意思是说，人是由自己的意志决定的，但不能对于这种决定抱有什么指望。这是因为任何一种选择的可能性太多了，你可以决定选择什么，但你不能决定可能是什么。你只能把自己限制在现在的实际行为中，而不能指望行为会有任何结果。你可以选择某种理想或目标，并为之奋斗，但对于理想能否实现，目标是不是能够达到，我一无所知。如果中途你死了，可不可以期待朋友和他人去实现这一切，萨特认为这是不可信的。因为人是自由的，明天他们会自由决定他们该是什么样的人；所以明天是不可期待的。只有现实是可以信赖的，其他如梦想、期待、希望等，不过是人的失策的空虚的期待罢了。这对任何人都没有例外，"君士坦丁大帝在建立拜占庭时并未预见到将建立一座希腊语文化城，而这座城的出现后来导致

① ［法］萨特：《存在与虚无》，陈宣良等译，生活·读书·新知三联书店1987年版，第711页。

② 同上书，第710—711页。

③ ［法］萨特：《存在主义是一种人道主义》，周煦良、汤永宽译，上海译文出版社1988年版，第17页。

了基督教会的分裂，并起到了削弱罗马帝国的作用"①。

以上三个方面不是孤立存在的，而是作为一个整体属于人的存在，烦恼、孤寂、绝望就是人的存在，没有它们也就没有人的存在。这种关于人的认识，深刻地反映了二战以后人们的心理状态和精神面貌。

关于人的超越性。人的宿命就是自由和选择。萨特认为，人永远不是其所是，而是其所不是。这是人生来就具有的超越性。"我命定是为着永远超出我的本质超出我的动作的动力和动机而存在；我命定是自由的，这意味着，除了自由本身以外，人们不可能在我的自由中找到别的限制，或者可以说，我们没有停止我们自由的自由。"② 自由同人的存在是一回事，或者说，人就是自由。人不能时而受奴役时而自由，人永远是自由的。

第三，自由与选择。自由的基本活动就是选择。"正式这个活动把它的意义赋予那个我能被引去考察的特殊行动；这个经常更新的活动与我的存在没有区别；它是对在世的我本身的选择，同时又是对世界的发现。"③这就是说，人的自由即选择，不仅使自己成为他自己，同时又把意义带给了世界。世界本身是自在的存在，是没有意义的，它的意义完全是自为的存在赋予的。人的自由无可限制，他人不能限制，环境也不能限制。例如，一个人成为囚徒被关在监狱里，你仍然是自由的，就是说你可以选择不当囚徒而越狱；如果你不这样做，那并不是别人逼迫你成为囚徒，而是你自己选择了当囚徒。对于环境也这样，你徒步旅行，一座山挡住了前进的道路，似乎限制了你选择旅行的自由。其实不然，这座山是你旅行的助手还是障碍完全决定于你的选择，如果你选择前行，它就成了障碍；如果你选择登高望远，这座山就不再是障碍，而是极好的助手。可见，现实世界完全决定于你的选择，在你选择自己的同时，也就选择了属于你的世界，你就把整个世界和人类都背负在你自己身上。在这个意义上，可以说什么是历史，历史就是你的选择。

---

① 〔法〕萨特：《存在与虚无》，陈宣良等译，生活·读书·新知三联书店1987年版，第557页。

② 同上书，第565页。

③ 同上书，第592页。

人命定是选择的存在，因此他不能不选择。如果不选择那么就是人存在的完结。萨特认为，对人而言，人的存在与选择是绝对的。不选择也是一种选择，就是选择了不选择。选择与责任是不可分的，人的选择是自由的，这种自由与责任是一回事，选择是你独自的选择，没有人或上帝来帮助你选择，责任也要你独自担当。因此，萨特要人不要怨天尤人。例如，一个身体残疾的人，不必埋怨什么，你完全可以选择不残疾。有些残疾人作出了正常人都做不到的事情，这就是他选择了不残疾。德国人占领了巴黎，巴黎人成了亡国奴，一副无奈、悲伤、可怜的模样，萨特认为这就是巴黎人最自由的时候，因为这副模样是他们自愿选择的。萨特这种论断有人认为是怂恿法西斯侵略暴行的。不过依照萨特的逻辑并非如此；萨特的意思是巴黎人为什么不选择进行殊死的反抗和斗争，反抗、斗争可能被杀害或牺牲，即便如此，你也可以不做亡国奴。这不就是在启发人们用另一种眼光去看待二战的历史。

萨特选择自由的理论一问世就引起了巨大的轰动。这一理论产生了出人意料的影响。仔细分析起来，影响既有积极的一面，也有消极的一面。所谓积极的一面是指这理论鼓励人们不要选择屈服，应当进行反抗和斗争。这在第二次世界大战中，号召人们起来反抗法西斯，是有意义的。但这一理论也鼓励了那些放荡不羁者，使得他们过于任意而为。

3. 萨特存在主义历史哲学

萨特在 1943 年发表的《存在与虚无》只能看到他的存在主义哲学，以及他用这种哲学所认识的人——人学；还看不到他对历史有什么系统的真正的见解。1960 年发表的《辩证理性批判》一书，他在评论别的哲学思想的过程中，在批判他所处的时代中，透露了它的存在主义历史哲学。这种历史哲学有两个鲜明的特点：

第一，对马克思主义哲学特别是唯物史观的纠缠。我之所以用"纠缠"二字，是因为萨特有时对马克思主义给予极高的评价和肯定；有时又指责马克思主义和唯物史观这也不是，那也错误。他不是像有些学者态度鲜明：要么肯定拥护，要么批判否定。

萨特对马克思主义哲学是非常矛盾的，他一方面说马克思主义哲学是不可超越的，说它的存在主义哲学是傍着马克思主义哲学边缘而产生的；可另一方面，他又坚持要用存在主义哲学去综合和补充马克思主义。他写道:"马克思主义非但没有衰竭,而是还十分年轻,几乎是处于童年时代:它才刚刚开始发展。因此,它仍然是我们时代的哲学,它是不可超越的,因为产生它的情势还没有被超越。我们的思想不管怎样,都只能在这种土壤上形成;它们必然处于这种土壤为他们提供的范围之内,或是在虚空中消失或衰退。"① 他还说,他的这种存在主义是在马克思主义边缘发展起来的,不是为了反对马克思主义。但在实际上,他对马克思主义是持否定态度的。他毫不隐晦地反对辩证唯物主义,特别是自然辩证法,他表现出不能容忍的反感,他批判恩格斯的自然辩证法理论是"强制性地"把辩证法刻在自然界上;即使对历史唯物主义,在根本上他也是不赞成的。他写道:"历史唯物主义的最高悖论在于,它在同一时间里是历史的唯一真理,又是真理的一种彻底的非决定论……历史唯物主义的完整化思想确立了一切,却排除了它自身的存在。或者用另一种方式表述,即受到了它一向反对的历史相对主义的污染,它没有展示出自我界定的那种历史真实性,也没能显现出这一点在历史进程中以及在实践和人类经验的辩证发展中,如何决定了它的性质和正确性。换言之,我们不知道马克思主义历史学家的说出真理是什么意思。"② 他在这样做的时候,同时评述了不少哲学家的思想,也评述了许多历史事件和他所处的时代所发生事物和现象,在这些论述中,他所要表达的他自己的历史哲学是什么呢? 这就是他的人学历史哲学理论。

第二,萨特认为,马克思主义哲学最大的缺陷是人的匮乏。"正是这种对人的排斥把人从马克思主义的知识中排除出去,才使存在主义思想在认识的历史整体化之外复兴起来。……马克思主义如果不把作为自己基础的人重新纳入自己之中,那将变为一种非人类的人类学。"③ 因为没有人在场,马克思主义哲学就存在空白、空洞,得了贫血症。他说:"由此导致当代马克思主义内部的一种巨大的匮乏,也就是说对上述概念和其他许多概念的使用同缺乏对人类现实的理解有关。这种匮乏不是——像某些马克思主义者今天宣称的那样——在认识的建构中一个位置确定的空白、一

① [法]萨特:《辩证理性批判》上,林骧华、徐和瑾、陈伟丰译,安徽文艺出版社1998年版,第28页。
② 同上书,第151页。
③ 同上书,第141页。

个空洞；它是无法看到而又无处不在的，是一种普遍的贫血。"① 为了填补这个空白，他创立了以整体化为基础的人学的历史。他从孤立个人的实践出发，在实践活动中鼓励的个人结成了"群体"，于是个人就过渡到社会；然后由"群体"再发展到"整体化"。在"整体化"的发展中，经过异化、斗争、再异化、再斗争，如此无限循环，这就是人类历史的辩证理性，也就是萨特存在主义的历史哲学。

萨特认为，他不同于马克思，他把人带进了历史。他自称这是他对马克思的历史唯物主义所作的一大贡献。他甚至慷慨宣称："从马克思主义的研究把人类的维度（即生存的计划）看作人类学认识的基础之日起，存在主义就不再有存在的理由。"② 其实，马克思主义哲学包含着极其深刻和系统的人学理论，如我们在前面已经论述过的；只是萨特所持立场和态度不同，使他视而不见罢了。我们在这里提到这一点，并不是要像萨特那样，把孤立的个人作为历史唯物主义的基础，而是要粉碎萨特的所谓马克思主义哲学存在人学"空洞"的谎言。

① ［法］萨特：《辩证理性批判》上，林骧华、徐和瑾、陈伟丰译，安徽文艺出版社1998年版，第140页。

② 同上书，第143页。

第十四章 历史与思想

历史与思想是历史认识论中的一个问题，前面的论述关于这个问题涉及的已经很多。这里用专门一章来加以研究，有两个原因：原因之一是前面虽有涉及，但展开不够，用一章来论述可以较充分全面地把内容展示开来；原因之二，柯林武德是近现代一位有影响的历史哲学家，它的历史认识论观点很具代表性，应该用更多的笔墨加以介绍和评述。另外，我们也想通过对柯林武德观点的评述，进一步阐述马克思主义历史哲学在这方面的观点和理论。

第一节 历史和思想

社会是人和人的活动，而人是有意识的动物，人的一切活动都是有目的、有意识的。因此，由人的活动所形成的人类社会的历史必然包含着意识和思想。在任何意义上都可以说，历史是由人有意识地造成的，历史同思想不可分。这就是为什么有人把历史说成是思想史的原因。如果仅仅在这个意义上去理解历史与思想的关系，并没有什么不正确，然而事实并非这样简单，这里值得研究的问题还不少。最突出的一个问题是不懂得思想、意识仅仅是属人的一种功能，历史的产生离不开这种功能，但它本身并不就是历史，而一些西方历史哲学家居然认为思想就是历史。

一 历史与思想不可分的含义

应当如何正确理解历史与思想不可分的含义？我们认为必须站在马克思主义哲学的立场，用历史唯物主义和唯物辩证法的观点去考察和研究这一问题。历史与思想不可分至少有三层含义：

第一，任何历史活动和现象的背后总蕴含着某种思想。翻开历史无论是什么样的事件，无一例外的都是人的活动。同自然界发生的事物和现象不同，历史事件都是在人的意识和思想指导下发生的，这些事件同引起它思想意识的关系，归根到底是思维与存在的关系。从这样的高度去考察这个问题，就会立刻发现，尽管思想意识贯穿于历史事件之中，但在它贯穿之前它自身有个产生和来源的问题。不解决这个问题，就没有研究思想与历史关系的基础，用什么样的观点解决思维和意识产生的问题，也就决定了解决历史与思想关系问题的根本方向。

马克思主义哲学认为，无论什么样的思想意识都不是人与生俱来的，也决不可能是从天上掉下来的，它只能是在实践中产生出来的，实践是一切思想意识的唯一源泉。只要承认这一点，思想同历史的关系就立刻清晰了起来：是人的实践造成的历史决定思想，而不是相反。不论是这样那样的事件还是这样那样的人物，它们的发生和出现全然是一种偶然性，但在偶然性背后总是隐藏着必然性。在历史事件的背后还有什么东西值得人们去深究的吗？以往不少历史学家就是忽视了这一点，把研究历史仅仅当作是对历史事件或历史人物的考察，因此他们对待历史往往是就事论事，不去深究。到了近现代，人们终于发现这种对待历史的态度是轻率的，提出要注重对历史事件背后的东西的研究，要探讨历史事件背后所蕴含的思想，制约着偶然性背后的必然性；指出无论何事件总是在某种思想指导下发生的，偶然性背后隐藏着必然性。这个观点无疑是深刻的、合理的。然而，再往前走，他们却迷失了正确的方向。

第二，研究历史的人总是带着某种思想去研究历史事实的，这就不可避免地要把他的思想灌输到他所研究的对象之中，从而使得历史具有了思想性。作为观念形态的历史，既是事实历史的反映，又包含着反映者的思想和观点，可以说它是思想的思想，更具有一层复杂的意味。以上所述并不能成为思想决定历史的根据。不能否认历史学都是有主观意识的人，也不能排除他的主观意识、思想对他研究工作的影响。但这里有一个逻辑问题，是他把思想意识给予历史事实，还是历史事实引起了他的思想？站在历史唯物主义立场，答案只能是后者。再有一点，就是不论研究者具有多么强的意识和思想，他可以任意去解释历史事实，但历史事实绝不会因他的解释而有丝毫改变，"它还是它"，这是历史的真正的客观性。历史客观主义要求历史学家不偏不倚、不党不私，认为只有这样写出来的历史才是客观的。表面看来，似乎不无道理，但仔细分析起来就觉得行不通，我们怎么能要求研究历史的人的头脑只能是一块白板呢？所以，问题不在于历史学家持有一种观点去研究历史，而是在于持什么样的观点。我们认为历史学家应具有马克思主义的观点，应自觉运用这样的观点指导去研究历史。

第三，思想支配历史事件，历史事件可以表现思想。一定的历史事件总是在某种思想支配下发生的，在这个意义上可以说，没有思想就没有历史事件。对历史中的某一小段可以这样认为。但宏观长远地看，思想仍然是第二性的，它不能决定和改变历史。承认任何历史事件总是蕴含一定的思想，历史事件是思想的表现，人们可以透过历史事件去挖掘、追寻思想，这是历史研究的深化。但这种深化并非要否认思想的被决定性。当然也可以通过思想去研究历史事件之所以发生的某种原因，但不是根本原因。

正因为历史和思想不可分，所以历史才成为真正的人类的历史，因为只有人才有思想。秉承以上这三条原则，我们的研究工作就将走向光明。

二 历史与思想的区别

历史和思想是不可分的，但这决不是说思想就等于历史，历史与思想就没有区别。尽管一切历史事件都是在思想指导下发生的，历史都是由思想来完成的，总包含某种思想，但历史事件是人的实践活动，具有客观实在的性质；而思想在无论何意义上总是一种精神的东西，它可以通过物质的东西来体现，但它本身不具有客观的实在性。从根本上来说，思想离不开物质的东西而存在，它不能没有载体。历史事件就是历史思想的载体，但载体和思想毕竟不是一个东西。明确这个区别非常重要，一方面，可以避免用思想去取代历史事实，把思想就当作历史事实，因而注重思想而忽视对历史事实本身的研究；另一方面，更为重要的是，为正确解决历史事实和思想的关系提供了一个基础。因为如果没有这个区别，我们将不能严格确定历史和思想谁先谁后、谁决定谁的问题，也就是说，就没有办法在社会历史领域区分唯物主义和唯心主义。

第二节　关于"一切历史都是思想史"

一　问题的提出

1946 年，诺克斯编辑出版了柯林武德的代表作《历史的观念》，在这部著作中柯林武德提出了"一切历史都是思想史"的理论。我们之所以把它称作为"理论"，是因为柯林武德对此有系统的论述和严密的论证。

近代欧洲哲学中，逻辑实证主义的影响长盛不衰。特别在 18、19 世纪，由于自然科学的方法取得了巨大的成功，实证主义更风靡一时。这一思潮对于近代历史哲学的研究产生了极大的影响，以致很多人主张用自然科学的方法（体现实证主义的方法）去研究历史，提出历史学应向自然科学看齐。但也有人反对这种思潮，主张历史学和自然科学不论是内容还是研究方法都是根本不同的，柯林武德就是这一派中很有影响的代表人物之一。他认为虽然一切科学都必须基于事实，但历史学与自然科学所基于的事实是完全不同的。"对于科学来说，自然永远仅仅是现象"，"但历史事件却决不是单纯的现象，决不是单纯被人观赏的景观，而是这样的事物：历史学家不是在看着它们而是要看透它们，以便识别出其中的思想。"[1]

柯林武德认为，实证主义的错误不仅在于不懂得自然事件和历史事件的区别，而且还在于他们不懂得历史科学是一种人性的科学。在他看来，培根的思想革命开辟了近代自然科学的新时代，而近代自然科学的进展极其深刻地改变了人类的生活面貌和整个世界历史的面貌；自然科学的发展使得人类控制自然的能力极大地增强了，但人类控制自身的状况却并未随之而增长，甚至完全相反，使得人世间一切美好的文明成果随时面临毁灭的危险。因此。当务之急不仅仅在于求得人与人之间的和解和善意，而在于真正了解人自己的事情，并懂得如何驾驭人类自己的事情。柯林武德认为研究历史就是为了使人们更好地认识今天人自身。但研究历史这件事情不能靠运用自然科学的方法来完成，也不能指望用以往那种剪刀加糨糊的历史学方法来完成。要做到这一点，就必须抛弃以往那种因循守旧的思想方法，在自己的认识中进行一场培根式的革命。他认为自己所做的工作的

---

[1]　［英］柯林武德：《历史的观念》，何兆武、张文杰译，商务印书馆 1997 年版，第 301 页。

意义正在于此。

所谓培根式的革命，首先是指要明确历史学方法与自然科学方法的分野，只有历史学方法才是解决人类自身问题的真正途径。其次，所谓历史学方法决不是以往那种收集、罗列材料、引证名人文句的历史研究方法，即不是单纯地研究历史事件，而是要通过历史事件去了解过去的思想。因为柯林武德认为，历史事件是不重要的，重要的是历史事件之中所包含的思想，只有了解了历史事件内部的思想，才算是真正了解了历史；不了解过去人的思想也就不能了解过去人类的历史。正是从这一点出发，他把一切历史说成都是思想史。柯林武德认为，研究历史事件不是研究历史活动本身，而是研究活动中的人想的是什么，也就是研究人的心灵，这才是历史学的真正任务。所以，历史学是关于人性和心灵的科学。但这里讲的人性不是人性论意义上的人性，即不是伦理学意义上的人性；所谓心灵也不是心理学意义上的人的心灵，而是指人的思想。

二　对"一切历史都是思想史"的剖析

现在我们来探讨一下一切历史都是思想史的基本内容。

第一，他提出历史事件可分为内部和外部的观点。柯林武德认为，历史同自然界不同，自然界的事件就是单纯的事件自身，它无所谓内部和外部；而历史事件则可以分为内部和外部。所谓历史事件的外部就是指可以用身体和它们的运动来加以描述的一切事物；所谓历史事件的内部是指只能用思想来加以描述的东西。历史事件的外部和内部的统一就是行动。基于这样区分，柯林武德提出历史学可以由历史事件外部开始，但决不能在那里结束，它的任务是辨识出行动者的思想。

柯林武德认为，历史的过程不是单纯事件的过程，而是行动的过程，它有一个由思想过程所构成的内在方面，正是这个内在方面——思想——决定着人的行动。因此，"对历史学来说，所要发现的对象并不是单纯的事件，而是其中所表现的思想。发现了那种思想就已经是理解它了"[1]。历史不是历史事件构成的，而是由思想构成的，一切历史都是思想史。

---

[1]　[英] 柯林武德：《历史的观念》，何兆武、张文杰译，商务印书馆 1997 年版，第 302 页。

第二，"一切历史都是思想史"的实在内容。柯林武德所说的一切历史都是思想史，不仅是指历史事件内部包含着思想，而且指怎样把这种思想识别出来的方法。他说："历史学家怎样识别他所努力要去发现的那些思想呢？只有一种方法可以做到，那就是在他自己的心灵中重行思想它们。"所谓"重行思想它们"就是在心灵中把历史事件所包含的思想重新演示出来。"思想史，并且因此一切历史，都是在历史学家自己的心灵中重演过去的思想。"[1] 这就是说，《史记》中的"荆轲传"之所以是历史，就是你在读它时，就要了解当时司马迁用某些字句来表达他自己时司马迁想的是什么。这件事只能由你自己来思想它。所谓"理解"实际上讲的就是重演古人的思想。

柯林武德注意到了历史学家个人的头脑都不是一张白纸，他总是具有这样或那样的知识，因此重演历史事件的思想并不是消极地屈服于他人的心灵之下，而是积极的批判的思维的一种努力。他说："历史学家不仅是重演过去的思想，而且是在他自己的知识结构之中重演它；因此在重演它时，也就批判了它，并形成了他自己对它的价值的判断，纠正了他在其中所能识别的任何错误。这种对他正在探索其历史的那种思想的批判，对于探索它的历史来说决不是某种次要的东西。它是历史知识本身不可缺少的一种条件。"[2] 其实，这里所讲的已经不仅仅是历史事件之中包含的思想，而是把历史学家个人的思想也包括进去了。

第三，思想史是超时间的。柯林武德认为，包含思想的历史事件虽然是在时间中发生着的，但是既然历史学家用以识别它们的唯一方式是为他自己来重新思想它们，这样就产生了另外一种意义，在这种意义上它们就根本不存在于时间之中。他的意思是说，思想借助于想象在心灵中重演过去事件而形成的历史是思想本身，它不受时间制约，也就是说思想是超越时间的。任何古代的思想都是我们今天可以为自己而加以思想的一种思想，是一种构成为永远增长了我们某种知识的思想。"这是一种永恒的对象，因为它在任何时候都可以被历史的思想所领会；在这方面，时间对它

---

[1]　[英]柯林武德：《历史的观念》，何兆武、张文杰译，商务印书馆 1997 年版，第 303 页。

[2]　同上书，第 303 页。

并没有不同，正像对三角形并没有不同一样。使它成为了历史的那种特性并不是它是在时间中发生的这一事实，而是由于这一事实，——即我们只是重新思想创造出了我们正在研究的那种局势的那个思想，因而它才为我们所知，所以我们就能理解那种局势。"①

第四，思想史就存活于现在之中。这是柯林武德"一切历史都是思想史"所必然得出的一个观点。因为历史学家都是生活于现实社会中的个人，他只能用他现在的思想去重演历史事件的思想，这样重演出来的思想必然是现在的。他说："历史的知识是关于心灵在过去曾经做过什么事的知识，同时它也在重新做这件事；过去的永存性就活动在现在之中。"②

以上是柯林武德关于一切历史都是思想史的主要观点。

第三节 怎样评价柯林武德的历史哲学

"一分为二"是一种普遍适用的分析事物的科学方法。我们将用这种方法来评论柯林武德的"一切历史都是思想史"的理论。从大的方面来讲，这一理论有其成就的方面，又存在严重的不足。

一 柯林武德在历史哲学上的成就

对柯林武德的历史哲学要一分为二，既有贡献和成就的一面；也存在缺陷和不足的一面。就其成就而言我们认为有以下几点：

第一，区分了历史事件和自然事件。世界是一个整体，人类社会是其有机的组成部分，在这个意义上，人类社会同自然界是不可分的。不能把世界现象截然分割为自然现象和社会历史现象，自然现象与社会历史现象有着内在的联系。但这决不是说整个世界现象就不能加以分析，区分历史事件和自然事件就没有必要；恰恰相反，为了搞清楚人类自己的活动及其历史，作这种区分不仅是必要的，而且是可能的。其必要性表现在没有这种区分就没有人类社会这一特定领域，也就没有历史学。其可能性则表现

---

① ［英］柯林武德：《历史的观念》，何兆武、张文杰译，商务印书馆 1997 年版，第 306—307 页。

② 同上书，第 307 页。

在历史事件和自然事件的区别是客观存在，它们各有不同的特点，人们可以将其区分开来。柯林武德做了这件事，他在《历史的观念》这部著作中一再批评那种对历史事件和自然事件不加以区别的做法，批评那种用自然科学的方法去研究历史的研究方法，反复强调历史事件与自然事件的不同，指出不应该也不能够用自然科学的方法去研究历史，而实证主义的历史学的错误正在于此。柯林武德作这种区分是很有意义的，他使得历史学作为一个特定的领域成为可能，对于推动历史学研究和发展具有一定积极作用。

但必须指出，柯林武德并不是作出这种区分的唯一者，也不是第一人。在他之前很久，马克思在其《1844 年经济学—哲学手稿》中明确地提出"人化自然"与"非人化自然"的概念，前者指的是人通过劳动改造过的自然；后者指的是作为劳动对象存在但尚未改变过的自然。纯自然的存在是基础，它是历史事件得以发生的前提，也是自然科学的对象。马克思把人的活动区分为社会活动和科学活动，它们都是人类的实践活动。不过社会活动以生产劳动为主要内容，它本身以及在其基础上产生的事件就是历史事件；而科学活动是以自然现象为对象的，自然现象就是有别于历史事件的自然事件。马克思把自然和人看作是对立统一体，在这个基础上对人与自然加以区分，区别之中有联系，联系之中有区别。不像柯林武德简单地把二者割裂开来。

第二，提出历史事件的内部和外部的划分。柯林武德认为，历史事件不仅是其自身，而且还包含着导致其发生的思想。前者就是历史事件的外部，后者即为历史事件的内部。他说："研究过去任何事件的历史学家，就在可以称之为一个事件的内部和外部之间划出了一条界限。所谓事件的外部，我是指属于可以用身体和它们的运动来加以描述的一切事物；如恺撒带着某些人在某个时候渡过了一条叫作卢比康的河流，或者恺撒的血在另一个时刻流在了元老院的地面上。所谓事件的内部我是指其中只能用思想来加以描述的东西；如恺撒对共和国法律的蔑视，或者他本人和他的谋杀者之间有关宪法政策的冲突。"[①] 他还指出，只有历史事件才有其内部，

---

① ［英］柯林武德：《历史的观念》，何兆武、张文杰译，商务印书馆 1997 年版，第 300—301 页。

自然事件是没有内部的，它只有外部，我们不能说自然事件背后还包含什么思想。也正因为此，研究历史事件的历史学同研究自然事件的自然科学是不同的，因而也就不能用自然科学的方法去研究历史事件。

柯林武德特别强调，历史学关注的不是历史事件本身，而是它所包含的思想。思想是人事，"因为人是被认为是在想（或者说充分地在想、而且是充分明确地在想）使自己的行动成为自己思想的表现的唯一动物"①。所以他主张历史学应把历史知识仅限于人事的领域，也就是思想的领域。把历史事件背后的思想当作历史学的一个专门的，甚至是唯一的对象，这是具有积极意义的。首先，历史事件的确不仅仅是其自身，因此对历史的研究就不能限于历史事件的外表，而要透过外表去探索其内在的东西，特别是发生、出现这种历史事件的思想根源。这种研究无疑是对历史认识的深入。其次，思想的东西是属人的，研究思想从根本上讲就是认识进行历史活动的人，这是任何历史研究不可缺少，甚至是最主要的内容。在这个意义上，说历史学是关于人事的知识是有道理的。再次，柯林武德认为思想是活着的过去，过去所遗留给当前人类的不仅是可直接感知的文物，而且还有思想方式。例如"毕达哥拉斯关于斜边平方的发现，是我们今天可以为自己而加以思想的一种思想，是一种构成为永远增长了我们数学知识的思想"②。他的意思是说毕达哥拉斯关于斜边平方的思想是超时间的，时间对它并没有不同，作为一种思想方式它只要被人重新思想创造出来，就将永远为人们所应用，它永远是活着的。柯林武德的这个观点是很有意义的，尽管他没有告诉我们思想方式为什么会具有这样的特点，但他在这里毕竟把物质的东西同精神的东西区别了开来，这其中包含合理因素。

但必须指出，注意到历史事件背后的东西并不是从柯林武德始，黑格尔很早就提出了这个问题。他在《历史哲学》一书中，提出世界史就是理性，理性支配着整个世界。因此，他不看重那些只关注历史现象的历史学家，提出研究世界历史要注重研究隐藏于历史事件背后的理性。这个思想同柯林武德的思想无疑有类似之处；即使像历史学应注重研究思想这样

---

① ［英］柯林武德：《历史的观念》，何兆武、张文杰译，商务印书馆1997年版，第304页。

② 同上书，第306页。

一种观点，早在柯林武德之前也已有人提出来了。不过尽管如此，我们还是应该承认，明确地把历史归结为思想史这一原则的还是柯林武德。

第三，提出历史学研究方法的特点。不同的历史哲学关于历史学的方法都有各自的见解，柯林武德也不例外。他从历史是思想史的角度提出他关于研究历史的方法，这就是"重演法"。柯林武德认为，研究历史不仅是研究历史事件所体现的思想，而且是历史学家在他自己的心灵里重演他所要研究的历史事件背后的思想。研究历史就是历史学家展示他自己心灵的力量，只要他能够产生出重演历史事件思想的思想，就说明他把握了历史，就解决了历史问题；反之，只要他一发现某些历史问题难以理解时，他也就发现了自己心灵的局限性，即发现了他不能，或不再能，或尚未能产生出重演历史事件思想的思想。柯林武德的这个思想也有一定积极意义。在历史的研究中的确存在着历史学家重演过去思想的问题，应该说这是很普遍的现象，以往很少为人们所注意，而柯林武德注意到了，并提出了一整套具体思路。如历史学家重演历史事件的思想并非简单地重复；重演跟历史学家本身的知识水平、理论修养等都有很大关系。这些对于历史研究都具有某种启发性价值，对于历史哲学也是一种贡献。

二　柯林武德的失误和缺陷

柯林武德的上述成就推动了历史哲学的发展，但就在这些成就中同时也包含不足，整个体系甚至存在极为严重的缺陷。

第一，没有理解历史的真正的本质。柯林武德把历史归结为思想史，但他就没有问一下思想是哪里来的？历史事件是思想的表现，那么思想又是什么的表现呢？柯林武德自认为他所提出的观点是深刻的，并以此去讥讽那些剪刀加浆糊的历史学和专靠引征权威的历史学。在他看来，根据抄录和组合各种权威的引文而构造出来的历史根本就不是历史学，真正的历史学家不是编辑整理材料和探索权威告诉了他什么东西，而是要努力去寻找历史事件背后可能隐藏着的东西，这就是思想。他认为只有这样的历史研究才是深刻的，只有这样的历史知识才能构成真正的历史学。

他的讥讽虽不无道理，但讲深刻是谈不上的。首先，收集材料是任何历史研究所不可缺少的，研究历史而没有材料是不可想象的，应当承认收集材料本身就是一种历史研究，是历史学的一部分；当然，历史学不能停留在收集材料上。其次，更为重要的是，思想并不是问题的起点和源头，在思想背后隐藏着更深刻的根源，还存在着比思想更重要、更具有决定意义的东西，这就是物质资料的生产方式。尽管柯林武德研究过马克思的学说，但他没有弄懂或不愿接受马克思主义这一最基本的原理。他仍然停留在"仅仅追溯历史事件的思想动机"的水平上。在这个意义上我们可以说，同前人相比，柯林武德的进步是极其有限的。他把自己的发现称作是培根式的革命，显然是夸大其词。

第二，把思想夸大了、绝对化了。柯林武德发现历史事件背后隐藏着思想，这本来是正确的、可取的，但真理再往前一步，哪怕是极其微小的一步，也会使真理变成谬误。柯林武德的错误正在于此。历史的确有思想史的一面，但决不能把历史就归结为思想史。他先是要人们去发现历史事件所蕴含的思想；然后他提出历史学仅仅是，而且只能是探究思想，否则就不能称作历史学；最后他认为没有思想便没有历史，一切历史都是思想史。至此他已经把历史事件完全丢弃了，甚至认为根本就没有历史事件那么一回事。这就是为什么有人在评论他这种观点时，常常说他是演《哈姆雷特》而忘记了丹麦王子。

柯林武德对思想的夸大和绝对化还表现在他把思想说成是万能的。在他看来，历史不是决定于历史事实本身，而是决定于历史学家个人的思想能力，或叫作心灵的力量；历史是否存在、历史问题是否难以理解，完全取决于心灵的力量。只要心灵的力量能重演历史事件思想的思想，历史就存在，历史问题就可以理解；反之，历史就不存在，历史问题就难以理解。这样历史就完全成了历史学家个人主观的东西，这是非常荒谬的。关于这一点特别表现在他的"重演论"上。

第三，"重演论"必然导致唯心主义的历史相对主义。关于"重演论"我们在前面已经作过介绍，其核心意思是要历史学家用心灵把以往历史事件的思想重新展现出来，历史就完全成了历史学家自己主观的活动，这是彻底的唯心主义。把历史说成是历史学家的主观活动，这样历史还有什么确定性可言，必然要导致历史相对主义。首先，历史学家个人是不同的，这是指历史学家都是不同的社会的个人，他的社会地位、阶级立场、个人阅历、情感等都是不同的；这样他们所重演出来的历史必然也是不相同的。其次，柯林武德自己也注意到了：历史学家每个人所具有的知识程度是不一样的，而重演并非是简单重行思想的那些思想，而是要把历史学家个人现在所具有的知识融会于其中，这样具备不同知识的历史学家所重演出来的历史肯定也不相同。总之，"重演论"的结果，必然会导致一人一历史，这样历史就没有任何确定性可言，历史也就真正成了任人打扮的小姑娘了，这也就从根本上否认了历史学作为一门科学而存在。

柯林武德本来是要维护历史学的科学地位，但由于他的世界观和方法论不正确，把他想到一些闪光的思想和理论片面化和绝对化了，结果导致他走向反面。他的根本性错误在于否认历史事实对于思想的限制性和决定性。柯林武德给我们的启示是：在社会历史领域，在历史哲学的问题上，离开科学哲学的指导，不可能获得真正的成就。

第十五章　历史认识论与当代

历史和当代的关系是现代西方历史哲学讨论最热门的话题之一，对我国历史学界也产生了相当大的影响。我们将从历史认识论视角，对这个问题加以研究。

从历史认识来说，历史和当代是指现代的人如何去认识历史；从社会实践来看，历史与当代是指如何认识历史对当代的作用和影响。这两个方面都关涉到当代，那么什么是当代呢？这是我们要思考的第一个问题。

不少研究者发现历史与当代的联系和关系，这是具有积极意义的。但对于当代同历史是什么样的关系，了解得并不清楚；还有些研究者走向了极端，提出没有"当代"便没有历史，"一切历史都是当代史"。（现代和当代，在许多历史学家那里是通用的，我们也这样沿用，以便于讨论。）这样历史和现代的关系便成了一个非常严肃的问题，必须认真加以对待，这是我们要思考的第二个问题。

我们并不回避历史对于当代的意义，但对此应予以正确的理解。如何正确理解历史和当代的关系，这是我们所关注的第三个问题。

我们研究顺序是：先阐述马克思主义哲学在这个问题上最一般的理论，在此基础上再集中讨论克罗齐关于"历史都是当代史"的思想，最后结合我国当前社会实际，阐述历史与当代的实质和意义。

第一节　当代的含义

一　当代是个时间概念

一般人把当代当作一个时间的概念来加以理解和运用的。在做这样理解和运用时，有两个潜在的前提，即过去和将来。就是说，在时间这个横轴线上，当代既面对着过去，又面对着未来，只有在未来和过去的双重陪衬下，当代才有意义。因此，讲当代既离不开过去，也离不开将来，我们没有办法把当代从时间的横轴上孤立地划分出来。

过去的已经过去了。作为一种存在，过去在某种意义上可以说是死的、不变的，它永远"是其所是"，它是不变的。如"鸦片战争"发生在1840年，甚至可以考证出它发生于某月某日的某时某刻，这是不会改变的。因为它是相对不变的，所以是比较好掌握的。然而，对于当代而言，它几乎是流动的，它决不"是其所是"，而是"是其所不是"，它片刻不停地告别过去而趋向未来。因此，当代不是指的某年某月某日，只是一个大体的时间概念，不可能刻板划定。

在不同的哲学家、历史学家那里，对于当代可以有不同的理解。例如：欧洲人一般把中世纪即15世纪以后到19世纪中叶称为"近代"，19世纪中叶到现在称为"现代"（即当代），跨时一个半多世纪。我国理论界不少人也沿用这种说法，把那时以来的西方哲学称为"现代西方哲学"。也有人把当代的上限往前提，有的提到第二次世界大战，将此以前称为近代，将此以后称为当代；还有提得更前的，把上限定在20世纪60或80年代。这些不同的理解有时是无关紧要的，但对于把历史看着只能是当代史的人来说，问题就很不简单，就会产生非常复杂的情形，这我们在下面将作进一步的分析。

二　当代概念含义的转换

我们可以把研究历史的人所处的时代对他来说都叫作当代或现代，当人们说历史都是当代史时，它的真正含义是什么呢？仔细分析一下就可以发现，"当代"不完全或主要不是一个时间概念，它的真正含义有二：其一，是指研究者用他所具有的现代的思想观点和意识去解读历史文献，从而使历史带上了当代的色彩；其二，是指把历史文献同现代联系起来，使历史溶入于现代，阐明其意义和价值。在这两种情况下，现代或当代这个概念时间的含义已经发生了转换，几乎可以忽略不计，完全是指历史学家现在的思想感情，其中特别是世界观、价值观、政治立场。这在历史学的研究中是常见的。例如郭沫若在不同时期对秦始皇的评价是不一样的，都带有他所处那个"当代"的意义。1945年在《十批判书》中，他称秦始皇是一位"大独裁者""有神论者""非命主义者"
"纵欲主义者""极权主义者""他逐放母亲，囊杀婴儿，逼死有功重臣，
毒杀无数的学者，如尉缭批评他的，'少恩而虎狼心，——得志亦轻食
人'，是一点也不曾过分。"① 可是在《中国古代社会研究》一书中，作
者写道："秦始皇不愧是中国社会史上完成了封建制的元勋，他把天下统
一了。"② 至于"独裁""纵欲""焚书坑儒"等，只字未提。为什么会有
如此迥异的评价呢？原来作者另有原因。这就是郭沫若不是为学术而学
术，而是巧妙地利用学术为当时的政治服务。正如张传玺先生所说："他
批判秦始皇，在不违背科学的前提下，显然还在一定程度上表达了他当时
的政治思想和感情。"③ 这也就是人们常说的"古为今用"，或者说是
"使历史溶入于现代"。在这两种情况下，"当代"讲的都不是时间，而是
特定时期特定作者的思想感情、观点意识和政治立场，是在这一切指导下
陈述的历史。

　　既然"当代"是指特定时期特定作者的思想感情和观点意识对所陈
述的历史的影响，那么就不是时间意义的当代在影响历史，而是当代的
历史作者的价值观和思想观点在影响历史。这样，时间的限定就显得非
常困难了。我们在前面所讨论的关于当代的时间的一些规定就很不适
用，就是说，当代既不能指一个半世纪的这段时间，也不能指几十年或
十几年前的这段时间，而只能是历史作者所处的当下的那段时间。因为
任何作者都不可能经历一个半世纪，也决不会在几十年或十几年内，历
史学家个人的思想观点不发生任何变化。可见我们只能把历史仅仅看着
是由作者当下的思想感情和观点所决定的，然而这个"当下"又是很
难确定的；如果放宽"当下"，那么历史学家个人的思想观点又很难是
不变化的。由此不难看出，如果把历史定义为当代史，那么，这样的历
史就太没有确定性了，也就真正不能具有作为一门科学的资格了。这是
主张历史是当代史的人所不可能不遇到的一个矛盾。而正是这个矛盾导
致这种观点的困难。

---

① 《郭沫若全集》（历史卷）第 2 卷，人民出版社 1982 年版，第 439 页。
② 《郭沫若全集》（历史卷）第 1 卷，人民出版社 1982 年版，第 28 页。
③ 张传玺：《秦汉问题研究》，北京大学出版社 1985 年版，第 322 页。

第二节　正确理解历史与当代的关系

我们不能否认历史和当代的关系。但我们不能简单地、直接地接受"历史都是当代史"这一命题。至于这个命题的错误我们在下面将作详细分析，这里先来论述一下正确解决历史与当代的关系的问题。

一　当代和历史的对立与统一

当代同历史一样，都是相对的，很难有一个明确的界限。百年、千年前发生的事是历史，一秒钟以前发生的事，就其已是过去而言，也是历史；而当代正如前面已经论述过的，它更难把握，它是指当下、此时此刻，然而哪有"当下""此时此刻"是凝固的呢？所以，当代同历史一样，只能相对而言。

我们应当用对立统一的观点去看待历史和当代的关系。人们习惯地把历史理解过去，把当代看作现在，这就是当代与历史对立的表现。这不仅是指在时间的意义上，就是说，在时间上，历史是指过去，而当代则是指当下，指此时此刻；而且就其所包含的实际内容来看也是根本不同的，历史是指以往发生过的事情，而当代是指研究者当时的思想观点。可以说是完全不同的两回事。因此，历史不可能是当代，在时间上不是当代，在内容上也不是当代，历史就是历史；当代也不可能是历史，当代就是当代。但历史和当代又是不可分的。它们互相依存，没有历史无所谓当代，反之亦然。当代无论怎样总有相对于历史的一面；历史又总是当代人的历史。历史和现代这种既对立又统一的关系告诉人们，既不能把历史同现代毫无区别地等同起来，又不可将它们绝对地对立起来和割裂开来。

二　如何看待不同当代观所产生的历史

为了论述的方便，我们把历史学家在研究历史当时所具有的思想观点称作"当代观"（或"现代观"）。在历史学的研究中，历史学家总是用自己当时的思想观点去面对历史事实和历史文献的，这是不可避免的。其实，不仅研究历史是如此，研究其他任何事物也都是如此。谁的头脑是一张白纸，然后才去研究对象的呢？因此，问题不在于研究者在研究历史时有没有思想观点即有没有一种当代观，而在于有什么样的思想和当代观，即用什么样的思想和当代观作指导去研究历史事实。

历史事实的存在不依赖于历史学家个人的当代观。

一个基本思想必须明确，这就是：历史事实的存在不依赖于历史学家个人的当代观。历史学家具有什么样的思想和当代观同历史事实存在与否，这是两个完全不同的问题。前者是指历史学家个人当时的主观世界；后者是说客观存在着的历史事实。历史学家个人将形成什么样的历史，即用什么观点去评价、叙述事实历史，前者起很大作用；但后者的存在并不依赖前者。

这是不争的事实。一个明显的例证是：不同的历史学家可以对同一历史事实产生不同的看法，而历史事实并不因他们的不同看法发生改变，说明历史事实独立于他们之外。历史学家的思想观点要产生影响是离不开历史事实的，他的思想观点必须是对于历史事实的思想观点，没有历史事实他的思想观点就没有对象，因而也就不能产生。当然他可以有别的思想，但不是历史。这清楚地表明：历史学家的历史事实的依赖。

有一个问题需要澄清，就是不论什么时代的人，他总是用他那个时代的语言、思维方式去叙述他所研究的历史的，使得历史带上他那个时代的色彩和印记，即所谓当代性。但必须明确，这种当代性并不能改变历史事实本身，也不能改变历史的本质；如同一个现代的人，穿上了汉代人的服装，并没有使他在本质上变成真正的汉朝人一样。

不正确的道德观终将被历史事实所粉碎。

不能否认，由于当代观的不同，产生的历史会有很大差异。现代日本军国主义思想严重的人写出来的第二次世界大战中日本对别国侵略的历史，同被侵略国家的人写出来的日本的侵略的历史是根本不相同的，有些甚至完全相反。这两种都是当代史。我们能承认当代具有极右思想的日本人写的历史是真正的历史吗？世界上一切正义的人，特别是遭受过日本野蛮侵略过的国家的广大人民，会接受这样的历史吗？绝对不会！正因为如此，中国和韩国以及其他受过日本侵略过的国家，才对日本教科书歪曲历史进行坚持不懈的斗争。我们坚信，不论人们具有什么样的当代观，也不管这种当代观如何歪曲、篡改、编造历史，作为事实的历史谁都改变不了，谁也否定不了。这种错误的道德观终将被历史事实所粉碎。

三　树立正确的当代观

当代观的核心是世界观和方法论。用唯心主义现代史观作指导去研究历史事实和历史文献不可能产生真正科学的历史学，已如上述。那么，用什么样的世界观和历史观作指导才能达到真正科学的历史学呢？这就是马克思主义哲学，特别是它的唯物史观。正如我们多次指出的，只有唯物史观才能对当代作出真正科学的解释，为历史学家提供正确的当代观。

第一，从实际出发是正确当代观的基础。不论什么时代的人研究历史，都必须从实际出发，这是坚持唯物史观的一个根本原则。这里讲的实际，一是指历史实际；二是指研究者当时所处的社会实际。

所谓从历史实际出发，就是把事实历史作为研究的出发点和基础，叙述立论都不可离开历史事实，不发无稽之言，不写与史实不符之文。所谓从社会实际出发，就是研究历史要同当时社会需要结合起来。比如我们研究纪念抗日战争胜利 70 周年，当今社会实际需要的是中华民族同侵略者顽强斗争精神，雄起奋进的中华民族伟大复兴精神，研究抗战历史就应适合于这种需要。这样写出来历史就是正确的当代史。那种肯定汉奸、陈述帮助日寇的所谓历史（也许有一定事实）就决不是正确的当代史。

提出当代史要从实际出发，也是对历史研究中从原则出发的否定。时下，以民主、正义、公平为出发点研究历史的，在我国不乏其人，他们认为这是真正的当代史。这是一种非常错误的观点。马克思主义哲学认为，原则不是研究的出发点。这些原则看起来冠冕堂皇，实际上经不起认真推敲。以民主为例，当今世界上有哪一个国家的民主是真正的为全体人民所接受的呢？以这样一种极不确定的原则去考察历史，表面上很当代，实质上离开当代很远，因为它无助于人们真实地认识历史，更谈不上推动当前社会历史发展。

第二，实践的观点是当代观的核心。历史本质上是实践的，实践是历史的灵魂，也是当代观的灵魂，树立科学的实践观才能有科学的当代观。实践的概念在马克思主义哲学以前很多哲学家就使用过，但他们大多是在伦理学和道德修养的意义上使用这一概念的。马克思主义哲学对实践进行了革命的改造，实践主要不是指个人主观道德修养，而是指人在意识指导下所进行的改造客观世界的一切物质活动，包括物质生产活动、科学实验和探索活动以及改造社会的各种活动。把这样的实践观引入历史研究，必然会使整个历史学发生深刻的革命，事实也正是如此。

从创造历史的意义上说，物质资料的生产活动是人类创造历史的第一个活动。马克思、恩格斯指出："人们为了能够'创造历史'，必须能够生活。但是为了生活，首先就需要吃喝住穿以及其他一些东西。因此第一个历史活动就是生产满足这些需要的资料，即生产物质生活本身，而且这是这样的历史活动，一切历史的一种基本条件，人们单是为了生活就必须每日每时去完成它，现在和几千年前都是这样。"① 由此不难看出，历史学家的当代观以马克思主义理论所阐述的实践为基础，就不会重蹈以往历史学家的覆辙。"迄今为止的一切历史观不是完全忽视历史的这一现实基础，就是把它仅仅看成与历史过程没有任何联系的附带因素。因此，历史总是遵照在它之外的某种尺度来编写的；现实的生活生产被看成是某种非历史的东西，而历史的东西则被看成是某种脱离日常生活的东西，某种处于世界之外和造乎世界之上的东西。"② 这就是以往历史理论不具科学性的根本原因之所在；反过来也可以说，由于马克思主义哲学找到了历史的真正出发点，揭示出这一出发点是人的实践活动，是一种客观的物质过程，从而也就使得马克思主义哲学的历史观即唯物史观成为完全科学的历史观。这也是我们认为在当代观问题上必须坚持唯物史观的根本理由。

第三，在当代观问题上如何看待思想意识？首先，对于思想意识的产生要有一个正确的观点。马克思主义哲学承认思想观念和精神意识的存在，但它们不是飞来之物，不是上天所赐，而是从人的实践中来的，归根到底是对存在的反映。它的基础是物质资料的生产，其根源不在人们的头脑中，而存在于经济的事实中；它们不能从自身得到解释，而只能从社会存在中获得说明。任何时代都如此。

其次，马克思主义哲学并不否认思想意识对于历史产生的作用，马克思主义哲学的历史观同唯心史观的对立和分歧，不在于是不是承认思想意识的历史作用，以往的历史理论的错误也不在于它们论述了思想意识在历史上的作用，而在于他们把这种作用任意地夸大了。马克思主义哲学实事

---

① 《马克思恩格斯选集》第 1 卷，人民出版社 1995 年版，第 79 页。
② 同上书，第 93 页。

求是地考察了思想意识在历史学中的地位和作用，认为科学的、正确的、革命的思想意识，通过人民群众的实践，可以产生巨大的物质力量。但这种作用不带有根本性和决定性。对社会历史起根本决定作用的不是精神、意识，而是物质资料的生产方式。

一切研究历史与当代关系的理论，都不能违背这两个原则；否则势必会导致当代与历史的错位。

第三节　关于"历史都是当代史"

以上是马克思主义哲学关于"当代"的基本观点，在这些理论观点的指导下，我们来分析和考察克罗齐的"历史都是当代史"的理论。

一　问题的提出

贝奈戴托·克罗齐（Benedetto Croce，1866—1952）是意大利著名哲学家和历史哲学家，是一位新黑格尔主义者。主要著作有《作为表现科学的美学》《作为纯粹概念科学的逻辑学》和《使用哲学》等。我们将频频提到的1915年出版的《历史学的理论和实际》这本书，是他的四卷本《精神哲学》的最末一卷。

克罗齐不仅主张历史就是精神，认为"我们的历史就是我们精神的历史，而人类精神的历史就是世界的历史"；而且认为一切历史都是当代史。他在谈到编年史和历史的关系时写道：编年史"不是先于历史的，而是后于历史的"①。他说回答发生了什么，只不过是编年；回答何以发生，才是历史学。历史学家的任务是把历史事实转化为历史学。而凡不是与当前现实相联系起来的，就不能被我们理解，也就不是真正的历史和历史学。所以，一切历史都是当代史。克罗齐为他的这一观点提供了以下论证：

第一，只有一种对现在生活的兴趣才能够推动人去考查过去的事实。他认为如果没有人的现代的兴趣和需要，历史资料即事实的历史不过是人类精神保存的"历史遗体"；历史文献即反映的历史不过是空洞的叙述。

---

① ［意］克罗齐：《历史学的理论和实际》，傅任敢译，商务印书馆1982年版，第11页。

这些都是不能作为真正的历史的。他写道："当生活的发展需要它们时，死历史就会复活，过去史就会再变成现在的。罗马人和希腊人躺在墓室中，直到文艺复兴时期欧洲人的精神有了新出现的成熟，才把它们唤醒。原始的文明形式是很粗糙和野蛮的，它们被忘记了，或很少被人重视，甚或被人误解了，直到那被称为浪漫主义或王政复古的欧洲精神的新阶段才'同情了'它们，就是说，才承认它们是它自己本身的现在兴趣。"① 这就是说，没有人们现在的兴趣，就没有希腊罗马的历史。

第二，每个人都是处在时间的某一点上，空间的某个位置上，而且他只能从其非常短暂的生命的一个移动着的点上，去观察宇宙。因此，历史是最带个人性质和最当代的历史。克罗齐认为，有关的事实的历史，如果对于我在现在这个时刻来说是没有兴趣的，那就不是历史，只有"当我也思索过它们将要思索它们并照我的精神需要去推敲它们的时候，在我的心中，它们也曾是或将是历史"②。他甚至要人相信，历史是在我们大家的内心之中，而且它的资料就在我们的胸怀之中。在克罗齐看来，人都是现在的人，人的兴趣也都是现在的兴趣，人必定要把历史资料当代化，所以历史也就必定是当代史。

第三，克罗齐之所以主张历史都是当代史，是因为在他看来，不是过去决定现在；而是相反，是现在决定过去。他主张把历史和编年史严格区分开来，提出历史是活的编年记录，编年记录则是死的历史；历史是现代的历史，编年记录则是过去的历史。他说："先有历史，后有编年史。先有活人，以后有死尸；把历史看作编年史的孩子等于认为活人应由死尸去诞生；死尸是生命的残余，犹之编年史是历史的残余一样。"③ 总之，历史不是由它自己决定的，而是由后来的人来决定的，是由后来的人的兴趣所决定的。

什么是克罗齐的历史都是当代史观点的渊源呢？早在克罗齐之前，黑格尔在他的《历史哲学》中，就论述过历史和现代的关系。他指出："历史上的事变各各不同，但是普遍的、内在的东西和事变的联系只有一个。

---

① ［意］克罗齐：《历史学的理论和实际》，傅任敢译，商务印书馆1982年版，第12页。

② 同上书，第3页。

③ 同上书，第9页。

这使发生的史迹不属于'过去'而属于'现在'。所以实验的反省，它们的本质虽然是非常抽象的，但是它们属于'现在'是确确实实的；它们使'过去'的叙述赋有'现在'的生气。这些反省是不是真有兴趣、真有生气，当然全看著史的人自己的精神如何。"① 黑格尔的意思有两点：一是指过去的史迹是属于现在的，所谓属于现在就是能给现代人以教育和启示，"贤良方正的实例足以提高人类的心灵"；二是说著史的人总要把自己现在的精神注进到历史中去，所以著史的人"精神如何"对于历史至关重要。但黑格尔并不将此绝对化，他深深懂得历史经验的局限性，他指出："每个时代都有它特殊的环境，都具有一种个别的情况，使它的举动行事，不得不全由自己来考虑、自己来决定。""一个灰色的回忆不能抗衡'现在'的生动和自由。"② 这就是说，历史的"现代化"不是任意的、随心所欲的，历史要取得现代的意义是有条件的。史迹决不会因著史的人是不是把自己的精神注进其中而影响自身的存在和意义。可是到了克罗齐这里，就把这种"现代"的影响绝对化了，不是过去决定现在，而是现在决定过去，甚至现在可以代替、等于过去。

二 对克罗齐历史是当代史观点的剖析

克罗齐提出历史与现代关系的问题无疑是很有意义的，但他对这个问题的解决是不正确的。所以有进行再探讨的必要。

第一，克罗齐没有正确解决这个问题的根本原因在于他把历史看作是纯主观的东西，看作是完全以个人意识和兴趣为转移的东西，甚至认为离开了人的主观意识历史便不存在。这在实际上不是讲历史与当代的关系，而是讲当代的人如何去决定、编写历史。这里"当代的人"是第一位的，作为事实的历史则是无关紧要的。如果是这样，还有什么关系可言？你愿意将历史说成怎样它就怎样，还谈什么历史学的科学性？因此，要如实探讨历史与当代的关系，就必须变换角度，改变立场，回到历史唯物主义的立场上来，承认二者的真实存在。这样，历史与当代的关系才能得到科学的阐明。

①　[德] 黑格尔：《历史哲学》，王造时译，上海书店出版社1999年版，第6页。
②　同上。

第二，历史是现代的基础，现代是历史的发展。这不仅是逻辑的推演，而且是实质和内容。首先，历史是现代的基础。这里所说的历史不是唯心主义者所理解的纯粹的精神和观念，而是以生产力及其发展为基础的历史。任何生产力都是一种既得的力量，都是以往人的实践活动的结果。因此，以历史为基础的实质就是以过去获得的全部生产力的总和为基础。这种基础决不是人们主观的臆想和任意的虚构，而是物质活动本身产生的实际和过程。马克思曾经指出：生产力是人们实践能力的获得的成就，单是由于后来的每一代人所得到的生产力都是前一代人已经取得而被他们当作原料来为新的生产服务这一事实，就应承认人们的历史是客观的物质过程，历史是自己形成的，人们编写历史不过是把客观的物质过程陈述为文字，即用语言概念把它反映出来。马克思所揭示的这一事实不是任何主观想象所代替得了的。它表明：现代是从历史中走出来的，没有历史就没有现代。

其次，现代是历史的发展。历史跟任何其他事物一样，永远不会僵固，它总是作为过程而存在，总是处于运动中。但历史的运动形式与别的运动形式有一点是不同的，这就是：尽管它也有曲折、反复甚至暂时的倒退，但它既不是简单的重复和循环，更不会出现真正的逆转和实际的倒退。这跟自然物质的运动可以出现重复或倒退的情况是完全不同的。历史运动的方向就实质而言只有一个，即经过现代而通向未来。现代是历史不可超越的环节。历史作为实际过程是指人们不能自由地选择自己的生产力和任一社会形式，它总是把前人已经取得的一切作为现实的基础，然后在这一基础上再进行新的创造，又为后一代人的发展提供新的基础。只有在这个意义上，才可以说历史和现代的界限消失了，是历史的又是现代的，历史和现代在生产力发展的过程中获得了统一。

第三，关于历史受当代影响的问题。现代的人都是现实社会中的人，他去研究过去发生的事件、人物等，总会带有现代的色彩，这是不容否认的。但我们的理解与克罗齐有根本的不同。原因有三：其一，我们是从把历史学家当作是生活于现实社会中的现实的个人出发，考虑历史与当代的。历史（指文字的历史）就严格意义而言，总是个人的作品。作为历史学家的个人生活于现代社会中，必然是一个有个性、有特色的个人，他的价值观、政治立场，他的意识、思想、心理、情趣等，定会不同程度地注入他所研究的对象。这样，一方面把个人带进了历史；另一方面，又把历史带到了现代。其二，历史在某种意义上也是一种工具，必然会被现代人拿来为现代服务。为了使这种服务有效、成功，就必然要以现代的尺度对事实历史加以裁剪，使死的东西附上活的灵魂。正是这个原因，真正纯粹客观的历史是不存在的。其三，以上两点之所以成立，归根到底是由历史自身的特点决定的。作为事实历史是人的活动的结果，是曾经有过灵魂而又失去灵魂的遗迹，它不能逃脱被解释和说明的命运。然而人们如何解释和说明，解释和说明是否准确，它自己无能抗辩；它不能摆脱被利用的命运，然而它在被利用时所显示的一切是不是它本来的面貌，它自己不能去加以澄清。但有一点是肯定的，历史事实并不改变自己去符合人的主观愿望，它已经是历史事实，人们可以任意改变对它的看法和认识，但不能改变历史事实本身。

总之，以上所说表明，历史受当代的影响是不可避免的。之所以说不可避免乃在于这些原因无法排除，这些原因也是客观的。我们承认历史要受当代的影响，但并不否认事实历史自身的客观存在。我们与克罗齐完全不同，他是用当代吞没历史，没有当代就没有历史；我们认为事实历史的存在是客观的、根本的。只有事实历史的存在，才有历史与当代的关系，才有历史被当代所运用的问题；如果事实历史根本就不存在，既谈不上"当代化"，也谈不上被运用的问题。一句话，没有事实历史的存在，围绕历史与当代关系的全部争论就毫无意义，或者就不会发生。

第四节　历史对当代启示的实质

一　历史的真正启示是创造

我们不否认历史对当代的意义。研究和认识历史应当与现实实际相结合，应为当代实际服务，这本是历史与当代关系中最有价值的部分。然而，对此问题却长期争论不已，公然反对者代不乏人。我们认为，既然承认现实中研究历史的人都不可避免地用现代的观点去考察历史，就必须承认这种考察对当代可能产生的影响。影响就是服务的一种表现；更不用说那些借历史否定、讽刺、反对现实的现象之大量存在。可见问题不是要不要为现实服务，而是为现实中什么势力、什么人服务。我们主张为广大人民群众服务，为社会主义国家利益服务，为社会进步和人类福祉服务。所谓服务就是把历史中启发人的事件、思想告诉人们，鼓舞激励人们去创造新的历史。

任何国家、任何时代的历史都是"一分为二"的，即既有成就的一面，也有缺点和破坏的一面；既有先进的一面，也有落后的一面。当然这二者不是均等的，究竟怎样，要通过具体分析和研究。

历史的成就、先进的一面能启示人和鼓舞人；破坏、落后的一面也能起警示人的作用。现在看来，学习历史主要不是陶醉于以往的成就；也不是仅仅消极地吸取教训，而应当通过学习历史寻找并创造出解决现实问题新的办法和路径，开创新的历史，这是学习历史、接受历史启示的实质。

回顾40年改革开放的历史，我们可以清楚地看到借鉴历史以开创未来之重要。40年来，我国各方面的建设都取得了伟大的成就。尤其在经济建设方面，我国取得的进步令世人钦佩，从一个商品极度匮乏的国家发展为商品极为丰富的国家，从年人均国内生产总值不到150美元（1978年）的国家上升到年人均国内生产总值超过7000美元（2015年）的国家，发展成为世界第二大经济体；中国用几十年时间走完了西方发达国家几百年走过的发展历程。在科技发展、国防建设、宇航事业领域，也都取得了举世公认的伟大成就。今天的中国已不是当年积贫积弱的国家，而是全方位获得提升、具有相当实力的国家。当今世界，无论哪一个国家或个人，都不能无视中国的存在和发展。看不到这一切，就是不尊重事实，就是不尊重历史。

但是，这40年的历史也还有另外一面，就是在这些成就面前。决不能无视存在的问题，特别是共产党自身存在的问题，这些问题的解决，就在于要开创新的未来。

1978年12月18日至22日，中国共产党在北京召开十一届三中全会，制定了改革开放的战略决策，从此中国历史走向了一个新时期。从那时算起，改革开放到今天已经过去了近40个年头。如前所说，取得的成就令世界震惊，国家的面貌、人们的生活都有了巨大改变，为世人瞩目。然而我们不能无视40年历史中涌现的新问题、新矛盾。成就是由巨大代价换来的，人们普遍注意到的是生态环境的问题，水、空气的污染，已经对人们的生存产生了严重影响；资源的破坏，对国家的未来发展埋下了隐患。

这些都是沉重代价。但我以为，最值得关注的代价是中国共产党自身遭受了重大的腐蚀和侵袭，以及由此带来的整个社会诚信的缺失、道德和信仰的沦丧。其他损失尽管也极其严重，但经过一段时期的努力，是可以逐步挽回的，另外这些损失尚不足以动摇国家生存的根基；而中国共产党遭到破坏，社会诚信、道德和信仰的缺失，直接威胁到国家的生存和发展，影响国家的兴衰和未来命运。正是这些问题，其中特别是共产党的干部腐化堕落，使我在研究历史时，抑制不住痛苦和担忧！因为历史上因统治集团腐败而丧权辱国的事实太多了，我担心中国共产党也走上这条罪恶的道路。如果这样，八国联军在中国的烧杀掠抢、日本帝国主义的侵略奸淫，就决然会卷土重来，中华民族又将陷入最危险的时候。这并非危言耸听。中国人读史也好，做历史研究也好，决不可忘记这个现在，我们所生活的当代并不太平。

当代世界是一个什么样的世界？是一个空间技术、通信技术、计算机技术与自动化突飞猛进的时代，人类社会正面临有史以来最为深刻的变化，人们的生活方式、生产方式不断发生重大改变。放眼今日之寰球，日本在复活军国主义，甚至可以说已经在一定程度上复活了军国主义；美国实力向亚洲东移；在美国的支持和怂恿之下，南亚一些国家蠢蠢欲动，搅得南海不得安宁；台湾岛内右倾势力抬头……种种迹象表明。中国现在面临的形势比以往严重了许多。

现在提"居安思危"，对于我们党的许多党员已没有多大警醒的作用，一是老这样讲而切实有效的办法跟不上，都听腻了、麻木了；更为重要的是，在我们党内已经形成了一个特殊利益集团（是不是如此，可以进一步探讨）。这个集团具有同我们党完全不同的利益，因为我们党是代表人民的，人民的利益高于一切；而这一集团所代表的只是他们个人和小团体的利益。这个集团并不希望共产党领导的巩固，它们希望共产党垮台，这样就没有一种力量能对他们侵吞国家财产的罪恶行径进行追究和限制。因此，共产党坚强的存在，是他们最害怕的，他们最希望共产党堕落甚至垮台。他们不关心国家的兴衰，为了他们自己的利益，甚至可以出卖国家和人民。现在我们国家，无论是在经济领域还是政治领域甚至在军事领域，都存在一些出卖国家和人民利益的人，他们为敌对势力卖命，帮助敌对势力搞垮中国。这些人与党内特殊利益集团勾结在一起，形成影响我们党和我们国家的一股负能量——这是真正的威胁和危险。党内的一些贪腐官员，指望依靠外国势力来保护他们的利益，大量"裸官"的存在，不少贪官逃亡西方大国以求庇护就是证明。至于国家利益、人民安危，根本不在他们的思考之内，因为他们早就千方百计把妻子儿女送往国外，加入他国国籍，向国外转移财产，自己也持有多本护照，随时准备逃往外国。历史已经证明，敌人从外面是攻不垮我们的，而共产党员的贪污腐化却能从内部搞垮我们的党。

绝对不要相信资本主义国家所宣扬的什么正义、公正、公平，逃亡到这些国家的贪官，对我们国家和人民来说都是罪犯，有如山的铁证；但有些所在国就是不让遣返。这是因为这些贪官对帮助西方帝国主义势力摧毁共产党的领导，阻断中国的发展进程是有用的工具，西方国家绝对不会不加以利用。这就是现在那些在国外特别是某个西方大国的贪官难以遣返的根本原因，在这些国家，正义何在？公正何在？公平何在？统统是一文不值的空话。

中国共产党人不能忘记历史。但从历史学习什么？已经不仅是要汲取历史危亡时期的经验教训的问题；而且是要从历史汲取智慧和力量。这种学习决不能停留在以史为鉴的层面。无数事实说明，以史为鉴并无多大意义。宋朝司马光撰著了《资治通鉴》，宋神宗还为之写了序，意欲"垂鉴戒于后世"。可是宋神宗后 59 年（1127）北宋王朝就结束了；南宋王朝所谓"偏安"了 152 年也最终灭亡（1279）。那么多前车之覆，并未能避免宋朝的灭亡。可见以史为鉴，不能解决根本问题。原因在哪里？原因就在于统治者不认识危机产生的真正的根源，不认识在统治阶级内部已经形成了一个利益集团，这个集团把自身的利益和安危完全凌驾于国家之上，它们对国家的危害强于外敌许多倍。这就是历史上许多王朝到末期的时候，总会出现屈服于外敌的势力的原因。曾国藩可以组织湘军把太平天国运动残酷镇压下去，但他不能带领湘军与洋人作斗争。根本原因并不是洋人比太平军更强大，而是因为太平军所代表的利益与曾国藩所极力维护的满清王朝的利益是根本冲突的，满清王朝崇洋媚外，自己的利益虽然要遭受损失，但不会完全丧失；若是太平天国成功，他们将彻底覆灭。这就是满清王朝宁愿丧权辱国、割地赔款屈服于洋人而不愿让太平天国运动、义和团运动成功的真正原因。

历史是要牢记的，通过学习历史，能否从历史获得启示和智慧，寻找出解决现实问题的办法和道路，这才是更为关键的。现在许多党的干部，"居安思危""殷鉴未远"不离口，其实并没有在如何解决面临的问题上下功夫，结果问题照旧，情形也照旧。我们国家现在面临重要关头，其实质是中国共产党及其领导面临重大关头。共产党如果不能强身固体，自己硬起来，能否长期维持自己的执政地位，很是令人担忧。

事实已经证明，要从外面打垮、搞垮共产党几乎是不可能的，真正能搞垮共产党的是共产党自己，有人毫不隐讳地声称，就是要从共产党内部把共产党搞垮，一个重要的手段就是腐蚀我们的党员，特别是党的干部。面对这些"豪言壮语"是不可怕的，可怕的是8000万党员都懂得这个道理，却拿不出真正有效的实际行动来巩固和强化我们的党。我认为只要我们党的干部能做到不贪不腐，真正做到全心全意为人民服务，天大的困难也可以克服，可以战胜一切敌人，共产党就将巍然屹立，无敌于天下！

二 完善人民当家做主的民主制度

党的十八大以来，以习近平总书记为核心的党中央，对反腐工作、整顿党风抓得很紧很紧。反腐不仅是打几个"老虎"、拍一些"苍蝇"的问题，从根本上说，是挽回和恢复党和人民群众的关系的问题。这些年来，由于腐败之风盛行，我们党的一些干部严重脱离群众，他们欺压百姓，疯狂贪污受贿，生活糜烂，让人民深恶痛绝。使人民群众逐渐失去了对党的信赖和拥护。这是真正的危险。历史历历在目，当年国民党为什么失败？不是手里没有军队和武器，不是没有外国的支援，根本原因就是一条：没有人民群众的拥戴，也就是失去了民心。人心向背决定历史，如果中国共产党也完全失去了民心，结局可能比国民党失败的还要惨！

共产党人应从历史学习什么？在中国和外国历史上，改朝换代之事时有发生。大体上是循着这样一个规律：开国之君经过千辛万苦，在血雨腥风中建立起一个新王朝；经过一段时间便走向衰弱，有的还经历一段中兴时期，最终走向灭亡。灭亡的具体情形各有不同，但根源却只有一个，就是后继者无例外地走上了腐化堕落这条路。有些王朝兴盛而强大，人们都想象不到它竟会灭亡。例如我国历史上的唐朝，在经济、政治、文化上，都是当时世界的高峰，就是这样的一个朝代在经历了不到300年便灭亡了。世界上许多国家都有这种循环情形，被人们说成是历史发展的规律。每一次循环都伴随着残酷的战争和杀戮，无数人的生命惨遭杀害，社会生产力遭受严重破坏，社会财富、灿烂的文化成果和精美建筑毁于战火。如果没有这种建设—毁灭—重建—再毁灭……的循环，也就是说，如果没有这种杀戮和破坏，人类不知道会拥有多么丰富巨大的财富，早就过上真正属于人的生活。然而，历史是不容"如果"的，这是历史的规律，也是人类自身活动为人类自己制造的一个至今未能破解的"怪圈"。

毛泽东在延安时期就思考过这个问题，因此才有他与黄炎培的那次谈话。1945 年 7 月 4 日下午，毛泽东邀黄炎培等人到他住的窑洞作客。黄炎培说道："我生六十多年，耳闻的不说，所亲眼看到的，真所谓'其兴也勃焉，其亡也忽焉'。一人、一家、一团体、一地方乃至一国，都没能跳过这周期率。"毛泽东表示："我们已经找到了新路，我们能跳出这周期率。这条新路，就是民主。只有让人民来监督政府，政府才不敢松懈；只有人人起来负责，才不会人亡政息。"但这个问题，毛泽东在世没有解决，他没有找到一条途径能真正实现人民监督政府、人人起来负责的这种民主。

笔者认为，毛泽东提出的办法是正确的，果真在中国实现了毛泽东所讲的民主，把政府和政府的各级干部置于人民的监督之下，贪污腐败就会少得多。现在的问题是，口头上讲接受人民群众的监督，实际上人民群众根本监督不了，那些权钱交易，那些高级会所、娱乐场厅、豪华饭店、度假村……这一切老百姓连门都摸不着，谈何监督！某些共产党员一旦手中有了权，就成了官老爷。英国历史学家阿克顿有一句格言："一切权力都使人腐化，绝对权力使人绝对腐化。"因此，我认为，深化改革一定要在这一点上狠下功夫。现在提出把权力限制在法律和纪律的笼子内，这是一个办法；但不是根本的办法，根本的办法是把权力交给人民，让人民真正当家做主。这种民主制度的建立，没有现成道路可走，要靠共产党带领人民去艰苦探索和创造。

现在有人鼓吹在中国实行西方的议会民主，他们把美国的民主当作榜样，竭力把我国的改革引向西方帝国主义国家所希望的道路，这是暗藏在当前我国社会中的一股危险势力。这股势力的组成比较复杂，其中一部分人是出于对民主制度美好的真诚向往；有不少人是被收买的帝国主义国家的代理人，他们帮助帝国主义者一起鼓吹西方特别是美国的民主制度，把它说成是当今世界最美好的制度，是世界所有国家都必然要走的一条道路，只有这条道路才能发展国家富裕人民。这样说、这样想的人不仅不懂历史，而且罔顾事实。我们看一下近几十年来的事实吧。1991年苏联解体以后，美国成了世界头号强国，它凭借武力强行向世界其他国家推行它的民主制度，先后发动了两次伊拉克战争，一次阿富汗战争，到处搞"颜色革命"。结果给这些国家和人民带来的是什么呢？是战乱、死亡、饥荒、难民……伊拉克、叙利亚战前都是富饶美丽的国家，而今到处残垣断壁，弹痕累累，许多古迹毁于战火，一幅残山败水的景象使人目不忍睹，就是活例。在美国国内只是给大资产阶级带来巨额财富，给人民带来的是失业，最终导致2007年空前的经济危机。现在西方特别是美国的民主不仅在世界上声名狼藉，就是在美国和西方有些国家中的有识之士那里，都对这种民主制度产生了怀疑，有学者直截了当地指出，这种民主只是富人的天堂，穷人的地狱！可见毛泽东讲的民主决不是这样的民主，他寄希望的是人民民主。

共产党人向历史学习什么？通过上述不难看出，历史主要不是让人借鉴的，而是要人们去破解和创造的。共产党人对待历史决不能停留在感叹前人的失败上，而是借助历史这面镜子，看清面临任务的艰巨，挑战的严峻，以时不我待之精神，拿出破解难题的办法和勇气。这个办法就是惩治贪官，实行人民当家做主。坚决地做起来，毫不动摇地坚持下去，则国家幸甚，人民幸甚！

三　历史发展要求坚定共产主义信仰

一个民族要兴旺，一个国家要强大，跟这个国家和民族是不是有坚定的信仰有极大关系。信仰是国家和民族的灵魂，没有信仰的国家是失去灵魂的国家，没有信仰的民族是丢掉灵魂的民族，是很可悲的，根本谈不上发展和强大。

不可否认，信仰是个人的事，但人不能没有信仰。信仰是一种巨大的精神力量。一个人只要有坚定的信仰，就能无坚不摧，就一定能到达成功的彼岸。一个革命的政党也是如此。长征被中外史家誉为人类历史上最艰难的事业之一，天上有飞机轰炸，地面有国民党军队的围追堵截，遇到过数不尽的艰难险阻，遭受着难以想象的磨难，但是在中国共产党的领导之下，靠着对共产主义的崇高信仰，中国工农红军最终取得了胜利。现在我们面临着振兴中华、实现中华民族伟大复兴的中国梦，面临的艰难险阻并不比长征少，更加需要我们树立伟大崇高的理想和坚不可摧为共产主义而奋斗的信仰，奋勇前行，才能使梦想变为现实！

我们不能强迫每一个人都信仰共产主义，信仰是不能强迫的，不同的人有不同的信仰，这是社会中常见的现象。社会中的人有人信仰耶稣上帝（基督教），有人信仰释迦牟尼（佛教），有人信仰穆罕默德（伊斯兰教），还有人信仰别的，这都是允许的，自由的。但一个国家、一个民族的信仰就不再是个人的事，它关乎国家的兴亡和民族的盛衰。因此，每个国家和每一个民族都应该具有属于自己的正确的信仰，作为一种精神之力，支持和鼓舞自己国家和民族前进和发展。就现代中国和中华民族而言，中国特色社会主义就是我们国家和全体中华民族的信仰；从长远来说，共产主义是我国人民的最高信仰。个人的信仰要服从国家和民族的信仰。

在今天世界上，中国以什么样的信仰立足于世界？以对基督教信仰、佛教的信仰、伊斯兰教的信仰立足于世界吗？以对儒教的信仰立足于世界吗？统统不行。原因不是别的，在于这些信仰在中国、在中华民族中缺乏传统，在世界缺乏优势。当今世界，基督教的优势在西方发达国家，主要是欧美国家；伊斯兰教的优势在阿拉伯国家；佛教的优势在印度和南亚国家；即便是儒教，它虽然产生于中国，但在现代在整个中国和中华民族中已经不能作为一种精神支柱而存在。如果这些都是精神大旗，无论举起哪一面都不足以显示我们这个国家和民族的精神；唯有中国特色社会主义的大旗，共产主义的大旗，才能使中国和中华民族精神在世界上显现出来，引起世人瞩目！

在我国社会中人们的信仰是自由的，但有一群人的信仰必须是唯一和坚定的，这就是共产党人，他只能、必须信仰共产主义，而不能信仰别的。共产党人在加入共产党之前跟普通人一样，信仰是自由的；他一旦选择了加入共产党（这也是他自己自由、自愿选择的），就只能信仰共产主义。信仰共产主义同其他信仰有什么不同？不同在于：共产主义是人类历史发展的必然，这种信仰是建立在对人类历史发展规律正确认识的基础之上的，是一种科学的信仰。因此在我们国家，共产党员要带头信仰共产主义。习近平指出："坚定理想信念，坚守共产党人精神追求，始终是共产党人安身立命的根本。对马克思主义的信仰，对社会主义和共产主义的信念，是共产党人的政治灵魂，是共产党人经受住任何考验的精神支柱。"①不仅共产党员自己要坚定共产主义的信念，而且要把共产主义信念传播到全国，用共产主义思想教育、影响全国各族人民，其中特别是青少年，要培养他们逐步树立共产主义的世界观、人生观和价值观。

抵制历史虚无主义，加强共产党自身的力量，重要的办法之一就是坚定共产主义的信仰。有了这一信仰，就能自觉抵御各种诱惑，就能全心全意为人民服务，就不会受历史虚无主义的蛊惑。

1818 年 5 月 5 日，马克思诞生于德国古城——特利尔——一个律师家庭。17 岁那年，马克思在特利尔中学毕业。在那篇著名的《青年在选择职业时的考虑》德语作文中，有这样两段文字特别引起研究者的重视："我们并不总是能够选择我们自认为适合的职业；我们在社会上的关系，还在我们有能力对它们起决定性影响以前就已经在某种程度上开始确立了。""如果我们选择了最能为人类福利而劳动的职业，那么，重担就不能把我们压倒，因为这是为大家而献身；那时我们所感到的就不是可怜的、有限的、自私的乐趣，我们的幸福将属于千百万人，我们的事业将默默地、但是永恒发挥作用地存在下去，而面对我们的骨灰，高尚的人们将洒下热泪。"② 对于这两段话，我认为不必与马克思后来的事业和理论直接简单地联系起来，但作为一个涉世未深的青年来说，能有这种见识，确也卓尔不群，实属难能可贵。马克思在踏进社会投入战斗以后，便逐步地把为人类工作和解放全人类的重担自觉地担负了起来，并为之奋斗到最后一刻。

马克思通过对人类社会历史全面系统的研究，认识到自从有文字记载的历史都是阶级斗争的历史。各个阶级为着自己的利益而不断地冲突和斗争，既给人类带来了灾难，也推动了历史的进步和发展。人世间一切争斗，人给人自己造成的一切灾难，诸如一部分人对另部分人的压迫、剥

---

① 习近平：《谈治国理政》，外文出版社有限责任公司 2014 年版，第 15 页。
② 《马克思恩格斯全集》第 40 卷，人民出版社 1982 年版，第 5、7 页。

削、奴役甚至迫害，无一不与物质利益相关。私有制是人类历史的产物，有其产生的合理性和必然性，但私有制产生以后，人世间种种罪恶也就纷至沓来，私有制是万恶之源并不是夸张的无稽之谈，而历史的发展又不能跳过私有制。凡是在历史上产生的东西，也将在历史上灭亡。马克思认为，历史发展到资本主义时代，资产阶级所有制是私有制发展的最高形式，资本主义制度把私有制本身以及由这个制度带来的一切矛盾都推向极点，物极必反，必然会引起资本主义制度自身的转化——使它为社会主义所代替。社会主义是资本主义自身所孕育的一种异于它自身的新制度，这个制度的本质特征就是消灭资产阶级所有制。马克思、恩格斯在《共产党宣言》中写道："现代的资产阶级私有制是建立在阶级对立上面、建立在一些人对另一些人的剥削上面的产品生产和占有的最后而又最完备的表现。""从这个意义上说，共产党人可以把自己的理论概括为一句话：消灭私有制。"①

请人们冷静地想一想，我们今天这个现实的社会中，一切怪异反常的现象、事物，哪一件背后不是利益的驱动？假冒伪劣充斥市场，坑蒙拐骗无处不在；一些原本受人尊敬的行业和从事这类行业的人，现在也都拜倒在金钱的脚下。就像马克思、恩格斯在《共产党宣言》中所说的那样："资产阶级抹去了一切向来受人尊崇的职业的神圣光环。它把医生、律师、教士、诗人和学者变成了它出钱招雇的雇佣劳动者。"② 马克思、恩格斯这里没有提到政府官员，其实，现在我们的一些官员，实际上也成了资产阶级的雇佣劳动者，他们不为人民服务，在金钱美色的诱惑下，在纸醉金迷的享乐圈中，他们卑躬屈膝地受资产阶级的驱使，心甘情愿地、公开地、无耻地、直接地、露骨地为有钱人效力。这种状况不改变，人民迟早会寒心的。现在我们不能消灭私有制，但应严于法治，不能让私欲横溢。现在我们不能取消市场，但必须加强和发挥政府的调节作用。要引导人们向最终消灭私有制的目标而努力。把共产主义信念作为崇高的理想来信仰，而不应该作为戏谑来加以亵渎。

实现人类社会向共产主义过渡，毫无疑问，是一个漫长的历史过程。

---

① 《马克思恩格斯选集》第 1 卷，人民出版社 1995 年版，第 285 页。
② 同上书，第 276 页。

发生于 20 世纪 80 年代末的苏联解体和东欧剧变，更清楚地显示：这个过程比人们预想的要困难得多，时间也漫长得多。但马克思认为这是历史的必由之路。马克思指出："共产主义是私有财产即人的自我异化的积极的扬弃，因而是通过人并且为了人而对人的本质的真正占有；它是人向自身、向社会的（即人的）人的复归，这种复归是完全的、自觉的而且保存了以往发展的全部财富的。这种共产主义，作为完成了的自然主义，等于人道主义，而作为完成了的人道主义，等于自然主义，它是人和自然界之间、人和人之间的矛盾的真正解决，是存在和本质、对象化和自我确证、自由和必然、个体和类之间的斗争的真正解决。它是历史之谜的解答，而且知道自己就是这种解答。"① 因此，无论困难多大，道路多么曲折，可能经受的磨难和痛苦多么深重，既然是历史的安排，人类也只能勇敢地面对！我们要像我们的前人为了历史的进步和发展而承受了一切那样，把我们应承担的责任义无反顾地担当起来。我们深信，人民辛勤创造的财富被社会少数人占有并用来压迫、掠夺绝大多数人，是不合理性的，是必须变革的，这种状况绝对不是人类发展的最终结局。人类最终会自己解放自己，建立起没有阶级、没有剥削、没有压迫、真正自由的属于人自己的社会。这就是马克思、恩格斯所揭示的："代替那存在阶级和阶级对立的资产阶级旧社会的，将是这样一个联合体，在那里，每个人的自由发展是一切人的自由发展的条件。"② 这就是共产党人的信仰。

马克思对历史之谜的解答是正确、科学的，我们决不可被那些抱着阶级偏见的人的污言秽语所迷惑。共产党人特别是共产党的干部要首先使自己真实地树立这样的理想，要以为实现这一理想而奋斗感到光荣，就像革命战争年代许多仁人志士那样，为了实现共产主义理想而不惜牺牲一切！

---

① 《马克思恩格斯全集》第 42 卷，人民出版社 1979 年版，第 120 页。
② 《马克思恩格斯选集》第 1 卷，人民出版社 1995 年版，第 294 页。

参考文献

经典著作：

2.《马克思恩格斯全集》第 1、3、20、40、42 卷，人民出版社。

3.《列宁选集》第 1—4 卷，人民出版社 1995 年版。

4.《毛泽东选集》第 1—4 卷，人民出版社 1991 年第 2 版。

5.《毛泽东文集》第 1—8 卷，人民出版社 1993—1998 年。

6. 习近平:《谈治国理政》，外文出版社 2014 年版。

外国部分：

1. 柏拉图:《理想国》，郭斌和、张竹明译，商务印书馆 1986 年版。

2. 〔古罗马〕奥古斯丁:《忏悔录》，周士良译，商务印书馆 1989 年版。

3. 〔意〕维柯:《新科学》上册，朱光潜译，商务印书馆 1989 年版。

4. 〔法〕伏尔泰:《哲学通信》，高达观等译，上海人民出版社 1961 年版。

5. 〔法〕卢梭:《社会契约论》，何兆武译，商务印书馆 1980 年版。

6. 〔法〕卢梭:《论人类不平等的起源和基础》，李常山译，商务印书馆 1997 年版。

7. 〔英〕休谟:《人性论》上册，关文运译，商务印书馆 1980 年版。

8. 〔德〕康德:《纯粹理性批判》，蓝公武译，生活·读书·新知三联书店 1957 年版。

9. 〔德〕康德:《判断力批判》下卷，韦卓民译，商务印书馆 1964 年版。

10. ［德］康德：《历史理性批判文集》，何兆武译，商务印书馆 1990 年版。

11. ［德］黑格尔：《精神现象学》上、下集，贺麟译，商务印书馆 1979 年版。

12. ［德］黑格尔：《历史哲学》，王造时译，世纪出版集团、上海书店出版社 1999 年版。

13. ［德］黑格尔：《哲学史讲演录》第 1 卷，北京大学哲学系外国哲学史教研室译，生活·读书·新知三联书店 1956 年版。

14. ［德］黑格尔：《小逻辑》，贺麟译，商务印书馆 1980 年版。

15. ［德］路德维希·费尔巴哈：《费尔巴哈哲学著作选集》上、下卷，荣震华、李金山译，商务印书馆 1984 年版。

16. ［德］海德格尔：《存在与时间》，陈嘉映、王庆节合译，生活·读书·新知三联书店 1987 年版。

17. ［法］萨特：《存在与虚无》，陈宣良等译，生活·读书·新知三联书店 1987 年版。

18. ［法］萨特：《存在主义是一种人道主义》，周煦良、汤永宽译，上海译文出版社 1988 年版。

19. ［法］萨特：《辩证理性批判》上，林骧华、徐和瑾、陈伟丰译，安徽文艺出版社 1998 年版。

20. ［英］亚当·斯密：《国富论》，谢祖钧译，新世界出版社 2007 年版。

21. ［英］罗素：《西方哲学史》上、下卷，何兆武、李约瑟译，商务印书馆 1976 年版。

22. ［意］贝奈戴托·克罗齐：《历史学的理论和实际》，傅任敢译，商务印书馆 1982 年版。

23. ［英］柯林武德：《历史的观念》，何兆武、张文杰译，商务印书馆 1997 年版。

24. ［英］托马斯·卡莱尔：《论英雄和英雄崇拜》，马志民、段忠桥译，中国国际广播出版社 1988 年版。

25. ［英］卡尔·波普尔：《历史决定论的贫困》，杜汝楫、邱仁宗译，华夏出版社 1987 年版。

26. ［英］汤因比:《汤因比论汤因比——汤因比与厄本对话录》，王少如、沈晓红译，上海三联书店1997年版。

27. ［英］汤因比:《历史研究》，刘北成、郭小凌译，上海人民出版社2000年版。

28. ［波兰］耶日·托波尔斯基:《历史学方法论》，张家哲、王宙、尤天然译，华夏出版社1990年版。

29. ［美］伊格尔斯:《历史研究国际手册》，陈海宏、李玉林、张定河译，华夏出版社1989年版。

30. ［英］沃尔什:《历史哲学导论》，何兆武、张文杰译，广西师范大学出版社2001年版。

31. ［英］麦克莱伦:《卡尔·马克思传》，王诊译，中国人民大学出版社2005年版。

32. ［法］尼古拉·巴维雷兹:《历史的见证:雷蒙·阿隆传》，王文融译，北京大学出版社1997年版。

国内部分:

1. （汉）司马迁:《史记》，中华书局1982年版。

2. 梁启超:《中国历史研究法》，东方出版社1996年版。

3. 《郭沫若全集》（历史卷）第1、2、3卷，人民出版社1984年版。

4. 范文澜:《中国通史简编》第1—3编，人民出版社1964年第4版。

5. 白寿彝总编:《中国通史》第1、7、18卷，上海人民出版社1994、1995、1996年版。

6. 李守常:《史学要论》，河北教育出版社2000年版。

7. 翦伯赞:《秦汉史》，北京大学出版社1983年第2版。

8. 翦伯赞:《史料与史学》，北京大学出版社1985年版。

9. 翦伯赞:《历史哲学教程》，北京大学出版社1990年版。

10. 金毓黼:《中国史学史》，河北教育出版社2003年第2版。

11. 齐思和:《中国史探研》，河北教育出版社2003年第2版。

12. 尹达主编:《中国史学发展史》，中州古籍出版社1985年版。

13. 姜义华主编:《社会科学争鸣大系》（历史卷），上海人民出版社

1991 年版。

14. 何兆武：《历史批判散论》，湖南教育出版社 1994 年版。

15. 侯鸿勋：《论黑格尔的历史哲学》，上海人民出版社 1982 年版。

16. 韩震：《西方历史哲学导论》，山东人民出版社 1992 年版。

17. 傅斯年：《史学方法导论》，中国人民大学出版社 2004 年版。

18. 张广智、张广勇：《现代西方史学》，复旦大学出版社 1996 年版。

19. 张广智：《西方史学史》，复旦大学出版社 2000 年版。

20. 陈新主编：《当代西方历史哲学读本》，复旦大学出版社 2004 年版。

21. 张根华：《历史哲学引论》，复旦大学出版社 2004 年版。

22. 张尚仁：《社会历史哲学引论》，人民出版社 1992 年版。

23. 宁可、汪征鲁编：《史学理论与方法》，中央广播电视大学出版社 1991 年版。

24. 《当代西方著名哲学家评传》第 7 卷（历史哲学），山东人民出版社 1996 年版。

25. 李秋零：《德国哲人视野中的历史》，中国人民大学出版社 1994 年版。

26. 王锐生、陈尚清等：《社会哲学导论》，人民出版社 1994 年版。

27. 严建强、王渊明：《西方历史哲学》，浙江人民出版社 1997 年版。

28. 袁吉富：《历史认识的客观性问题研究》，北京大学出版社 2000 年版。

29. 张文杰等编译：《现代西方历史哲学译文集》，上海译文出版社 1984 年版。

30. 田汝康、金重远选编：《现代西方史学流派文选》，上海人民出版社 1982 年版。

31. 黄仁宇：《现代中国的历程》，中华书局 2011 年版。

32. 全增嘏主编：《西方哲学史》上、下册，上海人民出版社 1983 年版。

33. 汪子嵩等编：《希腊哲学史》第 1、2、3 册，人民出版社 1988、1993、2003 年版。

34. 顾颉刚口述，何启君整理：《中国史学入门》，中国青年出版社

1986 年第 2 版。

　　35.《新华文摘》编辑部:《历史学论点选编》,中国人民大学出版社 1987 年版。

　　36. 刘烨编译:《柏拉图的精神哲学》,中国戏剧出版社 2008 年版。

　　37. 刘烨编译:《亚里士多德的宇宙哲学》,中国戏剧出版社 2008 年版。

　　38. 赵家祥等:《历史哲学》,中共中央党校出版社 2003 年版。

　　39. 刘曙光:《马克思主义历史哲学——历史决定论和主体选择论》,吉林人民出版社 2006 年版。

　　40. 田心铭:《认识的反思》,人民出版社 2000 年版。

　　41. 朱光潜:《西方美学史》,人民文学出版社 1979 年版。

　　42. 李士坤、赵建文:《现代西方人论》,河北人民出版社 1988 年版。

　　43. 李士坤等:《科学发展观的理论与实践创新》,中共中央党校出版社 2010 年版。

　　44. 李士坤等:《小康中国新战略》,北京大学出版社 2011 年版。

　　45. 李士坤编:《"共产党宣言"讲解》,北京大学出版社 2003 年版。

结 束 语

当我在提笔写结束语的时候，猴年的钟声正在敲响，鞭炮声响成一片。一个活泼顽皮的猴子似乎正跳跃在我的面前，它那双炯炯有神的眼睛望着艳冶的星空，不知那顶着一头毛发的脑袋里在想些什么？据说我们人就是由它变来的，在它的群里，是没有贫富之分的，可是在人群中却不是这样，"有些人拥有上100亿美元，几十亿人却什么都没有"。

历史认识论是对历史认识的研究，通过这种研究我发现，人世间的一切罪恶和痛苦，都是人自己造成的，与任何无形的力量（如果有的话）无关，就是说，把这一切都说成是上帝的惩罚，是不真实的托词，是帮助和袒护罪恶和痛苦的制造者的。

凡是在历史上产生的东西，也必将从历史消失。时间是永恒的，历史与时间同在，这是历史的真正优势，它是无敌的。君不见那些黄金堆满堂奥的人，还没有等他去认真计数的时候就瞬间化为灰烬，自己也从高高的华丽座椅上跌进了冰冷的牢狱！世间自有公平在，谁种下罪恶必定由谁来担当，这就是历史的结论。历史不饶恕违背它的任何倒行逆施，对历史应怀有一颗敬畏的心。

马克思是一位具有伟大智慧的人，他经过自己辛勤的劳动，向人类揭示了人类自身发展的内在法则，破解了历史之谜。他是人类千年以来最伟大的思想家。信奉他的理论的人会逐渐多起来，但需要时间。历史的路从来就是曲折多舛的，马克思主义理论的道路也决不会平坦。时下，反对、背离马克思主义成了一种时髦，有些人把本应当作垃圾的东西奉为珍宝，立巧言为圭臬，视妄语为明鉴，他们向马克思主义身上投掷了无数恶言秽语；可是他们不知道，历史的风具有"自洁"的功能，终究会把这一切吹得烟消云散，带来万里晴空。真理是属于马克思主义的，它像金子那样，永远放射着灿烂的光芒。

我们的国家正经历着深刻的变化，这是由改革开放带来的。全国人民一方面在享受改革开放带来的好处，同时也正在经受它产生的全部后果。一些人一面开着豪车，一面用污秽的语言指责交通拥堵；一面无节制地品尝美味佳肴，一面用尖刻的语言谈论污染和物价飞涨；一面把自己辛勤盖就的堂屋空着，一面以悲怆的语调诉说"蜗居"的窘境；一面埋怨社会缺乏诚信，一面又唯恐自己的欺骗不能得手……今天我国社会中，许多高智商的人正在干着低智商的人干不出来的事：大理论家在为摧毁国有企业献言献策，为私有化擂鼓助威；律师帮助私人企业家如何钻法律的空子；经济学家在给私人企业家怎样盈利支招，这一切从根本上说都是针对普通劳动人民群众的。可这些人号称是"社会精英"、专家、学者。马克思恩格斯在《共产党宣言》中写道："资产阶级抹去了一切向来受人尊崇和令人敬畏的职业的神圣光环。它把医生、律师、教士、诗人和学者变成了它出钱招雇的雇佣劳动者。"[①] 它把人的尊严变成了交换价值，把一切人与人的关系冷酷无情地淹没在利己主义打算的冰水之中。这些话是168年前两位年轻人（当时马克思是31岁，恩格斯是29岁）写的，而今听来仍然是那样地使人感到入木三分，原因何在？就在于它切合实际。

学习和研究历史，不仅仅为了借鉴古人，而且是为了从历史获得启示，更好地生存和活动于今天，创造属于我们这个时代的历史。党的十八大提出，在中国共产党成立100年时全面建成小康社会，要在2020年实现全国精准扶贫，为全面小康奠定坚实基础。在新中国成立100年时，把我们国家建设成山川秀美、富强民主、文明和谐的现代化社会主义国家。到那时，我们的国家、整个中华民族将以更新的面貌，屹立于世界先进民族之林。我为国家祈福，为人民祈福！

为了这本书，以前的积累不算，我几乎付出了近五年的退休生活。我不停地阅读，也不停地思考，一有所得，不惜夤夜跃起，打开电脑，书写起来，不以为苦，乐在其中。因为有我的心血熔化在里面，难免不存敝帚自珍之心。不过我仍然怀着诚恳之情，热切希望读者和专家对此书不吝赐教，给以批评和指正，自当感激之至。

---

① 《马克思恩格斯选集》第1卷，人民出版社1995年版，第275页。

　　本书的出版得到作者参加的北京社科基金研究基地重点项目"中国特色社会主义治理体系的文化基础"的资助。魏波教授为此书的出版付出巨大辛劳，编辑目录、打印书稿、联系出版等工作，都是他帮助我完成的。所以，我特别感谢魏波教授。

　　在研究和写作中，我参考了国内外许多学者、专家在这方面的论著，获益良多，谨致谢忱。最后，我要感谢本书的责任编辑朱华彬同志为此书付出的艰辛和努力。

李士坤
2017 年 5 月 22 日于回龙观龙禧苑